神秘主義

超越的世界へ到る途

イーヴリン・アンダーヒル
門脇由紀子 他訳

MYSTICISM

Evelyn Underhill

ナチュラルスピリット

巡礼者の旅ゆく国が永遠に変わらぬように
人はいくつかの状態を通り過ぎてゆくが、
その通りゆく状態そのものは永遠に変わることがない。

ブレイク『エルサレム』

目次

訳者解説

本書は、イギリスの女性宗教学者イーヴリン・アンダーヒルの著作『神秘主義』(Evelyn Underhill: *Mysticism*, London, 1911) 第二部の全訳である。翻訳の底本としてはメリディアン・ブックス版〔The New American Library, Inc., New York, 1955〕を使用した。

『神秘主義』は一九一一年にロンドンで出版されて以来、数多く版を重ね、神秘主義関係の著書には多く引用され続けている、この分野の古典と言えるものである。ここに訳出したのはその約半分に当たる第二部「神秘主義の途」であるが、第一部を割愛したのは、全体の分量の多さもさることながら、アンダーヒルが神秘主義というものを側面から照らし出すために、これとの比較・対照を行なっている哲学、心理学などの分野に関する記述が、ところどころ時代遅れになってしまっているという理由による。アンダーヒル自身が第一部と第二部はそれぞれ独立にそれ自体で完結しており、また第一部は第二部への橋渡し的役割のものだと述べている(初版序)ことも付け加えておこう。

「神秘主義」という言葉

神秘主義とはどのようなものか、というのが本書の主題である以上、ここで神秘主義とは何かを解説することはむしろ余計なことであって、神秘家の生《なま》の証言が豊富に引用されている本文を読んでいただくにしくはない。ただ、神秘主義という言葉自体が従来かなり曖昧に使われてきており、人によってこの言葉の意味の解釈の仕方はさまざまである。W・R・イングは、その著『キリスト教神秘主義』の附録で神秘主義の定義を二十六も挙げている。また、神秘主義という言葉から降霊術、透視術、あるいは催眠術、占星術、オカルティズム、魔術などを漠然と連想する人も多いかもしれない。専門家の中でも、極端な場合、F・スタールのように神秘主義を宗教とは別個の現象と考え、神秘体験と幻覚剤体験との本質的類似性を主張する立場もある（F・スタール『神秘主義の探究』）。そこで、ここでは、アンダーヒルが神秘主義という言葉をどのように定義しているか、その定義を初版の序から引用し、さらに省略した第一部の第四章「神秘主義の特徴」をもとにアンダーヒルの立場を解説することにしたい〔引用の出典は他に断らないかぎり、アンダーヒルの原著であり、〔〕内に頁数を示した〕。

大まかに言って、わたしはこの言葉が超越的次元との完全な調和をめざす人間の精神の生来的傾向を表すものと理解している。この超越的次元がどのような神学的公式の下に規定されるかは、ここでは問題とならない。こうした生来的傾向は、偉大な神秘家においては徐々に意識の全体を支配するようになり、彼らの生涯を左右し、「神秘的合一」と呼ばれる体験において、その目的に到達する。この目的がキリスト教の〈神〉と呼ばれようと、汎神論の〈世界霊魂〉と呼ばれようと、哲学の〈絶対者〉と呼ばれようと、これに達したいという願望およびそれに向けての運動が――真の生の過程であって、知的な思索にすぎないのでないかぎり――神秘主義の正しい主題なのである。わたしはこの運動

が人間の最も高度な意識の真の発達径路を表すものと信じている。〔xiv - xv〕

以上の定義から、アンダーヒルが神秘主義をある宗教のみに特有の現象と考えていないことがわかる。ただし、本書で実際に扱われ、引用される神秘家の大部分はキリスト教の伝統に属しており、これにイスラムおよび新プラトン主義の神秘家が加わるぐらいで、特にここに訳出した第一部には、ウパニシャッドや仏教、ヒンドゥー教などに関する言及がないことは、本書の性格を考える上で踏まえておかなければならない点であろう。

神秘主義の特徴／体験の重視

次にアンダーヒルの述べる神秘主義の特徴に移る。まず何よりも重要視されるのは体験である。アンダーヒルによれば真の神秘主義は認識的、理論的なものではなく、行動的、実践的なものであり、したがって人間の知性のみでなく、自己の全体がこれに関わる。時として神秘主義は「生来のプラトン主義者が宗教に対して示す反応」であると見なされることがあるが、アンダーヒルはいわゆる神秘哲学と神秘主義との間にはっきりと線を引く。

神秘主義は、わたしたちにさまざまなことを示唆してくれる美しい図式ではなく、その図式によって表されるものを強烈にわが身に体験することなのであり、この体験が神秘哲学的思惟のための素材を提供するのである。偉大な神秘家たちは繰り返し、自分がいかに思索したかではなく、いかに行動したかを語る。

ガザーリーは、自らの神秘的真実の探求について次のように述べている。

スーフィー〔イスラムの神秘家〕は言葉の人ではなく直観の人だということがわたしには明らかになった。わたしはスーフィズム〔イスラム神秘主義〕について、学問によって学びうることはすべて学んでしまい、これ以上は学問や言葉によっては学びえないことを悟った（シュメルデル『アラビア哲学の諸派』p.55）。〔83〕

またペーテルス・ゲルラハは「判断のみに基づいて知るのでは充分でない。われわれは体験によって知らなければならない」（『神との熱き独語』）〔84〕と言う。神秘家は感覚的世界――つまりわたしたちが五感を通じて知覚し、「世界」とはこういうものだ、と素朴に仮定しているもの――に生きることをやめ、霊的世界に生きるようにしなければならないのである。神秘家がしばしば俗世間を離れ、「静寂」を保つのは、このような活動を内面的に行なうために他ならない。

また、神秘体験というものを、単に〈神的なるもの〉――〈絶対者〉――を受動的に意識することだと考えてはならない、とアンダーヒルは説く。神秘家は〈神的なるもの〉を知覚し、愛し、これに屈従するという三重の行為を成し遂げなければならず、これは人間の生の表現としては、最も完璧で、しかも最も困難なものなのである。

神秘主義と魔術の違い

以上、神秘主義が理論的なものでなく、実践的なものであることを述べてきたが、同じ実践的なものでも神秘主義といわゆる魔術（現在、宗教学・人類学で用いられる「呪術」とは別個の、古い概念）とは違うということを、アンダーヒルは次のように説いている。

魔術ならびに魔術的宗教の目的は、目に見えるわたしたちの「現実の」世界を、それを超えた力によって変化させたり、説明したりすることである。したがって、魔術に携わる人々は神秘家同様、この「現実の」世界から、それを超えた世界へと向かうのだが、その後そこで得たものをこの世界での能力や徳、幸福や知識の拡大のために役立てようとする。一方、神秘家にはこのような野心はまったくない。神秘家としての歩みの最後の段階で彼らは霊的交流によって直接に神を知るのであり、この〈絶対者〉に対する無媒介的直観は他のすべての望みを消失させる。神を所有する者は他に何も要らないのである。このような意味で、神秘主義の目的は完全に超越的、精神的なものと言える。

たましいがかしこにおもむいて、すでにかしこに到着し、かのものを分有するようになると、その時は生活が一変して、そのような生活状態におかれることによって、真実の生命を賄ってくれる者が直接その場にいることを知るようになり、もはやそれ以上何も必要としないようになる。否、むしろ反対に、他のいっさいのものを脱ぎすてて、ただそれひとつだけに立ち止まらねばならなくなる。すなわちわが身にまとう、その余いっさいの残りのものは、これを断ち切って、そのものひとつだけにならなければならない（プロティノス『エネアデス』vi. 9. 田中美知太郎訳）。

神秘主義の中心原理は愛

さて、それでは神秘主義とはどのような能動的、実践的行為なのであろうか。先に神秘家は〈神的なるもの〉を知覚し、愛し、これに屈従しなければならない、と書いたが、神秘家たちの数多くの証言によれば、神秘主義の中心原理は愛である。これはキリスト教神秘主義の伝統にも、イスラム神秘主義のそれにも一致して見られることである、とアンダーヒルは述べている。

　神秘主義とは、溢れる愛の力に駆り立てられた熱烈な外向的活動であって、新たな知のみを求める内向、沈潜的活動ではない。しかしながら、ここで注意しておかなければならないのは、神秘家の言う愛が、世間一般で「愛」の名で呼ばれている気まぐれで皮相的な好意の感情とは異なること、神秘家における愛は、この言葉の最も深い意味、全き意味で理解されなければならない、ということである。神秘的愛とは、己れの意志を完全にその対象に捧げつくすことなのであり、同時にそれは、人間の魂の内奥に根ざした、〈根源〉への欲望の謂《いい》なのである。愛によって自我は〈絶対者〉に接近する。この接近の直接性はいかなる哲学の知的ヴィジョンといえども、遠く及ばないものである。

　なぜなら沈黙は神ではなく、語ることも神でない。断食も神でなく、食べることも神でない。一人でいることも神でなく、人々といることも神でない。さらに、他のすべてのこうした対のうちのどちらかでもないのであって、神はこれらの中間に隠れ、ただ汝の心の愛による以外、汝の魂のどんな働きによっても見出すことができない。神は理性によって知りえず、思考によって捉ええず、悟性によってこれと結論づけることもできない。ただ汝の心の、真の、愛に満ちた意志によって神を愛し、神を欲することができるのだ。……愛する者を切望する愛の鋭い矢を用いて射るとき、ねらわずともそれは決してその的のただなかを、すなわち神を、違えることはない（『不可知の雲』の作者による？『洞見の手紙』）。〔85〕

神秘家にとって、愛とは〈絶対者〉を求める意志と願いの能動的、意欲的表現であり、またこの〈絶対者〉に向かう本来的傾向――いわば霊的な重力のようなものである。それゆえ、愛の声に従っているときにのみ、神秘家はその本来の姿になるのであり、同時に完全に活動的なのだ、とアンダーヒルは言う。

〈絶対者〉を求める情熱

〈絶対者〉を愛することは敬虔な信者としての義務とか、哲学的思惟とはまったく異なった領域に属する。愛の対象である〈絶対者〉は、神秘家にとって決して抽象的な概念などではなく、この上なくリアルなもの、生身の人間よりもはるかにリアルなものであって、また、これに向けられる神秘家の情熱も、絵空事どころか、他の何ものをも捨てて顧みないほど激しいものであることは、神秘家たちの自伝的記録をひもとけば一目瞭然である。

おお、愛する方、愛する方、あなたのお名前を呼ぶだけで、わたしの魂はあなたに夢中になってしまいます。……あなた以外の何ものも、理性ある魂を満足させることはできません。そしてあなた――すべてであるあなたを手に入れたとしたら、魂にとって欠けているものなど何もありえないでしょう。……心のきよき者は幸いです。その人は神を見るからです。おお、この人の目にするものこそ、願われ、欲され、切望されるべきもの。というのは一度あなたを見たら、すべてのことを学んだことになるのですから。愛の他にわたしたちにあなたを見せてくれるものはありません。でも、この愛とはどんな愛でなければならないでしょうか。感覚的な愛だけではだめ、子どもじみた、愛する者よりも己れを大切にする愛ではいけません。いいえ、だめ、それは熱烈な愛、純粋な愛、勇敢な愛、慈み深い愛、謙虚な愛、労苦にすり減らされたり、困難にひるんだりすることのない、不変の愛でなければなりません。……なぜなら愛と望みのすべてをあなたに注いだ魂は、あなた以外の何ものにも真の満足を見出せないのですから（ガートルード・モア『霊的習練』）。〔89〕

愛と願望こそが神秘家たることとの基本条件である、とまで言いきってしまうのは偏りすぎているであろうが、真の神秘主義はみな〈絶対者〉との人格的交わりを根本に持つということを強調する上では意味がある、とアンダーヒルは述べている。

〈絶対者〉との合一に至るプロセス

さて、神秘家の最終目標は、愛する〈絶対者〉との生きた合一である。この合一に達するためには、それがもたらすであろう歓びを知性によって認識すること、また合一を激しく渇望することだけでは不充分であって、神秘家は必ず険しい心理的・精神的プロセスをたどらなければならない。このプロセスを通して人格の完全な再構成が行なわれる。超越的な生を生きるために全人格が高い次元で作り直されねばならないのである。自己全体が〈真実なるもの〉へと向かうこの運動が開始されなければ、霊的なものを求める願望だけあっても無意味である、と神秘家たちは強調している。

完全な神秘主義的体験には二つの側面がある、とアンダーヒルは説く。一つは〈絶対的完全性〉のヴィジョンないしは意識であり、もう一つはこのヴィジョンまたは意識が神秘家に強いる内的変容である。神秘家は己れの眺めるものにいくらかでもふさわしくなろうと思わずにはいられない。〈完全なるもの〉を目にした神秘家は己れ自身完全なものになりたいと望むのである。〈絶対者〉と〈自我〉の間の掛け橋となるものは、道徳的超越、すなわち人間として倫理的に完全になることの他にはありえない、と彼らは感じる。なぜなら「〈絶対者〉に到達する唯一の手段は、わたしたち自身を〈絶対者〉に適合させることである」(レセジャック『神秘的知の根拠』)〔90〕からである。したがって、倫理的な徳のあれこれは、神秘家にとって「神秘的結婚のための装飾の品」――リュースブルクの言葉――として欠かせぬものとなるのである。

さらに、この内的変容の過程、すなわち自己をより高い次元で再構成することは、通常意識下に隠されている霊的知覚――これが何よりもまず神秘主義的体験を形づくる素材なのだが――を確固として意識の領域に据えること、これを生の中心とすることを含む。この「内なる錬金術」、別の言い方をすれば〈絶対者〉との合一をめざす旅の過程で、神秘家は例外なく、明確に異なったいくつかの段階を通るのであり、これが〈神秘主義の途〉と呼ばれているものである。

いろいろな神秘家がこの旅路の諸段階、霊的上昇の過程を叙述しているが、それが常にほぼ同じ順序で並んでいることは、神秘主義の客観的実在を示す間接的な証拠となるであろう。たとえば聖テレジアの述べる「祈りの諸段階」――〈潜心〉、〈静思〉、〈合一〉、〈脱我〉、〈歓喜〉、〈神の苦痛〉、そして魂の〈霊的結婚〉

――をサン＝ヴィクトルのフーゴーが挙げた観想の四つの形式と重ね合わせること、またスーフィズムの説く魂の神への上昇の「七つの段階」――これは憧憬に始まり、霊的結婚に終わる――と重ね合わせることはごく容易である、とアンダーヒルは述べている。比喩的に言えば、各々の旅人が異なった里程標を用いても道自体は同じ一つの道、ということなのである。

神秘主義は利己的なものではありえない

以上述べてきたことからすでに明らかではあろうが、真の神秘主義は利己的なものでは絶対にありえないということを指摘しておこう。神秘主義は多くの人が考えているような、超自然的な歓びの追求ではない、とアンダーヒルは言う。

神秘家は、〈至福直観〉の幸福、〈絶対者〉との合一による陶酔などの個人的報酬を望んでこの探求の道に足を踏み入れたのではないのだ。〈絶対者〉への愛のために完全なものになろうとする情熱が、超越的満足を得ようという願望をはるかに凌駕しているのである。中世騎士物語に登場する熱烈な恋人さながらに、神秘家は報いられる希望もなしに奉仕する。しかし、霊的な生にはしばしば起こる逆説《パラドックス》によって、満足を求めようとしないからこそ、彼らは満足を手に入れるのだ、とアンダーヒルは述べている。己れの人格を顧みないからこそ、その人格を完成させるのである。ディオニュシオス・アレオパギテスの言うように、「自分自身およびすべてのものを心の底から、自発的に、そして完全に投げ出して屈服することによってのみ、到達は可能なのである」（『神秘神学』）。〔92-93〕

自我性の滅却があって初めて愛が成就される。したがって、神秘家がその特異な行動、厳格でたゆみない探求の理由を尋ねられたとしたら、崇高な照明体験や筆舌に尽くしがたい喜びなどをその答えに挙げることはまずありえない。むしろ神秘家は、ヤコブ・ベーメのように「わたしは、わたし自身の理性やわたし自身の意志あるいは目的によって、この考えに、また、こうした研究、この知に至ったのではない。さらにこの知を求めたわけでもないし、これについて何か知ろうとしたことすらない。わたしはその中に自分自身を隠そうと、神の心臓のみを求めたのだ」（『黎明』）〔93〕と答えるだろう、とアンダーヒルは結論している。

最後にアンダーヒルの略歴を記しておこう。イーヴリン・アンダーヒルは一八七五年、イギリス南部のウルヴァーハムトンに法廷弁護士アーサー・アンダーヒルの一人娘として生まれた。母方の祖父も法曹界の人物である。フォークストンの私立学校で三年間学んだ以外は家庭で教育を受け、その後ロンドン大学のキングズ・カレッジ・フォア・ウィメンで歴史と植物学を学ぶ。

一九〇七年にヒューバート・スチュアート・ムーアと結婚し、またキリスト教の信仰に入る。二十代初めから毎春欠かさず訪れ、造詣を深めたフランスやイタリアの美術の影響もあってか、英国国教会には属さず、カトリックに近い立場であった。ただし、この時期台頭してきた近代主義の思潮の洗礼を受けたアンダーヒルにとって、カトリック教会はある意味で知性の放棄を求めているようにも思われたようである。

本書『神秘主義』はアンダーヒルの著した一連の重要な書物のうちの最初のものであるが、この本の著述を通じて、アンダーヒルはフリードリヒ・フォン・ヒューゲル男爵と知り合う。本書の注にも随所に登場するフォン・ヒューゲルを、アンダーヒルは「神のご加護の下で、わたしが自分の全霊的生命を負うている」人物と記し、後に彼の弟子となって、フォン・ヒューゲルが没する（一九二五年）まで、その霊的指導を受けた。

キリスト教の信仰に入った後、アンダーヒルの生活は各種の宗教活動に向けられるようになる。本書にも引用されている聖テレジアの言葉――「われらが主に完璧に仕えようとするならばマルタとマリアが結合しなければならない」（『ルカによる福音書』一〇・三八―四二参照）がアンダーヒルのモットーとなったのである。午前中は著述に当てられ、午後は貧しい人々を訪問したり、人々の魂を導いたりすることに費やされた。この魂の指導の仕事は、アンダーヒルが年をとるにつれて次第にその比重を増し、最終的にはこれが彼女の主たる関心事となる。一九二一年になって初めてアンダーヒルは長年にわたる内面的葛藤を解決して英国国教会の一員となった。

一九二四年にアンダーヒルは黙想会を指導し始め、著作の何冊かはこの活動に基づくものである。他の著書としては小説三冊、詩集二冊の他に哲学と宗教に関する数多くの著作があり、またリュースブルクやウォルター・ヒルトンなどの神秘家の著述の編集と解説を行なっている。アンダーヒルは数年間『スペクテイター』誌の神学担当編集者を務めたこともあり、同誌および『タイム・アンド・タイド』誌に書評や記事を寄せた。

一九二一年にオックスフォード大学で行なったアプトン特別講演をもとに書かれたのが有名な『霊の生と今日の生』（*The Life of the Spirit and the Life of Today*, 1922）である。これを含め、アンダーヒルの神秘主義に関する著作は多く復刊され、現在でも入手できる。一九三六年に刊行された『礼拝』（*Worship*）の執筆中、アンダーヒルはギリシャ正教に深い関心を持つようになった。

アンダーヒルは、第一次大戦中は海軍省の情報部で働き、戦争に協力したが、第二次大戦に際しては、考え方を変えてキリスト教平和主義の立場を貫き、一九四〇年には『教会と戦争』（*The Church and War*）という題の非妥協的反戦パンフレットを発表した。

アンダーヒルの人柄であるが、彼女は生き生きとした、活発な性格で、鋭いユーモア感覚と繊細な感受性を備えていたとされている。そして人間の生のあらゆる側面に興味を持ち、自分のなすことすべてにおいて効率を重んじた。人と、とりわけ自分の弟子と接する際には常に控えめであり、それは「魂に押しつけがましいふるまいをする」ことを嫌ってのことであった。「魂に対するこの愛情と、神がお望みになるペースで――魂自身のでもなく、彼女自身のでもないペースで魂が成長するのに手を貸そうという決意とが相まって、彼女のもとに助けを求めた者すべての愛情と信頼を勝ちとった」と『英国人名事典』の記事には記されている。アンダーヒルは一九四一年にロンドン郊外ハムステッドで六十五歳の生涯を閉じた。

なお、略歴については『英国人名事典』（*The Dictionary of National Biography*）を多く参考にした。また、本文中の【　】は原著補注、〔　〕は訳者補注を示す。

《追記》

この翻訳は一九九〇年にジャプラン出版から刊行され、その後長らく絶版になっていたが、今回ナチュラルスピリット社から復刊の話をいただき、訳文にも手を入れて改訂版を出すことになった。ナチュラルスピリット社の今井博央希さんには、この古典的名著が再び日の目を見る機会をつくっていただいたことを深く感謝したい。また、編集を担当された畑中直子さんは大変丁寧な仕事をしてくださった。あつくお礼を申し上げる。

訳　者

第1章　はじめに

ここからは、一般的原理を離れてそれが実際に働いている現場を研究することになる。すなわち〈絶対者〉と直接の関係をつくりあげることのできる特異な人格がどのようにして発達してくるか、その通常の心理的プロセス、言い換えれば「神秘主義の途」を叙述しようというわけである。「神秘主義の途」の叙述が難しいのは、神秘家がみな互いに異なっているという事実による。「生物」、「無生物」を問わず、われわれが知覚する対象がすべてそうであるように、神秘家たちは一人一人異なっている。

われわれに知りうるかぎり、創造的衝動というものは、行きつくところまで分析してみると、何らかの制約を持つ機械的なものではなく、自由かつ独自なものであるように思われる。つまり、決定論者が何を言おうと、創造的衝動とはある芸術的自発性をもって自らを表現するものなのである。その自発性の結果をいくつかのグループに分けるために、その分類の基本としてそこから何らかの類似点を選びだしたとしても、それで創造の方法を発見したことにはならない。それは単に便宜上、一、二の性質――性質であって必ずしも特徴である必要はない――を選んでいるにすぎないのであって、こうした性質が一定数の人々や事物のうちにたまたま見られるということでしかないのである。それゆえ、最も科学的な分類ですら、せいぜい便宜上の間にあわせでしかないといえる。(1)

「観想的生活」に伴うような非常に微妙で捉えがたい一連の心理状態に対して、こうした分類を適用しようとすると、困難はいや増すばかりである。超越的な意識に関して、これまでに観察されたあらゆる特徴がみな集まっており、それゆえ典型的な例として扱うことのできるような神秘家はいない。ある場合には、截然と分かれていて重なることのない二つの精神状態が、別の場合には、混然と同時に存在する。従来必要欠くべからざるものと見なされてきた段階が、ある神秘家においてまったく省かれていることもあり、また別の神秘家では、〈神秘主義の途〉の段階の順番が逆転するように思われる。何らの一般法則にも従うことなく、同じ目標に到達した人々の集団を目の前にしているような気が初めはするのである。

しかしながら、明らかに神秘主義的であるこのような主体を何人か集め、人類学者がある人種に特有の性格を見出そうとするときにするように、彼らを素材として、言うなれば「合成の肖像」を作ってみたらどうだろうか。そうすれば、個々の例から集められた顕著な特徴がくまなく備わり、細かな変異は削られているような一つの型がこの肖像から出現すると期待できるだろう。このような肖像は、無論、型にはまったものとなるだろうが、一つの基準として役に立つであろう。絶えず個別の例と比較対照され、それによって修正されていく基準として。

この合成された肖像に関してまず気づくことは、典型的な神秘家が、「歓びの状態」と「苦しみの状態」の間で、一連の非常にはっきりとした振動を繰り返しながら目標に近づいていく、ということである。このような振幅の存在と継続――ある場合は断続的で混乱しており、ある場合は整然と定まっているのだが――は、細かな記録のようなものが少しでも手に入る神秘家の場合には、ほとんど常に記録の中に多かれ少なかれ見てとることができる。行きつ戻りつ霊は進みゆく（Gyrans gyrando vadit spiritus）〔コヘレトの言葉、一、六（古ヴルガタ訳）。回転する精神は螺旋状に進んでいく、といった意味〕。真実《リアリティ》〔reality は原則として「真実」と訳したが、文脈上、よりふさわしい訳語を使用した場合には「リアリティ」のルビを付した。Divine Reality は〈神的実在〉とした〕に向かう途をたどって、螺旋階段を上っていく魂は陽光と影とを交互に経験するのである。こうした経験は、超越的生に常に伴う「定数」である。「魂の霊的な状態はそれぞれにすべて永遠なるものである」と、ブレイクは人間心理に対する真の神秘的洞察をもって言った(2)。

一つの連続をなしているこれらの諸相の全体は、五つの項目のもとにうまく整理することができると思う。ただ、こうした相のすべてを欠くことなく示している個々の例はほとんどなく、多くの場合、そのうちのいくつかが曖昧だったり、完全に抹消されているように見えたりすることを忘れてはならない。このような分け方は、〈神秘主義の途〉を三段階に分ける伝統的なやり方を放棄し、同様に有名な聖テレジアの〈観想の七段階〉を無視することになるが、この分け方を採用することによって、失うものより得るものの方が多いとわたしは考える。しかしながらこの分類はまったく図式的であり、個々の神秘家の経験に対しては、大づかみな一般論としてのみ該当するものとして扱われねばならない。個々の経験がこのようにきちんと純粋な形であらわれることはほとんどない。個々の経験は主に環境と気質によって形づくられるものであって、生の最も次元の高い顕われに特有のありとあらゆる多様性と自発性とを示す。そして生物学の標本同様、科学的研究のために準備されるというそのこと自体により、分類された個々の例は、その本質的な真実を何がしか失うのである。個々の経験を全部一まとめにすることにより、一つの成長過程の諸相が構成される。この成長過程に含まれているのは、意識については、低次の現実《リアリティ》のみを意識することから高次の真実《リアリティ》を意識するようになることへの移行、そして性格については、それが「この世からは独立した霊的世界」〔ルドルフ・オイケン〕に適合するように着実に作り直されていくことである。人間の肉体的生の研究がそれを人為的に幼年期・青年期・壮年期・老年期に分けることによってやりやすくなるように、人間のあくなき図式化への情熱を大目に見ることにすれば、〈神秘主義の途〉の性質もいくぶん理解しやすくなるであろう。

さて、ここでわれわれが神秘的生活の諸相を研究するために設けた分類を紹介しよう。

(1)〈神的実在《ディヴァインリアリティ》〉の意識に自我が覚醒する。この経験は通常唐突に起こり、非常にはっきりしたもので、強い歓びと昂揚感とを伴う。

(2)初めて〈神的な美〉を知るようになった自我は、それとの対照において自分自身の限界と不完全さ、自分がさまざまな幻想にとらわれているのだということ、さらに自分を〈一者〉から隔てている途方もない距離を認識する。修業と苦行により、神との合一への途を妨げるようなすべてのものを排除しようとする試みが〈浄化〉の段階――苦しみと努力の状態――である。

(3)〈浄化〉によって「感覚的な物事」から離れ、「霊的結婚のための装飾」となる諸徳を身につけたとき、自我は再び、一層強化された形で〈超越的次元〉を溢れる歓びと共に意識することができるようになる。プラトンの「幻想の洞窟」の囚人のように、自我は〈真実〉の知にめざめ、険しく困難な途をよじ登って洞窟の入り口までたどりついたのである。今や、自我は太陽を目の当たりにする。これが〈照明〉の状態であり、それはさらに観想のさまざまな段階に分かれている。「祈りの諸段階」すなわち、聖テレジアや他の神秘家の述べているヴィジョンや魂の冒険がこれである。これらの諸段階はいわば〈神秘主義の途〉の中でさらに一つの順路——到達のための方法——を構成する。それは高みに昇りつつある魂に力を与え、助けるものとして、この道の熟達者たちにより考案された一連の鍛錬なのだ。〈神秘主義の途〉という言葉そのものが一つの有機的成長をあらわしているのに対して、この順路は、言うなれば教育的な役割を果たす。〈照明〉は何よりもまず「観想の状態」である。それは先立つ二つの状態と共に「第一の神秘的生」を構成する。多くの神秘家はこれ以上先の段階へ進むことがないし、一方、普通神秘家の範疇には入れられない幻視家や芸術家も多くこの〈照明〉という体験をある程度のところまで共有してきた。〈照明〉は〈絶対者〉についてある種の直感、〈神の現前〉という感覚をもたらすが、真の合一をもたらしはしない。〈照明〉は幸福な状態である。

(4) 神を求める者たちの中で、偉大かつ熱心な者の発達において〈照明〉に続く——時としては〈照明〉に断続的に伴う——のが〈神秘主義の途〉の全体験のうち最も恐ろしい、最終的な、そして完全な自我の浄めである。これは、ある瞑想家〔contemplation〈観想〉を行なう人間 contemplative は「瞑想家」と記したが、文脈により「観想する者」などの訳語を使用している箇所もある〕たちによって「神秘的苦痛」ないし「神秘的死」と呼ばれ、また他の者はこれを〈霊の浄化〉あるいは〈魂の暗夜〉と呼んでいる。〈照明〉の段階で〈神の現前〉の感覚という陽光を浴びた意識は、今や同じくらい強烈な〈神の不在〉という感覚の下で苦しむことになる。これは、神秘的ヴィジョンによる個人的な満足と神秘的生の真実とを切り離すことを学ぶことである。〈浄化〉の段階と同様、五感は洗われ、謙虚なものとなり、自我のエネルギーと関心とは超越的な事柄に集中される。かくして、この段階では浄化の過程が〈わたし〉というものの芯の芯である、意志にまで達しているのである。個人の幸福を求める人間的本能は抹殺されなければならない。これこそが神秘家たちによってかくもしばしば述べられている「霊的な磔刑《クルシフィクション》」である。それは苛酷な孤独であり、その中で魂は神的なものに見捨てられたかのように感じる。自我は今や自分自身を、その個人性と意志とを完全に放棄する。自我は何も欲さず、何も求めず、まったくの受け身となり、かくして、次の段階にいつでも入れるようになる。

(5) 次の段階、それが〈合一〉であり、神秘的探求の真の目標である。この状態において〈絶対的生〉は、〈照明〉の状態のように自我によって単に感知され、享受されるのみならず、自我と一つになる。これ以前のあらゆる意識の振動がめざしていた最終目標がこれなのである。それは均衡のとれた状態であり、純粋に霊的な生の状態であり、平安に満ちた歓び、さまざまな能力の増大、そして強い確信によって特徴づけられている。何人かの専門家のようにこの状態を〈脱我《エクスタシー》〉〔ecstasy は原則として「脱我」と訳したが、「エクスタシー」あるいはその他の訳語を使用した箇所もある。その場合は原語がわかるように「エクスタシー」のルビを付した〕の名で呼ぶことは不正確かつ混乱を招きやすい。〈脱我〉という用語は、かねてから心理学者と修道文献の著者たちがあの短く、歓喜に溢れる忘我状態《トランス》の定義として用いてきたものである。忘我状態は特定の顕著な肉体的、心理的付随物を伴い、この状態において瞑想家は現象界のあらゆる意識を失い、神的なヴィジョンを一時《いっとき》歓喜のさなかに直接経験するのである。この種の〈脱我〉は神秘家によってしばしば〈照明〉の段階、あるいは最初の回心のときにすら経験される。したがって、このような〈脱我〉を〈合一の途〉にのみ特有なものと見なすわけにはいかない。最も偉大な神秘家の何人か――たとえば、聖テレジアなど――の場合、恍惚的《エクスタティック》忘我状態《トランス》の訪れる頻度は、合一の状態が達成されたあとに増加せず減少するように思われる。一方いかなる異常な現象とも無関係な径路を通ってこの高みに到達する神秘家もいるのである。

〈合一〉こそ、神秘的発達の真の目標と見なされねばならない。つまりそれは、生の基盤が恒久的に真実の超越的次元の上に据えられることであり、魂の経験する脱我の状態はその味見のようなものである。〈合一〉の強烈な形は、個々の神秘家によって〈神秘的結婚〉、〈神化〉、ないし〈神的豊饒〉などの象徴で叙述されるが、みな検討してみるとこの同じ経験のさまざまな断面が「ある一つの気質を通して見られた」〔エミール・ゾラ〕ものであることがわかる。

しかしながら、東洋の神秘主義は合一よりもさらに高次の段階があると主張し、それを霊的生活の真の目標と見なしていることをここで述べておくべきであろう。その状態では個人の魂が完全に無と化すか、あるいは〈無限なるもの〉の中に再吸収される。このような無化はスーフィーによって「発展の第八の段階」をなすと言われ、この段階においてのみ彼らは真に神に到達するのである。このように述べられるとそれは仏教徒の言うニルヴァーナとほとんど変わるところがないように思われ、東洋の神秘家が常に傾斜するあの汎神論の論理的帰結となる。かくしてジャラルッディーン〔ルーミー〕は言う。

ああ、われを在らざらしめよ！　なんとなれば不在はオルガンの調べもて言う、『彼の許にこそわれら戻らん』と。(3)

しかしながら、このような詩句に対してヨーロッパの研究者が行なう解釈が正しいかどうかには、少なくとも疑問の余地がある。ガザーリーが〈第八の段階〉を描写しようと試みているその言葉は明らかに、仏教的な人格の消滅よりもキリスト教の瞑想家の理解している〈合一の生〉によりふさわしいものである。ガザーリーは言う。「スーフィズムの目標は全的に神に吸収されることである。少なくともこれは相対的には目標であると言える。彼らの教理のうちの、余人に明らかにし、叙述することの許されている部分に関して言うならば。しかし実際にはそれは始まりにすぎない。なぜなら、神による全的な吸収の直観とそれに先立つ諸々の事柄とは、いわば、彼らがスーフィズム的生に足を踏み入れる玄関のポーチにすぎないものだからだ。……この状態においてある者は自分が神と融合したと想像し、他の者は神と同一になったと想像し、また神とつながりを得たと想像する者もいるが、これはことごとく罪である」[4]

無化を魂の上昇の目標とする教理は、イスラム神秘家の態度が本当はどのようなものであろうと、ヨーロッパの神秘家からは例外なく、はっきりと拒絶されている。敵対者たちは彼らもまた魂の無化を信じていると絶えず非難しているけれども。ヨーロッパの神秘家がこれを拒絶する理由は、彼らの目的が生の抑圧でなく、生の強化、つまりその形態の変化にあるということによる。この変化のことを、誤解されがちな逆説的な言い方で神秘家たちは次のように言う。それは自我の完全な屈従による人格の完成である、と。なるほど確かにディオニュシオス・アレオパギテスのように、より東方的な精神を持つ神秘家は、自我の神における変容というより無化の方を信じているかに思われる否定表現を使うが、それは彼らが日常的意識の観点から、超感覚的な活力に満ちた状態を叙述しようとしているためであって、この状態は日常的意識にとっては〈無〉、〈闇〉、〈自我の消滅〉のようにしか捉ええないのである。さらに、こうした表現はしばしば恒久的な存在の状態ではなく、移行的な知覚の状態を描写しようとする試みであることがわかるであろう。すなわち、それが描こうとするのは〈恍惚的忘我状態〉の諸特徴であり、この状態においては、束の間、自我全体が超越的な次元にまで高められ、表層の意識が一時的に完全に働きを止めることにより、〈絶対者〉が直観的に理解されるのである。それゆえ〈神的闇〉、〈無〉は神秘家が到達したいと希求する自我不在の状態ではなく、むしろ〈未だ分割されざる神性〉の経験、〈神的な光〉――この天上の火の一端を恍惚状態の神秘家は地上を照らすべく持ち帰ることができるのだが――の経験を逆説的な仕方で描写したものなのである。

西洋の神秘家において〈神との合一〉の最高度の形態は、受動的というよりはある種の能動的な生を生きることを自我に強制するのであり、最も権威ある専門家たちによって、このことこそキリスト教神秘主義とキリスト教以外のそれとの真の相違であると見なされている。ドラクロワによれば「キリスト教の神秘家は〈無限なるもの〉から〈限られたもの〉へと移行する。彼らは生を無限なものとし、無限を具体的なものにすることを望む。意識から無意識へと向かい、また無意識から意識へと戻ってくるのである。これらの神秘家の途を妨げるのは意識全般ではなく、自意識すなわち〈自我〉の意識である。〈自我〉こそが限界であり、無限と対立するものなのだ。自我から解放され、より大きな意識の中に呑みこまれた意識の状態は一つではないが、そのそれぞれが無限を表す相となり、さまざまな〈神的意識〉の状態となりうる」[5]。同様にスターバックは言う。「個人は自らを自我活動の中心からはずし、普遍的存在の啓示の道具とすることを学び、自我の外なるより大きな生を愛し、それと一つであるような生を送ることを学ぶのである」[6]

それゆえ偉大な瞑想家たちの理想、彼らの長い勉励の目標は「無限を表す相」となることなのだ。汲めども尽きぬ〈神的生〉の究極の真実、崇敬すべき真実の感覚に満たされ、それに支えられ、励まされながら、彼らは自らの受け取った啓示、より豊かな生を人々に伝えたいと願う。霊的結婚ではなく、神的豊饒が彼らのめざすべき最終的状態なのだ。〈第七の段階〉に達した聖テレジアや偉大な自己放棄をなしたときのゾイゼは、ある意味で探求の目標に到達した。しかし彼らの到達した状態には受動的なものはいささかもない。〔聖杯の探求者としての〕サー・ギャラハッドではなく、聖杯の担い手が今や彼らの予表《タイプ》であり、その生涯において、言葉の形であろうと行為の形であろうと彼らはかの「探し出されることを願う秘宝」〔『マタイによる福音書』一三・四四参照〕を示すことを強いられるのである。

　聖テレジアは言う。「尼僧方よ、あなたがたはこの【合一の】状態にある魂がその専心のあまり何一つ手につかないと思うかもしれない。それは間違いです。魂は以前に増してやすやすと熱心に神の説く務めのすべてに赴き、このような務めから再び解放されたときには以前と少しも変わらずに神と共にある歓びのうちにとどまるのです[7]」

　神秘的気質ほど怠惰とほど遠いものはない。観想の初期の段階で神秘家たちが自らに課さねばならない「静思」はしばしば彼らの遂行すべき仕事のうち最も困難なものである。知的・肉体的活動の放棄は、プロティノスの言葉を借りれば別の地平において「熱狂的に活動する」ことができるためにのみ為されるのだ。神秘家には為すべき仕事がある。しかしこの仕事はさまざまな形をとりうるし、その形が時としてあまりに完全に霊的なものであるため、実用しか見ようとしない精神には感知できないこともある。観想的生活に対する多くの誤解とそれに基づく軽蔑は、筋肉を使っての賃金労働が行なわれる社会によって設定された、狭く皮相的な「仕事」の定義に由来するのである。

西洋の神秘主義の全記録はそのまま至高の人間的活動の記録でもある。それは「霊的格闘を行なう人」の活動ばかりでなく、聖テレジアや十字架の聖ヨハネのような偉大な組織者、アッシジの聖フランチェスコや聖イグナティウス・ロヨラ、エックハルト、ゾイゼ、タウラー、フォックスなど、霊的に死んでいる者たちに生を説いてまわった伝道者たち、ジェノヴァの聖カタリナや聖ヴァンサン・ド・ポールのような博愛主義者、マグデブルクのメヒティルト、ヤコポーネ・ダ・トーディ、ブレイクのような詩人や預言者、そして最後に、〈絶対的生〉への参与によって一国の運命を担うことになったこの上なく雄々しい魂――聖ベルナルドゥス、シエナの聖カタリナ、聖ジャンヌ・ダルクを最高の例として挙げられるだろう――のなした活動をも記録しているのである。神の声はシエナの聖カタリナに語った。「わたしの真実を愛する魂はあまねく全世界に仕えることを決してやめない[8]」

〈真実〉こそを優先するように完全に作り直され、リュースブルクが人間の進化の頂点となる段階として「内なる生の至高の極み[9]」と描写した、享受と活動の二重の状態を体現したこれらの人々はすべて、いわば両手を差し伸べて生きたのである。彼らは限られた存在と〈無限なるもの〉の両方に、神と人間の両方に手を差し伸べて生きた。このような「偉大な活動家」がほとんどの場合、彼ら自身の生に力を与える〈絶対的生〉との霊的交流を樹立するために必要な条件として、まず初めに現世を捨てたことは事実である。多なるものに注意をそらされた精神は〈一者〉を理解することができないからだ。荒れ野での孤独に等しい何らかのものが神秘家の訓育に欠かせないのはここに由来する。しかしながら霊的交流を打ち立て、内なる生を超越的次元のもとに再構成した――一時的脱我においてのみならず、魂の恒久的状態として〈源泉〉との結合を果たした彼らは、その孤独を捨てることを余儀なくされた。そして何らかの仕方で、あの〈生〉が他の人々に向かって流れ出るための媒介となるために現世との接触を再開したのである。一人の連れもなく山に登り、現世に対して神の遣わした使節となって戻ってくるというのが、人類の最大の味方である人々の常にとった方法であった。復帰の先行条件としての隠遁という、この収縮‐拡大運動が、最高度に発展したキリスト教神秘主義の真の理想である。この運動をその生涯の中に見出せないような人々は、他の点でいかに優れていようとも最終的段階に至ることなくとどまった人と見なされねばならない。

かくしてシエナの聖カタリナは、われわれが今でも見ることのできるベニンカーザ通りの自宅の小さな一室で、家族の日常生活から完全に切り離され、隠者のような隠遁生活のうちに三年間を過ごした。伝説は次のように語っている。「カタリナは他ならぬ自分の家の中に砂漠を見出し、人々に立ち混じるなかで孤独を見出した」[10]。カタリナはそこで多くの苦行に耐え、脱我とヴィジョンを経験し、実際、〈浄化〉と〈照明〉の状態——カタリナの場合この二つは並行して起こったのだが——を経験したのである。この孤独な生は〈神秘的結婚〉のヴィジョンに象徴される経験によって突然終わりを迎えるのだが、そのとき〈声〉はカタリナにこう語った。「今、わたしは汝の魂と結婚する。汝の魂はこの後いつも〈わたし〉と結びつき、一つであり続けるだろう」。カタリナはその長い隠遁生活の間、ふんだんに照明を授かっていたのであるが、今や〈合一の状態〉に入り、その公的な生活はすべてこの状態にあるうちに過ごされた。合一の及ぼす効果はすぐに目についた。カタリナは孤独を捨て、家庭生活に加わり、街に出て貧しい人、病気の人の世話をし、弟子を引きつけて彼らを教え、罪人を改心させるなど、その名を十四世紀の歴史上最も偉大なものの一つにした幅広い活動に着手したのである。これに際して、神秘主義的意識に特有な生を生きること――すなわち〈超越的世界〉との直接的接触を経験すること、「神的な愛の深淵」に見入ること――をやめたということでないのは言うまでもない。それどころか、カタリナの物事を処理する優れた実際的手腕、人々を支配する底知れぬ力の源泉は、俗世間における仕事が続く間ずっと彼女を支え続けた数々のヴィジョンと脱我とにあったのである。「より成就されるためにカタリナは百合の咲く谷間へ降りていった」と伝説は語っている。[11] ある「自分以外の力」を伝える、意識を持った媒介者として、カタリナは権威をもって語り、行動した。この権威は、教育のない平民階級の娘にはそぐわないものに思われたかもしれない。しかし、カタリナと接触するようになったすべての人がその影響力に屈したという事実こそが、この権威を裏付けているのである。

　こういうわけでわれわれの仕事は、自我の均衡状態に徐々に、しかし完璧に変化が起こる過程をその初めから追っていくことである。それは自我が、ふだん浸りきっている偽りの感覚世界から転じて〈絶対的真実〉をまず直観的に理解し、次にそれと結びつくという変化である。そしてその最後の段階では、この〈超越的生〉にいわば憑依され、全面的にそれに屈従した自我が媒介者となり、この人を通してわれわれは霊的な世界が直接にこの感覚世界で働いていることを、他に例を見ないほどはっきりと見てとることができるのである。言い換えれば、われわれは人間の精神が単に現象を感知するだけの状態から、〈神的超越〉という相のもとに〈絶対者〉を洞察し――時としてそれとの接触を持ち――さらに〈神的内住〉の相のもとの〈絶対的生〉を完全に認識し、それと合一するまでの発展を見ていくことになる。

　すなわち、完成された神秘的生活は洞察以上のものなのだ。それは神と心を一つにすることなのである。神秘家たちが昔から使ってきた率直な言葉を借りれば、それは神化された生なのである。

第1章　原注

(1) 科学はますますこのような判断に同意せざるをえない傾向にあるようである。特に、A. N. Whitehead, *Man and the Modern World.* および *Religion in the Making.* を見よ。〔『ホワイトヘッド著作集 第7巻 宗教とその形成』斎藤繁雄訳、松籟社、一九八六〕

(2) William Blake, *Jerusalem*, pt. iii.〔『ブレイク全著作』梅津濟美訳、名古屋大学出版会、一九八九〕

(3) R. A. Nicholson. *The Mystics of Islam*, p.168. の引用による。〔『イスラムの神秘主義』中村廣治郎訳、東京新聞出版局、一九八〇〔オリエント選書3〕、『イスラムの神秘主義―スーフィズム入門』平凡社、一九九六〔平凡社ライブラリー、新書〕〕

(4) A. Schmölders, *Les Écoles Philosophiques chez les Arabes*. p.61.

(5) H. Delacroix, *Études sur le Mysticisme*, p.235.

(6) E. T. Starback, *The Psychology of Religion*, p.147.

(7) St. Teresa, *El Castillo Interior*, Moradas Sétimas, cap. i.〔『霊魂の城』東京女子カルメル会訳、ドン・ボスコ社、二〇一五〕

(8) St. Catherine of Siena, *Dialogo*, cap. vii.〔シエナの聖カタリナ『対話』岳野慶作訳、中央出版社、一九八八〕

(9) Ruysbroeck, *De Ornatu Spiritalium Nuptiarum*, 1, ii. cap. lxxiii.〔『ゾイゼとリュースブルク キリスト教神秘主義著作集9』植田兼義訳、教文館、一九九八所収『霊的な婚姻』、『中世末期の神秘思想』平凡社、一九九二〔中世思想原典集成17〕所収『霊的婚姻』〕

(10) E. Gardner, *St. Catherine of Siena*, p.15.

(11) S. *Catherinae Senensis Vitae*（Acta SS. Aprilis t. iii.), ii.ii. §4.〔ライモンド・ダ・カプア『シエナの聖カタリナ』岳野慶作訳、中央出版社、一九九一〕

第2章　自我の覚醒

神秘体験を形づくる一連の心理状態の中で、超越的意識の覚醒という決定的な出来事をます考察しなければならない。

この覚醒は、心理学的観点からすると、いわゆる「転換」現象の強度の形態と考えられ、成人が経験する永続的で深刻な転換（宗教心理学者言うところの「神聖化」[1]）に非常に近い。自我の内部の均衡がかき乱され、その結果、意識の領域が低い次元から高い次元へ推移し、興味の中心が主体から、新たに視野に入ってきた客体へと移動する——超越体験のいかなるプロセスも必ずこのようにして始まるものである。けれども、これを普通一般に理解されているような宗教的回心と混同したり同一視したりすべきではない。回心は、自我がそれまで斥けていたり因襲であると見なしていた神学上の信仰を突然、感情的に受け入れるものであり、意識のへりに留まったままで、自我の実際の活動にとっては何の意味も持たないのである。確かに機械的なプロセスにおいて両者はかなり似かよっているかもしれない。しかし、覚醒は、影響の及ぶ範囲も生じる結果も、より高次なレベルの現実に属している。

スターバックによる回心の定義は、この神秘的な覚醒のことを語っており、アメリカプロテスタンティズムの奨励する信仰復興運動的な現象とは別物である。「回心は元来、自我を脱却させる方向に働く。個人の第一の誕生は、自らの小さな世界の中への誕生である。その際に彼を支配するのは心に深く根ざした自己保存と自己拡大の本能であって、もちろんその本能は動物の段階にある先祖から直接受け継いだものである。彼の世界は自らの人格を中心として構成されている。ところがそこで回心が行なわれると、より広い世界意識が個人の意識の中に襲いかかる。それはしばしば突然押し入ってきて、新たな啓示となることがある。これが回心の第一段階であり、ここにおいて人は生存のための小さく仕切られた世界から、人間存在のもっと大きな世界へと出ていくのである。人生がより大きな全体の中に呑みこまれるのである」(2)

どのような回心においても、意識下から直観が突如、または徐々に現れ出てきて意識野を作り変え、世界に対する自我の態度を改めてしまう。プラットによれば、「それは一種の趣味の変化と言ってもよいが、ただし人間の経験の中で起こる最も重大な趣味の変化である」(3)。しかし神秘家にあってこの過程は極度の強さに高められる。それというのも、神秘家を神秘家たらしめる絶対者への情熱がこのとき初めて現れるからであり、それは生活全般に重大な影響を与えることになる。この段階を経た人は、すでに多くが「信仰者」の名にふさわしい者たちであり、心底から本格的に信仰者となっていることもある。ルルマン・メルスヴィン、ジェノヴァのカタリナ、ジョージ・フォックス、リュシー＝クリスティーヌ、これらの人々は皆、幼い頃から信仰篤く育てられ、キリスト教の伝統をすべて受け入れていた。にもかかわらず、初めて魂の眼が開かれたとき、自分の住む世界がすっかり変わってしまったことに気づいたのである。

場合によっては神秘的意識が徐々に出現し、はっきりした転機が見られないこともある。自我が古い宇宙から新たな宇宙へゆっくりと、いつの間にか移っていく場合である。もっとも、神秘主義の歴史を調べてみるとこのような例は稀であり、通常は産みの苦しみが伴うものであることがわかる。また別の型においては、普通の意味における回心がまったく無く、〈浄化への途〉に踏み出したことを特徴づける痛み、精神の苦悩、内なる葛藤を経ているうちに、自分にもいつからとほとんど気づかれぬまま、明晰な意識が間欠的に現れて段々に拡がっていく。ジョージ・フォックスがその典型的な例であるが、このような場合には回心と浄化が手を携えて進行し、ついには〈照明〉段階の平静さへと次第に変化してしまう。フォックスの『日記』の一六四七年の部分には、このような「開示」、すなわち超越的な知覚が精神とぴったり一致しないまま増大し、透明な視界を求めてもがくさまが鮮やかに描かれている。

わたしの受けた苦悩の課程は非常に厳しいものだったが休み無しに続くわけではなく、時にはアブラハムのふところにいるような天上の歓びに浸ることもあった。……このように、最も深い懊悩、何度も襲いかかる極度の悲しみと誘惑の中で、主はわたしを慈悲のうちにとめおかれたのだ。わたしは自分の内部に二つの渇望があることに気づいた。一つは援助と力を得るために人間に向けられたもので、いま一つは主、創造主に向けられたものだった。……まるでその二つの渇望がわたしのうちで交互に主張を繰り返しているかのように思えた。……ある日のこと、一人で散歩して家に戻ると、わたしは神の愛に包み込まれ、ひたすらその愛の大きさに感動した。このような状態の中で、永遠の光と力によって開示されたものをわたしは目の当たりに見ることができた。……けれども何ということだろう。それからすぐ苦労、試練、誘惑がかつてないほどにはっきりと目にとびこんできたのである。[4]

典型的な神秘家は歓びと苦悩の間を大きく揺れ動くものだが、ここではその代わりに多くの細かい動揺が見られる。表層の霊的意識にある「二つの渇望」が交互に表に現れている。〈真なるもの〉のヴィジョンへ向かう一歩ごとに、反対に向かう力が生じるのである。生まれたばかりの超越的な力はすぐに弱まって自我の振子が細かく振動する。「神よ、わたしはあなたの美によって、あなたに引きつけられたかと思うと、もうすぐにわたしの重みにたえかねてあなたから引き離される[5]」という聖アウグスティヌスの忘れがたい言葉は、右に述べた体験の秘密を具体的に示している。

しかしわれわれのあたった神秘家自身の言葉から判断するなら、神秘的回心は一般に、回心以前または以後の長く曖昧な葛藤とははっきりと区別された一回性の突発的体験である。その体験にあって大抵は世界の中に輝きと崇高な現実を生まれて初めて突如、鋭く認識するに至るが、時にはその反対に万物の中心に神の悲嘆を感得することもある。およそわたしの知るかぎり、どのような言語にもこの種の実感を描きうる言葉は存在しない。それはあまりにも鮮やかな性質を持っているので、それまでの通常の知覚世界はせいぜい薄明の中にあったとしか思えなくなる。意識が突如リズムを変え、宇宙の新たな相貌がとびこんで来る。視野を遮っていたもやが晴れ、ほんの束の間にせよ、〈永遠の丘〉のはっきりとした輪郭が顕わになる。「このことを知る者はわたしの言わんとするところを知ろう。かくして魂が新たに別の生を得ることを確信するであろう[6]」（プロティノス）

多くの場合、この新たな意識は自我に不意に襲いかかるもので、しかも内側から段々に育ってくるというよりも外から押しつけられるように思われるので、超自然的な性格を持つと感じられる。言うまでもなく、その典型は聖パウロの場合である。そこには突然の光、天からの声、脱我、人生の完全な変化があった。けれども後に見るように、回心以前の状態の詳細な記録を残している神秘家の証言を調べてみると、一見したところ前触れの無い回心も、実は概して、長期間の不安、疑い、心理的抑圧を経た上で、その結果として生じるものであることがわかる。心の内奥は牢獄の中で苦しげに動き回り、やっと外に出てきたのも実は脱出の努力を何度も試みた末のことである。当人の気質や環境、未だ見出すことはできないが心から追い払うこともできない霊的な実在《リアリティ》へのほのかな、しかし執拗な予感――こうしたものが皆、準備として役立っているのである。(7)

ところがさて、体内に宿った意識下の直観が長い時間をかけてついに生まれ出て、新たな光に目が開かれるようになると（興味深いことに本当にこのとき、目もくらむようなまぶしさの感覚を必ず伴うのである）、それまでの動揺、抑圧、漠然とした欲求や迷いが忘れ去られてしまう。この突然の実在認識の中で「万物は新たに作り変えられる」といってよかろう。この時点から神秘家の生活が始まるのである。デ・サンクティスはこの種の回心に見られる三つの明確な特徴を挙げた。すなわち、(1)解放感・勝利感、(2)神がそば近くあることの確信、(3)神に向かっての愛情、(8)である。われわれはこれを、次のような突然で歓ばしい強烈な知覚と定義しようと思う。それはまず、宇宙に内在する神を知覚することである。また、自分が新たに踏み出した大いなる生、存在を支配すべき事実と協調してこれから送る生が、いかに神々しい美しさ、言語を絶した力と輝きを持つか知ることでもある。フランスの瞑想家リュシー＝クリスティーヌが自らの神秘家としての生活の始まりについて語った文章を引こう。「突然、わたしは内なる目の前に〃神のみ〟という言葉を見ました。それはまた光でもあり、引きつける力でもあり、力そのものでもありました。その光はわたしがこの世で寄り従うことのできるのは神のみであることを教えてくれました。それまでわたしはこのことをよく理解していなかったのです。また、その引力はわたしの心をしっかりとつなぎとめ、喜びをも与えてくれました。さらに、その力はわたしに気高い決意を吹き込み、ひいてはその決意を実行に移す手段をも授けてくれたのです」(9)

以下で、このような神秘的回心の例をいくつか挙げて、比較検討してみよう。当人が自分の経験について実際に書き記したものが使える場合にはそれを引くこととし、ない場合にはなるべく古い信頼すべき記録を引こう。こうした例を集めてみれば、何らかの恒常的性格が明らかになるであろうし、そこからそれぞれ特異な形態を生み出している心理学的な法則も引き出すことが可能かもしれない。

まず、これから見ていく神秘家の中で時代的に最も早く、重要性の点からも筆頭に挙げられるべきは、偉大な詩人にして瞑想家、〈絶対者〉を熱烈に愛してやまなかったアッシジの聖フランチェスコの場合であろう。聖フランチェスコは主に実践の生活を送って書き残したものが少なく、その行動も極めて素朴、率直であったため、賛美者たちも彼が典型的な神秘家であるという事実を長いあいだ見落としていた。しかし、最もありふれた世俗的な汚れた生活を、〈真実〉の完璧な表現となるまでに作り変えた神秘家は、おそらく彼以外にはなかったのである。

さて、聖フランチェスコが目を開かれたのは一二〇六年、二十四歳のときであったが、それは、世俗の生活と、たび重なる霊の召《まね》きとの間の長く熾烈な葛藤の期間を経た後のことであった。彼の精神は近代的な言葉で言えば、統一されていなかったということになる。彼は血気盛んな青年で、活力に満ち溢れていた。

また生まれつきの芸術家で、芸術家に特有の気難しさもしっかりと持ち合わせていた。戦争と享楽的生活に彼は魅きつけられ、この二つのものに「哀れにも、あたら時を無駄にしていた」と伝記は語る[10]。けれども、彼は漠然と満たされぬものを感じていた。浮かれ騒ぐさなかにも、何度か不意に放心状態に襲われることがあった。育ち始めた超越的な意識が、意識下に閉じこめられたまま〈真なるもの〉を感知し、触知して、未だ機の熟さぬうちに無理やり表面に出て覇権を握ろうとしたのだろう。チェラーノのトマスの言葉を借りるなら、「それと知らずにではあったが、彼は完全なる知識に導かれつつあった」。彼は生来詩人であり音楽家であったため、美を愛し、醜さや病気を本能的に避けた。しかし何か心のうちにこの性向に背くものがあって、時にはそちらの方が強くなってしまった。そのような時には進んで乞食とつき合い、癩病患者を看護し、衝動的に慈善と自己卑下の行為を行なうのだった[11]。

「神の手から逃れんとする企て」と伝記の言うこの分裂した状態が何年か続いた後、ある日フランチェスコはアッシジの城門の外の田野を歩いていて、聖ダミアーノの小さな教会の前をたまたま通りかかった。その教会は、(再びチェラーノのトマスの『第二伝記』から引くが)「ほとんど荒れ果てていて人々からは見捨てられているものだった。さて彼は、聖霊に導かれ、祈りを捧げるため中に入った。そうして十字架のキリストの前に敬虔なる祈りをこめてひれ伏した。すると、ついぞ経験したことのない霊の訪れに打たれ、彼は自分が教会に入る前とは別人になったのに気づいた」。

これが回心の第一段階である。人生における矛盾した二つの理想の間の葛藤が、終わりを告げたのである。不意に、何らかの断固とした行動をとろうという、一見して「不合理な」衝動が、ふつふつと沸き立つ深みから意識の表面へと上ってくる。衝動には後に続くものがあって、超越的意識の速やかな出現が起こる。この「ついぞ経験したことのない霊の訪れ」によって主体の意識は我知らず突然の変質をこうむり、文字通り「自分が別人になったのに気づく」。まるで眠りから目覚めた人間のように。その後、この〈実在《リアリティ》〉の新たな、未だ不安定な理解が、ヴィジョンや聴覚体験の形で結晶化し、覚醒した自我に対し教えや真理が直接に提示される。「さてこのように、回り道することなく彼が導かれている間に、絶えて久しく耳にしたことのない奇蹟が生じた。――十字架のキリストの絵が、そこに描かれた口を通して彼に語りかけられたのである。『フランチェスコよ』と名を呼ばれ、次のように言われた。『行きてわが家を修復せよ。汝の見る通り、そは荒れ果てしなり』と。フランチェスコは震え、恐れおののき、まるでこの言葉に心を奪い去られてしまったかのようであった。彼は神に従う覚悟を決めた。この命の実現に向けてひたすら心を突き動かされていたのである。しかし、彼は自分の経験した変化が口にしがたいものだと感じていたので、われわれもそれについては口をつぐむ方がよかろう……」。このときから彼は、「その教会の修理に全身全霊を打ちこんだ。確かにフランチェスコに語られた御言葉は、キリストが御自らの血で贖われたキリスト教会そのものを指すものではあったが、フランチェスコはそのような高みにいきなり登ることをせず、肉の領域から少しずつ霊の領域へ移っていこうとしたのである」(12)。

一瞬のうちに、フランチェスコの住む世界全体が一変した。もはやいかなるためらいも、いかなる不安もなかった。その変化を彼は口で言い表すことはできなかったが、自分の人生の中核となるものであることは承知していた。この有無を言わせぬ声は高次の現実《リアリティ》から発せられ、彼の一生を捧げることを求めるものであり、これに背くことは一時たりとも思いもよらなかった。

さてフランチェスコの経験を、やはり聖人にして神秘家であり、かつ彼と同じく実践生活と瞑想生活を結合させたジェノヴァの聖カタリナの経験と比べてみよう。カタリナは幼時から宗教的性質を身につけていたらしく、不幸な結婚生活のゆえに長年、孤独で鬱々とした日々を送ったことが、意識の変容の準備段階となった。彼女もまた――フランチェスコのように享楽のうちにではなく悲嘆のうちにだが――慰めを得られぬこの世と、もはや救いの手を差し伸べてくれぬ宗教の間を揺れ動いたのである。あげく、彼女は自分自身にも生にも倦み、まったくの鬱状態に陥ってしまった。

彼女の解放もやはり不意にやって来た。一四七四年、二十六歳のときである。

聖ベネディクトの祝日の翌日、(修道女であった姉の勧めに従って)カタリナは修道院の告解師の下に告解に出かけた。カタリナは気が進まなかったが、姉に「とにかく行くだけ行ってあの方に心を委ねてごらんなさい。とても立派な修道士なのですから」と言われたのだった。事実、それは非常に徳高き人物だった。カタリナはその人の前に跪いたとき、突如、神の計り知れぬ愛によって心に傷を受け、同時に自分の苦悩と罪、また神の善を目の前に突きつけられ、その場に崩れ落ちそうになった。そして無限の愛を感じ、至善の神に対しなされた罪深さを感じることで心を浄められ、貧しきこの世から引き離されて、ほとんど我を忘れる状態になった。燃えるような愛に打たれて彼女は心のうちで叫んだ――「もうこの世はいりません。罪はいりません」と。彼女はこのとき、世界をいくつ手にしていようとも、すべて投げ出していただろう。……彼女は家に戻ったが、神の大いなる愛と、自分のみじめさとを心のうちで示されたことで、胸は燃え立ち、深い傷を負って、放心状態にあった。彼女はできるかぎり人から離れていたくて部屋の中に閉じこもり、熱いため息をついた。このとき、祈りを行なえと心のうちで勧めるものがあったが、口は次の言葉を発するのみだった。――「ああ、〈愛〉よ、あなたは大いなる愛でわたしを呼ばれ、言葉で言い表せないことを一瞬のうちに知らされました。このようなことが有りうるのでしょうか」

〈絶対者〉の直観の後には、十字架を背負ったキリストがヴィジョンとして心のうちに現れ、彼女の愛と卑下の心をさらに増した。「再び彼女は、『〈愛〉よ、もう罪は、罪はいりません』と叫んだ。自己を憎む心は耐えがたいものになっていた」[13]

この経験についてフォン・ヒューゲルは次のように言う。「このような事柄の真実性を計る基準は、それがどれだけ長続きするか、霊的にどれだけ広く豊かな適用と実りをもたらすことができるかにあるのだが、その点からすると、この悲嘆に暮れた二十六歳の女性の魂に修道院の礼拝堂でお告げの祝日に起こったことは、正に真実にして重大なものであった」[14]。聖フランチェスコの場合と同じく聖カタリナにとっても、文字通り新しい人生がこのとき始まったのは間違いない。興味の中心が移動し、意識野が作り変えられている。彼女は「言葉で言い表せぬことを一瞬のうちに知った」のである。心にかかっていた覆いが剥ぎとられたが、それがいきなりだったため後に傷を残した。生まれて初めて彼女は生を浸している〈愛〉を見、実感して、強い意志の力と情熱が〈愛〉の召きに応えたのだった。

おもしろいことに、ギュイヨン夫人の神秘的生への回心は聖カタリナのこの体験を希釈してでき上がった感がある。ギュイヨン夫人の体験は自伝の第一部、「いかにして高徳の修道士が彼女の心のうちに神を見出さしめ、素晴らしい結果を生み出したか」という特徴的なタイトルの第八章に語られている。彼女の回心もまた、やはり不似合いな結婚から生じた精神的苦悩を経てもたらされたものである。しかし、ギュイヨン夫人の均衡のとれていない散漫な感傷的性格には、聖カタリナの精神が持つ豊かさ、威厳、内に秘めた熱情、優雅な繊細さなどは無く、自己の精神の軌跡を語る彼女の文章も、神から与えられた特別の恵みに対する意識過剰のせいで台無しになっている。[15]

神秘主義の研究者にとって、ギュイヨン夫人の持つ意義は、一つにはこの表層的知性の脆弱性にある。この脆弱性のために知性が霊的生活を変化させ、有益な影響を与える力を持たないので、宗教心理学者にとって彼女は理想的な「実験室用の見本」となっている。つまり彼女の言う受動性、「静寂」の偉大な原理に則って、内的な衝動が知性からの抑制に出合わず気ままに発動でき、研究者としてはその働きを、強靱な知性や鍛えられた意志の存在にかき乱されることなく観察できるのである。思いのままに吹く風が、彼女の魂を吹き抜け、彼女は風車ではなく風見鶏のように風に応える。彼女はどちらの風向きにも顔を向け、すきま風を神の息吹と取り違えることもしばしばである。自らが回転することに大いなる意味があると感じているようでもある。しかし深遠なる生への目覚めを語る彼女の文章は、その誇張癖は相変わらずではあっても、ある種の威厳を備えてはいる。[16]

ギュイヨン夫人は子どものときから、こと信心に関しては執着に近いものを示していた。十二歳で聖フランソワ・ド・サル、聖ジャンヌ・フランソワーズ・ド・シャンタルを熱心に読み、告解師に黙祷の仕方を教えてくれるよう頼んで、断わられると独学を試みたがうまくいかなかった。[17] 聖カタリナがちょうど同じ年頃にアウグスティノ修道会の律修道女になりたがったように、彼女も聖母訪問会〔一六一〇年創立の女子修道会〕の修道女になることを望んだ。しかし十二歳の少女の修道院へのあこがれを真面目にとる者がめったにないように、彼女の場合も当然のことながら両親は同意しなかった（「父の下でのさまざまな苦難」の章）。稀に見る美しい少女に成長した彼女は社交界に入り、ほんの一時、世俗的とも言える生活を楽しんだ。けれどもジャック・ギュイヨンとの結婚によってこの明るい生活にも終止符が打たれる（このとき、彼女は花婿の名すら告げられずに結婚約定書に署名したという）。「町中がこの結婚を喜んでおりましたが、その中でわたしだけが悲しんでいました。……修道女になりたいというかつての願いが結婚後すぐによみがえって、わたしの頭を一杯にふさいでしまいました」[18]

彼女の幼い結婚生活は極めて不幸なものであった。すぐに彼女は宗教の勤めの中に慰めを求めざるをえなくなる。「多く愛するよう生まれつきながら、周囲に愛するものが見出せなかったので愛を神に向けた」とゲリエは簡潔に語っている。[19] けれども彼女は満足を得られなかった。他の多くの瞑想家と同じく、彼女も自分の手にしていない何か、使われずにいる活力の存在をうっすらと感じとっていた。彼女はこの「何か」を「静寂の祈り」、「神の存在を感得する業」と考えた（これらは神秘主義的傾向を持った友人に教わったものである）。彼女は努めてそこに到達しようと試みたが、当然のごとく果たせなかった。「神御自身が与えてくださるものを、わたしはあれこれ試みて得られませんでした。本当は唯一単純なことの中でしか経験できないものなのです」[20]

このような内的葛藤がおよそ二年間続き、ギュイヨン夫人十九歳のとき、長い間求め続け、ほぼあきらめかけていた理解がようやく得られた。それは聖カタリナの場合と同じく突然、奇蹟のごとく訪れ、また状況も奇妙なほど似かよっている。きっかけはフランシスコ会の修道士の一言であった。そもそもこの人物が近くにいたのは、彼女のために働く「隠れた力」のなせる業だと彼女は考えた。彼女は人に勧められて会いに行ったが、隠者であった修道士は女性の告解を聞くのを好まず、訪問を歓迎する風はまったく無かった。彼女の容姿が「当惑で彼の頭を満たした」からだということだった。

その方はわたしから離れたまま、長いあいだ何も話されません。けれどもわたしは臆せず語りかけ、祈りの問題についての困難を簡単にお話ししました。すると即座にお答えになるには、「あなたは御自分のうちに持っているものを外に探し求めておられます。自分の心の中に神を求める習慣をおつけなさい。そうすれば見つかりましょう」。こう言って出ていかれました。翌朝わたしが再び訪れ、この言葉が魂に及ぼした効果のほどをお話しすると、その方はすっかり驚かれましたが、本当にその言葉は矢のようにわたしの心を貫き通したのです。その瞬間にわたしは喜びと愛に満ちた深い傷――決して治ってほしくないような甘美な傷――を心に感じました。その言葉はわたしが長年求め続けてきたものを心に与えてくれました。いや、すでにそこにあったものを見出させてくれました。おお主よ、あなたはわたしの中におられ、その存在をわたしに知らせるために、ただ内へと引き返すことだけをお求めになられたのです。〈果てしなき慈愛〉よ、あなたはこんなにもそば近くおられたのに、わたしはあらぬ方向に駆けめぐってあなたを求め、見出せずにいたのです。

聖カタリナと同じく、彼女もまたこのときに、長く求め続けた祈りの業、瞑想を身につけた。「このときから、わたしの祈りの中から形相も像も消え、祈りによって何も頭に浮かばなくなりました。けれどもそれは〈意志〉の中に包み込まれる歓びの祈りであり、神に向かう気持ちがひたすら大きく、純粋で単純であるために、魂の他の二つの力を行動も言葉も無い深い平静さの中に引きつけ、呑みこんでしまうものでした[21]」

次に取り上げるのは前の人々ほど有名ではないが、やはり〈神秘の途〉に踏み出した際のことを鮮やかに書き残した神秘家ルルマン・メルスヴィンである。彼はストラスブールの富裕な商人で、信仰篤く、人々の尊敬を集めていた。一三四七年、三十六歳の頃、彼は信仰に身を捧げるために商売から手を引く。当時はドイツカトリック教会内の霊的復興運動期にあたっていて、この運動はライン川地方の二人の偉大な神秘家ゾイゼとタウラーの影響を強く受け、「神の友」〔十四世紀ドイツ、スイスの神秘的宗教団体〕と結びついていた。またメルスヴィン自身、タウラーの弟子であった[22]。

彼が商売をやめた年の秋、「聖マルティン祭の頃」、ある晩彼は自分の家の庭を一人で散歩していた。歩きながら物思いに耽っていると、突然、キリスト受難の姿が心に浮かんだ。むろん、このような想像上のヴィジョン自体には異常と言えるものは何もない。タウラーとその一派に影響を受けた敬虔なカトリック教徒であった彼は、散策の際に何度もそのような方向に思いを向けたことだろう。このときはしかし、十字架の心像が、かなり前から動き始めていた意識下の力を解き放ったように思われた。メルスヴィンの心はこの世と、自らの自由意志とに対する激しい憎悪で突如満たされた。「彼は天に向かい、自分の意志と人と財とをすべて神のために捧げつくすことを厳かに誓った[23]」

こうして身を完全に委ねてしまったことで、いわば地上につながれていた自我が解き放たれ、この後すぐに純粋な神秘的知覚が始まる。「天の高みからの答えはすぐにやって来た。まばゆい光が彼を取り囲み、妙なる神々しい声が耳に入ってきた。彼はまるで地面から持ち上げられ、庭の中をぐるぐると何度も運ばれたように感じた」[24]。視覚障害、聴覚体験、浮揚感、これらはもちろん意識の次元が変移する際に肉体にしばしば伴うものである。それらが一つも見られない例は稀であり、すべてが揃っている場合もある。この経験の後、我に返ったメルスヴィンの心は〈神的なるもの〉についての新たな意識で満たされた。さらに神に向けた激しい愛に恍惚として、魂の浄化のため必要と思われる苦行の数々を全力を傾けて実行した。このときから、神秘的なものに対する彼の意識は着実に発展していく。それより前、宗教的真実に身を捧げるために商売から身を引く原動力となった深い信仰と、この意識とが種類をまったく異にするものであることは、彼が庭でのヴィジョンを回心の名で呼んだことからも、また彼が真実の人生はこのときに始まったと考えたことからも証明される。

メルスヴィンよりも偉大な同時代人ゾイゼの回心は、これほど劇的なものではなかったようである。ゾイゼは回心の第一段階を、自伝の冒頭で「彼が十八歳のとき回心が始まった」[25]と、曖昧にしか語っていない。この頃彼は、フランチェスコがそうであったように、不安で、満ち足りず、心の平安のため不可欠な何かを漠然と意識していながら未だ見出せずにいた。彼の気質は深い人間性と強い霊性を併せ持ち、地上の美を味わいつくしながらもそこに安住することはできなかった。この「統合」されざる状態が完全に終わるには浄化の時期を待たねばならなかったが、その厳しさは西洋神秘主義の歴史においておそらく他に例を見ないものである。「彼は己れを魅惑するものに目を向けても、幸福や平安を見出せぬ状態にとめおかれた。心が安まらず、平安を与えてくれるのは未だ自分の知らぬ何ものかだけであると思った。この不安な状態に彼は大いに苦しんだ。……ようやく神は完全なる回心によって彼を救われた。それはあまりに突然の出来事であったため、何も知らなかった信仰上の仲間たちはこの急激な変化に驚いた。それぞれが勝手なことを述べあったが、この回心の本当の理由がわかる者はなかった。他ならぬ神が、隠された光によって、彼を御自身の下《もと》へ立ち返らせ給うたのである[26]」

今や目覚めて活動を始めた超越的な力が、より激しく噴出することによってこの秘密の回心は完成する。元来ゾイゼは、神聖化の方向に資質を向けていなければ、繊細そのものの偉大な芸術家たりえたはずで、一生のあいだ特別な豊かさと美を兼ね備えたヴィジョンを経験し続けた。これらのヴィジョンはいわば意識生活をかき乱さずに意識下から浮かび上がってくるもので、神的な現実に向けた彼の熱意、直観の絵画的イメージにすぎぬものもあったらしい。しかし一連のヴィジョンの始まりとなった脱我的ヴィジョン――「理解」と言うべきかもしれぬが――はまったく種類を異にしており、十全な形で脱我《エクスタシー》体験の特徴を示している。この体験には力強く詳細な描写があり、神秘的生についての極めて貴重な資料となっている。ゾイゼがこれ以上のものを見たかどうかは疑わしく、この後の長い成長の過程はとりもなおさず、このときに知覚した〈真実〉に自らの性質を適合させて行くことにあったのである。

回心が始まった頃のこと、聖アグネス祭の日に修道院では昼に最初の食事をとったが、〈しもべ〉〔ゾイゼのこと。原注（25）参照〕はたまたま礼拝堂の内陣に足を踏み入れた。彼は一人で聖職者席の端に腰を下ろした。悩みが重く心にのしかかり、ひどく苦しかった。いかなる慰めもなくその場には一人きりだったが（傍らにも近くにも人は誰もいなかった）、突然、魂が体の中で、いや体の外へ、奪い去られてしまった。そして彼は言葉で言い表せぬものを目にし、耳にしたのである。

〈しもべ〉が見たものは、いかなる形も存在の様態も持たなかった。しかし彼はおよそ歓ばしいものの形、実体を見たときと同じような歓びを感じた。彼の心は餓《かっ》えていたが、しかし満ち足りており、魂は満足と歓びに溢れていた。彼の祈りと希望がすべて果たされたからである。修道士〔同じくゾイゼのこと〕はこの〈まばゆい輝き〉を凝視することしかできず、自分と、その他あらゆるものを忘れてしまった。昼なのか夜なのか、それすらも彼にはわからなかった。それはいわば、沈黙と休息の感覚の中に永遠の生の甘美さが示されたようなものだった。彼は言った。「わたしが見、感じたものが天の王国でなくしていったい何でありえよう。確かなのは、ありとあらゆる苦痛を耐えてきたのものこのような大きな歓びを永遠に手にするためのわずかな代価だったということである」

脱我に付随する肉体感覚もやはり見られる。「脱我は三十分から一時間続き、魂が身体の内にあるのか外にあるのかもわからなかった。しかし意識が戻ってみると、彼は別の世界から帰ってきたように感じた。この短い忘我《ラプチャー》の間に身体は激しく痛めつけられ、かくも短時間にこれほどの苦しみは死の間際の者でも経験すまいと思われた。〈しもべ〉は気がつくとうめき声を上げ、気絶する人間のように床に倒れ伏した。彼は魂の奥底から深いため息をつき、心の中で叫んだ。『おおわが神よ、わたしは今までどこにいたのでしょうか、そして今どこにいるのでしょうか』、さらに『わが心の歓びよ、魂がこのときを決して忘れざらんことを』。彼は歩き出したが、歩いているのは身体だけで、まるで機械のようであった。彼のふるまいから心の中で何が起こっているか、わかる者はなかったろう。しかし彼の魂と霊は驚異に満ち、天上の電光が心の奥底を何度も走って、まるで空中を歩いている気分だった。魂の力という力はこの天上の喜びに満たされていた。彼はまるで、高価な膏薬を取り出したあと香りを留めている壷のようなものだった」

最後に、引用した章の末尾の部分は、上の高揚した歓喜の状態が占める本当の位置、すなわち神秘的成長の長い鎖の最初の環であることを暗示しているように思える――「この天上の幸福の予感をしもべは何日も味わい、これにより神に対する強い欲求が植えつけられたのだった」[27]。

神秘的活動は、自我の他のあらゆる活動と同じく、意志を強く刺激されることに始まり、その刺激は情動を通じてのみ手に入れることができるのである。

ゾイゼは学者であり、聖職者の卵であった。回心から、その経験を書き記すまでの間に彼はエックハルトに師事し、ディオニュシオスやトマス・アクィナスを学んだ。彼の書いたものは神秘神学の諸概念への精通ぶりを示している。こうした状況、および彼が教化を目的として書を物したという事実は、当然、彼の回心・脱我体験の描写をある程度規定したことだろう。これに対し、以下に見る二つの神秘体験の回想は、神学の知識がほとんど関与しなかったことが明らかである。どちらもフランスで、数年と違わぬ間に書かれたものであるが、能力的にはまったく異なる二つの精神に対する〈真実《リアリティ》〉の影響を表している。一つは偉大な天才が自分以外の誰にも見せぬつもりで二時間の脱我を記録した秘密の資料であり、いま一つは農民の出の無学な男が残した平明で飾らない文章である。前者はもちろん、パスカルの有名な『覚え書《メモリアル》』もしくは『護符』であり、後者は平修士ローランの回想記である。

パスカルの『覚え書』は、一枚の羊皮紙に炎の十字架をぞんざいに描き、そのまわりに切れぎれに書かれた奇妙な文章である。そしてこれが神秘主義の歴史上極めて特異な脱魂啓示体験について知りうるすべてなのである。この小さな文書はパスカルの死後、故人の胴衣にぬいこんであるのを召使が発見した（現在は失われている）。そこに書かれた天上的体験、〈真実〉への加入《イニシエーション》をいつまでも覚えているようにと、パスカルは常に身につけていたらしい。ブレモンの指摘するように、パスカルの霊の目は彼自身も語っている通り、それより十一ヶ月前「やさしく穏やかに[28]」開かれ始めたのであるが、こうして準備された回心が現実のものとなるには、この突然の照明を待たねばならなかった。それ以前、彼の偉大な精神が、〈神的実在《リアリティ》〉こそ欲求を向けるべき唯一の対象、と納得していながら、その魅力を感じることが――まるで俗事への無関心と比例するかのように――できなかった長い霊的抑圧の時期がこれによって終わったのである。

『覚え書』は次のように始まる。

恩寵の年一六五四年
十一月二十三日、月曜、教皇であり殉教者である聖クレメンスおよび殉教者名簿中の他の人々の日、
殉教者聖クリソゴーヌスおよび他の人々の日の前夜、
夜十時半頃から零時半頃まで
火。

「十時半から零時半まで、火」これが描写のすべてである。しかし当の体験者に事の次第を思い出させるには充分であろう。残りはただ、この名状しがたい啓示、〈真実〉の長く、焼けつくようなヴィジョンの後に続いた情熱と歓びを語っているにすぎない。それは驚きの叫び、生《なま》のままの息もつかせぬ言葉の連なりであって、彼の中の芸術家はうろたえたまま発言する機会を与えられていない。〈愛の火〉が秘密を顕わにすると、それに応えるように彼の魂の中でへりくだりと歓喜《ラプチャー》の炎が燃え上がり、次々と彼に襲いか

かる感動が数え上げられる。

アブラハムの神、イサクの神、ヤコブの神、
哲学者や学者の神ではない。
確信。確信。感銘。歓び。平安。

「哲学者や学者の神ではない」と驚嘆の中で叫んでいるのは、突然、知から愛へ目を向けた偉大なる学者にして哲学者である。

「この世とすべてを忘れること、神を除いて」と言う彼は、この超越的事実を除くすべてが彼の宇宙から吹きはらわれたのを感じていた。さらに「正しき父よ、この世はあなたを知っていません。しかし、わたしはあなたを知っています。歓び、歓び、歓び、歓びの涙」と続く。これらの短い切れぎれの言葉を『パンセ』の古典的な文体、鋭く明晰な定義、また『プロヴァンシアル』の皮肉、きらびやかさと比べてみられたい。文章の達人が子どものように口ごもって驚きと喜びを言い表そうと努めているのである。神秘主義の歴史において、この秘密の護符ほどに説得力があり、同時に胸を打つものをわたしはほとんど知らない。ここには、聡明なる学者にして名文家、そして冷酷なまでの論争家が、生硬な、しかし熱情のこもった言葉で――言葉にならぬ愛の言語とでも言おうか――残した、神の忘我的認知に伴う確信、平安、歓び、とりわけ繰り返し襲う比類なき歓び、の記録がある。

「わが神、わたしをお見捨てになるのですか」と、彼はさらに続けるが、火は明らかに消え始め、脱我

が終わりに近づいている。「わたしが神から永遠に離れないように」――この懸念は耐えられないものである。トマス・アクィナスも言うように、[29]〈至福直感〉もそれが色褪せることが決してないという確信がなければ輝きを失ってしまうだろう。しかし熱狂は過ぎ去り、〈火〉のヴィジョンは消えてしまった。『覚え書』の残りの部分は体験をそのまま書き写したものというより、体験についてのパスカルの思索を明らかに含んでいる。そして最後は神秘主義全体の合言葉とも言うべき〈屈服〉の言葉で終わる――「心地よい一切の抛棄」。〈真実〉からいつまでも離れないためには、この方法しかないと彼には思われたのである。[30]

パスカルの〈光〉と〈生〉と〈愛〉のヴィジョンは脱我体験を伴う言語を絶した経験で、確信と歓びを表す切れぎれの言葉で暗示するしかなかった。しかしパスカルの同時代に生きた素朴な平修士ローランの場合、「哲学者や学者の神でない」〈超越的真実〉の知覚は、極めて直截な一瞬の直観によって行なわれ、脱我は伴わず、神学的でもなく、ただその結果は永続的なものであった。ローランは農民階級の無学な若者で、フランスの名家に傭兵として、次いで従僕として仕えた。立て続けに物を壊してしまって主人を悩ませたということである。十五歳か十六歳の頃、カルメル修道会に助修士として入る。この時期の手紙、『霊的箴言』、『談話』は彼の死後一六九一年に出版された。彼の談話を記録した匿名の編者、おそらく一六六〇年頃ノアイユ枢機卿付きの司教総代理であったボーフォールは次のように書いている。「彼の話はこうである――十八歳のときの回心にあたっては神に特別の恩恵を賜った。その年の冬、木が葉を落としているのを見て、やがて葉が繁り、花が咲き実がなるのだと考えていると、神の〈摂理〉と〈力〉を見る、いと高き目が与えられ、それは魂から二度と消えることはなかった。これによりこの世から完全に解き放たれ、神への大いなる愛が燃え上がった。それ以来四十年以上経ったが、このとき以上の愛を持ちえたか疑わしい[31]」

このように、存在論的知覚の材料として、また、自我が〈絶対者〉に到達するための媒介として可視的な自然を用いることは神秘主義の歴史において珍しくない。木々の神秘的生命力、森の静寂の魔力、変わることのない生命の不思議な循環、これらは特に人間の魂を解放する力を持ち、魂のあこがれに何ゆえか共感して、その言葉に出せぬ欲求に力を貸す。意識にかき乱されることのない生命には「万物の大いなる生」との接触が可能である。その力強いリズムを通して人は、「すべて在るもの、在ったもの、永遠に在るべきもの」の時を超越した真実の世界についてのメッセージを受け取れるのである。実際、「壁の割れ目の花」〔テニスン〕から「ウェスターメインの森」〔ジョージ・メレディス〕に至るまで、あらゆる種類の植物の生命はある種の自我にとって、容易に「〈無限者〉の様相」をとりうる。神秘家たちの歴史を研究してみると、このことは非常に明らかなので、シュタイナーは、「植物はまさに、上位の世界と物理的世界とで性質を同じくする自然現象である[32]」と、根拠があるとは言いがたい結論を引き出している。

この結論は説得力が無いとはいえ、事実は事実である。花々で覆われたこの世の外観はある神秘家たちにとって、言語を絶した知覚の媒体、高揚した歓びの源、神の真実の衣と映るのである。こうした状態が常識ではとても考えられないものであることを、今さら付け加える必要はあるまい。このような形での神聖な知覚をとりわけ身につけていたブレイクは言う。「人によっては歓びの涙を流させる樹木も、他の人の目には邪魔な緑色の物体でしかない[33]」

このような自然の中における〈神的なもの〉の知覚、われわれを浸している豊かで休むことのない生の神聖かつ真実の知覚は、実は〈回心〉よりも〈照明〉に通常見られるものである。その顕著な例はすべて照明の段階に属しているので照明を考察する際に論じよう。だが、時にはローランの例のように、〈真実〉の意識への最初の目覚めがこの形で起こることもある。〈創造に先立つ光〉が被造物の中に、また被造物を通して顕現するのである。こうした内在説的な特質を持つ〈絶対者〉の発見は、主に二種類の人々において行なわれる。まず自然に密着して生き、自然の象徴の方が教会や学校の用いる象徴よりもなじみ深い人々。いま一つは、神秘家的気質を持ちながら、真の瞑想家というよりも詩人に近く、〈絶対者〉の「イメージを持たぬ」人々。スターバックが引用した証言者は自己の回心についてこう語っている――「それは別の世界、存在の新たな状態に入るようなものでした。万象が美しく飾られました。わたしの霊の目がすっかり澄んで宇宙のあらゆる物体に美を見出したのです。森には天上の音楽が鳴り響いていました」。同じ本の中の別の証言者も素朴な驚きを顕わにして語る――「ああ、何とわたしは変わったことでしょう。すべてが新しくなりました。わたしの馬も豚も、誰もかれもが変わったのです[34]」。さらにまた別の言によると、「わたしが朝、畑仕事に出ると、神の栄光がすべて目に見える創造物の中に現れました。わたしは麦を刈りましたが、麦の茎も穂もいわば色とりどりに虹の列を作り、そう、神の栄光の中に光り輝いていたのをよく覚えています[35]」。

近代人の中ではウォルト・ホイットマンがこの輝き、「世にも稀な、言葉に尽くせぬ、光そのものを照らす光[36]」の永続的感覚を極めて強く持っていた。しかし、そのような存在についての証言、またそれを時おり感知する力は世界中の文学の至るところに散りばめられている。その発見は、〈生成の世界〉に関しての神秘的意識の覚醒であり、古く安易な物の見方との突然の決別である。ちなみに人間の映画技術は幾分かそのリズムを変えてしまい、外界の新しくより実在的な側面を記録し始めている。ともかく、自我は旧来の宇宙の限界から初めて逃れるときに、自我を取り囲み、支え、説き明かしている大いなる真の生について、強い確信を得るのである。かくしてリチャード・ジェフリーズは、ゾイゼやローランが〈真実〉の意識に突如目覚めたのと同じ年頃についてこう語っている。「すべて目に見える宇宙から、内なる隠された意味が顕わになったのは、わたしが十八になるかならぬかの頃だった」、「今やわたしは宇宙の存在の中に呑みこまれ、所在を失った。……わが身が他から隔離されているという意識もなくなり、全体の一部であるように思えた」、「わたしは知られざる生の縁《ふち》、もう少しで手が触れそうな近さにいるのを感じた。もしつかまえることができれば、人々に巨大な存在を与えてくれるであろう力のへりに[37]」。

リチャード・ジェフリーズがこの洞察の瞬間に感知しながら、結局とり逃がしてしまった「知られざる生」こそ、偉大な神秘家たちの知った〈生〉でなくして何であろうか。

〈生成の世界〉の深い真実、神的な果てしない存在全体へのこうした参入感は、現代のある心理学者が「宇宙意識[38]」と呼んでいるもので、神秘家の旅の最終目標ではないものの、常に見られる形である。それは神秘家特有の意識——神の三位一体の第二位であり「万物に常にあまねくある」〈言《ことば》〉との交わり——への途半ばにあると言えよう。ジェフリーズは、神秘的気質を持った多くの人々と同じく、そのような超越的生の縁に立ったのである。ロールの言う「天国の扉」は、かすかに開いてはいても、広く開け放たれているわけではなかった。彼はその扉からかなたの大いなる世界をのぞき見ながら自我のくびきから逃れきれず、扉の向こう側の独立した霊的次元に生きることができなかった。

ロールはジェフリーズの同国人で、自然への忘我的愛と理解の面では彼に六〇〇年先んじた人物であるが、神秘的覚醒の最後の例として見てみよう。彼の霊的兄弟とも言うべき聖フランチェスコ、また他の典型的な例同様、彼も地上的な生と、不確実だが成長しつつある霊性との間、自我の表面と奥底との間の葛藤と動揺の時期を前もって経験していた。「わたしの青年時代は甘やかされ、少年期は空しく、幼年期は汚れていた[39]」。しかし、「わたしが不幸ながらも大人になり、目覚めの時が始まると、創造主の恵みがわたしの近くにあって現世的な欲を抑え、わたしの欲求を霊的な望みへと向けた。そして地上の低みから天へと持ち上げられた魂が生まれた[40]」。

しかし本当の「生の変化」は、この準備段階とははっきり区別されたものだった。ロールはこれを彼の言う「熱」の状態――魂の熱情が表層の意識に移行する状態――と結びつけて考える。「わたしが正しく熱と呼ぶのは精神が〈永遠の愛〉に真実燃え立ち、心も同様に燃え立つのが掛け値なしに感じられるときである。心が本当に火に変わって、燃えるような愛が感じられるときである[41]」。焼けつくような熱さは単なる精神的経験ではない。ここには心理と肉体の珍しい、しかし他に例の無いものではない平行現象、すなわち〈新たな誕生〉に伴う心理的労苦と抑圧の肉体的表現が見られるようである[42]。「わたしの心が熱くなり、想像上ではなく、まるで本物の火で焼かれるのを初めて感じたとき、わたしは口で言い表せぬほど驚嘆した。この熱がわたしの魂にまで押し入ってきて、それがかつてないほど慰めに満ちたものであったので本当に驚嘆した。そのような心を癒す豊かさがあるのを知らなかったので、わたしはしばしば胸をさぐり、体の外に熱の原因があるのではないかと調べたこともあったのである。しかしそれが内なる霊の欲求によって熱くなったものにすぎず、いささかも肉の愛や欲によるものではないことを知ると、わたしはそれが造物主から贈られたものであると考えた[43]」。さらに彼はもっと詳しい記述もしている。「わたしの精神と生の変化の始まりから、天上の扉が開いて神の御顔が示されるまでに、三年に足りぬこと三、四ヶ月の年月が流れた。この扉を通して心は天上の様子を眺め、いかにしてその〈愛〉を求めればよいかがわかるのだが、扉が開いても〈永遠の愛〉の熱が心に本当に感じられるまでには一年近くを要した。礼拝堂に座り、祈りと瞑想の甘美さを味わっていたときのこと、突然自らのうちに喜ばしい未知の熱が感じられた。だが初めのうちわたしはそれがどこから来るものであるかと訝った。しかしだいぶ経ってから、わたしはそれが被造物からでなく造物主からのものであることを確信した。常よりも熱く、また喜ばしく感じられたからである(44)」

いま一つ以下に引く件りは、神秘主義文献の中に見られる霊的な歓びの表現としては最も美しい部類に入ると思わずにはいられない。確かにアウグスティヌスの文章を下敷きにはしているが——文中のナイチンゲールはヨークシャーには見られないので——ロールが開拓に乗り出した神秘的生の描写は、ほんの数行で彼の霊性が持つ最も魅力的な側面、詩的情熱、熱烈な愛の力を顕わにしている。

「回心と特別の決意の始まりにあたってわたしは、愛するものの愛を切望し、愛するものの到来を喜ぶ小鳥のようになろうと思った。甘美さと熱情のうちに歓びながら歌い、歌いながら恋いこがれる小鳥のように。ナイチンゲールは結ばれた相手を喜ばせるために一晩中歌い続けると聞く。来るべき朝を前にした闇とも言えるこの世の人生において永くわたしの配偶者であるわがイエス・キリストに向かって、わたしは歌い続ける。その甘美さはいかばかりのものだろうか(45)」

以上に集めたいくつかの例を振り返ってみると、心理学的に興味深く、また重要な類似性と多様性が見出される。これらはその後の神秘家の生の進展にも影響を与えるものである。特にこの時点、すなわち性格の改造たる照明の始まる前の段階において目につくのは、「神秘的回心」の原因となった新たな真実の奔出に対して、生来の自我、心、精神の側が示す反応である。この反応は重要な意味を持ち、神秘家のその後の成長だけでなく人間の霊的意識の一般的性質をも解明する鍵となるのである。

ところで、霊的意識は十全に発育する際、一つではなく二つの方向に拡がるように思える。この二つの方向、実在《リアリティ》認知の二つの基本的な方法は、〈真理〉の永遠的側面と時間的（現世的）側面、超越的側面と内在的側面、絶対的側面と動的側面と名づけることができる。これらは〈存在〉であり〈生成〉である神、近くもあり、遠くもある神についての二面的な知識を形成するもので、神秘的経験が生育していくとこれらの対立項はより高次な統合にまとめ上げられる。しかし、神秘的意識の最初の覚醒、超感覚的なものの魂への最初の侵入に際しては、普通これらの相補的な知覚の片方だけが現れる。片側が常に先に目覚めるわけだが、これはメッセージが入り込む際に必ず抵抗の少ない途を選びとるからである。したがって神秘的回心は二つのタイプのどちらかに属し、その表現にあたっても生来の気質に応じて〈真実《リアリティ》〉が、神秘家の象徴体系を支配する〈場所〉か〈人〉か〈状態〉かに客体化される。

まず初めに、外なる輝きの知覚がある。拡張していく、無形の、言語を絶したヴィジョンであり、自我がこの世の知から別の世界の曖昧だが本物の知へと、いわばさらわれていくようなものである。覆いが破れ、神性が、被造世界に超越していながら内在している形で知覚される。この体験の主調音となるのは魂を変容させる愛の人格的な調べではなく、変容した世界の非人格的な光輝である。そして自我の反応は深い感動というより、畏怖や歓喜といった形をとる。ゾイゼの回心はこのようなものだし、ゾイゼほどではないにしてもローランもこの部類に入る。またルルマン・メルスヴィンの見た〈光〉や、リチャード・ジェフリーズほか無数の人々の報告する宇宙の〈存在〉の神秘的知覚もこれにあたる。
この体験が完全なものとなり、自我が「わたしという牢獄」を逃れきって〈神秘主義の途〉に旅立つために、自我は最初の拡大的行為を補う集中的行為を行なわねばならない。形而上的な歓喜や移ろいやすい光輝の段階を越えて、知覚した〈真実〉への自発的反応に結晶していくことが要求される。自我と〈絶対的生〉の間に明確な人格的関係が打ち立てられねばならないのである。〈真実〉の目撃者でいるだけでは充分ではない。覚醒した主体は超越的生を知覚するだけでなくそこに参加しなければならず、そのためには犠牲の大きい徹底的な生の変化が必要とされる。ジェフリーズの場合この結晶化、すなわち参加への英雄的努力が行なわれず、「示された栄光」を手にすることがなかった。ゾイゼの場合にはそれが果たされ、「神への極めて強い願望を彼に植えつけた」のである。
このように〈真実〉の言語を絶した一般的直観から出発して、精神が確固たる個人的概念を結晶させる場合、多くは神学的な性格を帯びる。しばしば視覚体験、聴覚体験の形で意識に顕われることがあり、聖フランチェスコに語りかけた十字架像のように実体的である場合も、またルルマン・メルスヴィンや聖カタリナの経験した十字架のヴィジョンのように精神的である場合もある。この神的なものの個人的知覚、実感が対象とするのはほとんど常に、万物の中心にある愛と悲しみであり、〈完全なる愛〉と不完全な世界との不一致である。一方、これを補う形の超越のヴィジョンは忘我的な歓びの調子を帯びる。「神の心臓の鼓動は一つ一つが次のように響いた――来りて償いをせよ。来りて身を清めよ。来りて慰めを得よ。来りて愛さるる神が愛するものたちに与えるすべてを受けよ。わが花嫁よ、来りてわが神性を享けよ」[46]
覚醒した自我が最も熱心な、思いきった反応を起こすのはこの個人的な接触、ごく身近な〈存在〉の自分への訴えかけに対してであって、大いなる光や〈至福直観〉に対してではない。我を忘れて夢中になったからではなく、十字架像が自分の名を呼び、「わが教会を修復せよ」と言われたからこそ、聖フランチェスコは彼の長所であった現世的な価値を捨てて実直に、メッセージを文字通りに受け取ってすぐに求められた仕事に取りかかったのである。石を運び、安楽もこの世のしきたりも眼中に入れず、自分の手で崩れかけた壁を積み上げていったのである。

神秘的生への回心では多くの場合、外なる輝きの啓示、超越的な霊的世界の輝けるヴィジョンがまったく見られない。自我が目覚めるのは内なるものに対してであって外なるものに対してではない。内在的な神であって超越的な神ではなく、人格的な関係であって宇宙的な関係ではない。外に目を遣る者は神的な美の啓示を受け、内に目を遣るものは神的な愛の傷（「三重の星」のもう一つの側面）を受ける。リチャード・ロールやギュイヨン夫人のような感情的な神秘家にはこの経験の極端な形が見られ、聖カタリナには同種の反応の気高い例が見られる。こうした内なる啓示は〈わたし〉の硬い殻をいきなり剥ぎとり、有限な自我の貧しさを赤裸に顕わすため苦痛に満ちており、聖カタリナの伝説の言うように「〈計りがたい愛〉の傷」（このイメージはいかにも聖カタリナらしい）となって現れる。心情過多のギュイヨン夫人は「喜びに満ちた傷――わたしはそれが永久に治らねばよいと願った」と語る。ロールはこの刺すような歓喜を大いなる熱と呼ぶ。〈愛の火〉を点ける熱である。「いわば指を火に入れたときに焼けつくような感じを受けるように、愛に燃える魂は（前にも述べた通り）正真正銘の熱さを感じる」(47)

超越的回心における実在《リアリティ》への特徴的反応として指摘した歓ばしい畏怖が、ここでは情熱的で何ものにも勝る愛に入れ替わっている。深く強靱な気質を持つ偉大な神秘家においては、この愛がやがて（ある場合には即座に）情緒的な段階から意志的な段階に移る。〈絶対者〉の声に対する反応が感情の発露に留まらず意志の行為となり、その行為も内なる生と共に外なる生を変えてしまうような深く包括的なものとなる。ディオニュシオスの言葉――「神の愛は人々を捕えて上へ上へと持ち上げ、その結果人々は自分ではなく完全に愛する〈対象〉の支配下におかれる」(48)。

メルスヴィンの自己放棄の誓い、聖カタリナの「この世はいらない、罪はいらない」という激しく決然とした言葉、聖フランチェスコの文字通りの教会修復に対する実直で間髪を入れぬ献身、これらは変化の実質性を証明するものである。これらが表しているのは――または感覚的次元で能うかぎり象徴しているのは――外からの新しい刺激に対する生命体の無意識的な反応であり、この刺激の示す新たな環境への適応に向けた最初の努力である。ここにおいて完成する回心のプロセスは、新たな真理の表層意識への侵入という一面的なものでなく、古い生のプロセスをこわして新たに作り上げていく始まりでもある。個人と〈絶対者〉の間に決して終わることのない交換関係が打ち立てられる。〈生の霊〉が誕生し、その最初に習う言葉はアバ、父なる神である。それは自らの起源、〈生〉の最も強い顕われにあこがれ、生と不可分であることが感じられる活動へと本能的に駆り立てられる。それはまた自らが天体をも含む力強き一家の一員であることを知る。戦い続ける生きた宇宙《コスモス》の歓喜を共有し、「歓びに叫ぶ」、自由な、そして創造的な神の子らの一家の一員であることを知る。

したがって、まだ始まったばかりの段階でも、真の観想生活がいかに活動的でいかに有機的でいかに深く広く生命力を持つかということがわかろう。また、超越的な次元でも現象的な次元でも、生命の法則とは作用と反作用、力とエネルギーであるということがいかに真実であるかがわかろう。自我は、新たな活動的な存在の次元、〈真実〉との新たな個人的な関係に目覚める。それはとりもなおさずこれから行なうべき新たな現実的な仕事に目覚めるということである。

第2章　原注

(1) Starbuck, *The Psychology of Religion* (London, 1909), cap. xxix. 参照。
(2) *Ibid.*, cap. xii.
(3) J. B. Pratt, *The Religious Consciousness* (New York, 1921), cap. xiii. の章全体が綿密な研究に値する。
(4) *Journal of George Fox*, cap. i.〔『ジョージ・フォックスのジャーナル』ジャーナル翻訳委員会訳、キリスト友会日本年会、二〇〇四〕
(5) Aug. *Conf.*, bk. vii. cap. xvii. このような体験には、パウロの「内心理的葛藤」の影響の跡を明らかに見出すことができる。『ローマ人への手紙』七章の十四節から二十五節まで参照のこと〔なおアウグスティヌス『告白』の訳については、服部英次郎訳（岩波文庫、一九七六）を利用させていただいた〕。
(6) Plotinus, *Ennead*, vi. 9.〔『プロティノス『エネアデス（抄）』田中美知太郎、水地宗明、田之頭安彦訳、中央公論新社、二〇〇七〔中公クラシックス〕〕
(7) De Sanctis によると、「突然の回心をもっと深く調査してみると、青天の霹靂的な回心は概して小数派に属し、それは回心において最も美しい瞬間であるかもしれぬが、意義は最も少ない瞬間であることが確実に明らかになる」（*Religious Conversion*, English translation, London, 1927, p.65）。アウグスティヌスの『告白』において、突然の、そして最終的な「取れよ、読めよ」は長年求め続けた実在の世界に彼をイニシエートしたわけだが、その準備となった不安と葛藤の年月の描写をここで比較してみられたい。

(8) *Ibid.*, p.171.

(9) *Journal Spirituel de Lucie-Christine*, p.11.

(10) Thomas de Celano, *Legenda Prima*, cap. i.〔チェラーノのトマス『聖フランシスコの第一伝記』石井健吾訳、あかし書房、一九八九〕

(11) Thomas de Celano, *Legenda Secunda*, cap. v., P. Sabatier, *Vie de St. François d'Assise* (Paris, 1899), cap. ii.（典拠がすべて列挙されている）と比較のこと。〔チェラーノのトマス『聖フランシスコの第二伝記』小平正寿、フランソア・ゲング訳、あかし書房、一九九二、パウル・サバティエ『アッシジの聖フランチェスコ』中山昌樹訳、新生堂、一九二五〕

(12) Thomas de Celano, *Legenda Secunda*, cap. vi.

(13) *Vita e Dotrina di Santa Caterina de Genova*, cap. ii.

(14) Von Hügel, *The Mystical Element of Religion* (London, 1908), vol. ii. p.29.

(15) ギュイヨン夫人の自伝の第一部十章の表題から見るかぎり、ギュイヨン夫人自身はともかく、編集者の側は明らかに聖カタリナの体験との一致をいくつか意識していた。特に幼少期の類似は細部にまでわたっているので、わたしとしてはギュイヨン夫人が聖カタリナと自分が似ていることを知って当然その点に満足を覚え、過去の記憶まで修正されてしまったのではないかと考えたい。ここには「意識せざる霊的な剽窃」の興味深く、従来気づかれなかった例がある。

(16) まったく敵対視する意見については、Leuba, *The Psychology of Religious Mysticism* (London, 1925), cap. iv. 参照。

(17) *Vie de Madame Guyon*, pt. i. cap. iv.

(18) *Ibid.*, pt. i. cap. vi.

(19) Guerrier, *Madame Guyon*, p.36.

(20) *Vie*, pt. i. cap. viii.

(21) *Ibid.*

(22) この運動とそれに関わった主な人物について英語で書かれた研究は、Rufus Jones, *Studies in Mystical Religion* (London, 1909), cap. xiii. である。

(23) A. Jundt, *Rulman Merswin* (Paris, 1983), p.19. ここに訳出した部分はユントが *Beiträge zu den theologischen Wissenschaften*, v. (Jena, 1854) に掲載されたメルスヴィンの自伝的回心記を要約したものである。メルスヴィンの生涯についてわれわれの知るところはすべて、この告白と『二人の書』、『九つの岩のヴィジョン』および他の有名な作品を含む一連の資料に基づいている。これらの資料の真正性については疑問が付されており、確かに弟子の編集によるはなはだしい改変を蒙っている。研究者の中にはこれらを信仰上の虚構であるとし、メルスヴィンの人生に起こった出来事の証拠としては役立たないと決めつける者もある。カール・ライダー (Karl Reider, *Der Gottesfreund von Oberland*, Innsbruck, 1905) はこの意見を支持しているが、わたしは同意できない。おそらく数多くの問題を解決してくれるのはユントの指摘するように、メルスヴィンと彼の霊的人生に全面的影響を与えた神秘的な「高地の神の友」とには、顕著な人格分離の例が見られるという点である。自伝の中に言われているようなメルスヴィンの特異な気質がこの見解の裏付けとなっている。わたしは次の機会に彼の人生に言及するときはこの見解を採用するつもりである。いずれにせよ、上に引いた鮮やかな回心記が事実に基づかない単なる「傾向文学」であるとは信じがたい。ユントのモノグラフと、この問題全体を論じたルーファス・ジョーンズの前掲書（Rufus Jones, *op. cit.*, pp.245-253）を比較検討のこと。

(24) A. Jundt, *op. cit., loc. cit.*

(25) *Leben und Schriften* (Diepenbrock), cap. i. ゾイゼの自伝は第三人称で書かれている。彼は常に自分を「永遠の知恵のしもべ」という名で呼ぶ。

(26) *Ibid.*

(27) *Leben*, cap. iii.

(28) Bremond, *Histoire Littérarie du Sentiment Religieux en France* (Paris, 1961-28), vol. iv. pp.359 seq.

(29) Thomas Aquinas, *Summa contra Gentiles*, 1. iii. cap. 1 xii. 〔聖トーマス・アクィナス『神在す』酒井瞭吉訳、中央出版社、一九四四〔異教徒に與ふる大要、第1巻〕〕

(30) 『覚え書』の全文はFaugère版の『パンセ』(*Pensées, Fragments et Lettres de Blaise Pascal*, 2nd ed., Paris, 1897, Tome i. p.269) 他に印刷されている。またブレモンの前掲書にも複写されている。ブレモンによると『覚え書』は二つの異なった経験——「本来の意味での神秘体験」と「そこから生じる情緒的瞑想」——の記録であるという。この見解は初版におけるわたしの記述とも矛盾しないと思われるのでここにそのまま残した（第十二版への注）。〔パスカル『パンセ』田辺保訳、教文館、二〇一三〔キリスト教古典叢書〕他〕

(31) Brother Lawrence, *The Practice of the Presence of God*, p.9. 〔ブラザー・ローレンス『敬虔な生涯：神のみ前にある修練』仲幸男訳、C.L.C. 暮しの光社、一九七七〔改訂版〕〕

(32) Steiner, *The way of Initiation*, p.134.

(33) *Letters of William Blake*, p.62.

(34) Starbuck, *The Psychology of Religion*, p.120.

(35) James, *Varieties of Religious Experience* (London, 1902), p.253. この現象はJohn Masefieldの詩"The Everlasting Mercy"の中に素晴らしい文学的表現を得ている。〔ウィリアム・ジェイムズ『宗教的経験の諸相：人

間性の研究』桝田啓三郎訳、日本教文社、一九六二〔ウィリアム・ジェイムズ著作集〕〕

(36) Whitman, "The Prayer of Columbus." 〔ホイットマン『草の葉』所収〕

(37) Richard Jefferies, *The Story of My Heart*, pp.8, 9, 45, 181. 〔リチァド・ジェフリズ『心の旅路』山崎進訳、関書院、一九五七〕

(38) Bucke, *Cosmic Consciousness, a Study in the Evolution of the Human Mind* (Philadelphia, 1905). 〔リチャード・モーリス・バック『宇宙意識』尾本憲昭訳、ナチュラルスピリット、二〇〇四〕

(39) Rolle, *Fire of Love*, bk. i. cap. xii. 〔ハンポールのリチャード・ロル『愛の歌』奥田平八郎訳、水府出版、一九八二、『中世末期の神秘思想』所収『愛の火』〕

(40) *Ibid.*, bk. i. cap. xv.

(41) *Ibid.*, bk. i. cap. xiv.

(42) ヒルトンも『不可知の雲』の著者も「体感的な熱」について触れ、霊的体験に伴うことはよく知られているが疑わしいものだとしている。現代の回心者の以下の告白と比べてみられたい。――「わたしは何の心構えもないまま、内なる火につかまり、取り憑かれた。火の波はあとからあとから二時間以上も襲ってきた」(Madeleine Sémer, *Convertie et Mystique*, 1874-1921, p.71)

(43) *Fire of Love*, bk. i. Prologue.

(44) *Ibid.*, bk. i. cap. xv.

(45) *Ibid.*, bk. i. cap. xii.

(46) St. Mechthild of Hackborn, *Liber Specialis Gratiae*, l. ii. cap. i. 〔『女性の神秘家』平凡社、二〇〇二〔中世思想原典集成15〕所収『特別な恩寵の書』〕

(47) *The Fire of Love*, bk. i. cap. i.

(48) Dionysius the Areopagite, *De Divinis Nominibus*, iv. 13.〔『ギリシア教父の神秘主義』谷隆一郎、熊田陽一郎訳、教文館、一九九二［キリスト教神秘主義著作集１］所収『神名論』〕

第3章　自我の浄化

さてここに、新たに覚醒した自我が初めて真実の存在を知り、深い愛と畏怖でこの真実に応えている。だが新たな世界に入ったというだけにとどまらない、新たな道の始点に立ったことを自覚している。今や「活動」が自我のモットーとなり、巡歴こそが生きる上での務めとなる。「探求があり、目標があるということ、これが明かされた唯一の秘密である」。自我が自由を獲得し、高次の真実において生きられるようになるまでの超越のプロセス、性格形成の長くゆるやかなプロセスの必要性が、意識の中に何らかのシンボルをまとって提示される。この成長が始まっていない人々は、いかに立派な照明を一時的に受けようとも、ここで言う正確な意味において神秘家ではないのである。

〈絶対者〉との完全な合一へと向かうこの道において、自我が踏み出すべき最初の一歩とは何であろうか。言うまでもなく、通常の経験において真実と調和しない要素、ありとあらゆる種類の錯覚、悪弊、欠陥を取り除くことである。人間は誤った欲求や思考によって誤った世界を自分で築き上げている。それは軟体動物である貝が石灰だけをひたすら吸収し、他のものはすべて捨てることによって、自分で硬い殻を作り上げるのに似ている。殻のおかげで貝は外界から閉じこもり、殻を与えてくれた海も、判別不可能なゆがんだ形でしか見えなくなってしまっている。この硬くまったく栄養にならない殻、すなわち表層意識による偏った隠蔽は、それぞれの人間に、いわば小さな幻想の洞穴を作り上げる。この洞穴から文字通り決然と出ていくことが、プラトンの囚人と同じくあらゆる神秘家にとって、真実の個人的な探索の第一歩でなければならない。

古風な神学上の言葉で平たく言えば、「人の罪は人の宇宙に刻印されている」。つまりわれわれがまがいものの世界に住んでいるのは、まがいものの人生を送っているからである。われわれは自分自身を知らない。したがって自分の感覚や本能の真の性格も知らず、さらにわれわれと外界との関係について感覚や本能が示したり語りかけてくるものに間違った価値を与えている。われわれは世界の諸要素を自己愛的な目で並べかえたものと、世界とを同じものと考え、ゆがめてしまった。世界はわれわれにとって再び〈真実〉の性格、神の性格を担わねばならない。偉大な神秘家の目には、世界が実際にそのような性格をとって現れる。殻が大きく口を開け、〈永遠の海〉の潮流を彼らは知る。〈真理〉のこの明晰な知覚こそ、〈浄化への途〉の試練を忠実に受け入れることから生じる〈照明〉の謂である。

いわゆる「自然の」世界に生きる「自然の」自我——聖パウロの言う「古きアダム」——は、感覚を超越した活動を行なうことがまったくできない。物質世界とのみ通じている意識の中心の回りにすべての行動が凝集しているのである。このような自我がいったん目覚めると、突然自らの無能を思い知ることとなる。己れの有限性を知り、無限性にあこがれる。個の硬い殻に包まれていた自我が、より大きな自我との合一を希求する。拘束されていた自我が自由を切望する。五感がすべて迷妄にとらわれていた自我が、絶対的真理との調和を願う。「神が唯一の〈真実〉である。そしてわれわれが神の秩序の中にあり、神がわれわれの内にあるときにのみ、われわれは真実なものとなれる[1]」とパットモアは言う。したがって神秘的探求の活動がどのような形をとるにせよ、その始まりは必然的に主体の態度の変化にある。この変化を通して主体は真実の秩序の中に入り、本来は己れの宇宙に加わっていない〈対象〉との永続的な関係を打ち立てることが可能になるのである。だから、神秘主義の目標をすなわち善と定義するのは適当ではないにしても、そこには当然、善の獲得が伴うものであることがわかる。徳は「霊的な結婚に輝きを添えるもの」であると言われるのも、霊的な結婚が〈真〉、〈美〉と同じく〈善〉との合一でもあるからである。

だとすれば、自我はまず第一に、善と己れとの間に立ちはだかるものを一掃し、迷妄や「罪」に代わって真実の性格を身につけなければならない。自我がこのことを強く願うようになるのは、すべてを明るみに出す〈創造に先立つ光〉の輝きに照らされた己れの姿を見たその瞬間である。ヒルトンは言う。「愛によって魂の内なる目が開かれ、この真理が見えるようになると、さまざまな状況が生じるが、それと同時に魂は極めて従順になる。というのは神を目にすることで魂は己れのありのままの姿を知り、その後は己れに見入ったり、己れに頼ることをやめるからである[2]」

同様にダンテの場合、煉獄の山の最初の坂は傲慢を洗い浄め、へりくだりを生むためのものであった。それは、ほんの束の間にせよ〈真実〉のヴィジョンを得、地に縛られた自我をはっきりとこの目で見たことの、避けられぬ、あるいは自動的な結果であると言えよう。それまでの人生において、自我は自らのろうそくの光を他のろうそくと比べて測っていた。ところが今や生まれて初めて自我は戸外に出、日の光を見たのである。脱我状態《エクスタシー》にあったシエナの聖カタリナに向かって神の声はこのように語りかけた。「これが進むべき道である。おまえが〈永遠の真理〉たるわたしを完全に知り、身に享けようと思うならば、己れ自身について知ることから離れてはならぬ。へりくだりの谷に身を落とすことによっておまえはわたしと、己れ自身を知り、そこから必要なものをすべて引き出すだろう。……己れを知ることで、己れを卑下するようになろう。自らのうちにおまえは存在さえしていないことを知るであろう(3)」

自我が目を開かれる恐ろしい瞬間に自らを振り返って見たとき——聖カタリナが言う「自己認識の独房」に入るとき——自我が最初に認めるのは、自らのおぼろな輪郭と〈真なるもの〉の鮮やかな輝きとの間のはなはだしい対照である。それはまた自らの混沌とした誤てる生、自己中心的な悪しき漂泊と、自我を浸している〈生成〉の明確な足どりとの間の対照でもある。それまでの歓喜と畏怖に代わって、悔悛が名乗りを上げる。これから生まれるべき新しい自我が前もって一つの欲求の姿をとって現れる。それは突然に感じた己れへの憎しみから逃れたいという願望、善と美と愛の相の下に見た〈完全なるもの〉に従い、〈真実〉にふさわしいものになろう、つまりは真実なものとなろうという強い願望である。ペーテルス・ゲルラハはそうした経験について語っている。「この開示は強烈にして激しく、内なる人間が、心も身体も全体が信じられぬほど揺り動かされ、耐えられなくなって気が遠くなってしまう。しかしこのようにして人間の内なる姿は一点の曇りもなく明らかになり、それぞれの求める神におのがじし適合できるようになる(4)」

こうした「開示の強烈さ」を示す例は神秘家の生涯を見れば枚挙にいとまがない。そのような場合、新たに覚醒した自我は、まがいものの経験を真正の経験に入れ替える唯一の方法を求めて、安楽とは無縁の闘う生活へ、またしばしば苛酷な貧困と苦痛へと、心の底からのやみがたい思いによって駆り立てられる。

ここにおいて超越的意識は目標をはっきりと直観して奮い立ち、その目的のためにこの世が確かに放棄されたと「見なす」だけでなく確認して、主導権を握る。そうしてまだ気の進まぬ表層意識に対してその無能力と不完全な生活ぶりをさらけ出す。すると、神秘的気質と密接に結びついた〈完成〉への渇望が即座にそれに応える。「もう罪はいりません」という言葉は、ジェノヴァの聖カタリナが愛の光に照らされて己れの自己中心的なゆがんだ過去を目にした決定的瞬間に発した最初の叫びだった。彼女は直ちに〈浄化への途〉に旅立ち、四年の間、自らの至らなさの深刻な認識に苦しみ、断食と孤独と苦行とに耐えた。また、彼女が目にした真実の一側面である〈純粋愛〉の命ずるところに「彼女なりに適合できる」よう、自己征服をめざして極めてつらい義務を自らに課した。この適合、すなわち実在ならざるものを超越することが可能であり、あたり前のことであるという内なる確信があればこそ、神秘家は浄化の恐ろしい年月を耐えることができる。また「邪魔になるものをすべて投げ捨てても、つらさを感じぬどころか計り知れぬ歓びまで感じる」[5] こともできるのである。

〈絶対者〉を真に愛する者にとって、〈浄化〉は〈照明〉と同じく、特権であり恐ろしさを含んだ歓びである。それは生の成長の証しでもある。「わたしを苦しめるか死なせるかしてください」という聖テレジアの言葉は常識では考えられない選択を迫っているようだが、霊性の領域ではぎりぎりの選択なのである。いかに苛酷な形をとろうと、いかにつらい行動を迫られようと、神秘家は自分の住む古き宇宙の崩壊こそ、〈大事業〉〔錬金術の用語。賢者の石の探求を指す〕に欠かせぬものと考える。そのために神秘家が行なう活動は、意志の行為であるとともに、愛をこめた欲求の行為でもある。「魂の中に愛の焔が真に取り入れられると、すべての悪徳を焼きつくす。……なぜなら真に愛する者が神への強く激しい欲求を持って生まれると、神の目から逃れようとするものすべてを快く思わなくなるからである」[6]（ロール）。神秘家は、ひとたび目を開くと、混乱した愛を整理することを犠牲覚悟で切望する。それ以外、超越的生と関係を結ぶ手立てはないのである。「わたしの唯一の歓びよ、あなたの愛のしるしをわたしの身体に担うための方法を教えてください」とゾイゼは叫ぶ。「わが魂よ、およそ外なるものから身を引き離し、本物の内なる沈黙の中に引きこもれ。そうして勇気を奮って旅立ち、深い悔恨の砂漠に己れを埋めて身を隠せ」[7]

当初の神秘的快感からそれを埋め合わせる苦痛の状態へ、自我の振子が初めて戻るのはこの悔恨の苦悩、己れの無価値の痛切な意識においてである。超越的側面からするとそれは、いわば神への初めての接触が引き金となって生じる反射作用である。たとえばルルマン・メルスヴィンは、「神的な愛の有頂天に圧倒され」ながらも、〈絶対存在〉の初めての味わいを受動的に楽しむことを潔しとせず、すぐに精力的な自己批判に駆り立てられた。彼は「己れの身体への憎悪に襲われ、病に倒れんばかりのつらい苦行を自らに課した」[8]。健康な精神を尊重する人々は、このような自省や悔悛に憤慨し、病的であるとか中世的であると決めつけるだろうが、それは意味のないことである。何はともあれ熱烈な愛の光に照らされ、誤てる関係をつらくとも見据えて初めて、人間の意識は修復のための苛酷な仕事に駆り立てられるのである。

「わたしが確実にわかったのは、神の中に深く導かれて己れの魂を真実知ることができるときまで、わたしたちは切望と悔悛の中にいなければならないということです」[9]とノリッジのジュリアンは言う。

ダンテの〈浄罪の山〉への登行は、全体がこの一つの真理を劇的に提示している。また、ジェノヴァの聖カタリナのものとされている有名な描写も[10]、明らかに彼女自身の〈浄化への途〉の内的体験に基づいている。この中で彼女は、霊的な成長の有機的なプロセスにおいて浄化がどこで必要かについての自分の個人的考えを、浄罪の山に登る死者の霊にあてはめて語っている。それは冒頭で本人も認めている通り、自己の心理的冒険を霊の世界に投影したものである。その内容は、彼女自身が行なった熱心で英雄的な受苦、浄化のための荒行の、死後における繰り返しにすぎない。彼女をそのような行為に駆り立てたのは、神的な光を受けるために鏡から幻想のさびを落としてきれいにしようという心理的な必要性であった。「覆いのかかった物体が太陽の光線に応えることができないのは、太陽が輝きを止めるからではありません。太陽は絶え間なく輝いているのですから覆いが邪魔をしているのです。覆いを取り去ってごらんなさい。そうすれば物体は再び日光にさらされ、覆いを剥ぐ作業が進むのに比例してふりそそぐ日光に応えるでしょう。それと同じように死者の魂はさび、すなわち罪に覆われていて、それは煉獄の炎によって少しずつ焼きつくされます。さびが焼かれれば焼かれるだけ、魂は真の太陽たる神に応えるようになります。さびが落ちて神的な光線にさらされるにしたがって、魂の幸福は増します。……神の中に幸福を探し求めようとする本能的傾向が育ち、愛の火を通して増大し続けます。愛の火が目標へと引き寄せる力は猛烈に強く、どんな妨げも許しがたく思われるほどです。そうしてヴィジョンが明らかであればあるほど、苦痛もまたはなはだしいのです[11]」

「この山登る道をわれらに示せ」と、ダンテのヴィジョンの中で[12]この世の生を終えたばかりの魂が叫ぶのは、清めの炎に向かう「本能の傾き」に促されてである。あこがれを抱く自我はすべからくそのような傾き、そのような激しい欲求を持たねばならぬ。自我が〈浄化への途〉に踏み出すのは、新たな順応の必要性を冷静に分別して認めたためなどではない。これは英雄的な行為であり、魂の中に英雄的な情熱が必要とされるのである。

この分野の神秘的探求の古典的権威とも言うべき十字架の聖ヨハネは言う。「己れの欲望に打ち克つためには、また、われわれが愛好するがゆえに意志をあおり立て、喜びを感じさせるようなすべてのものを捨てるためには、われわれはそれよりも激しい火とより高貴な愛、つまり〈花婿〉への愛を必要とする。花婿の中に喜びと力を見出すことによって、〔花嫁たる〕魂は活力と堅忍とを得、それ以外の感情をすべて容易に捨てることができるようになる。だが官能的欲望の引力と戦うにあたって、魂は〈花婿〉への愛を持つだけでは足りず、苦悩に溢れて燃えるような熱情で満たされねばならない。……われわれの霊的部分が他のより高貴な情熱で燃え立っていなければ、われわれは決して感覚の束縛を脱することがなく、感覚の闇夜に入ることもできず、また万物の闇、あらゆる欲望を否定した状態に留まる勇気も持ちえない[13]」

「われわれは苦悩に溢れて燃えるような熱情で満たされねばならない」——自分が目にした〈愛の対象〉へのこの深く熱烈な情熱があればこそ、神秘家は不自然な自己否定の行為を納得して行なうことができるのであり、それによって感覚の世界に対する低次元の愛を殺し、「欲望という障害」から己れを解き放ち、己れの生の新しく高次の中心に活力を集中するようになるのである。前にも言ったように神秘家の仕事は超越、すなわち上昇することであり、実在の高い次元に到達することである。ひとたび神秘家の目が〈永遠〉に対して開かれると、〈絶対者〉に向かう本能が眠りから覚め、〈真実〉との合一を歓びであり、かつまた義務であると思うようになる。さらに、この合一が完成するのは、迷いと利己心がいっさい関与しない段階でなければならぬことも知る。

「すべてはかなきものを捨て、永遠なるものを求めよ[14]」と、内なる声が絶えず、ここぞというときに語りかける。したがって、感覚と、感覚が形成の手助けをした性格との浄化が、〈神秘主義の途〉の中で常に最初の位置を与えられる。もっとも、束の間の散発的な照明や脱我が浄化に伴ったり、浄化より前に起こることもしばしばあるにはある。われわれの知る通り、肉体的存在に劣らず霊的存在も終わりなき〈生成〉であるから、浄化にも終わりがないのである。ある意味では人生における神秘主義的体験全体が一連の浄化であって、その中で有限なるものが徐々に無限なる源の性質に近づいていく、つまりルルマン・メルスヴィンのヴィジョンに現れた魚のように、浄めの山を淵から淵へとたゆまずさかのぼっていって最後に〈源〉に達するのだと言えよう。およそ偉大な瞑想家である聖者は、成長するにつれて浄化を忘れるということがなく、合一の状態が近づくにつれてますます己れの不適格を自覚するものである。人を愛する者は誰でも同じだが、真に〈絶対者〉を愛する者は、己れの至らなさに気落ちする状態と、己れの幸運に意気を高くする状態を交互に経験する。〈愛〉の御旗を掲げていることの他は忘れてしまう高揚した歓喜の瞬間があるかと思えば、自己放棄をいくら行なっても、「永遠の白い輝きを損なう」私心の残りかすがしぶとく内に留まっていることを認識するつらい瞬間もある。

であるから、この意味において浄化は永遠に続く過程である。けれども神秘家が〈浄化の途〉について書くときはむしろ、〈回心〉のゆるやかで苦痛を伴う完成のことを指している。それは、自我が真実ならざる生から真実の生へ急激に向きを換えることであり、自我の住む家を整理し、精神を〈真理〉の方へ向かせることである。その務めは、まず自己愛を、次いで表層意識にしみこんだ愚かな関心を取り除くことである。

「浄化の本質は自己を単純にすることにある」と、サン＝ヴィクトルのリカルドゥスは言う。自我の持つ複雑な関心や錯綜した動機を単純化し、現世的生活の誤てる紛糾を認識して斥けるこの作業がある程度進まなければ、何事も起こりえない。

「何人《なんぴと》もまず清められ浄化され剥ぎとられなければ、光を得ることはできない」[15]と、この問題に関するもう一つの権威は言う。浄化とは、知覚した真実に従って性格を改造することであり、二つの不可欠な行為、すなわち残るべきものの洗い清めと、捨て去るべきものの除去にある。したがってその研究も二つの部分に分ける方がよいだろう。ただ、『ドイツ神学』の採った順序を逆にし、〈否定的浄化〉、すなわち自己剥奪を最初に、次いで〈肯定的浄化〉、すなわち性格順応を考察した方が読者には好都合だろうと思われる。よってここでは以下の二部に分けてこの問題を扱う。(1)否定的側面、つまり自我の貴重な活力を浪費してしまう不要な、実在的ならざる、有害なものの除去もしくは一掃。これは〈清貧〉、すなわち〈超脱〉の業である。(2)肯定的側面、つまり残存するものすべて、性格のうちの消えることのない要素を、最高の純粋極まりない状態に高めること。これは魂の訓錬とも言うべき〈苦行〉、すなわち苦しい経験、困難な務めを自ら進んで引き受けることによってもたらされる。

1　超脱

欠点や罪を取り除くことが必要なのは当然として、自我が〈絶対者〉との合一をめざす途上で、いかなる形の「徳性」が最も頼りになるであろうか。

あらゆる時代、あらゆる宗教の神秘家がこの答えに関しては一致している。すなわち、カトリック教会が修道生活に必要なものとして直観的に定めた三つの徳――自発的な〈清貧〉と、感官の清貧とも言うべき〈貞潔〉、そして意志の清貧たる〈従順〉の福音的勧告――これらは極限まで高めて〈愛の火〉で変成させれば、神秘的探求にも不可欠の徳となる。

神秘家の言う「清貧」とは、全さ自己剥奪、物質的か否かを問わずあらゆる富の放棄、すべて有限なもののからの完全な超脱である。「貞潔」とは神秘家にとって、個人的な欲求を洗い流し、神以外のあらゆるものに対し純潔となった魂の、一点の曇り無き清らかさを意味し、「従順」とは利己心の克服、意志の抑制であり、結果的には完全な自己放棄、人生の諸事全般への「神聖なる無関心」を意味する。これら完全性の三側面は、実は同じ一つのものであり、自我の三つの側面と同じく分かちがたく結びついている。それらが持つ共通の性格とは、主体を、欲求や権利や関心を持つ孤立した個人としてではなく、〈全体〉の一部、神的意志の表れとしてのみ重要な〈宇宙《コスモス》〉の一片、〈普遍的生命〉のただのかけらとして自覚させることにある。純潔は心の超脱であるから純潔と超脱は手を携えて進み、両者の存在があるところには、意志の超脱を表す従順の謙譲的精神が生まれる。したがってこれらは同じ一つのもの、すなわち〈内なる清貧〉の三つの表れであると考えてもよいだろう。「幸福《さいわい》なるかな心の貧しき者、天国はその人のものなり」とは、この道を行く巡礼者すべての合言葉である。

エックハルトは言う。「神は純粋なる〈善〉そのものである。ゆえに神が宿るのは他ならぬ純粋な魂の内のみである。そこに神は自らを注ぎ入れ、すっかり流れ込むことができる。〈清らかさ〉とは何だろうか。それは人があらゆる被造物から目を背け、〈純粋なる善〉に心を完全にふりむけることである。その結果いかなる被造物も慰めとはならず、〈純粋なる善〉、つまりは神が、そこに認められぬかぎりは被造物に対し一切の欲求を持たなくなることである。そして、澄んだ目に異質なものが入り込むことが耐えられぬように、清き魂も、神との間にどんな汚れでも入り込むことが耐えられぬものである。清き魂にとって万物は享受すべき清きものである。なぜなら魂は神において万物を享受し、万物において神を享受するからである」[16]

「純粋な魂にとって万物は享受すべき清きものである」――この言葉は神秘家についての通念にあてはまるとは言いがたい。というのは、聖フランチェスコ、マグデブルクの聖メヒティルト、ロール、ゾイゼ、その他数えきれぬ反証があるにもかかわらず、神秘家は自然を心から嫌悪するものであると考えられているからである。度を越した禁欲主義の夥しい例、たとえば高徳のアルスの司祭が、薔薇の香りをかぐことを罪深いこととして拒んだという不幸な逸話などが、通俗的な概念をこの点で助長している。それというのも神秘家は概して目的のための手段として禁欲を行なうのであって、禁欲主義者がすなわち神秘家とは限らないということが一般に忘れられているからである。感覚世界を否定する他の人々がどうであれ、真実の高い次元に留まり、超越的世界に視線を据えた偉大な神秘家の魂は、神的なものの覆い、容れ物としての自然に対する無垢で強烈な歓びを、超脱の完成に結びつけることができる。この喜びはまさに「神の中に万物を、万物の中に神を」〔エックハルト〕見ることから生じる。マグデブルクのメヒティルトに対し神の声は、「わが自由の貴さを知り、愛する者は皆、我のみを愛することに耐えられず、被造物の中においても必ず我を愛するようになる」[17]と語った。すべてを包み込むこの愛は、〈浄化への途〉を忠実に耐えたことから生まれる照明に特有なものである。「幸福なるかな心の清き人」という結論は単なる詩的な言い回しではない。それが心理学上の法則であることは、神秘主義の記録が証明しているのである。

では、神秘家が「万物から離れる」ことの基本的必要性を主張しておきながら、一方で万物を享受すべき清きものと考えるというこの矛盾はどうしたら解決できるだろうか。この謎の答えは、清貧に関する古くからのパラドックスの中にある。すなわち、われわれは己れが所有せず、欲してもいないものに関してのみ真の自由を享受できるということである。「あらゆるものに喜びを見出すためには、何ものにも喜びを求めてはならぬ。あらゆるものを知るためには、何ものをも知ろうとしてはならぬ。すべてのものを所有するためには、何ものをも所有しようとしてはならない。……超脱において精神は静寂と休息を見出す。それは、何ものをも求めなければ、何ものも精神を高ぶらせて疲労させることがなく、何ものも精神を失意に陥れて悩ますことがないためであり、それは精神がへりくだりそのものとなるからである。まことに精神は何かを切望するとすぐにそのことで疲弊してしまうのである」[18]（十字架のヨハネ）

自我と外界の関係を悪化させ、魂を「たちまち疲弊させる」のは愛ではなく欲、まさに利己心の糧たる所有欲である。世界を「わたしのもの」と「わたしのものでないもの」に分ければ、実体のない基準が打ち立てられ、主張と欲求が精神をむしばむようになる。われわれは所有物の奴隷となり、宝ではなく鎖を引きずることになる。『ドイツ神学』に曰く、「見よ。このようにわれわれは万物を己れから投げ捨て、己れを万物から剥ぎとらねばならぬ。いかなるものをも己れ自身のために求めることを慎まねばならぬ。かく行なえば、およそ人の手にしうる最高の、全き、明らかにして貴き知を得、また最も貴く清き愛と欲を得るであろう」[19]。プロティノスは言う。「努力をしたにもかかわらず、ヴィジョンに到達しない者もある。……そのような人々は確かに真正の〈光〉を受け取ってはいるし、そのそばに寄ったときには魂がかすかに光り輝いている。ところが肩に重荷を背負っているために、ヴィジョンの場から引き返さねばならぬことになる。彼らは自己の純粋な統合にまで昇りきっておらず、己れを分かつ何ものかを背負っているのである。彼らは未だ自らのうちで一つになりきっていない[20]」。しかし清貧を受け入れ、所有を一切、つまりは「持つ」という動詞をそのあらゆる形において捨てきったとき、この地上に引き降ろそうとする力は消え失せる。直ちに宇宙が自分のものとなり、自分が宇宙のものとなる。分離を促す異質の力から逃れ、己れが「一つになり」、「全体の大いなる生」の中に溶け込むのである。かくして、自我は自由な世界の自由な精神として本来の軌道に乗り、通常の地上的存在が自らに押しつける必要や要求に惑わされなくなる。

アッシジの聖フランチェスコはこの真理を把握し、改革者の情熱と詩人の繊細な独創性をこめて、内なる生と外なる生のあらゆる状況にあてはめた。フランチェスコの霊的な子孫とも言うべきヤコポーネ・ダ・トーディが、この気高い自由を、極めて格調の高い頌で賞揚している。

貧しさよ、高き叡智よ、
何ものにも従属せず、
なべて被造物を
所有することを蔑み
……
神は狭き心には宿り給わず、
心の広さは汝の愛の大きさに等しく、
貧しさはかくも大いなるふところを持つゆえ

神性御自ら宿り給う
……
貧しさとは何も持たぬこと
そして何も欲せぬこと。
されど自由な精神において
すべてを所有すること。[21]

この高き叡智に達した最も偉大な人物、聖フランチェスコは、「わが妹なる小鳥たち、兄なる太陽、姉なる水、母なる大地よ[22]」と呼びかける。かれらは自分の下僕ではなく、同胞、仲間であり、手に入れようとさえ欲しなければ、愛しても何ら差しつかえない。であるから、死の床にあったヒンドゥー教の苦行者もほとんど同じ言葉で語りかける。

おお母なる大地、父なる大空よ、
兄弟なる風、友なる光、恋人なる水よ、
手を組み合わせてわたしの最期の挨拶を受けよ。
今日、わたしは至高なるものの中に溶けて行く。
君たち良き仲間の力によって、
わたしの心は清められ、

すべての迷いが消えたからである。

〈清貧の女王〉の役目は、自分を愛する者たちに、このように宇宙全体を自由にする力を与えることにある。つまり迷いを消し、要求がふくれあがるのを止め、心を浄めて、「全体の大いなる生」に参入せしめるのである。取り上げたものを十倍にして返すこの魅惑的な女王との結婚を聖フランチェスコが望んだのは蓋し当然であった。「貴き清貧は、いと高く秀でた神的なる宝であり、己れの卑しい器に閉じこめておく資格はわれわれにはない。なぜならこれこそ、すべて地上的なもの、はかないものを踏みしだき、魂からあらゆる障害を取り除いて、魂が永遠なる神に自由に結びつくようにしてくれる天上の徳なのである[23]」

したがって清貧は、目標とする神との合一に向けて人間の精神を準備するものである。人間は己れそのものであるとしばしば勘違いをしていた衣を剥ぎとられ、価値の置き所が変わり、物事をありのままに見るようになる。エックハルトによると、「このような霊的清貧には次の四つの上昇段階がある。一、神ならざるもののすべてに対する軽蔑。二、己れと己れの業に対する軽蔑。三、全き自己放棄。四、無限なる神の存在の中への自我の消滅[24]」。また、『聖なる対話』において、修道士たちは「山の急坂」を登って行くと、頂上に「裸身で玉座についた」〈清貧の女王〉を見出す。女王は「優しく祝福しつつ彼らを遮って」言う。「あなたたちは何ゆえ涙の谷から光の山へ急ぐのですか。もし仮に、求めておられるものがわたしであるなら、わたしは御覧の通り、嵐に打たれ、慰めとは縁のない、かよわく貧しきものにすぎません」。それに対し修道士たちは答える。「あなたの平安にあずからせてくださるだけでかまいません。そうすればわたしたちは救われるでしょう」[25]

〈神的実在〉を除くすべてのものから超脱することによって、人は救いの平安を得られる。超脱を手にしたものは世界の住民となれるし、かの修道士たちのように、アッシジの丘から足下の田園を指さし、〈清貧の女王〉に、「女王よ、これがわれらの僧院です」[26]、と言えるようになるのである。これと同じ真理が、エックハルトのもっとなじみやすいたとえ話の中で示されている。

ある学者が、真理を教示してくれる人物を示してもらいたいと、八年の長きにわたって神に願い続けた。あるとき、彼が熱望を強く感じると、神の声が下って言った。「教会へ行け。そうすれば祝福への道を示してくれる人を見出すであろう」。そこで彼が教会に行くと、一人の貧しい男を見つけた。その男の足は傷つき、土と埃にまみれて、衣服も上から下まで見すぼらしいものであった。その男に向かい、「あなたに良き日が来ますように」と挨拶すると、「悪しき日など来たことがない」と答えた。

「神が幸運を賜らんことを」と言うと、

「悪しき運を手にしたことはない」

「お幸せに。でもどうしてそのようなお答えをされるのですか」

「わたしは不幸だったことはない」

「どうかわたしに説明してください。わたしには理解できません」

貧しい男は答えて言った。

「喜んでお話ししましょう。良き日を、とあなたは言われた。しかしわたしは悪しき日を過ごしたことがない。なぜなら腹が空けばわたしは神を称える。冷えこんだり、ひょうが降ったり、雪や雨が降ったり、天気が良かったり悪かったりしても、わたしは神を称える。みじめだったり見下げられたりしても神を称える。だから悪しき日など来たためしがない。神が幸運を賜らんことを、とあなたは言われる。だがわたしは悪しき運を手にしたことがない。なぜならわたしはいかに神と共に生きるべきかを知っており、神のなさることが最善のことだと知っているから。神がわたしに与え給うこと、定め給うことを、それが良くとも悪くとも、わたしは最善のものとして喜んで受け取る。だから不運などというものはない。神に幸せを賜らんことを、とあなたは言われた。しかしわたしは不幸だったことがない。というのも、わたしの唯一の望みは神の意志の中に生きることであり、わたしは自分の意志をすっかり神の意志に委ねてしまっているので、神が望まれることをわたしは望むのである」

「しかしもし神があなたを地獄に落とされたら、そのときはどうなさるのです」と学者は尋ねた。

「地獄に落とす？　神の善なる性質から、そのようなことはなさるまい。しかしもし仮にわたしを地獄に落とされても、わたしには神をかき抱く二本の腕がある。片方の腕は真のへりくだりであり、神の下に敷いて神の貴き人性と結びつくのに用いる。右腕は愛の腕で神の貴き神性と結びついており、わたしは神をかき抱くので、神はわたしと共に地獄に赴かれねばならぬ。わたしは天国に居て神を手にできぬよりも、地獄にいて神を手にすることの方を選ぶものである」

かくして学者は、全きへりくだりをもって身を委ねてしまうことが、神へ通じる最短の道であることを理解した。彼はさらに尋ねる。

「あなたはいずこからいらしたのですか」

「神のもとから」

「いずこで神を見出されたのですか」

「すべての被造物を放棄したときに」

「いずこに神を託されたのですか」

「清き心の中に。そして善意の人々の中に」

「あなたはどのような方なのですか」

「わたしは王である」

「あなたの王国はいずこにあるのですか」

「わたしの魂がわたしの王国である。わたしは内なる感覚と外なる感覚を支配することができるので、魂の欲望と力もすべて従えている。そしてこの王国は地上の王国よりも大きい(27)」

「あなたをこのような完成へと至らせたものは何ですか」

「わたしの沈黙、高き思索、神との合一である。神より劣るものの中にわたしは留まることはできない。今やわたしは神を見出し、神の中に永遠の休息と平安を得ている(28)」


こうして見ると、清貧とは「神に劣る」もの、つまり実在《リアリティ》の性質を持たぬものを信じたり、深刻に受け止めようとする人間の絶ちがたい習癖を打破することにある。この習癖は「厭世」、幻滅、不安を生む最大の原因であり、これらの罪、もしくは霊性の病に、神秘家は決して陥らないが、神秘的感情の備わっていない人間にはほとんど逃れられないものである。それゆえ瞑想家の鋭敏な知覚は、清貧を賢明な勧告として、また高次の常識として常に捉えてきたのである。聖フランチェスコにとって、またどの偉大な神秘家にとっても、清貧は第一原則とか目的それ自体ではない。むしろそれは、魂にとって実在を歪みなく見据えることが一番大事であるという神秘家の知恵の第一原則から論理的に引き出したものだと言えよう。

この点においては東洋も西洋も一致している。初期のフランシスコ会士と同じく、スーフィ教徒も地上の財の完全な放棄を行なったが、彼らについてガザーリーはこう言う。「彼らの知恵の目的は、魂からあらゆる激情を根絶すること、不道徳な欲望や邪悪な性質を除去することにある。そうして心が神ならざるものすべてから離れ、神的存在についての瞑想を唯一の務めと定めることにある[29]」

超越的なヴィジョンに到達しようとする衝動を自覚したことのある者は誰でも、財産が視界を遮ること、また要求や欲望や愛着が心の中で、衝突する利害の中心となることを知っている。それらはさも重要であるかのように人の注意を惹きつけ、人生を複雑にしてしまう。それゆえ、自己を単純にするためにそれらは一掃されねばならないが、真に熱望する者にとって、その作業に必要な犠牲は掃除夫の週ごとの巡回とほとんどかわらぬ程度のものである。「自由意志をまったく放棄してしまったことで、もはや名声や富や子どもたちとの団欒を断念しても心にまったく苦痛を感じなくなった[30]」とガザーリーは自分の経験を語っている。

これほど極端に外面的な事物を捨てずに、自己放棄に成功した人々もいる。というのも財産は人それぞれに異なった位置を占めるからである。清貧が真に規定するのは、精神を拘束し、関心を分散させて、神に向かう道から逸脱させるようなもの——富、習慣、宗教的戒律、友、利害、好き嫌い、欲望——を捨てることにあって、ただ外面的な、貧困のための貧困に入ることではない。重要なのは行為ではなく態度である。実際、何か物を手に入れるとすぐに偽りの価値を与えてしまうわれわれの抜きがたい性癖がなければ、己れを無一物にする必要はないのである。ロールは言う。「霊性の清貧とは、人間に己れの弱さを知らしめる精神の従順さではなくて他の何であろうか。完全なる安定に至るには神の恩寵による他はないことを知れば、人はこの恩寵から自分を引き離そうとするものをすべて捨て、造物主の歓びのみに欲求を向けるようになる。そして一つの根から多くの枝が出るように、こうして行なわれた意図的な清貧から、信じられぬほどの徳と驚異とが生じる。だがそれらは、衣服のみを変えて魂は変化せず、つまり富は確かに捨てているようだが数限りない悪徳を相変わらず集め続ける、といった質のものではない。……神のためにすべてを本当に捨てようとするなら、何を捨てるかよりも、何を蔑むかに気を配れ」[31]

したがって神秘家の清貧は物質的な状態というより精神的な状態である。あらゆる所有欲から意志を超脱させることは、内面的な真実であって、フランシスコ会士の清貧も内面世界に対する誓いである。霊的に祝福さるべきは霊において貧しさ者たちであって、物質において貧しき者たちではない。ペーテルス・ゲルラハは言う。「わたしからすべてのものを捨てさせ給え。そうして貧しくなったわたしは心のうちに大いなるゆとりをもって、苦しむことなく、およそ人間の心が望みうるすべてのもの——神御自身を除く——がなくても耐えられるだろう」[32]

十字架の聖ヨハネは言う。「感覚的な事物に対する欲求が残るかぎり、魂は空になったとは言えない。しかし万物に対するこうした欲求がなくなれば、たとえ財産が山ほどあっても、魂は空になり自由になる」[33]

神秘的な本能が目覚めた人は誰でも、この本能の発達を妨げる好みや性質が自分のうちにあることにすぐ気づく。これらの好みや性質は自らの水準で見れば正当至極なものであることが多いが、どうしても自我の活力をそぎ、一心不乱の熱意が必要とされる本来の力強い生への到達を妨げてしまう。それらは自我の注意力を散漫にし、知覚の領域を一杯にふさぎ、本能的生の活動を刺激する。その結果、表層意識が活発に働き、なかなか静められなくなる。ペーテルス・ゲルラハはまた言う。「万物を洞察するための不変の〈真理〉の明白なヴィジョンを、いったいどこで手にすることができるというのか。思考や想像力に働きかけ、精神を混乱させてつなぎとめる諸々の事（悪しき事ではないにしても）にかまけ、万物の在《いま》す〈唯一者〉を見る目が曇っているような人に[34]」

人の注意をそらすこのような要素、「精神を混乱させ、つなぎとめる」要素の性質は、人によってまちまちである。超越的意識を育てるために自我が捨てなければならないものがどんなものかを予測するのは不可能である。「小鳥が細い糸でつながれようが、縄でつながれようが、大した違いはない。小鳥は縛りつけられているのであって、つないでいるものが切れぬかぎりは飛べないのである。なるほど細い糸は切れやすいかもしれない。けれども切れなければやはり鳥は飛べないのである。これが特別の愛着を捨てきれぬ魂の状態である。このような魂がどんな徳を持とうとも、神的合一の自由には決して到達することができない。欲望や愛着が魂に影響を与える様は、コバンザメが船に影響を与える様に似ている。それは小さな魚にすぎぬが、船に付着すれば、実際に航行を妨げるのである[35]」（十字架のヨハネ）

かくして、前進を願うものは皆、利己心を育むもののすべてを、それがこの世の目から見ていかに罪が無く、また役立つものであろうとも、見つけ出し、根絶やしにしなければならない。行く手を阻むものは容赦なく捨てる、というのがただ一つの決まりである。「誰であれ神を完全に愛さんと欲するなら、神への愛に背くもの、神への愛から引き離そうとするものすべてを、内なるものも外なるものも皆捨てようと努める」[36]（ロール）。この言葉が意味しているのは、自分のものは何も持つまいと固く決心して本当に服を脱ぎ捨てた[37]アッシジの聖フランチェスコの素早く徹底的な自己剥奪かもしれぬ。あるいは、彼の弟子であるフォリーニョのアンジェラが、いやいやながらも少しずつ放棄していってついに自由になったことかもしれない。また、たった一文の金も神から己れを引き離すに充分であると考えたアントワネット・ブリニョンの過激な行動であるかもしれない。

アントワネット・ブリニョン、この尋常ならざる女性の伝記には次のようにある。「ある晩、極めて深い悔悟の中で、彼女は心の底から『おおわが主よ、あなたに喜んでいただくためにわたしは何をしなければならないのでしょう。わたしには教えてくれる者が誰もありません。わたしの魂に向かってお話しください、きっと聞こえましょう』と訴えた」。その瞬間、彼女は自らのうちで別の人が語りかけるような言葉を聞いた。「地上のものすべてを捨てよ。被造物への愛から己れを引き離せ。己れを空しくせよ」。このときから後、彼女は自己のうちに入り込めば入り込むほど、すべてを捨て去ろうとする気持ちが高まった。だが、超越的意識が要求する完全な放棄を行なう勇気は持てなかった。彼女は内なる生と外なる生の両方に適合しようと努めたが果たせなかった。彼女のような性格の持ち主に妥協は不可能だったのである。「彼女は常に、『わが神よ、いつわたしは完全にあなたのものとなれるのですか』と真剣に問うた。そのたびに神は、『おまえが何ものも所有しなくなり、己れを捨てきったときである』と答えるように思われた。『では主よ、それはどこで行なえばよいのでしょうか』。神は答えた。『荒野の中で』」。そしてとうとう自我の深みと表面の不一致が耐えがたいものとなった。冷淡な家庭にあっての不幸、さらには近づく結婚への恐れによって高められた放棄への衝動が勝ったのである。彼女は隠者の服に身をくるんで——彼女はまだほんの十八歳で、助けてくれる人も忠告を与えくれる人もなかった——「朝四時頃、その日のパンを買うための一スーだけを持って部屋を出た。ところが外に出るとき、『おまえの信仰はどこにあるのか。一スーの中にか』という声がして、それも投げ捨ててしまった。……かくして彼女はこの世の気遣いと財産の重荷から完全に解放されて出ていったのである」[38]。

　魂を破壊しようとする関心の分裂、すなわち二つの世界を両方ともなるべく生かそうとする人間の本性的な、しかし絶望的なあがきは魂の超越的活力をそいでしまう。これに対する神秘家の態度の賛嘆すべき例は、聖テレジアの浄化の期間に見られる。彼女の場合、この実在的自我と表層的自我の間の戦いは何年間も続き、〈照明〉の状態と、十全に発達した観想生活とに並行して行なわれた。最終的には、彼女の分散した関心を統一し、〈合一への途〉にしっかりと永遠に旅立たせることになる「第二の回心」をもってこの戦いは終わる。が、後には偉業の達成に貢献することとなる彼女の性格の男性的な強さが、超越的意識の侵入に反抗し、自分の領域を侵されまいと一進一退の攻防を繰り返し、成長する霊的な自我の命じる要求にことごとく逆らったのである。けれども次第しだいには征服されて深層の生の領域が拡大し、ついに真の使命にすっかり従うときがやって来る[39]。

　御托身修道院において過ごした数年間、テレジアは性格のゆるやかな改造に伴って内なる重圧と悔悛を身に引き受け、〈無限者〉について多くを知るようになっていったが、この間の彼女の唯一のわがまま、それもまったく罪のないように思えるわがままは、アヴィラからやって来る友達と、修道院の面会室で「格子」を通して話をすることだった。彼女の告解師たちは天才的な神秘家の教育には慣れておらず、この習慣と、高度の観想生活の追求との間に何ら相容れぬものを感じていなかった。しかし超越的意識、祈りの状態が強まっていくにつれて、テレジアはこのように外界を垣間見て、気を散らされることの悪影響を段々と意識するようになった。自らのうちで動き始めた新たな、深い、真実の生に完全に捧げなければならない活力、目下の務めに集中しきったときにのみ大いなる使命を全うしうる活力が、あたら無駄に使われてしまうのだった。自分の活力を浪費する余裕はどんな天才にも無いし、ましてや神秘家の天才には無い。テレジアは、この個人的な満足を持ち続けるかぎりは人生の焦点が一つのみに留まらず、〈絶対者〉への帰服に専心することにならないのを承知していた。しかし内なる声、内奥の本能がそれをあきらめるよう強いても、何年もの間、そのような犠牲は行なえぬと彼女は感じていた。この楽しみを保持するか放棄するかという問題をめぐって、彼女の人生の決定的な戦いが行なわれたことになる。

隠修士会士でテレジアの偉大な賛美者であったルイス・デ・レオンは、この長い内的葛藤を鮮やかに描いて次のように言う。「悪魔は彼女の前に、気質がぴったり合う人々を遣わした。神は彼女らの会話を聞いて悲しみ、残念に思い給うた。悪魔は彼女が会話や気晴らしを楽しんでいるのを見てほくそえんだが、彼女がそうしたものに背を向けて祈りに熱中しだすと、今度は神が喜び、引き立てを増された。それは格子の前で彼女を引きつけた誘惑がいかに偽りのものであるかを示し、神の甘美さこそ真の甘美さであることをお知らせになるためであるかのようだった。……こうしてこれら二つの傾向がこの祝福された女性の胸の中で相争い、それぞれの傾向を吹き込む悪魔と神とが彼女を駆り立てようと全力を尽くした。あるときは格子窓が刻みつけたものを祈りがかき消し、またあるときは祈りによりもたらされたせっかくの実りを格子窓が台無しにし、不安と悲しみを引き起こして魂をかき乱すのだった。彼女は神にまったく身を委ねようと決意していたが、どのようにして己れからこの世を振り捨てればよいのかわからなかった。時には両方とも享受することができるのだと思い込もうとしたが、大抵の場合は彼女も語っている通り、どちらも完全に享受できずに終わってしまった。というのは、面会室での楽しみは神との秘められた甘美な親密さの記憶によってにがにがしい悩みの種となり、また同様に、引きこもって神と共に在り、神と語り始めると、格子窓から持ち込んできた愛着と思いが彼女をとらえて離さなかったのである」(40)

このような表層的意識と神秘的意識の間の激しい動揺——これはテレジアの強固な意志的性質に特徴的なもので、この性質は心理的発作を経て、残るくまなく究めつくされるまで安らぐことはなかった——と、アントワネット・ブリニョンの「内なる自我」が表層の知性を征服し、支配権を確立した象徴的な放棄の行為とを比べてみられたい。テレジアは人間的な友情に対する強い喜びをあきらめねばならなかった。アントワネットの方はそのような方向には誘惑を感じず、最後に残っていた小銭を捨てねばならなかった。テレジアの包容力があり活動的な性質にとって「社交」が持っていた意味と、気質的に抜け目が無く狭量なところのあるアントワネットにとって「一スーを持って出た」「用心」が持っていた意味とは同じものである。どちらも、すべてを要求する超越的才能の発達にとっては気を散らし妨害となるものであって、「低き生」の征服されざる名残りであった。

しかしながら、この二人の女性が心の平安のために不可欠であると感じた外なる事物の放棄よりずっと穏やかな放棄でも、超脱の完成とは矛盾しないと考えた神秘家も多い。すでに述べたように、判断の基準は放棄せずに持っているものの性質にあるのではなく、それらのものが自我にどのような反応を起こさせるか、にある。「あなたが人に金や物を貸しているかどうかを思い出せなくなったとき、完全なる貧しさがあなたのものとなる。ちょうど死出の旅立ちにあっては、すべてを忘れ去ってしまうように」とタウラーは言う。この意味では、自我が知らず知らずのうちに習慣的に、また無意識に贅沢品を用いたりすることは清貧とは矛盾しないものである。たとえば聖ベルナルドゥスは、福音の清貧を説きながら、一方でクリュニー修道院の提供した豪華に飾り立てたラバに乗って方々を回るという矛盾を、敵対者に非難されたという。彼は大いに悔いたが、自分が何に乗っていたのかまったく気づかなかったと言ったそうである。[41][42]

時には、ある自我が邪魔なものとして捨てた活動が、別の自我にとっては霊的な知覚の径路となることもある。アルスの司祭が、その他諸々の禁止事項と共に、薔薇の香りをかぐことまで拒んだことについてはすでに触れた。ところが聖フランチェスコは花々に向かって説教をし、修道院の庭を作る際も、「花を見る人々が皆、〈永遠の甘美さ〉を思い出すように」と、花を植える場所をとっておくよう命じたという。また、フランチェスコの霊的な娘というべき聖ドゥスリーヌについても次のような話が伝わっている。「ある日、妹たちと外に出ると、彼女は鳥の鳴き声を聞いて、『なんてすてきな歌なのでしょう』と言った。その歌は彼女を神に向かう道へまっすぐに引き寄せたのである。妹たちが彼女に一輪の花を摘んでくると、花の美しさが同じような効果を与えた」。聖テレジアは自分の瞑想の始まりについて、「木々や水や花を眺めることが神の存在を思い起こすのに役立った」と語っている。ここにおいてプラトンの言が思い出される。「真に理にかなった行き方は、他界の美を求めて登って行く際の階段として地上の美を用いることである」。そしてまたこれは神聖なる清貧の正しい形でもある。美しい自然を利己的に悪用するのではなく、無欲に用いることである。[43][44][45][46]

この困難な理想に到達できずに、何もかもひたすら拒絶することだけに逃げ込む人々もあるということは、禁欲が超人間的ではない人間的な行為であって、「被造物たる人間の弱さ」に左右されるものであるということに他ならない。しかし概して、そのような行き過ぎが見出されるのは主に、未だ神秘的直観を示していない聖人的気質を持った人々においてである。神秘的直観は極めて強烈な〈生〉との交わりを引き起こすため、それを手にした者は心地よい精神の安定とささやかな平衡を与えられ、大抵行き過ぎに陥ることから守られる。たとえば、母親が通りかかるのを見てはいけないからと押入れに閉じこもってしまった若き聖人の貞潔観や、指導者の声を神の声と同一視してしまう従順や、フォリーニョのアンジェラが、真の神秘家でありながら「障害物」[47]であった身内の死を残酷なまでの満足感で眺めたことに示される超脱などに陥らずにすむのである。神秘家の超脱とは、魂に魂本来の自由を回復させることに他ならない。それは「わたしは何ものでもなく、何ものをも持たず、何ものをも欠いていない」と声高らかに言う歓ばしいへりくだりの状態である。この点にまで達することは利己心の圧制を逃れたということであり、たった一つの行動規則しか持たぬ世界の、清い空気を吸うことを許されたということである。たった一つの規則とは、聖アウグスティヌスの最も忘れがたく、また間違って引用されることの多い警句の中で断定的に言われた規則、すなわち「愛せよ、そして己れの好むところをせよ」である。

2　苦行

苦行は、すでに述べたように、浄化の積極的側面、すなわち性格の中で最後まで残る要素を真実に合わせて改造することと理解すべきである。これらの要素はそれまで古き自我を助け、感覚の世界で自我のために働いてきた。が今や、新しき自我の要求と、自我が引き移った超越的世界とに合わせていかねばならない。それらの要素は、古き自我、すなわち「自然的人間」、人間の利己的な本能や欲望に焦点を定めてきた。苦行の目的は、この古き自我を殺し、自己本位の愛着や願望を粉砕し、より高き中心、「新しき人間」を生かしていくことにある。聖テレジアが、地上的な友情と瞑想の要求するところを調和させようと努めたときに気づいたように、二つのうちどちらかが消えねばならない。「家が内《うち》わで分かれ争うなら、その家は立ち行かない」〔『マルコによる福音書』三・二五〕のである。トマス・ア・ケンピスは言う。「己れの心の克服されざる愛着ほどに妨げとなるものがあろうか。……われわれが己れ自身に完全に死に、己れの胸の内と関わらなくなったとき、われわれは神的なものを味わい、天上の瞑想を経験できるようになる(48)」

苦行の過程は、心理学的に言えば「神経系の新たな放出径路」を打ち立てる過程である。すなわち、神秘的な生は行動を通して外に現れなければならず、そのためには新たな径路が切り開かれ、新たな習慣が形成されなければならない。これらは皆、新たに生まれた自我の熱意をもってしてもやはり「性分に反した」ものであり、結果として個性の完全な昇華に至る。生きとし生けるものに絶え間なく湧き出る活力が、抵抗の少ない旧来の道を捨て、新しくより困難な道を通って放出されねばならない。ホルメ心理学〔生体の行動を目的に向かって駆り立てられるものとして規定した目的心理学〕の用語を借りれば、魂《ツシケ》の意志衝動は新たな目的に向かって集中せねばならず、それまでの径路は捨て置かれ、衰え、消えていくことになる。旧来の径路が消え、新たな生が勝利したときが、〈苦行〉の終わるときである。神秘家は、この瞬間がいつ来るかを常に知っている。そのときが来ると、内なる声が悔悛の行を中止するよう警告することもしばしばある。

　神秘家が偉大であり有能であれば、その分、性格も強靱で頑固なものになりがちであるので、右のような生の変化、かつての安易な径路から新しい径路への活力の方向転換も、波乱に富んだものになることが多い。それは自我の中の相容れざる要素と要素、活動を促す低次の原動力と高次の原動力の間の、文字通り戦いの時期であり、骨折りと疲労と痛苦と多くの失望の時期である。けれども苦行の目的は、語源的なつながりにもかかわらず〔苦行 mortification はラテン語の死 mors から発している〕、死ではなく生である。健全さと力、それも永遠の相の下に見た人間の意識の健全さと力を生み出すことである。「あらゆる被造物のまことの死の中に、最も甘美で自然な生が隠されている」[49]

　タウラーはまた次のように言う。「この死には多くの段階があり、この生もまた同様である。人は一日のうちに千回死に、その各々の死に対応する歓ばしい生を即座に見出すこともありえよう。これはまさに死のあるべき形であり、神がそれを否定したり拒んだりすることはない。死が強いものであれば、それに対応する生もそれだけ力に満ちた完全なものになり、死が内奥のものであれば、生もそれだけ内なるものとなる。生は段階ごとに力をもたらし、より確かな死へと力づける。あざけりの言葉に対して、神の名において耐え、死ぬこと、あるいは何らかの性向――内的外的を問わず、意志に反する行ないか否かを問わず、また愛によるか悲しみによるか、言葉によるか行動によるか、進むか留まるかを問わず――に対して死ぬこと、あるいはまた好みや意見の要求するところを拒絶すること、誤って非難されたとき言い訳をしないこと、その他何事にせよ、人が未だそれに対して死んでいないことは、それに慣れぬ者、苦行を経験していない者には、苦行を経験した者よりも始めのうち困難なことである。……どんな些細なことでも真剣に死ぬ者には大いなる生が応え、その生はすぐさま、より大いなる死に向かう力をつけてくれる。その死は長続きして力強いものなので、その後は生きることよりも死ぬことの方が歓ばしく、正しく、楽しく思えてくる。なぜなら人は、死の中に生を、闇の中に輝く光を見出すからである」[50]

したがって、超脱と同じく苦行もそれ自体が目的ではない。それは、ある一定の能力を生み出したり、新たな生の要求に人間の性質を合わせたりするための過程、訓練である。その訓練は肉体的な運動のトレーニングにも似て厳しく、外部の者には一見無意味に思えるが、忠実に受け入れていけば、自我を低次の本性の引力から解き放ち、新たな次元の自由と力の中に据えることとなる。ベネディクト会士の瞑想家オーガスティン・ベイカーは言う。「苦行は肉体を、霊と神霊の支配下に置くのに役立つ。これは神の霊の性向にまったく反する感覚のさまざまな性向を妨げることによって行なわれる。……このように肉体を苦しめ、行く手を阻むことによって、利己心や我意（われわれの霊にとっての毒）が弱められ、やがてある程度破壊されてしまう。そしてそれらの代わりに神的な愛と神的な意志が魂に入り込み、魂を占領する」[51]。この変化が達成されれば苦行は終了してもよいわけだが、実際驚くほど突然に終わってしまうことも多い。ゾイゼは苦行を十六年間続けたあとの自分の経験について（いつものように三人称で）こう語っている。「ある年の聖霊降臨日のこと、天の御使いが彼のもとに現れ、もうこれ以上続けぬようにと神の名において命じた。彼はすぐさま中止し、苦行の道具【足枷や釘や行衣など】をすべて川に投げこんでしまった」[52]。これ以降、この種の苦行禁欲はゾイゼの生活とまったく関わらなくなった。

〈浄化の途〉の過程で魂が全力を傾けねばならない「徳の苛酷な奉仕」を、どのような条件で放棄できるかについては、『単純なる魂の鏡』を書いたフランスはフランドル地方の神秘家と、その翻訳者であるイギリスの瞑想家が、大胆かつ明確に語り、説明している。仏語版の記述は直截で妥協を許さず、小心な信仰を驚かせるよう充分配慮されている。「徳の数々よ、わたしはおまえたちに永遠の別れを告げる」と〈魂〉は声高に言う。「今やわたしの心は今までより自由に、そして安らかになるのだ。おまえたちに仕えることがいかにつらいことであったかわたしはよく知っている。……時にはわたしの心を丸ごとおまえたちの中に置いたこともあった。おまえたちはよく知っていよう、わたしが何から何までおまえたちに従ったことを。おお、わたしはそのときおまえたちのしもべであった、しかし今やわたしは束縛から解放されたのだ」

この衝撃的な発言に対して英語版の翻訳者は、非常に納得のいく注釈を付け加えている。「この問題に対してここでわたしなりに以下のことを語っておきたい。第一に、魂が一心に完成をめざすとき、魂は理性の勧めるところに従って日夜、徳を得るために忙しく立ち働き、悪徳に対しては、悪徳から発すると思われるあらゆる思考、言葉、行為が生じるたびに戦い、休みなく悪徳を見つけ出して破壊するのである。こうして徳は魂を支配し、自らに反するもの、つまり悪徳との戦いへと魂を駆り立てる。この戦いにおいて魂は多くの激しい痛みと苦い意識を覚える。……しかし木の実の苦い殻をかみくだいてしまえば、ついには甘い核に達するものである。霊的に理解すれば、正しく同じことが平安に達する魂によっても行なわれる。魂は長い間悪徳と戦い、徳に使われた後、木の実の核、つまり甘美な神の愛に達することとなるのである。そして魂がこの愛を存分に味わい、神の愛が魂の中に働くようになると、魂は驚くほど光り輝き、喜び溢れるものとなる。……すると魂は徳に対する支配者となる。なぜなら魂はすべての徳を自らのうちにとりこんでしまったからである。……そして魂は徳に対して、かつての隷属とつらい労苦に対して、別れを告げる。今や魂が主君であり徳が臣下となるのである[53]」

ヤコポーネ・ダ・トーディも同じ意味合いでこのように語る。

戦《いくさ》は止んだ
徳の闘いにおいて
精神の労苦において
もはや争いはない[54]

またジェノヴァの聖カタリナは、絶えず罪の意識につきまとわれ、休みのない苦行を続けた四年間の悔悛期の後に、次のような心境に達した。「苦行への思いが一瞬のうちに彼女の心から取り払われた。その結果、たとえ彼女が苦行を続けようと思ったとしても、もはや続行は不可能であった。……罪の像が心から払われ、その後は目にすることがまったくなかった。まるで罪が皆、深い海の底に沈められたかのようであった[55]」。言葉を換えて言えば、新たな高次の意識の中心がついに打ち立てられ、主張を始め、それ以前の中心を滅ぼしてしまったのである。「戦は止ん」で、強靭な性質を持つ活力がすべて、新たな径路を自由に流れていく。今や統合し、昇華し、「再生した」自我にとって、苦行は自動的に実行不可能なものとなるのである。

「苦行」という言葉は、現象界のさまざまな側面に刺激されて諸々の願望を持つ「欲望の本体」たる感官を「殺さ」ねばならぬと、行者たちが皆、繰り返し書き残したことに発しており、これはむろん行者独自の観点から見た心理的な必要性を表している。利己的な本能というものは自覚できぬほど深くしみこんでおり、自我はそのため楽な道ばかりを選ぼうとするのだが、こうしたことは生まれたばかりの神秘家の目覚めた直観には、愛の法則への重大な違反と映るのである。「人が果たすべき務めとは、心と精神を地上の被造物への現世的愛と執着から引き離し、また空しい思考と現世的な想像力から、さらには己れへの愛と罪深い感情から引き離して、魂が現世的な思考にも、地上的な愛着にも安らぎを見出さぬようにすることである」[56]（ヒルトン）。〈清貧〉の掟は自我の好みや所有物にも、また通常の意識の性向にもあてはめねばならない。その結果が栄養となって、実在の生が伸び栄え、実在ならざる生が枯れて死んでいくであろう。

この苦行のプロセスが必要とされるのは、感官の通常の働きが〈神的実在〉に敵対するからではなく、感官が然るべき地位以上の場所を奪い取り、活力の中心となって、自我の生命力を絶えず浪費させるからである。「子どもの食べる肉を犬が奪ってしまった」ようなものである。感官がその主人よりも強くなって、知覚の領域を占有し、本来はもっと偉大な活動をすべく生まれついている生命体を支配して、個体性の障壁を築き上げてしまっている。この障壁は真の人格を打ち立て、〈一者〉の無限の生にいくらかなりとも参加するためには取り払わねばならぬものである。このように活力を誤って分散し、巣に侵入したカッコウに餌を運び続けるようなことをしているからこそ、「〈絶対者〉に近づくためには、神秘家はあらゆるものから、己れ自身からさえも退かねばならない」[57]。「魂が所有しうるあらゆるもの、自然的なものも超自然的なものもすべてに対する欲望を振り捨てずとも、神との高き合一の状態に達することができると考えるとしたら、その魂はまったくの無知に陥っている」と十字架の聖ヨハネは言う[58]。「なぜならそれらすべてのものと、神の中での全き変身の際に代わりに入り込むものとの差は無限に大きいからである」。また、「欲望が感覚性の消滅によって眠りこみ、感覚性それ自体が欲望の中で消滅して精神に対し闘いを挑まなくなるまで、魂は〈最愛の神〉と合一する完全な自由を持つに至らない[59]」。

したがって、狭い利己的な意味における個性が死ぬことが、苦行の第一目標ということになる。この非実在の、しかも複雑な人間を存在せしめている性格のさまざまに絡み合った要素がすべて刈りこまれねばならない。そうすれば森の木々と同じく、人間の精神にも新たな強い枝が生じて、大気と光に向かって伸びて行くだろう。「生きているのはもはやわたしでない」(『ガラテヤの信徒への手紙』二・二〇)という言葉は、この「肉体の死」に耐えた神秘家の言葉に違いない。己れの偏見や好みがどうでもよくなり、自分にも感じられなくなった次元において、あるべき姿の自我が生きることになる。偏見や好みは幼児用の玩具のようなものであり、自我からこれらを取り上げねばならない。玩具を取り上げられるのは不愉快な成長過程だが、神秘家は概して嫌がらずにこれを実行する。それは己れの至らなさの生々しい意識や、愛の成就に必要な完全な状態についての直観に突き動かされているからである。神秘家は自ら進んで〈浄化の途〉の責苦を引き受け、精神的・肉体的な苦行の道具を用いる。その熱意と決断は、死者が〈神的な愛〉の光に己れの姿を照らされて行なう「〈煉獄〉への英雄的突進」に似たものがあるが、これはジェノヴァの聖カタリナが『煉獄論』の中で神秘家の浄化に最も近いものとして描いた。「浄めの愛の神的なかまどの中にとびこみ、愛の〈対象〉と合一してその働きかけすべてに満足すると、彼女はそのことが〈煉獄〉の死者の魂たちにもあてはまるのを理解した[60]」

この「浄めの愛の神的なかまど」は情熱を抱く魂に対して、完全なる自己放棄、およそ不純なるものからの自発的訣別、あくまでのへりくだりを要求する。それはとりもなおさず実際の苦痛を故意に引き受けることであり、恐るべき務めを課して自己を鍛錬することである。精錬の火に投じられた金のように、「愛の炎が魂の中に本当に入れば、すべての悪徳を浄める」。超脱は、物事の真の価値を目にすることから実際的に生じる思慮分別の勧めと言ってもよいかもしれない。しかし苦行のもたらす苦痛は、目覚めた精神が愛する神に対しておずおずと差し出すまたとない愛のしるしと考えられる。シエナの聖カタリナは、このすべてを要求してやまぬ〈愛する神〉から、厳しい言葉を聞く。「わたしは〈火〉であり、犠牲を〈受け取るもの〉である。捧げられた犠牲から闇を除き、光を与えるものである」[61]。〈永遠の知恵〉はゾイゼに向かって言う。「苦しみは古くからの愛の掟である。苦痛なくして探求はなく、殉教者にあらずして愛する者もない。ゆえに〈知恵〉の如く高きものを愛さんとする者は、時に妨害や悲嘆を耐え忍ばぬわけにはいかない」[62]

神秘家は、〈創造〉、〈生成〉、〈超越〉のプロセスがどうあっても苦痛を伴うものであるという深い確信を持っている。キリスト教神秘家は、キリストの〈受難〉を持ち出して、完成に至る宇宙的な旅、〈永遠の知恵〉への途が必然的に〈十字架の道〉をたどるものであることを証明する。根拠を持たぬように思われるが、やはり苛酷なまでに真実である内なる生の例の掟、「苦痛なくして向上なし」がここでも主張を繰り返す。生みの苦しみは肉体の世界でも精神の世界でも耐えねばならぬものであり、運動選手たるもの必ず適当なトレーニングに苦しまねばならぬ、ということをこの掟は言わんとしているのである。したがって神秘家は〈絶対者〉を探求するにあたって歓びの真実だけでなく、苦しみの真実に自ら進んで雄々しく合一していかねばならない[63]。

このような苦痛の神聖な必要性、〈生成の世界〉の辛苦を共有することの必要性は、タウラーが、観想する魂と神との間の「内なる対話」の中で美しく描いている。このような対話は神秘家の作品に数多く見られ、特に『キリストに倣いて』の読者にはなじみ深いものである。「ある男が考えた。心地好い道を通して神に引き寄せられる者たちがあるのに、その他の者たちは苦痛の道を通される、と。すると主は次のようにお答えになった。『わたしに生き写しとなること以上に心地好く、貴いことがあると思うか。それは苦しむことによって達成されるのである。考えてみよ、わたし以上に苦しみの生を受けたものがあろうか。わたしの真の貴さに従ってわたしが働ける場は、わたしに生き写しの者たちの内を措いて他にあろうか。それは苦しむ者たちである……。わたしの神性は人性の中で、苦しむことによって最も気高く働いたことを知れ。苦しみがかくも効力を持つのは、大いなる愛から発しているからである。わたしはいついかなるときも人間性の弱さを理解しており、愛と正義をもって、人間が耐えられないほどの難渋の道を敷くことはない。頭を出した芽はしっかり踏みかためられねばならぬが、それはわが天上の父の御前でつぼみを出し、花咲くためである。わが神性の計り知れぬ深海にすっかり沈もうとする者は、悲嘆の深海にも沈まねばならぬ。わたしは万物のはるか高みに上って、自らのうちで超自然的にして驚嘆すべき業を行なっている。人間が万物の下へ、より深くより超自然的に己れを押しつぶせば、それだけ超自然的に、万物の上に引きあげられるのである』」[64]

それゆえ神秘家たちは苦痛を常に歓迎し、また自ら招来することも多い。それは時にゾイゼが自伝の第十六章で生々しく描いたような直接の肉体的な形をとることもあるが、多くは孤独、不正、誤解、とりわけ人生の嫌悪すべき事象と進んで接触することから、感受性の強い人だけが引き出せるような洗練された苦悩の形をとる。事実を調べてみれば明らかなように、神秘家の気質というものは本来、気難しいものと思われる。霊的な美を敏感に把握し、神的な調和を直観的に知覚する性質は、醜さを本能的に嫌ったり、不潔さや病気など調和を乱すものを避ける性質と対になっているのである。洗練性についての理想も、しばしば同時代の持つ上品さの基準をはるかに超えてしまっており、それだけでもつらい思いをする機会が多く生じる。この極端な感受性は、同様に鋭敏な芸術家気質をしばしば形づくるとともに、神秘家の通常の心理的・肉体的性質を形成するものだが、覚醒した自我にとっては、訓練上の道具としてまず最初に利用すべき性質である。「愛にとっては何ものも卑しすぎることはない」というへりくだりを訴える格言に、「何ものもおぞましすぎることはない」というあまり美しくない注釈をここで付け加えねばならない。

これには同時に二つの理由がある。一つは、美しいものも嫌うべきものもひきくるめて現象全般に対する軽蔑、つまり感覚の束縛から逃れたいという望みであり、これは不可視のものを求める情熱としばしば併存するものである。地上の魅力は錯覚にすぎぬと考える神秘家が、生の嫌うべき醜い事象にそれ以上の実在性《リアリティ》を与えてしまうとしたら首尾一貫していないことになる。聖フランチェスコが、害虫も鳥と同じくわが兄弟であることにかわりはないと主張したのは、自分の主義を論理的帰結にまで押し進めたにすぎない。本当の超脱とは、あらゆる種類の好みを——他の人々にとっては美徳や趣味の良さの証拠と思われるような好みも——殺すことである。

もう一つの理由はもっと高尚なものである。それは神秘的生の推進力たる自己放棄の原則と結びついている。観想的精神の持ち主は多様性の中に統一性を、つまりはこの世の中に神を鋭く意識しており、そのような人にとって私心を離れた奉仕はすべて、愛する〈絶対者〉への奉仕に等しい。さらにこの奉仕が苛酷なものであり、自己愛的な、また美的な本能に反するものであれば、そのぶん理想に近づくことになる。彼が到着を熱望している地点は、（当人が意識しているとは限らないが）すべて調和を乱すもの、すべて醜いものの現れが、〈神への愛〉という名の具体的な真実の中で消失する地点である。そこでは万物が宇宙的な慈愛のこもった美の相の下に見え、腐敗の織物を通して「永遠の生」の生地が現れるだろうと、彼はうすうす感じているのである。

　アッシジの聖フランチェスコは、美しいものを愛する心も常に人一倍強かったが、その彼が見るのもつらく、異臭を放つ癩患者をいかにして訪れようという気になったか、いかに彼らに奉仕し、口づけまでしたかについては次のように言われている。[65]「こうして彼が旅立つ頃には、かつて非常につらかったこと、すなわち、癩患者を見たり、触れたりすることが、本当に甘美なものに変わってしまった。彼も告白しているように、以前は癩患者の姿が痛ましく、目を背けていただけでなく、住み処のそばに近よらないようにしていた。そしてどのようなときでも、彼らの住居のそばを通りかかったり、彼らを目にしたりしたときは、憐れみから人を介して施しをする気持ちはあっても、顔を背け鼻をおさえたものであった。しかし神の恩寵によって、彼は癩患者の親しい友となり、遺言書にも書き残している通り、彼らの家に実際に寝泊りし、献身的に仕えたのである」

　また、かつて「父の家で食にうるさ」かった富裕な若者フランチェスコが、すべての財産を投げうった後は、椀を持ち戸口から戸口をめぐって残飯を恵んでもらうことに慣れていった。このときも癩患者の場合と同じく、最初のうちは不快だったものが甘美なものに変わる。「そのようないろいろの肉のごたまぜを食べたときのこと、今までそんなものは目にすることはむろん、口に入れることなど思いもよらなかったので、初めは尻込みしてしまった。しかしついに、彼は自分に打ち克って食べ始めた。すると、どんなにぜいたくなシロップをなめたときでも、これほど美味に感じたことはなかったように思えた[66]」

このような自己訓練の目的は、すべての浄化に共通する目的、すなわち自由になることである。感覚の束縛から、「欲望のくびき」から、環境や地上的な教育の結果から、自尊心や偏見、好悪の感情から逃れた自由な状態になることである。そうすれば自己征服の歓びを鮮烈に感じるようになる。かつて鎖でつながれていた自我に嫌悪の情を引き起こした行為が、今では何とも感じなくなるだけでなく、幸福感を生じさせるもととなる。だからマージェリー・ケンプも、「道で出会った癩患者に、主への愛をこめて口づけすることを怠ると、深い悲しみと後悔の念に打たれるのだった。しかしそのような行為は、若く派手やかに暮らしていた頃ならば、まったくもって彼女の性向に反するものだった。当時は癩患者を最も忌み嫌っていたのであるから[67]」。

ジェノヴァの聖カタリナやギュイヨン夫人が、自己の嫌悪感を追い払い、精神の自由を獲得するために行なった試練には胸を悪くさせるものもあり、繊細な読者のことを考えて詳しく紹介するのは控えよう[68]。彼女らも聖フランチェスコやハンガリーの聖エリザベスやその他数知れぬ〈真なるもの〉の探求者と同じく、病人や汚れた者たちを探し求め、献身的に仕え、そして愛した。また最も卑しい形の生と進んで結びつき、不快極まりない物との接触を自らに強いた。あらゆる好み、まったく自然で害のない好みまでもことごとくに逆らうという伝統的な苦行法によって、感覚を死に至らしめたのである。ジェノヴァの聖カタリナの伝記によると、「主から甘美なる傷を受けた後の最初の四年間というもの、彼女は大変な難行苦行を行ない、その結果感覚のすべてが滅せられた。まず、自分の本性が何かを欲していることを感じると、彼女はすぐにそのものを取り上げ、本性が忌み嫌っているものを皆手に入れるようにした。粗い苦行衣を身につけ、肉やその他好みの食物を一切口にせず、生の果物も干した果物も食べなかった。……そしてあらゆる人々にまったく服従して生き、自己の意志に反することをことごとく行なおうと常に努めた。その結果、いつも自分の意志よりも他人の意志を真先に果たすようにしていた」……「このような感覚に対する苦行を数多く行なっている間、何度も『何ゆえそんなことをするのか』と人に尋ねられた。彼女は『わかりません。しかし心のうちでこのように行なうよう引きつけるものが感じられるのです。……それにこれが神の御意志だとわたしは思います』と答えた(69)」。

聖イグナティウス・ロヨラは、世俗にいた頃は育ちの良いスペインの紳士で身なりも洗練されていたが、まさにこの点に苦行の絶好の機会を見出した。「彼は髪型にはいささかうるさく、当時流行の髪型にしてかなり似合っていたのだが、髪を伸ばし放題に伸ばし、くしをかけたり散髪をすることもなく、昼も夜も一切のかぶり物をつけなくなった。同じ理由から手や足のつめも切らなかった。本来はこのような点に、極めて潔癖であったからこそそのことである(70)」

ギュイヨン夫人は有閑階級の繊細な娘として、身分相応の快適な生活に浸っていたが、「こだわりの無さ」を獲得する努力を始めるようになると、いかにも彼女らしく極めて荒っぽい行き過ぎた苦行の形を選びとった。しかし後になって無意識行動や透視能力の形をとって外に現れる彼女の特異な精神構造が、ここでは一部無感覚症を生み出しているように思える。「わたしはからだがとても弱かったのですが、苦行の道具はわたしの肉に傷をつけながらも、痛みは引き起こさぬように思えました。わたしはちくちくする鉄線を入れた馬巣織の下着を身につけ、しばしばにがよもぎを口に入れていました」、「歩くときは靴に石を入れました。わが神よ、あなたがこうしたことを為すようまず促されたのは、わたしからまったく罪のない満足さえもお取り上げになるためでした(71)」。

神秘家は、その修業課程の初期において、一見してどうでもいいような事柄でも絶えず「アゲレ・コントラ(agere contra)」＝「自分の欲求に反する行為をすること」を必須のものと感じる。それはこの世的な生の諸変化や偶発事が本当にどうでもよく感じられて、魂の生をかき乱さなくなるまで続く。このように「内なる人間」、すなわち超越的意識が、「神経過敏性」に対して、つまりは日常生活の諸変動やさまざまな迷妄に反応する自我に対して優位性を確立すること、これこそまさに〈浄化〉の目的である。およそ神秘家たるもの、その宗教、性格、民族を問わず、この戦いから逃れることはまず不可能である。いかなる神秘家も、成長を始めるにあたって浄化の恩恵を不要とする立場にはいないのである。キリスト教の苦行者と同様、新プラトン主義者やイスラム教徒も、〈浄化の途〉を理解している。翼を与える前に緑の獅子〔賢者の石を獲得する以前の未成熟だが力強い人格をたとえて言う〕を手なずけるべし、という〈霊的な錬金術〉の第一の法則を皆、心得ていると言うべきだろう。だからスーフィズムの詩人アッタールが霊性の上昇段階を描いた七つの谷のアレゴリーにおいても、自己剥奪と放棄の谷が最初に現れる。また、ペルシアの瞑想家ガザーリーも、スーフィズムの信仰を受け入れ、それに従って財産を投げうった直後の時期についてこう語っている。「わたしはシリアに赴き、そこに二年以上留まった。その目的は、隠遁し孤独のうちに生き、欲望に打ち克ち、情念と戦い、魂を浄め、人格を完成させ、神についての瞑想のため心の準備をするよう努めること以外にはなかった」。この純粋な浄化の期間の終わりに、俗世に戻らざるをえない事態が生じた。彼は大いに悔んだが、それというのも「一度か二度かの偶々の瞬間を除けば、完全な脱我の状態に未だ達していなかった[72]」からである。

脱我的なヴィジョンが浄化の後期に散発的にかすかに現れるというこの現象は、神秘的成長にとって正常な形と言えよう。低次の意識の中心や、表層的知性とその散漫な欲求を前より制御できるようになって、超越的知覚の出現が可能になるのである。フォックスが成長の初期段階において、まさにこのような神秘の途の光と影の交替を見せていたことはすでに述べた。[73]が、幻想家の中では最も苦行とは縁遠いヤコブ・ベーメも同様であった。「己れのうちに強力に逆らうもの、つまり血と肉による欲望を見出して、わたしは堕落した性質に対し激しい戦いを挑み始めた。そして神の加護をもって、持って生まれた悪しき意志を克服し、打ち破り、神の愛の中に完全に入り込もうと心に決めた。……しかしそれはわたしには叶わぬ業であった。けれどもわたしは心からの決意によって敢然と立ち、己れに対し激しく戦った。そして神の加護の下、争い戦いしているうちに、素晴らしい光がわたしの魂の中に生じた。それは己れの悪に負えぬ性質とはまったく無縁の光で、その光の中にわたしは神と人との真の性質、神と人との間にある関係を認めたのである。それはこれまで一度も理解しなかったことであり、求めようともしないことであった[74]」

この言葉の中でベーメは、〈浄化〉と〈照明〉の間の隔たりを埋めてしまっている。つまり、これら二つの状態、もしくは二つの途を、共存し互いに補い合うものとして、成長する神秘的意識の光と影の側面として描いている。実際この二つは一人の個人の経験の中でしばしば並行して存在することがあり、[75]これをはっきり分離したものとして提示することは、研究上の便宜はあっても、やはり神秘的な生の表出として捉えた場合には図式的に留まってしまう。すでに指摘したように、神秘家の意識は心理学的観点からすると、芸術家気質も入り込んだ気まぐれな、「不安定な」タイプに属している。超越的実在《リアリティ》を探し求める間も、その意識は喜びと苦痛の両極端を容易に揺れ動く。一瞬高みに到達することもあるがそこに留まることはできず、〈完全なるもの〉についての歓喜のヴィジョンから、悔恨と絶望の深みに突き落とされることもしばしばである。

歓びに満ちた超越的意識が顔をのぞかせたり隠れたりするこの交替現象は、〈浄化〉そのものの苛酷な戦いと〈照明を得た生〉の平安、輝きとの間の、いわば特徴的中間段階を成すものだが、神秘家たちは鮮やかな比喩をもってこれを描いている。彼らはこれを、望みを抱く魂との間で神が行なう「愛のゲーム」と呼ぶ。聖テレジアによればそれは「チェスの勝負」であって、「この勝負では〈へりくだり〉こそクイーンであり、これを持たねば誰も神のキングを詰めない」[76]という。マルテンセンは「ここにおいて神が、魂と神聖なるゲームを行なう」[77]という。「愛のゲーム」は、自我の初めての統一に先立つ葛藤と動揺と不安の状態が意識に反映したものであり、自我が統一されて新たな次元の真実に到達すれば終わる。たとえば、霊感を受けた心理学者とも言うべきシエナの聖カタリナは、脱我の際に次のような神の言葉を聞いた。「完成の域に達した人間の魂と、わたしはもはや〈愛のゲーム〉を行なわない。このゲームは魂の下《もと》を離れるか再び戻るかをめぐって行なわれるが、しかし実を言えば魂の下を去るのは不動の神たるわたしではなく、魂がわたしの慈悲から受けたわたしについての感情の方である」[78]。言葉を換えて言えば、成長の不完全な霊的知覚は疲弊し衰弱し、自我を元の暗闇に戻してしまうのである。ルルマン・メルスヴィンの場合も、回心に続く苛酷な肉体的苦行の時期の後に、一年間「歓喜と極めてつらい肉体的精神的苦痛が交互に」現れたという[79]。メルスヴィンによればそれは、「主が、その哀れな罪深き被造物と戦わす〈愛のゲーム〉」である。かつてのさまざまな罪の記憶が未だに彼を極端なまでの苦行に駆り立て、病への誘惑によって「わたしはわずらい、理性を失うのではないかと恐れたくらいである」。このような心理的激発は肉体にも作用を及ぼして、彼は麻痺性の発作に襲われ、下肢の自由がきかなくなり、自分は死に瀕しているのだと思うようになる。しかし最悪の状態になって希望がすべて潰えたと思われるとき、内なる声が床から起き上がるようにと命じる。その声に従うともう治っているのに気づくのである。彼はこの時期全体を通じて脱我をしばしば経験した。その高揚の瞬間に彼は心が新たな光に照らされているのを感じ、自分の人生がたどるべき方向を直観的に知って、さまざまな試練が避けがたく、また有益な性質を持つものであることを認識したのである。「神は厳しさと優しさを交互に見せ給うた。苦悩の発作があるたびに、超自然の恩寵による歓喜がそれに続くのだった」。メルスヴィンは元来、芸術家や神秘家の持つ心理的な不安定を極度に有していたが、このような鬱状態と歓喜との絶えざる変動に引き裂かれた断続的な形で、浄化と照明の両状態を通過したことになる。[80] この二つの状態は次々と表面に現れては交互に支配権を握って、彼の意識の中に共存していたと思われる。したがって十全な照明に特徴的に見られ、通常「第一の神秘的生」をしめくくる安らかな状態に彼は到達せず、このような神秘的な歓喜と苦痛の激しい交替から直接に「苦しみの愛の学校」と彼が呼ぶ状態に移行したのである。この状態は、後に考察する際に明らかになるように、「第二の神秘的生」つまり〈合一の途〉の始まりとなる、他の神秘家言うところの「魂の暗夜」に極めて類似している。

このように、成長途中の魂の中で苦痛と歓喜の状態が入れ替わりつついつまでも共存し、均衡がなかなか達成できないことは別に珍しいことではなく、神秘家の心理類型を分析する際には必ず考慮に入れねばならない。この二つの状態は生ける主体の中で密接に絡み合っているのであって、それを分解して別々のものとして扱う手続きは、研究の便宜上は有効かもしれないが、あくまで人為的なものであることを忘れてはなるまい。自らを幻想から解き放ち、〈絶対者〉に到達しようとする自我の葛藤は、生の葛藤である。したがって自我は生の持つ自由と独創性を外に表すであろうし、また表さねばならない。そしてその過程も科学的な法則より芸術的な法則に従うであろう。自我は、あるときは経験の光の部分に、あるときは影の部分に向かって揺れ、その振れ幅が大きいときも小さいときもあろう。そのときの気分や環境、入り込む霊感や知識が皆それぞれの役割を果たすのである。

この葛藤には三つの要素がある。

(1) 〈永遠の真実〉の変わらざる光――「いつまでも輝き続け、暗くなることのない」〈純粋な存在〉である。

(2) 幻想の網――あるところでは厚く、あるところでは薄く、自我の感覚をとりこみ、惑わせ、おびきよせる。

(3) 常に変化し動き回り葛藤を続けている、すなわち正しく生成している自我――全身で生き、非実在と実在の両方に結びつきつつ、真の存在と成るべく成長するにつれてますますその両者の対照を意識するようになる。

これら三つの要因のくるくると変わり続ける関係、そこから生まれる活力、行なわれる仕事のうちに、われわれが〈浄化の途〉と客観的に呼ぶ無数の圧迫と労苦を生み出す原因を見出せよう。この三つのうち一定不変なものは一つだけ、つまり魂の渇望の対象たる〈絶対者〉である。その他のものはみな変動することもあろうが、この目標は変化しない。かくも古くかくも新しく、「いかなる変化も、変転の気配も見せぬ」〈美〉――プロティノスの〈一者〉、エックハルトや十字架の聖ヨハネの〈すべて〉、ゾイゼの〈永遠の知恵〉、リュースブルクの〈底知れぬ深み〉、ジェノヴァの聖カタリナの〈純粋愛〉――それは昨日も今日もそしていつまでも、自らが創造した人間の目が開くのを待っているのである。

回心の瞬間にその目は一瞬ではあるが開かれ、〈創造に先立つ光〉のまぶしく決して忘れられぬきらめきを一瞥する。しかし目はいつまでも開いたまま、〈愛〉の目をじっとのぞきこむようにならねばならない。そうして、神秘家の用いる美しいイメージで言えば、「忠実なる下僕」が「秘密の友」[81]となるのである。ベーメによれば、そのときになって初めて「新たなる目となった魂の中に神的な歓びの光線が生じ、その中で、暗く熱情に燃える魂が神的な光の存在と本質を理解する」[82]。だがこのような難しい技《わざ》はすぐに完成した形で手に入れられない。どんな成長の場合とも同じく、最初は部分的に達成されることから始まる。光明を得る瞬間、輝かしいきらめきを得てうろたえる瞬間が長続きしないのは、開かれたばかりで習練を積んでいないない「〈永遠〉を眺める目」の弱さのためであり、「〈時間〉を眺める目」の強さが未だ抑えられていないためである。このような光と闇のたわむれ、高揚と悔悟のたわむれがしばしば〈浄化〉の状態と〈照明〉の状態の橋わたしをするのであり、各々が交互に相手の領域を奪い、追い出し合う。なぜなら「人間の魂の二つの目は、二つの仕事を一度に行なえない」[83]からである。

もう一つ別の、一種「家庭的な」比喩を用いると、神秘的な回心に際し、魂の火花の中で生まれた〈神の子〉は、子どもが皆そうであるように「歩くこと」を覚えなければならない。確かに霊的な自我は〈不可視のもの〉にすっかり依存しているという意識を決して失ってはならないが、そのように親に守られ養われするなかで、やはり「あんよを覚え」なければならないのである。立ち上がろうとする努力の一つ一つが、成長したという晴れがましい気持ちを生み、そしてそのたびに倒れる。倒れることはすなわちまた新たに難しい平衡を身につけようとする努力につながるが、それは幼児期が終わるまで達成されない。数多くの熱心な試みと、数多くの希望と、数多くの失望。そしてついに、突然のようにその瞬間がやって来る。よちよち歩きをやめ、筋肉が訓練を終えて自動的に調節できるようになり、新たな自我はどのようにしてか自分でもわからぬまま、まっすぐしっかり立っているのである。これが浄化の状態と照明の状態の境界をなす瞬間である。

「新たな」人間、すなわち霊的な人間が覚醒から照明の生へ移行するこの過程は、ヤコブ・ベーメが詩的であると同時に的確な言葉で語っている。「〈隅の頭石《かしらいし》〉たるキリスト【すなわち人間の中に潜在する神的な原理】が、心からの回心と悔い改めによって色褪せた人間の像となって活動すると、キリストの霊の、色褪せた像における活動の中で、乙女ソフィアが魂の前に乙女の飾りをつけて現れる。このとき魂は、すべての罪が己れの中ではじめて露わになり、己れの汚れに驚愕してソフィアの前で打ち震える。というのはそのときに、裁きが魂の罪に下って魂は己れの至らなさにたじろぎ、愛しきソフィアの美しい姿に恥じ入って己れのうちに引きこもり、そのような〈宝石〉を受ける資格がまったく無いと気づき認めるからである。このことはわれわれと志を同じくし、この天の〈賜物〉を味わった者以外には理解されぬことである。しかし気高きソフィアは魂の本体に近づき親しげに口づけをし､愛の光線で魂の黒い火を染め上げる。そして魂を輝かしく力強い影響により光で溢れさせる。これについての強い意識と感情が入り込んで魂は歓びのあまり体の中でおどり上り、この乙女の愛の力に包まれて歓声を上げ、恩寵の賜物に対し神を賛美する。〈花嫁〉が〈花婿〉を抱くときがどのようなものか、未だこの婚姻の寝間に入ったことのない読者のことを考えてここに簡単に述べておこう。おそらく読者はわれわれに従い、魂がソフィア、つまり神の知恵と手をつないで踊る内なる輪舞《コロス》に加わりたいと思うようになろう[84]」

第3章　原注

(1) C. Patmore, *The Rod, the Root, and the Flower* (London, 1907), "Magna Moralia," xxii.
(2) W. Hilton, *The Scale of Perfection*, bk. ii. cap. xxxvii. 〔『中世末期の神秘思想』所収『完徳の階梯』〕
(3) *Dialogo*, cap. iv.
(4) *Ignitum cum Deo Soliloquium*, cap. xi.
(5) Richard Rolle, *The Mending of Life*, cap. i.
(6) Richard Rolle, *The Fire of Love*, bk. i. cap. xxiii.
(7) Seuse, *Buchlein von der ewigen Weisheit*, cap. v. 〔ハインリヒ・ゾイゼ『永遠の知恵の書：真理の書』神谷完訳、創文社、一九九八〔ドイツ神秘主義叢書／上田閑照、川崎幸夫編6〕、『ゾイゼとリュースブルク　キリスト教神秘主義著作集9』所収『永遠の知恵の小冊子』〕
(8) Jundt, *Rulman Mersuin*, p.19.
(9) Julian of Norwich, *Revelations of Divine Love*, cap. lvi. 〔ノリッジのジュリアン『神の愛の啓示：ノリッジの

ジュリアン』内桶真二訳、大学教育出版、二〇一一〔Marion Glasscoe 編〕、『女性の神秘家』所収『神の愛の啓示』〕

(10) 本当の著者が誰であるかという問題についてわたしは意見を述べない。関心のある向きは、Von Hügel, *The Mystical Element of Religion* 第1巻、補遺、を参照せられたい。現在のような形の著作が誰の手になるものであれ、この論自体が直接の神秘体験に依拠しているのは明らかであり、当面のわれわれの目的に必要なのはその点だけである。

(11) *Trattato di Purgatorio*, caps. ii. and iii.

(12) *Purg*., ii., 60.

(13) St. John of the Cross, *Subida del Monte Carmelo*, l. i. cap. xiv.〔十字架の聖ヨハネ『カルメル山登攀』奥村一郎訳、ドン・ボスコ社、二〇一二〔改訂版〕〕

(14) *De Imitatione Christi*, l. iii. cap. i.〔トマス・ア・ケンピス『キリストにならいて』大沢章・呉茂一訳、岩波書店、一九六〇〔岩波文庫〕、『キリストにならいて』池谷敏雄訳、新教出版社、一九八四〔改訂版〕、『キリストにならう』フェデリコ・バルバロ訳、ドン・ボスコ社、二〇〇三〔改訂版〕〕

(15) *Theologia Germanica*, cap. xiv.〔『全き生活：テオロギア、ゲルマニカ』佐藤繁彦訳、星文館、一九一六〕

(16) Wackernagel, *Altdeutsches Lesebuch*, p.891. によるエックハルトの引用。

(17) *Das Fliessende Licht der Gottheit*, pt. vi., cap. 4.〔マグデブルクのメヒティルト『神性の流れる光』香田芳樹訳、創文社、一九九九〔ドイツ神秘主義叢書／上田閑照、川崎幸夫編1〕、『神性の流れる光』植田兼義訳、教文館、一九九六〔キリスト教神秘主義著作集4／1〕〕

(18) *Subida del Monte Carmelo*, bk. i. cap. xiii.

(19) *Theologia Germanica*, cap. v.

(20) Plotinus, *Ennead*, vi. 9.
(21) Jacopone da Todi, *Lauda*, lix. 〔『フランシスコ学派』平凡社、二〇〇一〔中世思想原典集成12〕所収『讃歌』〕
(22) *Fioretti*, cap. xvi., and *Speculum*. cap. cxx. 〔『聖フランチェスコの小さな花』田辺保訳、教文館、二〇〇六〕
(23) *Ibid*., cap. xiii.
(24) Pfeiffer, *Tractato*, x.
(25) *Sacrum Commercium Beati Fransisci cum Domina Paupertate*, caps. iv. and v.
(26) *Ibid*., cap. xxii.
(27) それゆえリュースブルクは言う。「自由意志は魂の王である。……自由意志はこの王国の首都、すなわち魂の願望の力の中に住まねばならない」(*De Ornatu Spiritalium Nuptiarum*, l. i. cap. xxiv)
(28) H. Martensen, *Meister Eckhart* (Hamburg, 1842), p.107によるエックハルトの引用。
(29) Schmölders, *Essai sur les Écoles Philosophiques chez les Arabes* (Paris, 1842), p.54.
(30) *Ibid*., p.58.
(31) Richard Rolle, *The Mending of Life*, cap. iii.
(32) Gerlac Petersen, *Ignitum cum Deo Soliloquium*, cap. i.
(33) *Subida del Monte Carmelo*, l. i. cap. iii.
(34) G. Petersen, *op. cit*., cap. xii.
(35) St. John of the Cross, *op. cit*., l. i. cap. xii.
(36) Richard Rolle, *The Fire of Love*, bk. i. cap. xix.
(37) Thomas de Celano, *Legenda Prima*, cap. vi.
(38) *An Apology for Mrs. Antoinette Bourignan*, pp.269-70.

(39) 聖テレジアの神秘体験を段階別に分けることは非常に難しい。ある見方からすれば、ここに述べた葛藤は回心の準備段階とも見なされうるだろう。しかしこの葛藤が起こったときには彼女は観想に長じていたことから考えて、わたしの配列は正しいものと思われる。

(40) Cunninghame Graham, *Santa Teresa*, vol. i. p.139. による引用。聖テレジア自身の言葉は、D. de Yepes, *Vida, Virtudes, y Milagros de Santa Teresa de Jesús* (Lisbon, 1616), caps. vii-ix. 参照。

(41) Tauler, "Sermon on St. Paul", *The Inner Way*, p.113. 〔タウラーの説教集の邦訳には以下のものがある。『タウラー説教集』田島照久訳、創文社、二〇〇四、『ドイツ神秘思想』所収『説教集』橋本裕明訳、平凡社、二〇〇一、『タウラー全説教集：中世ドイツ神秘主義』橋本裕昭訳、行路社、一九九九〕

(42) Cotter Morrison, *Life and Times of St. Bernard* (London, 1868), p.68.

(43) Thomas de Celano, *Legenda Prima*, cap. xxix.

(44) Thomas de Celano, *Legenda Secunda*, cap. cxxiv.

(45) Anne Macdonell, *St. Douceline* (London, 1905), p.30.

(46) Yepes, *Vida*, cap. ix., p.6.

(47) 「その頃、わたしが神への道をたどるにあたって大きな障害であった母が、神の御意志により亡くなりました。すぐに夫も同じようにして亡くなり、子どもたちも後に続きました。わたしは今申しましたように神の道をたどり始めており、家族をわたしから除いてくださるよう神に祈っていましたので、家族の死に大いなる慰めを得ました」(Ste Angèle de Foligno, *Le Livre de l'Expérience des Vrais Fidèles*, ed. M. J. Ferré, p.10)〔『女性の神秘家』所収『幻視と教えの書』〕

(48) *De Imitatione Christi*, l. i. caps. iii. and ix.

(49) Tauler, "Sermon on St. Paul," *The Inner Way*, p.114.

(50) Tauler, "Second Sermon for Easter day."（英語版の著作集には含まれていない）
(51) Augustine Baker, *Holy Wisdom*, Treatise ii. Sect. i., cap. 3.
(52) Seuse, *Leben*, cap. xvii.〔『ゾイゼの生涯』神谷完訳、創文社、一九九一［ドイツ神秘主義叢書5］、本書第二章原注(25)参照〕
(53) *The Mirror of Simple Souls*, edited by Clare Kirchberger, p.12.
(54) Jacopone da Todi, *Lauda*, xci.
(55) *Vita e Dottrina*, cap. v.
(56) Walter Hilton, *The Scale of Perfection*, bk. i. cap. 8, xlii.
(57) Récéjac, *Fondements de la Connaissance Mystique* (Paris, 1897), p.78. しかし、これは神秘家の初期の訓練と解するべきで、最終段階と考えるべきではない。
(58) *Subida del Monte Carmelo*, l. i. cap. v.
(59) *Ibid.*, bk. i. cap. xv.
(60) S. Caterina di Genova, *Trattato di Purgatorio*, cap. i.〔『女性の神秘家』所収『煉獄論』〕
(61) *Dialogo*, cap. lxxxv.
(62) *Leben*, cap. iv.
(63) 聖リドヴィナについてユイスマンスは次のように言う。「彼女が生きた例を示したこの真理は、いつの世も真実であったし、真実であり続けるだろう。リドヴィナの死後も、この真理を確認しなかった聖者は一人もいない。彼らの発する願いを聞いてみよう。『常に苦しむこと、そして死ぬこと』と聖テレジアは叫ぶ。『常に苦しむこと。しかし死ぬことではなく』とパッツィの聖マグダレーナは言い換える。『まだこの上を、主よ、まだこの上を』と聖フランシスコ・ザビエルは中国の海の上で苦しみながら死ぬ間際に訴えた。『苦しみに押しつぶされてしまいたい、わたしの神への愛が証明できるから』と十七世紀のカルメル会修道女、三位一体のマリアは宣言した。また、『苦痛への欲望それ自体が苦闘である』と現代の偉大なる神の下僕マザー・マリー・デュブールは言う。また彼女は同宗の修道女たちに『市場で苦しみを売っているなら急いで買いに行きます』と言ったという」(J. K. Huysmans, *Sainte Lydwine de Schiedam*, 3rd ed., Paris, 1901, p.225)。同様の例はあらゆる時代の神秘家の生涯と作品から、いくらでも集められるだろう。〔J・K・ユイスマンス『腐爛の華：スヒーダムの聖女リドヴィナ』田辺貞之助訳、国書刊行会、一九九四〕

(64) Tauler, "Sermon on St. Paul," *The Inner Way*, p.114.

(65) Thomas de Celano, *Legenda prima*, cap. vii., 3 Soc. cap. iv.

(66) 3 Soc. cap. vii. 〔『女性の神秘家』所収『マージェリー・ケンプの書』〕

(67) *A Short Treatise of Contemplation taken out of the boke of Margery Kempe ancresse of Lynne* (London, 1521). Reprinted and ed. by F. Gardner in *The Cell of Self-Knowledge*, 1910, p.49.

(68) 興味のある向きは原典にあたられたい。聖カタリナについては、*Vita e Dottrina*, ch. viii.、ギュイヨン夫人については *Vie*, pt. i. ch. x.

(69) *Vita e Dottrina*, cap. v.

(70) *Testament*, cap. ii. 〔イグナチオ・デ・ロヨラ『霊操』門脇佳吉訳、岩波書店、一九九五〔岩波文庫〕、『霊操』ホセ・ミゲル・バラ訳、新世社、一九九二〔改訂版〕、『霊操』霊操刊行会訳、エンデルレ書店、一九六八〕

(71) *Vie*, pt. i. cap. x.

(72) Schmölders, *op. cit.*, p.59.

(73) 本書三五頁。

(74) Hartmann, *Life and Doctrines of Jacob Boehme* (London, 1891), p.50.

(75) すでに引いた聖テレジアの場合と比べられたい。本書九二頁参照。
(76) *Camino de Perfection*, cap. xvii
(77) Martensen, *Meister Eckhart*, p.75.
(78) *Dialogo*, cap. lxxviii.
(79) Jundt, *Rulman Merswin*, pp.10 and 20.
(80) ここには、鬱状態と躁状態が顕著に交替する「循環的」気質の主要な徴候が認められる。このような心理類型は、神秘家の間に必ずとは言わないまでもしばしば見出されるものであり、その特性は神秘家の経験を研究する際に考慮に入れねばならない。専門的な記述は参照、W. McDougall, *An Introduction to Abnormal Psychology*, caps. xxii and xxviii.
(81) Ruysbroek, *De Calculo*, cap. vii. 参照。この比喩は古くからあるもので、教父時代および中世の著作家の多くにあらわれる。
(82) *The Epistles of Jacob Boehme*, p.19.
(83) *Theologia Germanica*, cap. vii.
(84) Jacob Boehme, *The Way to Christ*, pt. i. p.23.（英語版ベーメ全集の第四巻）

第4章 自我の照明

照明においてようやく、神秘家に特有なものと一般に考えられている意識の状態、つまり「通常の」人間とはまったく異なった形の精神生活や知覚にわれわれは出会うことになる。その性質は照明以前の活動・経験には見られなかったものである。すなわち〈絶対者〉についての意識の覚醒は、他の心理的激変とはっきり異なる輝きや強烈さをしばしば持っているが、回心が宗教生活に、恋愛が感情生活に、深みと現実性を与えるプロセスを、より高い次元で再現するにすぎない。覚醒の後に自らに課す浄化も、神秘主義的成長に特有なある種の特徴を概《おおむ》ね有しており、禁欲的な訓練・苦行と密接に結びつくものではあるが、その元になる信仰は必ずしも神秘主義的とは言えない。それはあらゆる教育の本質であり、あらゆる種類の超越に必要な段階であるカタルシス――人間という植物の剪定《せんてい》・整枝――の中で最も気高い形のものではある。だが神秘家はそこで、鮮烈な生と共に生きようとする者、自由を追い求める者、真に愛する者が誰しも受け入れねばならない行動原則を、さらに徹底した形で選び取ったにすぎない。むろん神秘家が他の人々の「悔み草《ヘンルーダ》は自分のとは別の意味がある」と、オフィーリアよろしく言い張ったとしても〔『ハムレット』四幕五場〕、それはもっともであるが(1)。

しかし、「自己認識の独房」に降りて行くつらさが報われて陽光の下に舞い戻ったそのときに、神秘家は他の巡礼者たちとはっきり袂《たもと》を分かつ。ある種の預言者、詩人、芸術家、夢想家はそれでもまだしばらくは神秘家と共に歩んでいくが、それはあらゆる見者、創作家がかすかに持つ神秘的な天才、超越的実在に対する本能のなせる業である。偉大な神秘家が愛の秘儀参入者《イニシエート》であるとすれば、彼らは美や知恵の秘儀参入者であり、照明の途の経験をある程度共有しているのである。けれども彼らが時たまにしか入り込めぬ超越世界に、神秘家は今や本当の足掛かりを得、「〈すべて〉の大いなる生」とのある種の交わり——合一にまでは至らぬが——を享受して、そこから力と平安を引き出している。見習い期間が終わったものとして、彼は本当に文字通り「魂がソフィア、つまり〈神の知恵〉と手をつないで踊る内なる輪舞《コロス》に加わった」のである。そして霊的な宇宙の大いなるリズムに身を委ねつつ、己れの居場所を見出したことを実感している。

この意識の変化は、それを経験する当の自我には唐突で、驚くべきものに見えても、心理学者にとっては超越的意識の覚醒によって始まった有機的な成長過程の正常な段階と思える。自我は覚醒の際に受け取ったメッセージに応答し、自らをその方向に向けて管理し、分散した活力を一つに集中することによって長期にわたるさまざまな浄化の行為から身を起こし、ようやく別の次元の真実を感知できるようになった。しかしそれは前からずっとそこにあった世界、自己の本質が——神のものである〈根底〉が——ずっと立っていた世界に気づいたということである。そのような意識こそ、高きにある《イン・エクセルシス》「超越的感覚」であり、

「秘められた企て」についての深く、直観的な認識である。
「われわれは指揮者の周りに立つ合唱隊《コロス》のようなものである」とプロティノスは言う。「彼ら合唱隊は外のものに気を散らされるため声を揃えて歌わぬこともありうる。それと同様にわれわれも常に〈一者〉の周りをめぐってはいるが――もしそうでなかったらわれわれは消滅し、存在することをやめてしまうだろう――いつも〈一者〉の方を向いているとは限らない」。その結果、人として生きる価値のある生を形づくるために絶対必要な〈すべて〉の大いなる生への自発的協力を行なわず、われわれは奴隷か操り人形のように動き、己れの小さな一歩一歩が寄与できる「全体」を忘れ、「全宇宙が従っている」リズムがわからなくなっている。われわれの精神は中央に立つ指揮者、つまり拍子をとる「強力な〈言《ことば》〉」から注意をそらし、〈彼〉を凝視していない。われわれは感覚の迷妄に呑みこまれ、「〈永遠〉を眺める日」は遊んでいる。「しかしわれわれが本当に〈彼〉を見るに至るならば」、とプロティノスはまた言う。「われわれは己れの存在の最終目的に達し、安らぎを得ることになる。するともはや歌い損ないもなく、真実〈彼〉を中心に神聖な合唱隊を形づくることになる。そしてこの合唱隊の中に魂は、生命の源、知性の源、存在の原理、善の原因と魂の根を直視する」[2]。このような直視、自己中心の世界から神中心の世界への意識の上昇は、照明に絶対不可欠のものである。

　こうした件りを読んで気づくのは、未だ究極の交わり《コミュニオン》、つまりキリスト教神秘家の「霊的結婚」や、プロティノスの「〈単一者〉の〈単一者〉への飛翔」（解放された魂の無上の喜びを喩えたもの）が求められていないことである。神秘家は今、準備段階を通過し、主な足枷を脱し、本能的な生を新たな方向に向けたところである。その結果、神について、己れの魂と神の関係について、新たな堅い確信が生まれた。それは思考・行為の新たな基準に順応するための「啓発」である。しかし苦行に関する伝統的表現を用いれば、彼は「熟達」はしたが未だ完全ではない。本物の展望や知識、神的な〈生成の世界〉との意識的調和は手に入れたが、それはまだ〈生の原理〉の中への自己滅却とは言えず、「踊りながら何が行なわれているか知る」ために、〈原理〉の周囲を意識してゆるやかに回転しているにすぎない。照明の直接当人による描写にはこうした性格が必ずと言ってよいほど見てとれ、神秘的合一とはっきり区別されるものである。神秘的意識の快い高揚の状態でも、その中に「わたし」の感覚が残っているもの、歓ばしい愛の関係が客体としての〈絶対者〉と主体としての自我の間に結ばれているようなものは、〈照明〉の領域に入る。それは実は直観的な生が最大限に成長したものである。修道生活の中などで象徴の使用によって得た〈神的なもの〉の本物の直接的理解、瞑想と合一の祈りとの間にあるさまざまな段階の祈り、詩的霊感と「真理の一瞥」の多くの側面、これらは照明を受けた精神の活動である。

「自然の中に神を見る」こと、すなわち自然の事物の「異質性」についての輝かしい意識に到達すること、それは照明の形としては最も簡単で、最もよく見られるものである。大抵の人は、この種の初歩的なヴィジョンのひらめきを感動や美に引き寄せられて経験したことがあろう。多くの詩人に見られるように[3]、そのような意識が頻繁に生じると、生きとし生けるものに内在する〈無限の生〉を不完全ではあるが鮮明な形で理解することになり、近年これを「自然神秘主義」の名で呼ぶ人々もいる。さらにそれが最高の段階に達し、背後の光によってベールが取り除かれて「信仰が視覚の中に溶け込んでしまう」場合――ブレイクに何度か起こったことだが――神秘家が詩人を呑みこんでしまう地点に達する。

この偉大なる天才ブレイクの特徴を非常によく表す手紙の一節には次のようにある。この手紙は、何年ものあいだ得られなくなった照明のヴィジョンが再び訪れた直後に書かれたものである。――「拝啓。わたしの熱中ぶり、あるいはむしろ狂気をどうか大目に見てください。何しろ鉛筆や彫刻刀を手に持つと必ず、頭に浮かぶヴィジョンに本当に酔ってしまうのです」[4]。多くの偉大な画家、哲学者、詩人、おそらく霊感を受けたすべての音楽家は、〈真実〉の言語を絶した酩酊感を経験し、その超越の瞬間に傑作を胚胎したのである。これこそプラトンが『パイドロス』において語る「救いとなる狂気」であり、「神に酔った人間」、人を恋する者、預言者、「生に酔いしれた」詩人の脱我《エクスタシー》である。キリスト教神秘家が生まれながらの権利を求めて「キリストの血よ、我を酔わせ給え」〔「アニマ・クリスティ」の祈り〕と言うのは、そのような天上の活力、世界の動脈の中を流れる〈絶対的生の酒〉を盃に一杯、求めているのである。そしてこの酒杯が与えられた者たちは、他の人々よりも強い生命力に、そしてより鋭敏な知覚、鮮明な意識に到達する。リュースブルクが警告するように、確かにこれ自体は「神ではない」が、多くの自我にとっては「神を見るための〈光〉[5]」であることに変わりはない。

ブレイクはこの神秘的照明、この実在《リアリティ》のいと高きヴィジョンを、普通の人の手が届く範囲に置いてやること、人類の「知覚の扉を清める」ことを自らの使命と考えた。しかしその努力も報いられず彼は狂人と見なされた。

……永遠の世界を開き、内なる人間の不滅の目を〈思考の世界〉に向けて開く大いなる使命にあって、わたしは休らわない。

人間の想像力を神のふところの中、〈永遠〉に向けていつまでも広げ続ける。

おお救い主よ、慈しみと愛の霊をわたしに注ぎかけよ、わたしの内にある利己心を消し、あなたがわたしの生すべてとなれ。(6)

古代世界の〈秘儀〉はまさに、「内なる人間の不滅の目を開く」、つまり真実のより高度なメッセージを受け取るために知覚の力を高める試みであったと思われる（むろん単なる呪術的な加入儀礼のためであることも多い）。しかし熱心に理論化しようとしたところで、この試みがどこまで成功したかはわからない。〈無限なるもの〉に対し生来の天才を持つ人々にとっては、確かに忘我に関わる暗示に富み、〈神秘の途〉の生々しい経過を表現するシンボルや儀礼は、意識の強化を幾分かはもたらしただろう。(7) しかし神秘家が真の〈照明の状態〉に入る際に必ず現れる性格の完全な改造は、ほとんど起きなかったであろう。よってプラトンは、「最近加入したばかりの者」はこの世のベールの下にしか〈不滅の美〉を見ることができないと主張するに留まっている。

おお、ことごとく幸いなるかな、
生ける泉の水を飲みし者、
愚かさに生を汚されぬ者、
かつ魂が神に近き者、
山上で礼拝を行なわば、
罪が覆いを払うが如く取り払わるる者。(8)

このようにディオニュソスの秘儀参入者は歌う。この秘儀祭式は、意識が浄めの儀式を通じて〈照明の生〉の脱我へ移行する可能性について、ギリシア人の持つ知恵をすべて表したものであろう。照明の歓喜そのものがこれほど生々しく、鮮やかに表現されたことはめったにない。このような半ば東洋的な熱狂、個人的な浄化の達成に対する私的な喜び、秘儀精通によって得た霊的な優越感と、西洋神秘主義の精神を最高の形で代表するカトリックの詩人にして神秘家〔十字架のヨハネ〕のより深く美しい経験を比べてみよう。彼の罪もやはり〈神的な愛〉の陽光にあたって雲がかき消えるように、「覆いを払うが如く取り払われ」た。しかし彼の場合、関心の的は高められた矮小な自我ではなく、自我を高める側のより大いなる〈自我〉の方にある。

ああ　こころよい焼灼《しょうしゃく》
ああ　よろこばしき傷手
ああ　柔かな手　ああ　妙なる触れあい
そは永遠《とこしえ》の命を知り
なべての負い目をはらす
死なせることで　死を命へと変えてしまう。(9)

ここでも前の例と同様歓びは激しく、生の高揚感は強烈である。しかしそれはキリスト教特有の概念たる、へりくだり、屈服、衷心の愛に支配されたものである。

およそ本物の芸術家と言える人は皆、すべての純粋な神秘家と同じく〈照明の生〉にある程度加わるものであることはすでに述べた。彼らはブレイクと共に〈生の霊〉の酒杯たる知性のヴィジョンから酒を飲み、〈美〉が創造の霊感を吹き込む際の神的な酩酊を幾分か知った者たちである。その中には一口すすっただけの者もあれば、パルマのジョヴァンニのようにたっぷり飲み干して、神秘家としての運命をその責任すべてと共に身に引き受けてしまった者もある。いずれにせよ〈美〉と相対したもの全員に聖杯《グラール》は与えられ、この聖体拝領を通じてこの世の神秘に加わる者となるのである。

『小さき花《フィオレッティ》』のすこぶる美しい件りの中で、「神が自らの秘密の扉を開き与え給うた」人、ラ・マッサの修士ヤコブの見たヴィジョンが語られている。それは〈生の霊〉の聖杯がキリストによって聖フランチェスコに手渡され、フランチェスコがそれを修道士たちに与えて飲ませようとする場面だった。


そして聖フランチェスコが生命の杯を修道士たちに与えにやって来た。まず最初にパルマのジョヴァンニに与えると、彼は杯を手にとってうやうやしく、一気に飲み干した。するとすぐに彼は太陽のように光り輝き始めた。次いで聖フランチェスコは他の修道士たちに順々に杯を与えた。彼らの中で然るべき信仰と敬意を払って手にとり、すべて飲み干した者はごくわずかしかなかった。うやうやしく手にとり、飲み干した者はすぐに太陽のように光り輝き、ぞんざいに受け取ってすべてこぼしてしまった者は黒く、暗く、容貌が変わり、見るもおぞましい姿になった。しかし幾らかを飲んで幾らかをこぼしてしまった者は、輝いた部分と暗くなった部分があり、その割合は飲んだ量とこぼした量に従って変わった。だが前に言った修道士ジョヴァンニは他の誰にも増して輝いた。彼は誰よりも完全に生命の杯を飲み干し、無限の神的な光の淵をそれだけ深くまでのぞきこんだのである。[10]

おそらくこの神聖な場面ほど的確に、完全な照明の条件を示す比喩はないだろう。その条件とは天上の〈生〉の〈酒〉を底まで、うやうやしく、一気に――つまり打算的な、利己的なためらいなしに――飲むことである。この酒についてロールは、「甘美な瞑想を通じて魂を大いなる喜びで満たすもの」[11]だと言っている。右の見事な寓意に登場する霊的なフランシスコ会士のうち、その主人公となったパルマのジョヴァンニは、「完全に飲み干し」て無限の神的な光の淵をのぞきこむ力を得たすべての神秘家を象徴している。犠牲の杯をあえて飲みつくせず、幾らか飲んで幾らかこぼしてしまい、「飲んだ量とこぼした量に応じて」輝いたり暗くなったりした未熟な修道士たちのうちに、芸術家や音楽家、預言者、詩人、夢想家のイメージを見てとることもできよう。彼らは脱我の杯を飲んだ勇気と自己放棄の度合いに応じて照明を得ているわけだが、純粋な瞑想家の輝きに比べれば、常に「輝いた所と暗い所がある」。マグデブルクのメヒティルトのヴィジョンにおいて、魂は五感に向かって「邪魔をするな、しばしわたしは清らかなぶどう酒を飲むのだから」[12]と言う。芸術家においては、五感の存在が、魂の完全な酩酊をいくぶん邪魔しているのだろう。

すでに見てきたように、神秘家が〈照明の途〉と呼ぶ成長段階には、非常に広い経験が含まれる。すなわち、浄められ高められた意識と、その意識を包み込む〈生成の世界〉との接触から生じる経験すべて、およびこの意識と〈絶対者〉そのものとの接触から生まれる経験の多くがそこに含まれる。ここは神秘家の国で最も広く、最も人口密度の高い地域と言えよう。ゾイゼ、ブレイク、フォリーニョのアンジェラ、マグデブルクのメヒティルト、フォックス、ロール、聖テレジア他、無数のさまざまな幻視家が、この地の滞在記を残している。純粋な神秘家とは呼べぬ人々のうちでも、プラトンやヘラクレイトス、ワーズワース、テニスン、ウォルト・ホイットマンの作品を読むと、彼らもまた、多くの詩人、見者以上に、照明の生に属する現象を知ったことが示されている。よってこれを研究する際に、われわれは一見したところ相容れない、膨大な資料と向かい合うことになる。超感覚世界と関係を結ぶ主体にはありとあらゆる性格があり、その精神の明晰さもまったくさまざまであるからである。

神が〈無限〉の存在であるということは、神を理解し、描く方法も無限にありうるということである。「中心がどこにもあり円周がどこにもない円」は、どの角度から近づいても確実に見出すことができる。神秘主義の歴史、とりわけ〈照明の途〉を扱う歴史はこの事実を証明している。「第一の神秘的生」が打ち立てられ、〈真実〉との意識的交流が始まったこの時点で、それまで二様の意識の間を揺れ動き、〈絶対者〉についての直観の成長に、あるときは抗い、あるときは喜んでいた自我に、しばし休息のときが訪れる。性格の中にあった不調和な要素が大部分除かれ、少なくとも一時的に精神は高いレベルで「統合され」、神聖な世界、本当の世界について、十全な意識に到達したと自我は信じる。この意識がどこまで強くなるかは、精神そのものが持つ性質の深さと豊かさにかかっていよう。

この真実の新たな理解の射程はまちまちであるにもかかわらず、照明を得た自我はこれを最終的で完全なものと思い込むことが多い。本物の愛を抱く男が、花嫁の中にこの世で唯一の〈薔薇〉を見出したのだと常に確信するように、神秘家も最初の参入の興奮の中で、ついに探求が終わったのだと堅く信じる。内なる目と耳の働きを越えた愛の成就の存在を未だ知らないので、彼は確信しきって、「外なるものには閉ざされているが、内なるものに注意を怠らない眼は、幸いである」(13)（トマス・ア・ケンピス）と叫び、この新たな至福直観に熱中して、実はそれが未だ途上《イン・ヴィア》にある者のヴィジョンであることを忘れてしまう。彼はこれからまだ「感覚の闇」を通過せねばならず、そこで〈真実〉の本質と、外に現れる偶有性とを区別し、ここで与えられた天上の食物は「〈絶対者〉への飢え」(14)を満たしえないことを知らねばならない。今は〈創造に先立つ光〉の陽光に浴して喜んでいるが、本当の目標はもっとずっと遠い所にあるのである。この教課を学び終える者、人間を〈源〉へと連れ帰る「王の道」を端まで歩む者は、最も偉大な魂の持ち主だけである。「ベツレヘムまで来たる多くの者のうち、カルバリオの丘まで赴く者はわずかなるべし」（ヘンリー・マーチン）。残りの者たちはこの地上の楽園、花園に留まり、解き放たれた自我がその中を気ままに歩き回って、〈魂の国〉のあるときはここ、あるときはかしこを、能うかぎりわれわれに描いて見せる。

　神秘主義文献で感情吐露が最も顕わな箇所は、まさにこのような照明の歓びの描写、照明段階の愛と歓喜のほとばしりの中に見出される。この点において詩人と神秘家と音楽家は共通の基盤に立つ。というのも、このヴィジョンがもたらす驚嘆を表現するには、芸術家の遠回しな手法、美的な暗示や音楽的なリズムをもってする他はないからである。本質的な善と真と美――〈光〉と〈生〉と〈愛〉――を心が捉えた場合、その心の持ち主が詩人であろうと画家であろうと愛する者であろうと聖人であろうと、この把握は生きた形、つまりは芸術的な形でしか人に伝えられないのである。通常の精神の持ち主は物事を継起的にしか捉えられないが、神秘家の本質的特異性はすべてを一挙同時に把握することにある。したがって照明を受けた意識の特徴として、〈継起性〉と〈同時性〉、〈創造主〉の持つ性格と〈被造物〉の持つ性格の間の隔たりを埋める精神の努力が認められる。そこでは継起的なものが〈永遠者〉の価値を担うよう求められるのである。

ここにおいて芸術的才能と宗教的資質が合体し、一瞬互いに相手の目を通して物を眺める。だから、神秘家が自分の所持している芸術的表現のすべてを働かそうとするのは当然であり、また避けられないことである。そこにはジュリアンやマグデブルクのメヒティルトの用いた美しい比喩《イメージ》、ゾイゼの詩的ヴィジョン、聖アウグスティヌスの火と光、聖フランチェスコやリチャード・ロールの天上の諧調などが含まれる。また、象徴は照明の描写だけでなく、照明のメカニズム自体において大きな役割を果たす。多くの神秘家の直観が、表層の精神に直接浮かび上がる際、象徴的な形態をとるからである。したがって照明段階にある意識の秘密を伝えようとする人々の用いる表現が多種多様で流動的なものであり、シンボルやイメージをしきりに（常にではないが）意識して用いることは、あらかじめ知っていなければならない。そしてわれわれはこのさまざまな経験に検討を加え、できるかぎり分類しなければならない。その中には、支持者からも敵対者からも純粋に「神秘的」と認められた経験もあれば、詩的な想像力が働いているのがはっきり見てとれるものもあり、「心霊現象」やその他精神の異常な活動を含むものもある。われわれの資料が持つ、奇妙な、一見して相容れぬ性格に恐れをなして研究を放棄することがないようにせねばなるまい。

神秘主義の歴史に繰り返し繰り返し登場する経験には主に三種類あり、これらは神秘的成長の諸段階のうちほとんど常に照明段階に結びついて現れる。この三つを論じてもすべての経験を覆いつくすことにはならないが、主要な特徴と見なすことはできると思われる。ただし、霊的生活の諸形態の中で、個人の特性がここほどはっきり現れるものは少ないし、どんな場合でも有害な分類化の過程が、これほど危険を伴うものも少ない。

三つの特徴とは以下の通りである。

(1) 〈絶対者〉の歓ばしい把握――多くの修道文献の著者たちが「神の現前を感得する業」と呼んだものである。しかしこれを、神秘的成長のもっと後期でなければ見られない神的なものとの合一の意識と混同してはならない。自我は浄められたとはいえ、己れが未だ神とはまったく別の存在であることを承知している。自らの〈源〉に入り込んだのではなく、まだそれを眺めている状態であって、魂の「婚姻」というより「婚約」なのである。

(2) この明晰なヴィジョンは、現象界に関しても享受可能である。肉体的知覚そのものが異常に高められたように思え、自我は自然の万物に意味や実在性が加わったのを見てとり、しばしば「世界の秘密」をついに知ったのだと確信する。ブレイクの言葉を借りれば、「知覚の扉が清められ」、その結果「万物が人間にありのままの姿、無限なるものとして立ち現れる(15)」。

以上二つの知覚の中で、神秘家の意識が別々の方向に広がっていって、ついに〈存在の世界〉と〈生成の世界〉の両方を視野に収めるのが見てとれる。このように真実を超越的でありながら内在するものとして二重に理解することは、神秘家の心理類型を印づける特性である。

(3) この二重の意識の拡張に伴って、直観的な、すなわち超越的な自我の活力が著しく増大する。〈浄化の途〉の心理的変動によって超越的自我は生の中核的存在となり、性格の中からその活動を阻止するような要素が一切取り除かれるに至る。すると超越的自我は人間の持つ通常の表現手段を利用して、以下のような形で己れを外に表出する――(a)聴覚体験、(b)表層の意識と、神的なものと称するもう一つの知性との対話、(c)視覚体験や、時には(d)自動書記。「新たな人間」を作り上げる成長中の力、まだ大部分は下意識的な力のこうした自動的な活動は、多くの自我にあって、神秘の生が続くかぎり着実に増大する。

照明は主に、これら三つのうちのどれか、もしくはすべての形をとって現れる。三つとも見られることはしばしばあるが、その場合も支配的なものが概して一つある。これらの特徴がどのような割合で存するかは、各々のケースで自我の精神構造により決まる。すなわち、気質上好む対象が「純粋な観想」か、「明晰なヴィジョン」か、自動的表現か、はたまた流出か内在か、真理の形而上的側面か芸術的側面か個人的側面かによるのである。このさまざまな要因の結びつきは、〈生〉そのものの創造と同じくらい無数にありうる。

聖アウグスティヌスの素晴らしい情熱的表現、聖ベルナルドゥスの〈御言葉〉との対話、フォリーニョのアンジェラの〈神性〉把握、リチャード・ロールの「この上なく美しい天上のメロディが心の中に残っている」ときの「歌の状態」、平修士ローランの「神の現前を感得する業」、これらの中に照明を得た意識の第一のタイプの多様な表出が見てとれる。ヤコブ・ベーメは第二のタイプの古典的な例と見なせようし、このタイプはアッシジの聖フランチェスコの中にも極めて魅力的な形で見出される。ゾイゼや聖テレジアの場合、視覚・聴覚現象が特別にはっきりしているので、おそらく第三のタイプを代表していよう。それぞれの性格を順を追ってもっと詳しく調べてみることが、神秘家の膨大で複雑な精神構造のもつれた糸を解きほぐす一助となろう。よって本章は以下、照明を受けた意識の二つの主要な形――永遠の世界と時間の世界における〈真実〉の知覚――の分析にあてられる。〈声《ヴォイス》〉とヴィジョンという重大な問題は章を改めて論じる必要があろう。

1 〈絶対者〉の意識、もしくは「神の現前の感覚」

この意識は形も程度もさまざまであるが、おそらく〈照明〉の特徴として最もよく見られるものであって、神秘家の魂を極めて強烈な歓喜の状態に導く。とはいってもそれは、主体が何ヶ月も何年も〈神的なるもの〉との交流による脱我状態に居続けるという意味ではない。霊的な疲労や「乾燥」の時期――それは浄化において経験した気質上の葛藤のぶり返しであったり、やがて来る〈暗夜〉の薄暮であったりする――が、〈照明の生〉の間、周期的に訪れることがよくあるのである。それは〈浄化の途〉の単調さを破るように、照明と区別のつけがたいひらめきの瞬間が絶えず訪れるのにも似ている。しかし、宇宙に遍在する〈人格的生命〉への深い確信は得られたのであり、その確信は後退することはあっても忘れ去られることは決してない。「神に向かって手を伸ばした精神」が神に触れたことを宣言し、以後は神の現前についての歓ばしい意識が通常の状態を成す。そこでは「単純素朴なるわれわれにも耐えられる程度の甘美な霊的な眺めや感情が何度も個人的に訪れる」[16]（ジュリアン）。神秘家がもっと曖昧で情熱的な表現を好む場合には、その知覚は「〈無限者〉とのハーモニー」の形をとるが、これも常に同じ神的な音楽を「低く転調した」ものである。

この「神についての感覚」は比喩ではない。無数の言が証明する通り、それは人が色や熱や光について持つ、あるいは持ったと思う意識と同じくらいはっきりした意識である。それは宗教生活の中の、長続きは普通しないけれども明白な経験であり、鳥の帰巣本能のように、説明はできぬが否定もできぬ事実である。ヒルトンは言う。「いかにしてその現前が感じられるかについては言葉よりも経験による方が知りえよう。それは選ばれたる魂の生であり愛であり、力であり光であり、歓びであり休息であるのだから。ゆえに一度でもそれを真実感じたことのある者は、抑えようにも抑えがたく、求めずにいることもできない。それはかくも素晴らしく、かくも心地よいものなのである。……あなたが神をまったく意識していないときに神自らが来給うこともある。そのときは神が去り往かれる前に神をよく知らねばならぬ。まことに神はあなたの心を驚嘆すべき形で呼び覚まし、神の善性を眺めるよう力強く導き給う。かくてあなたの心は火の前に置かれた蠟《ろう》のように、神の愛の柔かさの中に喜び満ちて溶けていく[17]」

現代の心理学者はこの「現前の感覚」を、あるときは心理的「投影」の機構によるものだとして、またあるときは好ましからざる事態に発する「願望充足」によるものだとして、努めてその価値をおとしめてきた[18]。しかし当の神秘家たちは、超越的経験の真偽について自分の批判者以上に厳密に弁別するものでありながら、この感覚の正当性には一切疑いを抱かない。たとえその経験が自らの奉じる神学に矛盾しているように見えても、そのことに心わずらわされることはない。

たとえば聖テレジアは自分の経験について、いつものように率直かつ直截に書いている。「はじめのうちわたしはある一つのことを承知しておりませんでした。神が万物の中に在《いま》すことを知らなかったのです。それゆえ神がわたしの身近にあるように思えたときも、そんなことはありえないと考えました。しかし神がそこに存在することを信じないわけにはいきませんでした。神の現前をわたしがそこに感じていることはいわば明白なことと思えたからです。学識のない人々の中には、神はその恩寵によってのみ在すのだと常に言う方もありましたが、わたしには信じられませんでした。なぜならいま申しましたように、神御自らが在すようにわたしには思えたからです。それゆえわたしは大いに悩みました。聖ドミニコ会の非常に学識のある方がわたしをこの疑いから救ってくださいました。その方は神が在すことを、そしていかにして神がわたしたちと交わり給うかを、語ってくださったのです。このことはわたしにとって大きな慰めとなりました[19]」

さらにまた、「内なる平安と、少々の快不快があっても消えることのない〈三位〉の存在とが、疑いようもなくいつまでも続いたので、わたしは聖ヨハネが言われたこと――神が魂に宿り給わん。ただ恩寵によるのみならず、神は魂にも存在を知らしめ給わん――を明らかに経験したように思えました[20]」。聖テレジアの強い「内在論的な」傾向はこの一節によく表れている。

このような神の現前の感覚は、日常生活や通常の精神活動と共存しうるものであり、この感覚の持ち主が俗世の活動と離れた恍惚の幻視家であるとは限らない。確かに超越的意識は今や最終的に彼の興味の中心となり、その意識の知覚と要求が日常生活を支配し、照らし出している。プラトン的な意味での教育の目標は達成されたのであり、彼の魂は「生成流転する世界から一転し」、「実在および実在のうち最も光り輝くものの観想[21]」に向かったと言える。しかし仕事や生活の諸事情に求められれば、多忙な外面的生活の義務を着実に怠りなく果たし続けており、そのことで〈真なるもの〉についての魂の観想が損なわれることはないのである。

ただし、不安定な、もしくは芸術家的なタイプの気質を持つ多くの人々にあっては、この〈絶対者〉についての直観的意識は制御不能のものとなる。それは絶えず表面につき上がって無理やり精神の領野を占領し、脱我や歓喜の形で存在を誇示する。それほど不安定ではない気質の人にあっては、その意識は情熱的知解、すなわち自我が「魂の根底で神と出会う」ように思われる「愛の炎」の中へ湧き出る。これが、「純粋な観想」であり、主体が「同時に見、感じ、考えている」ように思える深い祈りの状態である。このように愛の支配の下、我知らぬままに持てる力をすべて働かせることで、神秘家は「心のヴィジョン」に到達する。それは「おそらく夢や脱我のヴィジョンよりも内的で」[22]（レセジャック）、心の諸機能を停止させているように見えながら最大限に拡大するものであり、その様はこまが速く回転するとき「すわる（sleep）」のに似ている。わたしは眠っている、しかしわたしの心は目覚めている（Ego dormio et cor meum vigilat）。このように圧倒的な〈神の現前〉の意識に進んで身を委ねた観想の行為は、精神に対して何ら明確なイメージを残さない。ただ自分が高められ、目では見えない〈かのもの〉を凝視したのだという意識が残るのみである。

聖ベルナルドゥスはこうした「個人的な接触」、魂と〈絶対者〉との、疑いようはないが捉え所もない出会いについて、ある説教の中でやさしく巧みに、はっきり個人的なこととして語っている。

さて、しばらくの間わたしの愚かな話にご辛抱いただきましょう。お約束したように、どうしてそのような出来事がわたしに起こったか皆さんにお話ししたいのです。それは確かにどうでもよい事柄ではありますが、皆さんにあるいはお役に立てばと思い、私事を打ち明けます。少しでも皆さんに益するところがあれば、わたしも慎みなく自分のことを話した甲斐がありましょう。皆さんに益するところがなければ、わたしはただ己れの愚かさを顕わにしただけとなります。さて、愚かなことではありますが、告白いたしましょう。〈御言葉〉がわたしを訪れたのです、それもたびたび。ただ〈御言葉〉は頻繁にわたしの魂の中に入りましたが、いつ〈彼〉がやって来たのかは一度も正確にはわかりませんでした。〈彼〉がいることは感じましたし〈彼〉がわたしと共にあったことも覚えています。〈彼〉が来るな、という予感を持てたこともありました。しかし来るところ、去るところを感じることは決してできませんでした。〈彼〉がどこから来てわたしの魂に入るのか、魂を去ってどこに行くのか、どのようにして入ったり出ていったりするのか、正直なところ今日この日になってもわからないのです。「彼がどこから来てどこへ行くのか、あなたにはわからない」。またこれは不思議なことでもありません。詩篇作者が別の箇所で、〈彼〉に向かって「あなたの足跡はたずねえなかった」〔『詩篇』七七・一九〕と言ったのですから。

〈彼〉が入るのは目からではありません。〈彼〉は目に見える形や色を持たぬからです。また耳からでもありません。〈彼〉は音もなくやって来るからです。鼻からでもありません。〈彼〉は空気ではなく精神の中に混じり合っているからです。……ではどの道を通って〈彼〉は入ったのでしょう。あるいは本当はまったく入ってなどいず、外から来たのでもないのかもしれません。この類のもので外にあるものは一つもないのですから。しかしわたしの内側から来たのではありません。それは善なるものであり、わたしのうちに善なるものは一つもないことを知っているからです。わたしは自分よりも高く昇ってみました。するとどうでしょう。わたしよりもっと上に〈御言葉〉が見えたのです。興味に駆られてわたしは自分の下にも降りて行きました。しかしもっとずっと下の深みにも〈彼〉を見出したのです。自分の外を眺めると、外なるもののかなたにも〈彼〉はいました。内を眺めれば、もっと内の深みにも〈彼〉はいました。こうしてわたしは前に読んだ次の言葉の本当の意味を知ったのです。――「その内にこそわれらは生き、動かされ、存在する」[23]〔『使徒言行録』一七・二八〕

聖ベルナルドゥスがここで描こうとしているような高揚感は、真の「合一」と区別しがたい状態へ精神を一瞬運び込むように思える。これは受動的な観想、または吹き込まれた観想、あるいは時に「合一の祈り」と瞑想家が呼んでいるもので、〈合一状態〉の前触れとして〈照明の途〉において短期間、享受されることが多く、〈絶対者〉に到達したという確信をさらに強めるものである。しかし所詮それは到達の前触れにすぎず、未だ『ドイツ神学』の言う「成長中の者たちの」「啓明」[24]段階にある魂が行なう、早熟な努力なのである。

こうした一時的な合一体験と、〈合一の生〉の達成との区別は、サン＝ヴィクトルのフーゴーの神秘主義的小論『デ・アルハ・アニマエ』にある〈魂〉と〈自我〉の次の対話部分によく表されている。

〈魂〉は言う。

教えてくれ。思い出すだけで心を甘美にそして激しく揺さぶり、いつの間にかわたしをどこかへ運び去っていく、この喜ばしいものはいったい何なのだ。わたしは突然新しくなる。変わっている。口では言えぬ平安の中に浸っている。心は喜びで満たされ、過去のみじめさ、痛みが忘れ去られる。魂は歓喜する。知性は照明を得る。心は燃えている。欲望は静まり、穏やかになった。自分がどこにいるかわからない、なぜならわたしの〈愛〉がわたしをかき抱いたから。また、〈愛〉に抱かれたので、わたしは何かを手に入れたように思えるが、それが何かはわからない。けれども取り逃すことのないよう、わたしはじっとかかえこんでいる。いつまでも固く留めておこうと願う〈かのもの〉から決して離れまいと、魂は喜びのうちに努力する。あたかもその中にすべての願いの目標を見出したかのようである。魂は口では言えぬほど喜び極まって、この状態に留まること以外、何も求めず、何も願わない。ではこれがわたしの〈愛するもの〉なのか？　教えてくれ。わたしは〈彼〉を知りたいし、もし〈彼〉が再びやって来たら、わたしから離れぬように、いつまでもわたしのもとにいてくれるように、願いたいのだから。

〈人〉〔自我〕は言う。

君を訪れたのは確かに君の〈愛するもの〉だ。しかし〈彼〉は目に見えぬ形でやって来る。姿を変えて来る。捉えられぬ形で来る。彼がやって来るのは君に触れるためであって、君に見てもらうためではない。君を目覚めさせるためであって理解してもらうためではない。自らをすっかり委ねるためではなく、君に味見をさせるためである。君の欲求を満たすためではなく、君の愛情を導き高めるためである。彼の持つ喜びを試食させはするが、完全な満足を充分にもたらすことはない。後には姿を現し、永遠に君のものとなる〈彼〉が、今は時おり自らを君に味わわせて、いかに甘美なものかを知らせていること、ここに君の婚約のしるしがある。〈彼〉がそばにいないときも、このことが君の慰めとなろう。この賜物の味わいによって君は絶望に陥らずに済もう(25)。

〈照明の生〉と〈合一の生〉の実質的な差はどこにあるかというと、〈照明〉においては霊的意識がいかに強く、〈無限者〉との表面下の交流がいかに親密なものであろうと、主体の個別性は別にあって手つかずのままであるという点にある。真実の深い理解を得たということで生活の他の側面に光があたり、かえって通常の生の諸事象にうまく対処していく力が増すことさえもある。たとえば平修士ローランは、真実についての鋭敏な感覚、神の現前の把握、その結果生じる俗事に対する無関心と解放の意識を得たことが、自分にまったく向いていない仕事を行なう助け、支えになった。例を上げると、ブルゴーニュまで修道院のワインを買い付けに行かされたときのこと、「それは彼にはまったく気の進まぬ仕事だった。なぜなら彼はまったく商売には向いていず、また足が悪くて、船の上でも自由に動き回れなかったからである。にもかかわらず、そのことについてもワインの買い付けについても彼はまったく不安を覚えなかった。わたしが携わっているのはあなたの仕事です、と神に向かって彼は言い、後に気がついてみると、仕事は極めて上首尾だった。……彼が生来大嫌いだった厨房の仕事についても同様であった(26)」。

精神は、より高い関心の対象に集中することによって、不安や好き嫌いの感情に惑わされなくなり、与えられた仕事をそれだけ能率的に行なうようになる。そのように行なえぬとしたら、悪いのは神秘的素質ではなくて当人の通常の気質や訓練の不足の方である。ジェノヴァの聖カタリナは、神との交流の中に、彼女の施設をうまく運営する力を見出した。聖テレジアは管理能力に天才的に長け、素晴らしい主婦でもあったが、なべかまを扱っている際に容易に神を見出したという[27]。ベタニアのマリアは、外見とはうらはらに、もし情況が情況であれば姉のマルタよりも料理がうまかったことだろう〔『ルカによる福音書』一〇・三八―四二〕。ベタニアのマリアはイエスの御言葉に聞き入り、姉のマルタは忙しく接待したが、イエスはマリアを称える〕。

しかし、脆弱で散漫な知性の持ち主にあっては、また特に自己愛的な霊性の犠牲となった人にあっては、この〈神的実在〉の感覚への深い没入によって、他のことがまったく目に入らない状態にたやすく陥ってしまう。〈照明〉の「影の側」、超越的歓びへの利己的な没頭、十字架の聖ヨハネの断罪する「霊的な大食」が、このとき現れるのである。ギュイヨン夫人は哀切をこめて言う。「わたしは内なる歓びに夢中になるあまり、多くの間違いを犯しました。……わたしは部屋の隅に座って仕事をしましたがほとんど何もできませんでした。この歓びの力に引きずられて、仕事が手につかなくなってしまうのです。わたしは目を開けることもできず、何が自分に起こっているのかもわからぬまま、こうして何時間も過ごしました。それはあまりに単純で穏やかでやさしかったので、何度かわたしは心の中で尋ねました。『天国でさえ、このわたしよりも平和でありうるのだろうか』と[20]」

ここでギュイヨン夫人は、おとなしい飼猫のように〈創造に先立つ光〉の光線に浴し、「受動性と至福の同一視」の危険を持つ極端な〈静寂主義〉にすでに傾きかけている。神秘的召命の持つ英雄的性格は影をひそめてしまっている。彼女の特異な精神構造が受け入れることを許した神秘的印象は、偉大な献身的活動のための新たな活力を引き出す源泉としてではなく、個人的な自己満足の源として扱われたのである。

ジェノヴァの聖カタリナの場合、回心の際に〈浄化の生〉から〈合一の生〉へと即座に移行し、〈照明の途〉にあたる特徴は示さなかったというのが、初期の伝記作家の主張であった。これが間違いであることはフォン・ヒューゲルがはっきりと証明したが[29]、彼もまた神秘的成長の諸段階の並び方が、聖カタリナにあっては通常と異なるものであるという見解に傾いている。しかし、四年間の大悔悛期が終わった後のカタリナの状況について、『生涯と教え』の第四章に書かれていることは、内的な、つまりは「内在論的な」タイプの健全な照明をそっくりそのまま描いたものであり、上に引いたギュイヨン夫人の自伝の文章と好対照をなす。

確かにカタリナの経験がいわば「進んだ」瞬間もあり、そのようなとき彼女は〈内に宿る光〉に照らされるだけではなく、その中に一時的に呑みこまれたように感じた。第五章に見られるような美しい件りはこのような瞬間が書かせたものであり、それだけを取り上げて読めば本物の合一状態を描いているように思える。「時々わたしは、魂も体も心も意志も好みもすべて無く、〈純粋愛〉しか抱いていないように感じました」[30]。しかし彼女の通常の意識は、ノリッジのジュリアンが「至福と一つになった」と呼ぶ状態には明らかにまだ至っておらず、絶え間のない熱烈な交流を行なっている相手は、客観的〈真実〉として自分とははっきり別のものと意識されていた。『生涯』の次の章に曰く、「前に述べた四年間の後、彼女に対し、浄められ神に満たされた自由な精神が与えられ、その他のものは中に入り込めなかった。たとえば説教やミサを聞くときも、彼女は内なる感情に呑みこまれ、外で言われていることと為されていることが、耳にも目にも入らなかった。しかし心のうち、甘美なる神の光の中では、彼女は内なる光に完全に心を奪われて、それとは別のものを目にし、耳にしていた。そうするよりほか彼女にはできなかったのである」。このとき聖カタリナはまだ〈絶対者〉を眺める側にいて、〈絶対者〉と一つになったとは感じていなかった。「驚くべきことに、主はこのように高く内なる潜心をお与えになりながら、決して自制のきかぬ状態には彼女をお置きにならなかった。求められれば彼女はいつでも我に返り、依頼に応えることができた。主はこのようにお導きになったので、誰も彼女について不平を言うことができなかった。心が〈神的な愛〉で一杯になるときは、人と話をするのがつらくなった。そしてこのような神の味わいと感覚が続くと、まったく夢中になってしまい、身を隠して人に会わないようにしなければならぬことも何度かあった」。けれども明らかに、カタリナ自身はこの強烈な歓びの状態が一時的で不完全なものであると意識していた。成長を続ける彼女の超越的自我は、〈照明の途〉の陽光、神の豊かさの味わいだけでは満足せず、〈神的なもの〉との合一をすでに切望していた。真に英雄的な魂の持ち主においては皆そうであるように、彼女にあっても働いているのは歓びを求める愛ではなく、愛を求める愛だったのである。「神にかくも多くの慰めを賜ったので彼女は神に向かって叫んだ。『おお甘美この上なき〈愛〉よ、わたしはあなたから到来するものを欲しているのではありません。ただあなただけを欲しているのです[31]』」

「あなたから到来するものを欲しているのではありません」――魂が成長を続けて欲求がこの段階にまで達したとき、〈照明の途〉はほぼ終わったと言える。魂は「遠くから眺めるのみではなく、住み処とすべき国[32]」（アウグスティヌス）を目標と見据え、前進を始めている。そこでイスラムの聖人ラービアは言う。「おおわが神よ。この世におけるわたしの気遣いと望みは、この世にある何ものよりもまずあなたを忘れずにいること、次いであの世にあるすべてのうちで、あなたにだけ出会うことです[33]」。またガートルード・

モアは言う。「あなたを求め、熱望する魂は、この世であなたについて知りうることでは満足できません。……ああわが主なる神、あなたのみを恋こがれ渇望し、万物はあなたを手に入れるためのこやしだと考える愛する魂に、あなたがお与えになれるすべてとは何なのでしょう。あなたはあなた御自身をお与えにならない。この唯一必要なもの、わたしたちの魂を満足させる唯一のものをお与えにならないのに、わたしは何を言えばよいのでしょう。マグダラのマリアがあなたを求めたとき、姿を現されたのがあなたではなく二人の天使であるのを見て、何か慰めとなったでしょうか。彼女にとってそれが歓びであったとはわたしにはまったく思えません。すべての愛と欲求をあなたに向けた魂は、あなたの中にしか本当の満足を見出しえないのですから[34]」

この不思議な神秘的照明はどんな性質を持っているのだろうか。照明が人に確信を授けるということはわかるが、自我の意識の中では通常どのような形をとるのだろうか。照明を受けた者たちは、一見したところ象徴的な「照明」という言葉が、実際の現象を描いたものであること、つまりある種の「輝き」、人格を照らす新たな光を本当に経験することを断言しているように思える。新たな太陽が地平線上に昇り、彼らの薄暗い世界を変容させるのである。彼らはこの文脈で何度も何度も繰り返し光のイメージに立ち戻る。第一の回心のときと同じく、彼らの内部の適応に伴って、口では言い表せぬ輝きを持った、燦然たる光の圧倒的意識が、実際に生じることがしばしば報告される。

言語を絶した愛、
想像を越えた善、

計り知れぬ光が、
わたしの心の中に輝く。[35]

と、ヤコポーネ・ダ・トーディはうたう。「世にも稀なる、口にはできぬ光」とホイットマン。「神性の流れ出ずる光」とマグデブルクのメヒティルトは、己れの宇宙と普通の人間の宇宙を区別するかのものを描こうとして言う。「生ける光が語る」と聖ヒルデガルトは自分の啓示について言い、この啓示は太陽の光も及ばぬ特別の光の中で現れたと言う。[36]「注ぎ込まれた輝き」とは聖テレジア、「夜を知らぬ光、あるいはむしろ常に光り輝くがゆえに、かき乱すものとてない」[37]。「するとたちまち、昼の光に昼の光が加わったかのよう」と、天国に導かれて入ったダンテは叫ぶ。「光が高いかなたにあった」と彼は繰り返し語り、神の存在を知覚した魂を描こうと努力した最後の言葉は、「上述のものはまるで単一の光のごとく見えた」[38]である。

どうやら神秘家が新たな意識の次元に到達すると、ある輝きを知覚する力が実際に与えられるらしい。この輝きは常にそこに存在するものでありながらわれわれの劣った目の狭い知覚範囲では捉えきれず、せいぜい「輝く闇」としてしか映らぬものである。ローは、「〈永遠の自然〉、すなわち天上の国では、生と光の中に物質性がある」[39]と言う。この点に関する証言は山ほど見出されるため、学問の他の領域であれば、本物の光――「現実の光を照らし」、人間に知覚されるのを待っている光――が実在することの証明に用いられるだろう。[40]

聖アウグスティヌスが自分のプラトン的観想経験を語る言葉が、写実的な調子を帯びているのを見てみよう。以下に引く箇所には、生まれながらの心理学者が、明確に実在する状態を、否定辞を連ねて描こうと必死にもがく様が見てとれる。「わたしはあなたに導かれてわたしの心の最奥に進んでいった。わたしがそうすることができたのは、『あなたがわたしの救い主になられた』〔『詩篇』二九・一一〕からである。わたしは進んでいったとき、わたしの魂の目でそれはなおかすんでいたが、まさしくこの魂の目の上に、わたしの精神の上に、不変の〈光〉を見た。それはどんな肉眼にも見えるような普通の光ではなく、また普通の光と同じ類のものではあるが、それよりは大きく、はるかに強く輝いて、その大きな光力によって万物を照らすというような光でもなかった。わたしが見た光はそういう光ではなく、このようなすべてとはまったく異なったものであった。またこの光は、油が水の上に、あるいは天が地の上にあるようにわたしの精神の上にあったのではなく、わたしを造ったからわたしの上にあり、わたしはそれによって造られたから、わたしはその下にあったのである。真理を知るものはこの〈光〉を知り、この光を知るものは永遠を知る。それを知るものは愛である[41]」

ここにも、聖テレジア、ジェノヴァの聖カタリナ、ヤコポーネ・ダ・トーディの場合と同じく、照明の正しく「内在論的な」描写が見られる。神秘家が「内向」と呼ぶプロセス、すなわち注意や意志力を努めて内部に向けることによって、自我は心の内部に〈真実〉――「神からひそかに魂の中に寄せてきて、魂を力強い力で源へと引き戻す愛の波立つ潮[42]」（メヒティルト）――を認めるのである。しかしその逆の、つまり「超越的な」傾向も、これに劣らずしばしば現れる。主体の外側にある〈無限〉の宇宙的《コズミック》なヴィジョン、〈神的な光〉に向かう拡張的な、外に向かう運動（この〈神的な光〉は「創造主を見ることによってのみ平和を得る被造物に、その御姿を見ることを可能ならしめる[43]」ものであり、地上に生まれた人間が認めうるものとはまったく異なったものである）、魂が登っていくよう定められている〈神的な闇〉の中への不思議な、無定形の没入――こうした知覚形態もすべて〈照明の途〉に特徴的なものである。回心の場合と同じく、ここでも〈真実〉は超越的な言葉でも内在論的な言葉でも、また肯定的な言葉でも否定的な言葉でも把握されうる。それは近くにあり、かつ遠くにある。「われわれの最も深いところよりもなお奥に、われわれの最も高いところよりもなお高いところに[44]」（アウグスティヌス）ある。そして遠くにあるものが一番見出しやすいと感ずる自我も中にはあるのである。ある種の精神にとって、〈神の現前〉を真に感得する業は、個人的な〈仲間〉もしくは〈内なる光〉を敬慕し、親密に交わるといった類のものではなく、すべて〈在りて在る〉ものの源泉たる〈絶対者〉、「裸の神性」を畏怖をこめて観想することにある。それは上位の知覚にまで上りつめることであり、そこでは、「天上の〈真理〉の単純にして絶対かつ不変なる神秘が、秘密の〈沈黙〉の目眩《めくるめ》く暗闇の中に隠されてあり、その全き闇をもっていかなる光よりも明るく輝き、あらゆる美を超えた栄光の、目に見えず手にも触れられない美しさでわれわれの盲いた知性を満たす[45]」（ディオニュシオス）。

ダンテの『神曲』の結末にあるのはこの永遠性の経験、「宇宙を愛で結び合わせ」、万有を包み込む三位一体の〈絶対者〉のヴィジョンである。ダンテの記憶に残る溢れるほどの神秘的歓びは、彼が実際に「清浄無垢な薔薇」、万物の燃え立つ中心を見たことを裏付けるものであった。

おおわたしの見る力が尽きるまで
永遠の光の中に目をそそがせた

恩寵はなんと裕《ゆた》かであったろう。
わたしは宇宙全体に紙片のごとくばらばらに
散っていたものが、その光の奥に愛の力で
一巻の巻物にまとめられているのを見た。
実存と偶然とそれらの特性とは、いわば
たがいにしっくりと結び合っていたので、
上述のものはまるで単一の光のごとく見えた。
わたしは宇宙を結合さす形相を見たと信じた、
というのはそれを語るときにわたしの悦びは
いっそう拡がるように感じるからである。

……

おお、言葉はわたしの想いに比べればいかに不足で
弱いことか、その想いもわたしが見たものに比べれば
わずかと呼ぶにだに足りないものである。
おお、永遠の光よ、おのれの中にのみましまし、
おのれのみおのれを知り、そしておのれに知られ
おのれを知りながら愛し、またほほえみを給う者よ。(46)

ダンテにおいては、照明の超越的・非人格的な側面が最大限強調されている。このような〈未分化の光〉の拡散したヴィジョンを、内心の人格的な神性把握――ジュリアンと彼女の「優しく愛しき主」の会話、聖カタリナと〈神の愛〉の交わりに見られるような――と同じ体系の中に入れる余地は一見したところないように思われる。しかしこれらは皆、実は同じ心理的状態を報告したものであり、魂が真実を漸進的に把握していく上で、さまざまなタイプの自我が到達した同じ段階を描いている。

フォリーニョのアンジェラは、神秘主義文献の中で類を見ぬ素晴らしい一節の中で、この真理を知覚した際の明晰なヴィジョンを伝えている。それは身を低めていながらかつ全能であり、人格的でありながらかつ超越的な〈絶対者〉の二重の啓示、「深いへりくだり」と「口では言い表せぬ力」の想像を絶する統合である。

わたしの魂の目が開かれ、わたしは神のすべてを熟視しました。その中でわたしは全世界を、こちら側も海の向こうも、地底も大洋もあらゆるものを捉えたのです。これらすべての中にわたしは他ならぬ神の力だけを見ていましたが、それはどのようにしてと言われてもまったく口にできぬ形でした。それゆえ驚嘆のあまり魂は大声で叫びました。「この世はことごとく神で満たされている!」[47]と。こうしてわたしはこの世全体、つまりこの場所も、海の向こうも地底も大洋もあらゆるものがいかに小さいものであるかということ、〈神の力〉がすべてに優り、すべてを満たしていることを今や理解しました。すると〈彼〉はわたしに向かって言われました。「わたしがおまえに見せたのは、わたしの力〉の一部である」。これからは残りの力をわたしがもっとよく理解すべきことがわかりました。〈彼〉はさらに「今こそわたしのへりくだりを見よ」と言われました。おかげでわたしは、人間に対する神の深いへりくだりを見抜く力を与えられました。こうした口で言い表せぬ力を理解し、こうした深いへりくだりを見つめたことで、わたしの魂は大いに驚嘆し、己れはまったくの無であると思えたのです。(48)

ここで忘れてはならないことは、一方に偏ったように見える照明の描写すべて、あるいはむしろ照明の経験すべてが、当人の気質に支配されている点である。「微笑みによって宇宙を照らす光」(P・B・シェリー「アドネイス」)は常に変わらない。しかしこの光が通過し、われわれに報告をもたらす自我は、環境や伝統、教会や国家の根本的影響をすでにこうむっている。自我が照明をなんとか表現しようとして利用する言葉そのものが、数多くの哲学や信条と自我を結びつけてしまう。自我が〈神的な愛〉に対して行なう反応は、自我の本性が地上的な愛に対して行なう反応と同じ型のものであり、ただそれが最大限に高められただけである。われわれは啓示を受け取る際に、自我主体が我知らず提供したさまざまな要素も一緒に受け取る。だから魂が〈神的実在〉を把握するのにも、ありとあらゆる形がありうる。ディオニュシオスや、彼よりも少し劣るが聖アウグスティヌスに見られる形而上的な脱我から、平修士ローランの素朴で「常識的」とも言える表現、大聖ゲルトルートの激情、ジュリアンやメヒティルトの愛らしい親密さまで、実にさまざまである。

また時には、ディオニュシオス的な神学の高揚した非人格表現が、ありふれた日常生活のほのぼのとした出来事から引き出したなじみやすい比喩と、何の矛盾も感じさせることなく並んでいることがある。それだけ偉大な神秘家の持つ性質は豊かで多様なものであるということになるのだが、ゾイゼはこのような心性の特徴的な例である。ゾイゼの場合、照明と浄化が十六年にわたって併存し、精神の領野を代わるがわる支配した結果、苛酷極まりない苦行と最高の脱我的歓喜の状態との間を、異常に激しく素早く揺れ動いた。彼の照明は主として個人的・内在的な型に属すが、エックハルトの弟子であることからも予想されるように、神秘的超越の調子も見られぬわけではなく、それは〈永遠の知恵のしもべ〉が愛を語る優しく魅力的な文章と相並んで、突然のきらめきと共に現れる。

たとえばゾイゼは伝記の前半の章で、次のような様子を描いている。

いつものごとく最愛の〈知恵〉について考えているとき、彼は己れに問い、絶えず愛を求める自らの心に対して問いかけた。「おおわが心よ、この愛と恩寵はどこから来るのか、この優しさと美は、この心の歓びと甘美さはどこから来るのか。これらは皆、源から流れ出るように、神性から流れてくるのではないのか。さあ、わが心、わが感覚、わが魂よ、それらの敬慕すべきものがやって来る深淵に身を沈めよ、何がわたしを押しとどめようか。今日わたしは、わが燃ゆる心が望んだそのときに、おまえを抱《いだ》こう」。するとこの瞬間に、彼の心の中で、あらゆる善の流出とも言うべきものが生じた。すべて美しきもの、すべて愛すべきもの望ましきものが霊的にそこにあり、そのありさまは口では表現できぬものだった。神への賛辞が歌われたり唱えられたりするのを聞くたびに心と魂の奥底へ没入し、その〈愛すべき対象〉について想いをめぐらす彼の習慣はここから生まれ、すべての愛もここから生じた。彼が目に涙を溜め、心を開いて愛しき〈友〉をかき抱き、愛に溢れた胸に〈友〉を押しつけたことが幾度あったか知れない。彼はまるで母親の膝に両脇を支えられて立つ赤子のようであった。

赤子は可愛らしい頭と体全体を動かして愛しい母親に少しでも近づこうとし、さも楽しげな可愛い仕草で心の喜びを表す。〈しもべ〉の心もこのように愛しき〈神的知恵〉のそばに絶えず近づこうとし、このように喜びが全身を満たしていたのである。(49)

2　この世についての照明のヴィジョン

「神の現前」についての感覚、すなわち〈絶対者〉を知覚する力と密接に関連して、これを補う特徴が照明を得た意識に見られる。それは「新たなる天と新たなる地」のヴィジョン、つまり現象界の持つ意義や実在性《リアリティ》が増すのを感じることである。「神はわたしの目に善と映るものすべてであり、万物の持つ善はすなわち神である」(50)というジュリアンの言葉は、上の二つの感覚を結びつけているように思われる。ここでもやはりわれわれは、曖昧な詩的表現――「決して存在しなかった光」〔ワーズワース〕とか「神に燃え立つありふれた茂み」〔エリザベス・ブラウニング〕のような――と、具体的かつ明確な心理経験に帰すことのできる描写とを、入念に区別しなければならない。こうした経験の最高のものは、〈神の現前〉の最高の経験を補い、完成させる。つまりこの経験は苦行的なものでなく、神秘を明らかにする性質を持つ。それは意識の集中よりも拡大を伴うものであり、〈一者〉を見出すために〈多〉を捨てることではなく、〈多〉の中に自己啓示した〈完全なる一者〉を発見することである。その特徴的表現は、世界は神の偉大さで満たされている。
それは箔をひらひら動かしたときのように輝き出すだろう。〔G・M・ホプキンス〕

というようなものであって、「汝の思いを己れの魂の中へと向けよ、〈彼〉はそこに隠れている」〔ジュリアン〕というようなものではない。それは概して精神の明晰性が強化され、感覚が異常なまでに研ぎ澄まされる形をとり、言語を絶したきらめき、かつて想像だにしなかった美と実在性が、至極ありふれた事物の中にも輝いているのがある種の透視によって知覚される。

マラヴァルは言う。「吹き込まれた祈りの中で魂が〈神性〉の印象を受け取ったその瞬間から、魂は至るところに〈彼〉を見るようになる。それは経験した者にしかわからぬ愛の秘密の賜物である。純粋愛の全きヴィジョンは驚くべき透過力を持ち、被造物の殻で止まることなく、その内側に隠された神性にまで届くのである」[51]

またブラウニングはダヴィデに次のような言葉を発させている。

わたしはただ目を開く——すると、他ならぬ完全なるものが、
わたしの想像した通りに眼前にあり、神が神として見える、
星の中に、石の中に、肉の中に、魂の中に、そして土の中に。[52]

ブレイクの「一粒の砂の中に世界を見ること」、テニスンの「ひび割れた壁に咲く花」、ヴォーンの「茂

みの一つ一つ、樫の木一本一本が〈我在り〉(I AM)を知る」等々は、こうした意識状態、「純粋愛の全きヴィジョン」の中で「見られたもの」の報告として、引用されすぎる嫌いはあるが、確かに正確なものである。このヴィジョンの持つ価値は、エックハルトの次の深遠な言葉の中に要約して述べられている。「人が神において知りうるどんなに些細なことでも――たとえば一輪の花が神の中に〈存在〉を持つのを理解すること――それは世界全体を合わせたよりも貴いだろう」(53)。ワーズワースやウォルト・ホイットマンのような神秘主義的詩人は、この形の照明をある程度所有しているように思える。これはアメリカの心理学者バックが「宇宙意識」(54)と名づけて分析したもので、ベーメやフォックス、ブレイクの神秘経験の中に最高に発達した形で見られる。

まずヤコブ・ベーメの経験を取り上げよう。彼は在来の教義の影響をほとんどこうむっていない神秘家で、神秘的照明の多方面にわたるさまざまな例を極めてよく記録している。すなわち神的な交わりの鋭敏な意識と共に、この意識に確かに発するが、同一の個人の中で同時に発達することのめったにないさまざまな現象――視覚の透察、無意識的自動《オートマティズム》行為、知力の増大――を示している。

英訳版全集(55)の序論によれば、ベーメの生涯には三つの異なった照明の開始があり、これらはどれも汎神論的で外在的タイプに属している。第一の照明はベーメがごく幼かった頃に起こったと思われ、「七日の間神的な〈光〉に包まれて、いと高き観想、〈歓びの王国〉の中にいた」と言われている。これはおそらくゾイゼが経験したような神秘的覚醒と同一視できるだろう。第二の照明は一六〇〇年頃に起こるが、これは磨かれた錫の器を眺めていて、一種の忘我的意識状態に入ったことから始まった。この経験は現象界内部の実在性を洞察する特異なヴィジョンをもたらし、「万物の最奥の基礎をのぞき見た」という。「彼はそれが幻覚にすぎないのではないかと思い、頭から追い払おうと野原に出た。しかしそこでも彼は万物の中心そのものに見入り、草々や今日に見える自然そのものが、先に心の中で見たものと調和していることに気づいた[56]」。この同じ経験とそれに伴う透視力について、別の伝記作家は言う。「彼がゲルリッツのナイセ門の前にある野原へと出ていき、そこに座って野原の草々を内なる光に照らして眺めていると、草の本質、用途、性質が見えてきた。それは草の外観、形、徴《シグナチュア》によって明らかになった。……彼の知性に対しこのような神秘が開示されたことで大いなる歓びを感じたが、彼は何事もなかったかのように家に戻り、家族を養って穏やかに暮し、ほとんど誰にもこの素晴らしい出来事を語ることがなかった[57]」

ベーメはまとまった記述を残していないがその言葉の端々から窺うかぎり、このときから後彼は超越世界についての意識をたびたび、しかも段々と成長していく形で享受した模様である。もっとも彼もまた他のあらゆる神秘家と同じく、暗闇の時期――「多くの手厳しい拒絶」や、低次の意識の「強力な反対」との葛藤の期間を何度か経験したことを示す証拠がある。おそらくこのような断続的な葛藤の結果として、一六一〇年に、十年前の鮮烈な照明が前回よりも高められた形で繰り返された。そしてこの結果、彼が熟視した神秘を書き残そうと、ベーメは最初の、そして最も難解な著書『アウロラ（曙光）』を物すことになった。この「霊感を受けた靴職人」が、彼の〈真実〉のヴィジョンを語り、深刻で強烈な苦悩や、彼の到達したものについての口では言い表せぬ知識をいくらかでも伝えようとする件りは、いささかなりとも神秘的知覚を知っている人すべてに、流浪の人がふとお国なまりを聞いたときのようななつかしさと興奮を呼び起こすものである。それは「絶対音楽」のように、知性だけではなく存在全体に訴えかけるものである。耳を傾け、そこから何かを受け取ろうとする人は、見返りに生が拡張したような不思議な感覚、真実の意識に浮き立つ思いを手に入れることだろう。彼こそまさに「見たまま話そう」と努力している人であり、彼が実際に多くのもの——おそらくダンテに劣らぬほど多く——を見たのは明らかである。ただ彼はヴィジョンをわかりやすい形にするための詩的天才には恵まれていなかった。奇妙な用語法、思いがけぬ和音と不協和音の組み合わせは、優雅を好む均衡のとれた精神の持ち主には苦痛の種となるだろうが、内側から表現を求めて叫ぶ〈生の霊〉の存在の証しとなるものである。ベーメもブレイクと同じく、「知的なヴィジョンに酔い」、「神に酔った人間」であったらしい。

ベーメは言う。

　このわたしの真剣な探求と欲の中で（そこでわたしは多くの手厳しい拒絶に苦しんだが、そこから逃れ避けようとするよりも命がけで入って行こうと決心したのである）、扉は開かれ、十五分間に、何年ものあいだ大学で学ぶ以上のことを見、また知った。わたしはこのことに大いに賛嘆し、それゆえ賛辞を神に対し向けた。というのもわたしは、すべての本体の中の本体、底と底無し、聖三位一体の永遠の生成、この世と全被造物の神的な知恵による由来と起源を見、また知ったのである。そしてわたしの中に三つの世界があることを知り、また見た。すなわち神的な世界（天上的な楽園の世界）、暗闇の世界（自然の始原状態すなわち火の基礎）、それから第三に外的な目に見える世界（内的世界、霊的世界双方からの産出つまり外への誕生）である。そしてわたしは悪と善に働く本体のすべてを、また悪と善の原形と存在を見、また知った。同様にいかにして永遠の子宮が実り多い出産を行なうかを。……しかしわたしはこれらの神秘の中で、まるで学校に通う子どものように、努力しなければならなかった。わたしはそれを内なるものにおける深い淵の中に見た。わたしは宇宙の全体を混乱《カオス》の中に見てとり、そこには万物が並べられ包み込まれていたのだが、このことを説明することはわたしにはできなかった。それでもその眺めは時々、草木の芽のように顔をのぞかせたが、十二年間わたしと共にあった。そしてついに何かが生まれてくる感じで、わたしは己れのうちに力強く促すものを感じ、永遠に残る形で書き表すことができた。そうしてわたしの心の外的な原理で理解したものを、すべて書き留めたのである。(58)

万物の実在性に関わるこのような透察的ヴィジョン――英知的世界の光に照らされた現象界を思いがけず一瞥すること――に非常に近いものに、ジョージ・フォックスの二十四歳のときの経験があり、彼の日記に記録されている。(59) ここでもベーメの場合と同じく、〈神的精神〉の中にある実在についての直観的ヴィジョンを描く言い回し、象徴が、残念ながらそれ以前に学んでいた「外徴の理論《シグナチュア》」に、ある程度規定されているのは明らかである。

今やわたしは炎の剣をくぐりぬけて、霊において神の楽園にたどりついた。すべては新しく万物がそれまでとは異なる、口では言い表せぬ香りをわたしに向かって放っていた。……被造物の秘密がわたしに向かって開かれ、いかにして万物がその性質と力に応じて名前を与えられたかが示された。そしてこのように被造物の性質と力を主がわたしに開示されたので、わたしは人類のために医術を営むべきかどうか心の中で迷っていた。……主はわたしを偉大なるものへと導き給い、驚くべき深みが言語を絶する形でわたしに対し開かれた。しかし人は誰でも〈神の霊〉に服従し、〈全能者〉の似姿と力において成長するとき、万物を開く叡智の言を受け取り、〈永遠存在〉における隠された統一を知ることができるのである。

「〈永遠存在〉における隠された統一を知ること」――揺るぎない確信と共に、真に愛する相手の人格について、包括的意識をもって知ること――は、〈照明の生〉を最大限に生き、「神の中に万物を、万物の中に神を」享受することである。この種の透察は自然の中に「異質性」を見る詩的意識を大幅に高めたもののように見える。この意識は分裂の中の統一、目では見えない力強い実在の〈生〉、現象のベールを通して輝く栄光の真実についての意識であり、生と一体となった気質の人々にしばしば見られるものである。自我はそこで、〈生成の世界〉、すなわち個々の小さな生を浸している神的創造性の巨大な舞台の持つ、生きた実在を意識するようになる。吹きすさぶ風の音や虫の鳴き声にも「永遠に万物を貫く〈御言葉〉」の叫びを聞く。〈息子〉が〈父〉の胸へと帰る長旅に、目を見開いて積極的に加わる。そして浄められた目で万物を超越的秩序において眺めるため、宇宙の秘密たる中心へ回帰しようとする被造物の努力をそこにも見抜くのである。

かくして神秘家と、〈生〉全般との間の融和が打ち立てられる。愛のこもった鋭敏な理解力をもって、神秘家は外見に惑わされずに〈生〉を見、感じ、そして知る。「そうして肉体の目は見えなくなってしまいましたが、霊の目はわたしの頭の中に残り、わたしは自分が見たものの中に、畏敬のこもった歓びをもって留まったのです[60]」とジュリアンは言う。感覚の鈍さを心が乗り越え、一瞬あるいは長い至福の時間にわたって、歪みのない、より真実の世界を心が見る。万物は愛の光に照らされて、したがって美の相の下に知覚される。というのも美とは愛の目で見た〈真実〉にすぎないからである。もう一つ別の、より至福に満ちた「ダンテの」ヴィジョンでも、「わたしたちがここで愛の中にあるのは摂理の必然[61]」であった。このような畏敬と歓びに溢れた目には、人生の至極ありふれた事象さえも輝いて映るものである。ロンドンの通りは麗しの小道となり、乗合馬車が色あざやかな大天使に見え、その回りに安心しきった小さな精霊たちがたくさんまとわりついているのである。

芸術家が醜悪なものを描いて非難される場合、多くはわれわれの感知できぬ美を示そうと努力しているにすぎない。彼らはわれわれのはるか前方にいて、ブレイクが手にしたと主張する「四重のヴィジョン」の状態に到達しているのである。この幻視家にはそこで可視世界全体が変容して見えたが、それは彼が「感覚と記憶のぼろぼろの衣を脱ぎ捨て」、「汚れのない〈想像力《イマジネーション》〉を身につけた[62]」からであった。このような透察の状態にあって、象徴と現実、〈自然〉と〈想像力〉は一つになって見える。というのも芸術作品の偉大さはひとえに〈真実〉が芸術家の精神に及ぼす影響にかかっているからである。ブレイクは次のようにも言う。「わたしはこの世が想像力とヴィジョンの世界であることを知っています。わたしは自分の描くものすべてをこの世の中に見ていますが、どんな人にも同じように見えるわけではありません。守銭奴の目には金貨は太陽よりずっと美しく見えるでしょうし、お金を入れて使い古した財布は、たわわに実ったぶどうの木よりも整った姿をしていましょう。ある人々を感動させて涙を流させる樹木も、他の人々にとっては邪魔な緑色の物体でしかありません。自然をくだらぬ奇形のものと見る人々もいますが、彼らのせいでわたしの見方が変わるわけではありません。そもそも自然にほとんど目を遣ることのない人もいます。しかし想像力を持つ人の目には、自然は〈想像力〉そのものと映ります。人は人のありように応じて見るものなのです。目はその作りに応じてさまざまな力を持つものです。あなたが空想《ファンシー》のヴィジョンはこの世の中には見出せぬと言われるのは明らかに間違っています。わたしにとってこの世は、空想もしくは想像力の一つながりのヴィジョンであり、そう言われるのを聞くとうれしくなります(63)」

〈神秘の途〉を超越のための有機的プロセスと考えるなら、このような照明による万物の理解、知覚の扉の清めは、人間が意識の高次の中心に向かって進み始めたときに起こるものに違いない。それは自我が成長して自発的に〈絶対的生〉に加われるようになったことを印づける。または人間存在の深み――魂の底または火花――で生じる主体と超越世界の接触によって、〈絶対的生〉を段々とわがものにする契機を示している。表層の知性は感覚の支配から逃れて、次第に超越的人格に侵入されるようになる。これこそ独立した霊的世界の本来の人格たる「新しき人」であり、その使命は神秘主義の用語で言えば「自らの始源への回帰」である。これによって新たな活力が流れ入り、己れ自身を発見するための神秘的世界をより深く、より広く理解するようになり、直観の力が高められるのである。

ブレイクやベーメの描いているような明視、知覚の昂進の瞬間に、神秘家と芸術家は実際、〈生の四重の川〉を永遠の相の下に見る。それは「すべての可視・不可視の被造物が顕現《テオファニー》、すなわち神の現れとなる」とエリウゲナが言う〈生成の世界〉であり、偏見や利己心やその他の迷妄に目を惑わされなければ誰にでも見えるものであろう。この愛のこもったヴィジョンから、自然の生きとし生けるものすべてとの美しい共感、あるいはそれらに及ぼす並はずれた力がしばしば生じる。それは神秘家である聖人の生涯に繰り返し繰り返し現れ、自らの自然的および超自然的起源との自由で親密な交わりを「習慣という奔流(64)」に遮られている普通の人間の鈍重な精神を驚かせる。

けれどもアッシジの聖フランチェスコが、すべての生き物は間違いなく「顕現、すなわち神の現れ」であると感じ、そして知って〈そう「信じる」だけでなく〉、彼ら兄弟姉妹たちと〈すべて〉の偉大で美しい生を共有しているのを鋭く意識したこと、これは別に驚くにあたらない。であるから、彼が自らの確信に従って、妹なる小鳥に説教し[65]、鷹の協力をたのみとし[66]、キジとの友情を楽しみ[67]、「素朴で無垢で純粋な姉妹たる」捕えられたキジバトを慰め[68]、〈兄弟なる狼〉によりよき生を送るよう説得した[69]からといって、常軌を逸していると考えるのも正しくない。

真の神秘家は、「この世の否定」を行なったとしてしばしば責められるが、実は狭く不自然な自我の世界を否定しているにすぎず、その見返りに〈自然〉および神と共有する力強い宇宙の秘密を見出しているのである。彼と万物の間には、感覚の生のみを送っている人にはわからない不思議な接触が打ち立てられる。「神秘的覚醒」に続いて起こる意識の改造の中で、全被造物と共有する深い根源の生が眠りから覚める。こうして人間の生と人間以外の生の間の垣根、人間を地上においても天においてもよそ者にしてしまう垣根が取り払われる。今や〈生〉が彼の生に囁きかけ、万物は彼の親友となって、彼の友愛に満ちた共感に応えるのである。

かくて、アッシジの小さき貧しき人〔フランチェスコ〕にとっては、友たるキジが「自分にもっとふさわしい巣」よりも彼の部屋にいることを好んだくらいだから、恐ろしき兄弟たる狼のもとへ、脅えるグビオの住民の遣いとして赴いたのも至極当然で簡単なことであった。この狼との会見の結果は、ありきたりの言葉で言ってしまえば、動物に対して不思議な、口では伝えられぬ力を持った多くの人々の経験と並べられるものだろう。

おお何と驚くべきことか。聖フランチェスコが十字を切るや、恐ろしい狼は直ちに口を閉じ、立ち止まった。さらに命ぜられると、子羊のようにおとなしく近づいて聖フランチェスコの足下に身を伏せた。……そして聖フランチェスコが忠誠の誓いに手を伸ばすと、狼は右の前足を持ち上げてその手の上にのせ、彼なりの誓約のしるしを与えるのだった。それから聖フランチェスコは言った。「兄弟なる狼よ、何も疑うことなくわたしについて来るよう、イエス・キリストの名において命じる。……神の名において平和を打ち立てようではないか」。すると狼は従順に、まるで優しい子羊のように彼について行った。これを見て町の人々は、はなはだ驚いた。……以後この狼はアゴビオに二年間住み、まるで飼いならされているかのように各戸を出入りし、誰にも害を及ぼさず、また誰も彼を迫害せず、住民にうやうやしく食物を与えられた。こうしてこの地と家々をめぐっている間、この狼に吠えかかる犬は一匹もなかった。ついに二年の後、兄弟なる狼は老齢のため死んだ。町の人々は大いに嘆き悲しんだが、それというのもこの狼が町を穏やかに歩いて行くのを見て、聖フランチェスコの徳と聖性をいまさらながら思い起こしていたからである。(70)

英国の読者には聖フランチェスコよりもなじみの薄い神秘家だが、ペルーの聖女、ローサ・デ・リマにおいて自然とのこの深い共感はとりわけ愛らしい形をとる。聖ローサにとって世界全体は神聖なるお伽の国のようなもので、そこでは生き物が皆、〈永遠〉に顔を向け、神への崇拝を彼女と共に行なっているように思えた。伝記には次のようにある。「夜明けに、黙想の場所へ行くために庭を通って行くとき、彼女は周りの自然に向かって、自分と共に万物の創造主を称えるように頼んだ。すると木々が彼女の通りかかるのに合わせて頭を垂れ、葉を寄せ合わせて美しい音をたてた。花々は茎を揺らし、大気を香らせようと花を開き、彼らなりの仕方で神を称えた。同時に小鳥たちも歌い始め、ローサの手や肩に舞い降りてとまった。虫たちは嬉しげな囁きで彼女に挨拶をし、すべて生命と動きを持つものたちは、彼女が主に向かって奏でる賛美のコンツェルトに加わった」[71]

　また次の逸話の中にわれわれは、純粋なフランシスコ会的精神の名残り、神の吟遊詩人の快活さを見る思いがする。――彼女の生前の最後の四旬節のこと、

> 毎日、日暮れ時になると、うっとりするような鳴き声の小鳥が一羽、窓の下の木にやって来てとまり、彼女が歌うようにと合図するのを待つのだった。ローサは、羽を持ったこの可愛らしい聖歌隊員を見るとすぐ神への賛歌を歌う用意をし、このためにわざわざ作った歌で、小鳥に歌競べを挑んだ。
> 「さあ小鳥さん、あなたの素敵な歌を始めなさい。溢れるような美しい調べを、あなたの喉で奏でなさい。そうして一緒に主を称えましょう。あなたはあなたの創造主を、わたしは愛しき救い主を称え、共に神性を賛美しましょう。小さな口ばしを開けて歌い始めなさい。わたしも続いて歌いましょう。そうすればわたしたちの声は聖き歓びの歌の中に混じり合うでしょう」
> 　すぐに小鳥は歌い始め、一番高い音まで音階を歌い通してから、今度は聖女が歌う番だとばかり、歌い止んだ。……このようにして彼らは丸一時間、代わるがわる神の偉大さを称えあったが、その順

序はまったく乱れることなく、小鳥が歌うときはローサは沈黙し、彼女の方が歌うときは小鳥は黙って驚くほどじっくりと耳を傾けていた。やっと六時頃になって聖女は小鳥に別れを告げて言った。「さあ可愛らしい聖歌隊員さん、飛んでお行きなさい。わたしのもとを決して離れられぬわが神に幸いがありますように[72]」

照明が以上のような形をとる神秘家、「宇宙にばらばらに散らばる紙葉を一冊の巻物にまとめる」愛の絆《きずな》を、かくも強く、身近に感じている神秘家は、他の人々の知らない世界に住んでいる。彼は不完全性のベールを突き破って、創造主の目で被造物を眺める。「山で、〈型〉が彼に示された」〔『出エジプト記』二五・四〇〕のである。レセジャックは言う。「何ものをも見逃さぬ愛の凝視の下で、意識全体が未知の奥底まで光で満たされる。この段階において、ヴィジョンの強さに応じて確実な判断がもたらされる。そしてヴィジョンを見た者が通常の生活に戻るとき持ち帰るものは、単に部分的な印象、あるいは『科学』や『詩』の切れぎれの知識に留まらぬものがある。それはむしろ、世界と生と行動とを、一言で言えば意識全体を、包含する真理なのである[73]」

興味深いことに、かなり明晰な哲学者や見者が提示する経験の図式を調べてみると、彼らが長期間、もしくは一時的にこのような高次の意識を身につけていたことを示す証拠が見られ、レセジャックはこれを想像的ヴィジョンと精神的超越の結合と呼んでいる。プラトンのイデア説がこの種の直観に負うところがあると想定するのは、少なくとも理にかなっていると思われる。というのも哲学は純粋理性の所産であると称するかもしれないが、その独特の性格は哲学者個人の心理的経験に発することが通常確かめられるからである。プラトンの言う家、机、寝台のイデアの実在、その他イデア説の具体的・実際的適用は、多くの形而上学者の頭を悩ませてきたが、このような心理学的基礎に立てば説明可能なものとなる。「すべてのものが新しくなる」照明のヴィジョンは、崇高この上ないものも、至極ありふれたものも、同様に包み込む力を持ち、それが経験の場に移されると、すべてのものを「光の様相」――モネが干し草の山を見たように――と見て、新しくしてしまう。ブレイクはフェルファムの別荘が天使の家の影だと言っているし、[74] 回心したメソジストが自分の馬や豚をイデアの次元で眺めた話はすでに触れた。[75]

　またプロティノスは、脱我的状態を経験したことが知られており、「英知界」を探索したものの確信をもって次のようにわれわれに問う。「かの所の火の模像として、この世界の火以外に、もっと見事などんな火があるのか。あるいは、かの所の土に次ぐものとして、この世界の土以外にどんな土があるのか[76]」。この新プラトン主義哲学の言葉の裏にも、同様の直接経験を暗示するものがあると思われる。ユダヤのカバラにおいても、魂が〈真実〉に向かう上昇の図式に直接経験のための余地が入れられている。神性の十の流出によって形づくられる〈生命の樹〉の一番低い次元は物質の世界〈マルクト〉であり、そのすぐ上にある「セフィラ」〔セフィロトの単数形〕は「原型的宇宙」〈イエソド〉とされる。この中に実在《リアリティズ》、原型、〈イデア〉が含まれ、それらの影がわれわれの住む見かけの世界を構成している。〈生命の樹〉をたどる魂の上昇の途は、まず〈マルクト〉から〈イエソド〉に通じている。すなわち人間の意識はその超越に際して、人間の通常の幻想から周囲の環境のより深い知覚――「原型的次元」やプラトン的イデアの世界に象徴される知覚――へと進むのである。ウィリアム・ローによれば、「この世の自然にある万物は永遠なるものから生じており、永遠なるものの触知でき、目に見える産出である。だからこの世の自然から粗雑さと死と闇を分離する仕方がわかれば、それが永遠の状態においてどのようなものであるかがわかる。……〈永遠の自然〉あるいは〈天上の王国〉においては、物質性は生と光の中に存しており、光の栄光の〈体〉、光を包む衣であって、光のすべての特性を内に含んでいる。物質性は光の輝きであり美であり、光の色、力、性質を保持して外に表していることにおいてのみ、ただ光そのものとは異なるだけである」[77]。ローのこの文章は、彼の師ヤコブ・ベーメの独特なメッセージを英国の読者に通訳しようとして書かれたものかもしれない。しかし実のところ彼は、実際の経験をした神秘家たちが、耳を傾けようとしない人類に向かい、何世紀にもわたり綿々と訴え続けた真理を繰り返している。彼はニュッサのグレゴリウスが四世紀に、そしてエリウゲナが九世紀に語ったことを十八世紀に語り、愛の目でしか見えないので決して穢されることのない「清浄無垢な薔薇」の秘密を語っているのである。

本章でこれまで見てきた穏やかな照明の意識は、内なるものと外なるものの関係、すなわち〈隠された宝〉とその〈箱〉、活力を授与する〈絶対者〉とその〈時空〉における顕われとの関係についての意識であるが、これが最大限に高められると巧みな平衡状態、内なる生と外なる生の健全な調和に至る。心の秘密とも言うべき愛と意志の統合によって、神秘家は世界全体を神の中に見、そして知り、また神を世界全体の中に見、そして知る直覚のレベルに達する。それは高揚した感情の状態であり、愛によって生み出されたものであるがゆえに今度は必然的に愛を生み出す。説明の便宜のためにわたしが行なった内向型と外向型の区別は、この状態に達した人にはほとんど意識されない。彼らは「浄化され、養われ、聖められ」、霊的な世界への参入を許されたのであって、そこではこのような稚拙な区別はほとんど意味を持たない。すべては一様に、穏やかな愛による「新しき生」の一部であって、神秘的成長に絶対不可欠である利己心の漸進的破棄を行なえば、それだけで〈真実〉との内面の人格的交わりと外面の非人格的理解との間に一線を画そうとはしなくなる。真の〈照明〉は、実在的な、生に関わる経験すべてと同じく、ある特定の情報を獲得することよりも、ある種の空気を吸い込み、ある意識の次元で生きることにある。それはいわば「愛の険しい階段」にある休息所であり、自我がそこに立って振り返ると、自らのうちにあって自らを導くものと同じ〈神的な光〉に照らされて輝く、変容した世界が見えるのである。

ロールは照明段階に達した浄められた魂について言う。「人間が肉の滅びと腐敗の状態において許されるかぎりにおいて、その欲求が創造主の上に揺るぎなく固定されたとき、彼の力が雄々しく行使されてまず天国がある程度開かれ、天上の住民を英知の目で見るようになるのは別に驚くべきことではない。さらにその後、彼は甘美この上なき熱、いわば燃ゆる火を感じる。次いでこの世のものとも思えぬ心地よさを授けられ、また耳に快い音色を楽しむ。したがってこれは身に享けたものにしかわからぬ完全なる愛である。そしてこれを身に享けたものは二度と手離すことがなく、心地よく生き、安らかに死んでいくだろう」[78]

確かに照明を受けた神秘家は「心地よく」生きていくだろう。だが平穏そのもののうちに生きていくと考える人があれば、それは間違っている。光明を得るということは成長の表れであり、成長は生けるプロセスであるから休息というものを知らない。なるほど精神には天上の平安が入り込もう。しかしそれは規律正しき活動の平安であって、無為の平安ではない。ヒルトンの用語によれば「多忙極まりない休息」であり、〈神的なもの〉を段階的にわがものにしていくことである。超越的人格が、通常の意識の中に侵入して――すなわち〈新しき人間〉が成長して――目標に向かって進むにつれて、〈真実〉の懐にある故郷を求める内なる霊の執拗な要求が、ますます強く感じられてくるのである。

したがって真実の偉大な探求者たるもの、〈照明〉の強い歓びに長いあいだ足を止めたままでいることはめったにない。己れの崇める〈絶対者〉の存在を強く意識するようになったが、〈絶対者〉を知るようになってもまだ手に入れてはいないことも意識している。〈神の現前〉の――神的なイデアの世界における生の――喜悦を享受している間でさえも、何かが欠けていることを感じている。「おお優しき愛よ、御身のみをわたしは欲する」〔ジェノヴァの聖カタリナ〕。だから彼らにとって、自分が現在享受していて他の人々の理解を超えているものは、何か静止した状態ではない。しばしばそれは、タウラーが「嵐の愛」と呼んだ心的労苦と共存するものである。自分に授けられた〈天与のマナ〉が天使に存分に与えられているものと異なることは、神秘家が偉大であればあるだけ逸早く悟るのである。少しでも欠けるところのあるものでは満足できない。神秘家にとって照明の向上とは、自分の行き先が霊的世界の陽光満ち溢れる海岸ではなく、「神的なものの広大で荒れ狂う海」であることを漸進的に意識していくことである。

リュースブルクは〈創造に先立つ光〉に照らされた魂について言う。

ここにおいて、もはや決して満たされることのない永遠の飢えが生じる。それは感情の力、被造物たる霊が、〈被造物にあらざる善〉を求める内面のあこがれ、渇望である。そして霊は達成を切望するし、神からも招かれ、駆り立てられるので、霊は常に到達を願い続けなければならない。見よ！ここにいつまでも満たされることのない永遠の熱望と絶えざるあこがれが始まる。この人々は真に貧しい。なぜなら彼らは飢え、貪欲で、その飢えは満たされることがないから。何を食べ、何を飲もうと彼らは満足することがない。彼らの飢えは永遠であるから……。ここには味わった者しか知らぬ豪華な料理と飲物がある。しかし達成の完全な満足感を与えてくれる料理が一皿欠けている。だからこそ彼らの飢えは絶えず新たになる。にもかかわらずこの触れ合いの中で、喜びに満ちた蜜の川が流れ出す。霊がおよそ考えられるすべての方法でこの御馳走を味わうからである。しかしこれはみな被造物の仕方に従ったものであり、神には劣るものであるから、永遠の飢えと苛立たしさが残る。神がこうした人に、あらゆる聖人に授けられるような恵みをすべて、与えうるものすべてを与えられたとしても、神御自身をお与えにならなければ、霊の切なる欲求は、飢え、満たされぬままであろう。[79]

第4章　原注

(1) カタルシスと詩的・神秘的知との関係については、Bremond, *Prière et Poésie* (Paris, 1926), caps. xvi and xvii. 参照。

(2) Plotinus, *Ennead*, vi. 9. 中央にいる神的な指揮者の周りを万物がリズミックに舞うというこのイメージと、聖書外典の『イエスの讃歌』中の件りを比べてみられたい。そこではロゴス、すなわちキリストが、使徒の作る輪の中に立って言う。「わたしは万物を遊ばせ踊らせる〈言葉〉である」、「さあわたしの舞いにこたえよ」、「踊ることによってわたしの為すことを理解せよ」。さらに、「踊らぬ者は何が為されているかを知ることがない」、「わたしは笛を吹こう。皆で踊るがよい」。そしてすぐに注釈が加わる。「踊る本性を持つものはみな、踊るのである」(Dr. M. R. James, *Apocrypha Anecdota*, Series II (Cambridge, 1897), and G. R. S. Mead, *Echoes*

from the Gnosis: the Dance of Jesus, 1896. 参照)

(3) たとえば、キーツ、シェリー、ワーズワース、テニスン、ブラウニング、ホイットマン。

(4) *Letters of William Blake*, p.171.

(5) Ruysbroeck, *De vera Contemplatione*, cap. xii.

(6) *Jerusalem*, cap. i.

(7) 以下の二著を比較せよ。E. Rhode, *Psyche* (Freiburg, 1898), and J. E. Harrison, *Prolegomena to the Study of Greek Religion* (Cambridge, 1903), caps. ix., x., and xi. 後者はオルフェウス教のイニシエーションが持つ意味について、望みうる最高の解説を与えてくれる。

(8) Euripides, *Bacchae.*〔エウリーピデース『バッカイ：バッコスに憑かれた女たち』逸身喜一郎訳、岩波書店、二〇一三〔岩波文庫〕〕

(9) St. John of the Cross, *Llama de Amor Viva.*

(10) *Fioretti*, cap. xlviii.

(11) Horstman, *Richard Rolle of Hampole*, vol. ii. p.79.

(12) *Das Fliessende Licht der Gottheit*, pt. i. cap. 43.

(13) *De Imitatione Christi*, 1.iii. cap. i.

(14) この「感覚の闇」の明確な性格については、St. John of the Cross, *Noche escura del Alma*, 1. i. 参照。

(15) *The Marriage of Heaven and Hell*, xxii.

(16) Julian of Norwich, *Revelations*, cap. xliii.

(17) *The Scale of Perfection*, bk. ii. cap. xli.

(18) Delacroix, *Études sur le Mysticisme*, Appendix I, "Sentiment de Présence." 参照。均衡のとれた意見としては、

Maréchal, *Studies in the Psychology of the Mystics* (Paris, n.d.), p.55. および Poulain, *Les Grâces d'Oraison*, (10e édition, Paris, 1922), cap. v. 参照。

(19) *Vida*, cap. xviii. §20.〔聖テレジア『小さき聖テレジア自叙伝：幼きイエズスの聖テレジアの自叙伝の三つの原稿』東京女子跣足カルメル会訳、ドン・ボスコ社、一九六二〕

(20) *Letters of St. Teresa* (1581), Dalton's translation, No.VII.

(21) *Republic*, vii. 518.

(22) Récéjac, *Fondements de la Connaissance Mystique* (Paris, 1897), p.151.

(23) St. Bernard, *Cantica Canticorum*, Sermon 1 xxiv.〔聖ベルナルド『雅歌について』山下房三郎訳、あかし書房、一九九六〔訂正版〕〕

(24) *Theologia Germanica*, cap. xiv.

(25) Hugh of St.Victor, *De Arrha Animae* (Migne, *Patrologia Latina*, vol. clxxvi).〔『サン＝ヴィクトル学派』泉治典監修、平凡社、一九九六〔中世思想原典集成9〕所収『魂の手付け金についての独語録』〕

(26) *The Practice of the Presence of God*, Second Conversation.

(27) St.Teresa, *Las Fundaciones*, cap. v. p.8.〔イエズスの聖テレジア『創立史』東京女子跣足カルメル会訳、泰阜女子カルメル会改訳、ドン・ボスコ社、二〇一二〔改訂版〕〕

(28) *Vie*, pt. i. cap. xvii.

(29) *Mystical Element of Religion*, vol. i. p.105.

(30) *Vita e Dottrina*, loc. cit.

(31) *Vita e Dottrina*, cap. vi.

(32) Aug. *Conf.*, bk. vii. cap. xx. 聖テレジアの次の箇所と比較のこと。「歓喜は、わたしたちの本当の家がわかり、わたしたちがこの世で巡礼者であることを知るのに大いに助けとなります。かの地で何が起こっているかを見、どこにわたしたちが住むべきかを知るのは偉大なことです。なぜなら、人が他国に行って住まねばならぬとき、その国に行けば最高の平安が得られるとわかっていれば、旅路の疲れに耐える大きな支えとなるでしょうから」

(33) M. Smith, *Rābia the Mystic* (London, 1928), p.30.

(34) *Spiritual Exercises*, pp.26 and 174.

(35) Jacopone da Todi, *Lauda*, xci.

(36) Pitra, *Analecta S. Hildegardis opera*, p.332.

(37) St. Teresa, *Vida*, cap. xxviii §§7, 8.

(38) *Par*. i 61, xxx. 100, xxxiii. 90.

(39) *An Appeal to All who Doubt*. 本書一七一頁にこの箇所の全文を挙げてある。

(40) むろん、このような光のイメージ全体が、元をたどれば『ヨハネによる福音書』の冒頭部から生じたものだという説は、検討に値する。それは霊的な結婚のイメージが『雅歌』から発したものと考えられるのと同様である。大胆な研究者の中にはこの点に、キリスト教神秘主義が太陽崇拝にまで系譜をたどれるという証拠を見出す者さえある（H. F. Dunbar, *Symbolism in Mediaeval Thought*. 参照）。しかし、神秘家が本質的には実在論者《リアリスト》であり、彼らの真実のヴィジョンに適した言葉を常に探し求めていることは忘れてはなるまい。したがって彼らが光のイメージを用いるのも、それが彼らの知ったもの、描こうとしているものを表しているのだ、という事実によって説明するのが一番簡単だろう。

(41) Aug. *Conf*., bk. vii. cap. x.

(42) Mechthild of Magdeburg, *op. cit*., pt. vii. 45.

(43) *Par*. xxx. 100.

(44) Aug. *Conf*., bk. iii. cap. 6.

(45) Dionysius the Areopagite, *De Mystica Theologia*, i. I.〔『ギリシア教父の神秘主義』所収『神秘神学』〕

(46) *Par*. xxxiii. 82, 121.〔なお、ダンテの『神曲』の訳については、野上素一訳（筑摩書房、一九七三）を大幅に利用させていただいた〕

(47) ラテン語の原文の方がより鮮やかである。——"*Est iste mundus pregnans de Deo*."（「コノ世ハ神ヲ孕ンデイル」）

(48) Ste. Angèle de Foligno, *Le Livre de l'Expérience des Vrais Fidèles*, p.124.

(49) Seuse, *Leben*, cap. iv.

(50) *Revelations*, cap. viii.

(51) Malaval, "De l'Oraison Ordinaire" (*La Pratique de la Vraye Théologie Mystique*, Paris, 1709, vol. i. p.342).

(52) *Saul*, xvii.

(53) Meister Eckhart, *Mystische Schriften*, p.137.

(54) 本書第二章、リチャード・ジェフリーズ、平修士ローラン他の場合を参照。

(55) *The Works of Jacob Boehme*, 4 vols., 1764. vol. i. pp.xii., etc.

(56) Martensen, *Jacob Boehme* (Grafenhainichen 1882), p.7.

(57) *Life of Jacob Boehme*, pp.xiii. and xiv (Works, vol.i).

(58) *Ibid*., p.xv.

(59) Vol. i. cap. ii.

(60) *Revelations*, cap. viii.

(61) *Par*, iii. 77.

(62) *Letters of William Blake*, p.111.

(63) *Ibid.*, p.62.
(64) Aug., *Conf.*, bk. i. cap. xvi.
(65) *Fioretti*, cap. xiv.
(66) *Ibid.*, "Delle Istimate," 2, and Thomas de Celano, *Vita Secunda*, cap. cxxvii.
(67) Thomas de Celano, *op. cit.*, cap. cxxix.
(68) *Fioretti*, cap. xxii.
(69) *Ibid.*, cap. xxi.
(70) *Fioretti*, cap. xxi. 疑いを持たれる読者に次の事実を指摘しておくことは許されよう。この〈兄弟なる狼〉が、聖フランチェスコによっておとなしくなったあと二年間住んだといわれるグッビオの洞穴のそばで、大きな狼の頭骨が発見されたことが、この美しい話の真実性を証明するのに幾分か力があったということである。
(71) De Bussierre, *Le Pérou et Ste. Rose de Lima* (Paris, 1863), p.256.
(72) *Ibid.*, p.415.
(73) *Fondements de la Connaissance Mystique*, p.113.
(74) *Letters*, p.75.
(75) 本書五五頁参照。
(76) *Ennead*, ii. 9. 4.
(77) *An Appeal to All who Doubt* (*Liberal and Mystical Writings of William Law*, p.52).
(78) Rolle, *The Fire of Love*, bk. i. cap. xix.
(79) *De Ornatu Spiritalium Nuptiarum*, 1. ii. cap. 1 iii.

第5章 声とヴィジョン

さて、次にわれわれは、いつ終わるともない、かの論争の種、つまり神秘家の歴史上、実に執拗に登場する種々の異常な心的現象を詳細に論じることになる。すなわち、ヴィジョン、聴覚体験、自動書記、そして〈自我〉とそれ以外のもの――〈魂〉、〈愛〉、〈理性〉あるいは〈神の声〉――との間に交わされるあの劇的な対話のことである。この対話は、昴揚のあまり制御しきれなくなった想像力がもたらすものと思われることもあるし、幻聴という度合いにまで到達するように思われることもある。

この問題に関し、古くから激論を戦わせてきた「二大勢力」の間で中立的立場を守ることはむずかしい。一方の側には奇妙にも合理主義者と呼ばれる人たちがいて、深刻な精神的緊張が原因で起こる肉体上の症候と、ある種の病気によって起こるそれとの間に見られる明らかな類似を指摘したことで、もう問題には一切けりがついたと思っている。こうした考えが、「自己暗示」、「精神感覚性幻覚」〔意識的努力により現実と区別できる幻覚〕、「連想ノイローゼ」といった都合のいい言葉――これは解明できない謎を、別の、より散文的な形に変えて持ち出しているにすぎない――に助けを借りて、偉大な瞑想家たちの独特の特性を非難する、いやむしろ憐れむような彼らの態度を可能にしているのである。フランスの心理学はとりわけこの種のことに熱心であって、放っておけばローマ・カトリックのカレンダーに登場する聖人たちを片っ端からサルペトリエール婦人養老院の精神病病棟に押しこみかねない。ルーファス・ジョーンズは次のように言っている。現代的解釈によれば、アッシジの聖フランチェスコの聖痕は彼の強さを示すというよりむしろ弱さを示す特徴であって、「聖人のしるし」ではなく「感情的肉体的異常性のしるし」なのだ、と。[1]「合理的」立場からなされたうちでは非常に穏やかな言明であり、神秘主義のある側面に本物の共感を持っている人の書いた言葉がこれである。とはいえ、ある目眩《めくるめ》く一瞬、肉体と魂とを融合することのできた愛の生ける炎が聖人の弱味であるのかどうか、疑いの余地は充分にあるのではないだろうか。同様に、ブレイクの註解者の中には正気を疑わざるをえない人たちがいるとしても、ブレイク本人が同様に正気でなかったと言えるのかどうか、聖パウロと聖テレジアの示した力が本当にてんかんやヒステリー発作を根拠として説明しきれるか、そして突きつめて言えばすべてのヴィジョンと〈声〉とを――鬼火から聖ヨハネの黙示録に至るまで――一まとめに大脳の不健全な活動の例としてしまうのが、見かけほど科学的なことかどうかについても疑問の余地は大いにあるのである。

こうしたことすべてについて、超自然的なものを頑固に信奉する人々は、敵の思う壺にはまるような戦術に固執しているように思われる。これらの人々は明白な理由もなしに、ヴィジョンや〈声〉やそれに類する経験が客観的実在性と絶対的価値を持つという立場に自らを縛りつけているのだ。こうした現象は、人生の他の局面で起こったならば、想像力の過剰がもたらしただけの無害なものとされるだろうに。彼らはこれらの心的現象が「自然法則」に対する奇蹟的干渉の例であると主張するのである。それらは、ある種の直観的天才が霊的世界に対する知覚を具体的な形にする、稀ではあっても正常な方法でありうるにもかかわらず。[2]

この手の物質主義的信仰はわれわれに、パドヴァの聖アントニオは実際に幼児キリストをその腕に抱いたのだとか、聖霊はフォリーニョの聖アンジェラに、スポレトの谷の他のどの女よりもおまえを愛していると告げ、また聖アンジェラは十二使徒も及ばないほど親しく聖霊を知っていた、などと信じこませようとするのだが、[3]こういう態度は「合理主義者」を大いに喜ばすものなのである。それは単なる夢を奇蹟にすり変え、天才の象徴的ヴィジョンを信仰のもたらす幻覚の次元にまで引きずりおろす。聖マルガレート・マリ・アラコックの〈聖心〉のヴィジョンの意味が持つ深遠さと美――人間の魂が神の愛の観想に専念し、到達するに至った最も深い洞察の視覚的表現――ですら、それに否応なく押しつけられた粗野な物質主義的解釈によって損なわれてきたのだ。同様にゾイゼの美しい夢想、フランチェスコ、カタリリ、テレジア、そして数えきれぬほどの聖人たちの経験した天恵が、「超自然的」と呼ばれる領域に高められる（というのがこの立場の考えなのだが）過程でかえってその価値をおとしめられてきた。これは生きた鳥を剥製にしてしまうようにその真実と美を損なってしまうものなのである。[4]

そしてまた、こうしたすべては偉大な神秘家たちの意に反して行なわれるのであり、彼らはみなそろって、「ヴィジョン」や「声」を重視しすぎること、そしてそれらを文字通りの神からのメッセージと受け取ることの危険性を弟子に向かって説いている。とはいえ、これらヴィジョンや〈声〉は神秘家の生活とは切っても切れないものなので、無視することはできない。不可視の世界からの使者は執拗に五感の扉をたたき続けるのであり、しかもそれは聴覚や視覚に限ったことではない。言い換えれば、超感覚的直観——人間という有限の存在と、それが浸されている〈無限なる存在〉との接触——は、ほとんどの感覚であろうとそれを無意識的に働かせることによって自らを表現することができる。不可思議な芳香と甘美な味わい、身体的な接触の感覚、内に燃える火の感覚などが、こうした霊的な冒険とのかかわりにおいて繰り返し報告されている。[5] 神秘家が〈絶対者〉に接近するに際し使われるこれらの象徴はともすれば客観的実在と見なされがちで、解釈の様式としてよりは経験そのものの一部として意識される傾向がある。こうした接近において獲得される知識は完全に超越的なものである。それは意識全体による、分化されざる行為に基づくもので、この行為の中で、愛に拍車をかけられ、生は〈生〉に近づくのである。この経験に対し、思考、感覚、ヴィジョン、接触感はみな絶望的に不充分であるが、おそらくどれもみな、各々がその断片的一部でしかないあの強烈な知覚をほのかに暗示しているのではないだろうか。「そしてわれらは永遠にくまなく神のものとなる」。ジュリアンはこの至高の経験についてこう語る。「〈彼〉を真に見、まったくこの身に感じ、〈彼〉の声を霊的に聴き、〈彼〉の香を快く嗅ぎ、甘美に味わう[6]」

そういうわけで、神秘主義の歴史に現れるこれらのいわゆる「幻覚」はすべて、〈真なるもの〉を求める人間の心理をわれわれが探ろうとするとき、地道に、率直に、そして偏見抜きで考察の対象とされなければならない。これらの現象を批判しようとする者たちにとって、問うべきはまさに次の質問でなければならないのだ。観想的生の一部としてこれほどしばしば登場するこれらの無意識的な知覚行為は、単に夢や空想に類するものであって、幻視家が昔から熟考を重ねてきた対象が客観化され、彼の意識の表面に具体的な形をとって現れたにすぎないのか、それとも、それは何らかの事象、力、あるいは人格、言い換えれば幻視家の外部にある何らかの「圧倒的な霊的力」の表象――象徴的表象と言いたい向きもあろうが――でありうるのだろうか。ヴィジョンとは単に思想の視覚化されたもの、夢の想像力の活動にすぎないのか、それとも存在のより深い部分に刻印された何かを、外側から伝えられたあるメッセージを翻訳しようという、自我の無我夢中の努力なのであり、その努力がこの強烈なイメージを投射し、それを意識の面前に突きつけているのだろうか。[7]

〈声〉にしろ、ヴィジョンにしろ、上記の二つのいずれかであろうというのが答えであり、病理学と宗教は共にこれらの現象を自陣営の役に立てようとやっきになりすぎてきた。多くの――おそらくはほとんどの――〈声〉は主体が自らに暗示した答え以外もたらさないし、[8]多くの――おそらくはほとんどの――ヴィジョンも夢想や欲望が視覚化されたものだ。[9]あるものは病的な幻覚であり、他のあるものは狂気の徴候ですらある。すべてのヴィジョンや〈声〉はもしかしたら、内容はさておき、その具体的形式に関するかぎり、それを経験する人の心の中にすでに存在していた暗示に基づくものかもしれない。[10]

しかしながら、なかには強く豊かな心の持ち主によって経験され、彼らにとって非常に重要なものとなるものもある。こうしたヴィジョンや〈声〉は単純で無知な人々に叡智をもたらし、疑いに苛まれていた人々に突如として平安をもたらす。それは洪水のように流れ込む新しい光で人格を満たし、同心や霊的な階梯の移行に伴い、また迷いの時に訪れて、自我の採りがちな方向に逆らう権威に満ちた命令あるいは忠告をもたらし、霊的生活のそれまで知られていなかったような側面に関する確固たる知識を与えるのである。このようなヴィジョンは明らかに別個のより高い次元に属しているのであって、聖母マリアの燦然たる出現や、憐れみをかきたてるキリストの苦難の再現など、諸々の聖人の生涯に頻出する、すべて主体の宗教的熱狂ないし予備知識に帰することのできるもの[11]とは別のものである。〔宗教的熱狂ないし予備知識に帰することのできる〕これらのものは、ゴドフェルノーの適切な表現を借りるならば、「感情の深みがかきまわされるときに表面に現れる小波のようなイメージ[12]」にすぎず、意識の別の次元からの象徴的メッセージではない。そこで何らかの検証が必要になる。もしも真の超越的活動のしるしと思われるヴィジョンや〈声〉を、最大限に高揚された想像力や、強烈な夢想や、精神疾患を原因とするものと区別しようとするのならば、何らかの区分の基準が見出されねばならないのだ。この検証は脱我状態の判定に役立つのと同じもの、すなわち人間の生の質を高めるような性質を持つか否か、によるものでなければならない。「見ている自我」がそのヴィジョンや〈声〉によって真に〈絶対者〉に向かっていく、そのような媒体となるヴィジョンや〈声〉、すなわち存在論的知覚の表現であるようなそれは、自我にとって有用なエネルギー、慈愛、勇気の源となる。それは力、知識、あるいは指針という形で新しい何かを自我に注入し、その訪れ以前よりも自我を——肉体的にも精神的にも、そして霊的にも——よいものにするのである。魂と魂の外なる真実との接触をその発端としない——神学的な言い回しを使えば「神に由来」しない——ものは、このような効果を持たない。最善の場合ですら、このようなヴィジョンや〈声〉は自我が自分自身の持っている宝をひっかきまわして出てきたものにすぎないし、最悪の場合、それは活発で豊かではあるがうまくコントロールされていない閾下意識の——時としては病的な——夢想なのだ。

神秘家的気質の構成において閾下意識が活発で豊かであるのは当然のことであり、さらにそれに伴う不安定な神経組織は閾下意識を病的な状態や消耗に陥りやすくするということから、最も偉大な神秘家においてさえ、そのヴィジョン体験がいくつかの異なったタイプにまたがっているとしても驚くにはあたらない。いったんある人間の中に無意識的に知覚が働くことが機構として定着してしまえば、それは叡智の表現にもなりうるが、同じく狂気の表現にもなりうるのである。霊感の潮が退いたときに、忘れ去られていたかつての迷信がそれにとって代わるということはありうる。黒い斑点のある真っ赤な〈悪魔王〉がその獣の手で喉元につかみかかってくる「恐ろしいイメージ」をノリッジのジュリアンが病床で見たとき(13)、悪魔が聖テレジアを訪れ、硫黄の臭いを残して去っていったとき、あるいは同じく聖テレジアが祈祷書の上に座っている悪魔を聖水によって追い払ったとき(14)などの場合、これらが精神病的なヴィジョンに近いと考えることは妥当であろう。こうしたヴィジョンによってわかるのは、主体の消耗と一時的なバランスの喪失によって、悪が実在するという強い意識が具体的な形をとった、ということのみである(15)。

しかしながら、われわれがこれを妥当とするからといって、このような主体のヴィジョン体験のすべてが病的であるということにはならない。これは失敗作『オイディプス王』が『縛《いまし》めを解かれたプロメテウス』の価値を失わせるとか、時たま消化不良が起こるからとの理由で栄養摂取の全過程を無益なものとするということが成り立たないのと同じである。神秘家たちの感受性と創造性も、他の偉大な芸術家の場合同様あらぬ方向へ向かうことがあるのである。ヴィジョンや〈声〉が魂の必要としている栄養を意識的に吸収するための手段となることがあるというのは考えられることである。そしてまた、この同じ手段によって魂が表層の知性に対して、健全ではなく不健全な反応を生み出すようなものを提示する可能性も考えられるのである。

もしわれわれが今後一切ヴィジョンや〈声〉を客観的事実と見ることをやめ、それらを象徴的表現の諸形式として、すなわち霊的自我の意識下の活動が表層意識に到達するための手段として見ることで満足するならば、ヴィジョン体験につきものの、不協和音的要素の多くは――これが信仰篤い者を悩まし、不可知論者を喜ばせていたのであるが――消え去ることになろう。ヴィジョン体験はある実際の体験の外的なあらわれである――少なくともそうでありうる。それは確かに、精神が、すでに手にしていた原材料から、画家がカンヴァスと絵の具を使って作りだすような具合にして作りだした一幅の絵である。けれども、画家が絵の具とカンヴァスで作りだした絵が単に画筆とカンヴァスとの接触の成果であるのみならず、画家の想像力が目に見える美や真実に触れるというさらに重要な接触の成果でもあるのと同じように、われわれはヴィジョンのうちに――この場合主体は神秘家であるわけだが――幻視者が超越的美あるいは真実に触れるというさらに神秘的な接触の成果を見てとることができるのである。すなわち、このようなヴィジョンは見ることのできない「実体」を表現し、記憶に留める「偶有性」なのである。言い換えれば、より深く、よりリアルな魂が到達した言語を絶する光景、善あるいは悪についての脱我的知覚――というのは善悪どちらの極もヴィジョンを独占しているわけではないから――を表層意識になんとかして見せようと絵の具でカンヴァスに描かれた絵なのである。超越的な力はこの目的のために、自我の秘蔵している信仰内容や記憶の中からその材料を拾ってくる。[16] かくしてプロティノスは〈天上的ヴィーナス〉を、ゾイゼは〈永遠の知恵〉を、聖テレジアは〈キリストの人性〉を、ブレイクはその預言書の奇妙な登場人物の数々を見るのである。一方、他の人々はその象徴性がもっと明らかであるようなものを見る。たとえば、聖イグナティウス・ロヨラは魂の澄みきったある瞬間に「スピネット〔小型のピアノのような楽器〕の三つのプレクトラム、すなわち三個の鍵盤のような形をした至聖なる〈三位一体〉を見」、また別の折には「はっきりした肉体的姿をとらない処女マリア」を見た。[17]

そういうわけで、ヴィジョンや〈声〉と神秘家の関係は、絵画や詩や音楽作品と偉大な画家、詩人、作曲家の関係と同じだと言えるかもしれない。それは(a)思想、(b)直観、(c)直接的感覚の芸術的表現であり創造的成果なのである。われわれの感知する〈善〉、〈真〉、〈美〉を芸術的才能が転写したもの――これが必然的にいかにありきたりの、不完全なものであるか、したがって真実にいかに及ばないかは、誰もが認めることであろう。しかし、だからといってこれらの芸術作品は価値がない、つまらぬものだということにはならない。同じことが神秘家についても言えるのであり、この点に関して神秘家の活動は一般に認められている以上に芸術家の活動に近いのである。どちらのタイプにおいても、自らの意志によるのではない翻訳の作業が絶えず行なわれているのであり、それによって〈真実〉は外的な形あるものに翻訳されるのである。どちらの場合も特異な精神的気質がこの成果に貢献している。

芸術的主体において、夢想状態はたやすくヴィジョン的性質を帯びがちである。思考は場合に応じて視覚的、聴覚的、ないしはリズミックな形をとる。具体的なイメージ、調和のとれた和音の数々が、とらえどころはないものの、それとわかる形で、意志による干渉を受けずに不思議にも湧き上がってきて、心の前に自らを現す。このように画家は未だ描いていない自分の絵を本当にその眼で見るのであり、小説家は自作の登場人物の会話を聞き、詩人は自分の韻律を完成された形で受け取り、作曲家は「音を超えた霊的旋律に合わせて鳴りひびく」〔キーツ「ギリシアの壷に寄す」〕真の音楽に耳を傾けるのである。神秘家においても同種の活動が絶えず出現する。深い観想が視覚的ないし演劇的形態をとる。神秘家の想像力に浮かぶ適切な象徴は客体化される。求めてやまないメッセージが心の中で聞こえてくるのである。かくして、ゾイゼの場合に見られるように、高度に集中して行なわれる芸術活動につきもののそれと区別できないような「内なる声」や「想像的ヴィジョン」が生じる。

しかしながら、芸術的な「無意識的知覚行為」が芸術家の作品に寄与するのに対し、神秘的な「無意識的知覚行為」は、最高度の形態においては、神秘的生の真髄と言える人格の変容に関わることになる。こうした「無意識的知覚」は、自我が霊的な刺激を受け取るための媒体となるのであり、言い換えれば、高みをめざす自我はそれを通じて叱責を受け、慰められ、励まされ、導かれていくのである。さらに、こうした複数の「無意識的知覚」が協調して働くことがしばしばある。ヴィジョンと〈声〉とが同時に現れ、互いに補強しあい、自我の生に関する「正しい仕事を成し遂げる」のである。シエナの聖カタリナの「神秘的結婚」は〈声〉に先触れをされたのだが、その声はカタリナの祈りに答えて常に「わたしは信仰において汝をめとるであろう」と繰り返していたのであり、合一の成就が遂げられたヴィジョンも同様に「わたしは今日この日、汝と共に汝の魂の婚約の宴を厳かに祝い、約束通り信仰において汝をめとる」と語る声と共に始まったのであった[18]。ドラクロワは次のように述べている。

このような無意識的知覚は決して散発的で一貫性を欠くものではない。それは体系を持ち、それに沿って発展していくものである。内なる目的の支配下にあって、何よりもまず目的論的性格を持つものなのだ。それは常人の性格や理性よりも叡智に満ち、力強いある存在の絶えざる干渉を示唆している。こうした無意識的知覚は、意識的人格を超えた、隠された永遠不朽の人格が視覚的ないし聴覚的イメージの形で現実化したものなのである。それは永遠不滅の人格の声であり、その生命が外的に投影されたものである。それは意識的人格に対し、潜在意識の語る言葉を翻訳し、意識的人格が、より深いところで行なわれている活動の侵入に絶えずさらされるようにする。そして存在の一つの次元の間の交流を打ち立て、有無を言わせぬ強制力により、下位のものを上位のものに従属させるのに貢献するのである。(19)

聴覚体験

無意識的知覚の現れる最も単純な、また原則的に言って最初の仕方は、〈声〉ないし聴覚体験である。神秘家は〈あるもの〉が自分に向かってはっきりと、あるいは明瞭ではないが、ともかく語りかけてきて、唐突で予想もしなかった命令や励ましを与えるのに気づく。自分が〈神的生〉と接触していることのリアリティは、人間同士の交際によって慣れ親しんできた聴覚という媒介手段によって神秘家に確信される。神秘家の閾下意識はこのとき、超越的なものの刻印を受け取るべく開かれており、「〈絶対者〉と一つになっていて」、〈創造に先立つ光〉に照らされている。一方で、閾下意識は、それが徐々に教育しつつある表層の知性からまだ切り離されているので、表層の自我にとっては他者のように感じられるのである。かくして神秘家の閾下意識が伝えようとするメッセージはしばしば文字通りの〈声〉として聞こえてくる。これは三種類に分けられる。すなわち(1)「直《じか》の」声あるいは不明瞭な声であって、聴いている神秘家にとって、よくよく知っている声であるにもかかわらず、「その内容を」はっきりこれと定めることが至難であるようなもの。(2)はっきりと内側から聞こえてくる声。完全に明瞭であるが心の中だけで語っていると認識されるもの。⑶われわれ誰しもが夢や夢想の中で体験する幻覚であり、外部から主体に向かって語りかけてきて、実際に耳で聴いていると思われる外なる声。この聴覚体験の伝統的な分類は、また、ヴィジョンの主な三つのタイプ――⑴知的、⑵想像的、⑶肉体的――と正確に対応する。

この三種類の聴覚体験に関し、神秘家は異口同音に第一の、最も「驚異的」でないものが群を抜いて最も善いものであると言う。彼らの意見によれば第一のものは実際、内的にせよ外的にせよ語られる「言葉」とはまったく違う意識の次元に属する。一方「言葉」の方は、綿密な検討なしにこれを「神からのメッセージ」として受け取ることを偉大な瞑想家のほとんどが躊躇している。明瞭な言葉は、最善の場合でもある程度は幻想の産物であることをまぬがれない。なぜなら明瞭であるということは、それが超越的内容を含むかぎりにおいて、同時的なるものを継時的な語りに翻訳しているということを表しているからである。

「あなたの善い霊をわたしの心の中に入り込ませ、言葉を発することなく、言葉の音を伴わずにすべての真実を語らせてください」。聖アムブロシウスに帰せられている祈り[20]はこのように無媒介の、ないしは「知性の言葉」の機能を正確に述べている。この種のダイナミックなメッセージ――それは何をおいても従わねばならない直観なのだが――は言葉による語りという規定的な形式では捉えることができず、自我はこれを常に〈神的なるもの〉の直接の行為によるものと見なす。それは実際それ自体で証しとなるものであり、新たな知、新たな生の注入を伴う。その性格はメッセージというよりは境界の外からの生々しい「侵入」に近く、時間的継起を超越し、「突如、一瞬にして」新たな真理と確信を伝えるのである。「知性の言葉」は実のところ霊感の一つの形なのだ。永遠の真理が、時間という条件に縛られた人間の心に突然とびこんでくるのである。かくして聖ヒルデガルトは彼女の大いなる啓示はみな「一瞬のうちに」訪れたものだと語り、スウェーデンの聖ビルギッタは五番目の著作の内容全部が「瞬く間に」与えられたと語っている。[21]「はっきりと内側から聞こえてくる言葉」の方は、この同時性という性質を欠いている。そしてまた聞き手にとって常に権威あるものでもない。聖テレジアはずばぬけた自己批判精神を持っているため、神秘的聴覚体験に関し、われわれに最良の情報を提供してくれるのだが、彼女はこの種の声がしばしば「神から来る」とはいえ、〈神的なるもの〉との直接の接触に帰すべきではないと考えており、他のすべての偉大な神秘家と同様、それを批判的に見る必要があるとする。聖テレジアは、御托身修道院を離れてカルメル会改革の最初の基盤をつくるよう命じる〈声〉に従う前に長いこと躊躇した。しかしながら真正の語りは、想像力を意志によって働かせた結果生じた「言葉」とは区別できる。真正の語りのもたらす確信、平安、そして内的歓び、さらには抵抗があってもなお自我の注意を惹きつけてやまず、意識の中にこれまで存在していなかった知識をもたらすという事実が両者を隔てている。言い換えれば、このような真正の語りは、神秘的直観の結果が真に無意識的に現れたのであって、思弁の内容を単に目新しく並べ替えただけのものではないのである。[22]だからこそそれは、表層的自我に糧となる新たな確信を与え、生にとって積極的な価値を持つのである。

純粋に自我のみが創り出した語り、すなわち「心が自ら宗教的思索に耽ってそれ自体の内部で形づくる」〔十字架の聖ヨハネ『カルメル山登攀』〕思想の再編成――これを真に無意識的な聴覚体験と区別することはしばしば困難であるのだが――は、フィリップ・ド・ラ・トリニテや十字架の聖ヨハネなどの神秘主義的神学者によって「継起的に語られる言葉」と呼ばれている。このような幻覚を、聴覚の形をとって現れた真の超越的知覚と区別する術を学ぶことが、瞑想家にとって何よりも重要であると彼らは考えている。

十字架の聖ヨハネは常のごとく率直な、常識的な語り口で次のように言っている。

最近わたしたちの間で起こっていることは、本当に心胆を寒からしめる。観想を始めたか始めないかという初心者たちが、自己沈潜して宗教的思索に耽っているときにこの種の言葉を意識すると、直ちにそれが神の御業によるものだと宣言するのだ。そしてそれを確信するあまり「神がわたしにこうお告げになった」とか「わたしは神からこれこれのお答えをいただいている」とか言い立ててまわることになる。しかしすべては幻覚であり幻想であるにすぎない。自分で自分に話しかけていただけなのだ。そのうえ、このような言葉を聴きたいと望み、それに対し関心を払い続けることによって結局、自分自身に向けて語っている自分の意見をすべて神からの返答であると自ら思い込むことになる。(23)

これが聖人たちの中で最も冷静な一人であると同時に心理学者として最も洞察力のある人物の言葉である。「閾下意識」を振りかざす今日の勇ましい素人心理学者にとって、心に銘記すべき言葉ではないだろうか。

真の聴覚体験は通常、心が意識的に何かを考えることなく深い集中状態にあるときに起こる。つまり超越的世界との接触に最も適した瞬間に起こるのである。これによって、瞑想家の享受しているあの筆舌に尽くしがたい〈真実〉の直観の一側面が明確な言葉に翻訳されるのであり、瞑想家が超感覚的世界の影響に対し自らを開いた途端に押し寄せてくるあの明澄な洞察、預言的な暗示の数々が結晶化されるのだ。しかしながら、神秘的洞察は時として人格の深淵から突如すさまじい勢いで知が湧き上がってくるという形をとる。こういう場合聴覚体験が、自我の通常の活動のさなかにぎょっとするような唐突さで侵入してくることがある。その客体的で制御できない性質が最も鋭く感じられるのはこのような場合である。聖テレジアによれば、こうした聴覚体験は、どのような顕われ方をしようと、

非常にはっきりとした形をしていますが、かといって肉の耳でそれを聴くことはできません。けれども肉の耳で聴くよりもはるかに明瞭にわかるのです。わたしどもがどんなに抗おうとしても、それを理解せずにいることはできません。……悟性によって形づくられた言葉は何の効果ももたらしませんが、〈主〉が語られるとき、それは同時に言葉でもあり行為でもあるのです。……人間の語り【すなわち想像力の働きの産物】はまるで半分眠りこんでいるとき聞く言葉のように何か判然としないけれども、神の語られるその声はあまりにはっきりしていて、その発される音も一つとして失われることがないのです。それは時として、悟性と魂が悩み、混乱していて満足に文一つ綴れないときにも訪れます。そんなときにもかかわらず、魂が最も落ち着いた状態にあるときでさえ作りえなかった崇高な文章が、完璧に整った形で口にされるのです。そして前にも言ったように最初の一語と共に魂を完全に変容させてしまうのです。(24)

聖テレジアの神秘家としての生活は数多《あまた》の声の支配下にあった。跣足カルメル会の創設者としての活動的な経歴は、多く〈声〉によって導かれたのである。〈声〉は大きな事ばかりでなく小さな事に関しても聖テレジアに助言を与えた。しばしばその計画に干渉し、彼女自身の判断に異を唱え、彼女が心に決め

ていた基本方針を禁じ、無分別あるいは不可能と思われるような方針を命じたのである。〈声〉は旅行や家の購入にも口を出し、来るべき出来事について警告した。[25] 神秘家としての生活が成熟したものになるにしたがい、聖テレジアは、きちんとそれにのっとって行動すべき語りをそうでないものから判別するすべを学んだように思われる。〈声〉の主張する行動が愚の骨頂と見えることが次々とあったにもかかわらず、テレジアはほとんどそれに逆らうことをしなかった。また〈声〉が始終彼女を困苦や苦難に巻き込んだにもかかわらず、神から直接に下されたとテレジアが考え、間違いなく彼女自身よりも大きな生から発されたこれらの命令に依拠したことを、テレジアは一度として悔やまなかった。同様に、聖ヒルデガルトが預言と警告の書を「〈生きた光〉はかく言われる」という前置きのもとに始めたとき、彼女は詩的な暗喩を使っていたわけではないのだ。ヒルデガルトは厳密かつ明瞭にその意図を伝えるある〈力〉の指示に従って生き、その命令に逆らうときは覚悟の上でこれを行なったのである。

神秘家が心の中で聴く「はっきりと内側から聞こえてくる言葉」は単なる漠然とした直観とは極めて異なっているので、ゾイゼは、このような形で彼に顕《あきら》かにされた〈キリストの受難〉についての百の瞑想がラテン語ではなくドイツ語で語られたと述べることができたほどである。[26] 聖テレジア自身の聴覚体験はすべてこの内的な種類のもので――あるものは「はっきりと」しており、またあるものは「実体的」ないし不明瞭であるのだが――、これに対応する彼女のヴィジョンが、ほとんどすべて「知的」ないし「想像的」な類であったことと軌を一にしている。つまりテレジアは五感の幻覚に惑わされていたのではないのだ。しかしながら、しばしば境界は踏み越えられ、語りが神秘家の外なる耳によって聴かれるように思われることがある。聖ジャンヌ・ダルクの運命を導いた声や、アッシジの聖フランチェスコに語りかけた十字架のキリスト像の場合のように。これが第三の形――「外側から聞こえてくる言葉」――であるが、神秘家たちは大体においてこれをうさんくさいものと見なし、嫌悪している。

時によって聴覚体験は言語ではなく音楽の性質をとることがある。これはおそらく自我の気質の傾向に対応してのことであろう。〈神的調和〉の整った美しさが音楽を愛する魂の琴線を共鳴させるのである。アッシジの聖フランチェスコ、シエナの聖カタリナ、リチャード・ロールの生涯には明瞭にこうした例が見られる。(27) しかしながら、最も豊かで、多彩な無意識的知覚作用を経験したゾイゼも自伝の中でこの典型的な例をいくつか挙げている。

ある日……〈しもべ〉がまだ床にあったとき、自分の内側から優しい旋律が響くのが聞こえ、彼の心は大いに動かされた。そして明けの明星が空に昇った瞬間、深く、快い声が彼の中で次の言葉を歌った。〝Stella Maria maris, hodie processit ad ortum〟すなわち、海の星マリアは今日昇った、と。そして彼の聞いたこの歌はあまりに霊的で、あまりに快いものであったため、彼の魂は恍惚となって彼自身も歓ばしげに歌いだしたのであった。……さらにある日――謝肉祭の時節であったのだが――〈しもべ〉は夜警のラッパが夜明けを告げるまで祈りを続けた。そして彼は思った。輝ける明けの明星に挨拶するときが来るまで少し休もう、と。彼の五感が憩うているとき、見よ、天使の霊が素晴らしい唱和句を歌い始めた。「輝け、輝け、エルサレムよ！」。そしてこの歌は彼の魂の奥底で素晴らしく甘美に谺《こだま》した。天使たちがしばらく歌い続けたとき、彼の魂は歓びに溢れ、そのか弱い肉体は、このような幸福に耐えることができなくなって、熱い涙が眼からこぼれ落ちたのである。(28)

無意識的に聞こえてくる言葉という現象に深く関連する一方で、他方では預言と霊感という現象にも関わっているのが、神秘主義的著作において多数を占める対話形式の啓示――〈神的実在〉と〈魂〉との間に交わされる親密な対話である。ノリッジのジュリアンやシエナの聖カタリナの〈啓示〉、そしてフォリーニョの聖アンジェラと近代の神秘家リュシー＝クリスティーヌの啓示の多くはこのような対話形式で受け取られたように思われる。彼らの書いたものを読んでいると、真に〈神の心〉から溢れ出てきたものが人間の意識を通り抜ける過程で言葉の形に結晶したまさにそのものを眼の前にしているような気がする。一方で、われわれは、一時的にその神秘家を真の「神の声」とならしめている彼女の「〈絶対者〉との一体性」を感じ、また他方では同じ神秘家の中にその個が強固に残っていることをも認める。個は高められてはいるが、完全に〈神的なるもの〉に専心しているわけではなく、個の発する問いが随所で、内奥の心によって媒介される啓示を遮るのである。

この種の対話は、どこをとっても写実的で誠実な筆致で、ゾイゼ、タウラー、マグデブルクのメヒティルト、フォリーニョのアンジェラ、聖テレジアその他数知れぬ神秘家たちによって報告されている。〔トマス・ア・ケンピスの〕『キリストに倣《なら》いて』の第三巻にはきわだって美しい例がいくつか含まれているが、これは文学的な修飾であるかもしれないし、またそうでないかもしれない。自我は、神と共にいるという親密な感覚にすっかり包まれているので、そのメッセージを「はっきりと内側から聞こえてくる声」という形で受け取る。これは心の中で語る、自分とは異質の声であって、まぎれもない正当性と自発性をもって語るため、それがいかなる性格のものであるかについて疑いの余地は皆無となるのである。しばしば、ジュリアンの『神の愛の啓示』の場合のように「神の声」の語る言葉、自我の熱心な問いへの答えに、想像的なヴィジョンという挿絵が添えられることがある。こうした対話は大体において合一の途よりも照明の途において、より頻繁に経験されるので、自我は——自分自身の独立性を明瞭に意識しており、その〈声〉を自分の魂とは異なった人格的なものと認識するため——当然のごとく、ほとんど会話的な性格を持った交流を開始し、質問に答えたり、またこちらから別の質問をしたりする。この劇のようなスタイルのもとに自我の洞察の中身が次第しだいに明らかにされていくのである。このような場合にわれわれは、「自分を相手に議論」しているとき誰しもわずかながら経験する意識の分裂の極端な形を前にしているのだ。しかしここでは話者の一人が自分以外の力の道具となって、心に新たな叡智、新たな生を伝えるのである。

この種の真の神秘的対話につきものの独特のリズミカルな言語——というのは、かなりしばしば、たとえばゾイゼの『永遠の知恵の書』に見られるように、それがことさらに文学的技巧として使われることがあるからだが——はその無意識性の証左である。表層の知性による批判的干渉から自由になると、表現は常に熱狂的な形をとりがちである。ここでは表現の強さの度合いや彩り、そして語り口の高揚が、分析的知性が一般に許容するよりも重要な地位を占める。この特徴は預言や自動書記にたやすく見てとることができる。それは詩の領域との間の興味深い掛け橋となる。詩というものは、真正で自発的なものであるかぎり、主に識閾《しきいき》下の活動の生み出すものなのだから。言葉の網に捉えられない生を——どうしてか理由はわからないながらも——リズムによって伝えることは可能なのであり、神秘主義の真実とは何をおいてもまず、より大きな〈生〉の伝達なのである。それゆえ、〈絶対者〉の声を唯一聴くことのできる神秘家たちによって翻訳されたその声が「大仰な言葉遣い」をしているようにまま思われたとしても、それを悪くとってはならないのである。

ヴィジョン

人間の内奥の心が表層の知性に対して真理を語ろうとする試みから、その同じ不可思議な力が真理を見せようとする試みに論を進めよう。心理学的な言い方をすれば、無意識的知覚作用のうち、聴覚のそれから視覚のそれへと話を転じるということである。「ヴィジョン」――この曖昧きわまりない言葉は神秘家の味方によっても敵によっても、茫漠たる直観から、素朴な視的幻覚を経て、芸術家によく見られる意識的な視覚表象化に至る広範囲な人間の経験を叙述するため、あるいは覆い隠すために用いられてきた。この言葉の中にわれわれは、〈全き愛〉を垣間見た恋人の個人的で密かなヴィジョンと、一民族の眼という資格において活躍する預言者が透視する壮大な画像とを含めなければならない。この二種類の主要なヴィジョンについて、カルトゥジオ会修道士ディオニシウスは、前者はこれを隠すべきであり、後者は逆に明らかに示すべきだと述べている。前者はより真に神秘主義的であり、後者は預言者的なものと言えるが、われわれの探求の対象から預言的ヴィジョンを排除したとしても、純粋に神秘主義的なものだけで充分変化に富んだ経験内容が残ることになる。聖テレジアの、流動的で定まった形をとらない〈三位一体〉の直観的理解、同じテレジアの具体的な姿をとったキリストのヴィジョン、マグデブルクのメヒティルトの詩的な夢、ゾイゼの鮮明に視覚化された寓意、そしてブレイクの蚤《のみ》の精〔ブレイクは「蚤の精」のヴィジョンを見、その姿を描いたスケッチと水彩画を残している」ですらもが、みなこの同じ題目のもとに集まるのであるから。

幻視家自身以外にヴィジョンを見るということが実際どういうことか知りうる人間はいない以上、彼らがこの問題についてどのようなことを言っているかはわれわれの関心をそそる。われわれはこれを検討し、彼らの自己批判が心理学の下す結論と一致する点に注目したい。このような事柄を論じているとき、われわれは往々にして、〈声〉を聞いたこともなければヴィジョンを見たこともない人間がこれらの体験を知的に議論することは、ちょうど家を一歩も出ずに、戦地特派員の提供する材料をもとに戦場の人々の激情を議論することと同じぐらい不可能なことだということを忘れてしまう。知覚ないし幻覚がこのような形で立ち現れてくるとき、その経験を第三者が真の意味で伝えることは不可能なのである。レセジャックは次のように述べている。「神秘主義的行為は、余人にこれを伝えることを許さない、〈絶対者〉と〈自由〉の間の関係によって成り立っているということを、われわれは絶えず思い起こさねばならない。たとえば、古代世界のある人間が〈聖火〉、あるいは無限なるものを喚起する他の何らかのイメージのもたらす暗示に二心なく身を委ねるとき、その人間の意識の状態がどのようであったのか、われわれには決して知りようがないのである」[29]。同様に、幸運にもそれを会得するのでないかぎり、ヴィジョンの形で〈超越者〉を直観的に理解することのできる意識の秘密も、われわれには決して知りようがないのだ。

この探求に取りかかって最初に気づくことは、神秘家たちがそろって、どんな種類のヴィジョン体験であろうとそれに重要性を付与するのを拒むことである[30]。聴覚体験に際し彼らの示した自然なためらいと厳しい自己批判がここではるかに大きなものとなる。そしてこのことをしっかりと心に留めるならば、神秘家たちに対する極端な敵対者も擁護者も共に攻撃の手を止めずにはいられないのではないだろうか。ヒルトンは無意識的知覚作用一般について以下のように述べている。

もしもおまえが万人の眼に見える以外のいかなる光や輝きにせよ、肉の眼あるいは想像の中でこれを見るとしたら。また【自然の】もの以外の喜ばしげな音をその耳で聞き、同様な甘味を突如その口中に味わうとしたら。その胸に火のような熱を、また身体のどこであれ何らかの喜悦を感じるとしたら。霊が天使のように形をとって現れ、おまえを慰め、接吻を与え、あるいはおまえに触れるとしたら。そしてこれらが自分自身の内部から来るものではないし、いかなる肉体を持った生きものから来るものでもないとおまえによくわかっているとしたら。このような時とその直後は心を引き締め、ぬかりなくおまえの心の動きを見つめよ。もしもおまえがこれらのことの好もしさゆえに……諸徳を修め、神を霊的に知り、感じたいという内なる望みから心を逸らし、心と愛、喜悦と安らぎの目標を第一にここに定めたいと感じ、肉体の感覚が天上的な歓びと天使にふさわしい至福の一部であろうと信じるようなら……この感覚は疑わしいもの、われらの敵のもたらすものである。それゆえ、かつてないほど好もしく素晴らしいものであろうと、これを拒み、斥けなければならない[31]。

観想生活の達人はほとんど例外なく同じ趣旨のことを述べてきた。おそらく中でもとりわけこのことを強調したのが、厳格に、そして雄々しく、不可視なるものを愛し抜いた十字架の聖ヨハネであって、彼は最も「霊的な」幻覚すらこれを容赦なく狩り立て、真実以外の穢れを徳行からも心からもすべて駆逐しようと望んだ。ヨハネは言う。

霊的な傾向を持つ人々が感覚に感知される像や客体を通して超自然的な影響を受けるというのは、しばしば起こることである。これらの人々は時として他の人間、聖人、あるいは天使――善いのも悪いのも――の姿や形を見たり、また、ある種の異常な光や輝きを見たりする。不思議な言葉を聞き、その言葉を発する人物を見ることも見ないこともある。それがどこからやって来るのかわからずにこの上なく甘い香りを感じとることもある。……とはいえ、このような体験が肉体の感覚にもたらされたのが神の御心によるものであろうとも、われわれは決してこれを喜んだり助長したりしてはならない。そう、われわれはむしろその起源が善いものか悪いものかを知ろうとしたりせずに、このような体験から身を遠ざけねばならないのである。なぜなら、こうしたものが外的で肉体的なものであるかぎり、それが神に由来する可能性は低くなるからだ。まさしく全面的に神に由来するものは純粋に霊的な交感である。こうしたものにおいては、五感を介しての交感の場合よりも、魂にとって誤つ危険は少なく、得るものは多いのである。五感を介しての交感は通常多くの迷妄の危険を伴う。なぜなら肉体の感覚は、それが霊的な事柄であるのに、それを感じられる通りのもの〔感覚印象〕として捉え、それを裁量したり、判断したりするのであるが、実際にはそうしたものとこれらの霊的な事柄では身体と魂、官能と理性ほどに違うものであるのだから。[32]

さらにヨハネは言う。

愛による合一という高い段階において、神が魂に対し、人の想像するような幻影、似姿、形をとって自らを顕わすことはないし、またそんなものの介入する余地もないのであって、神は口移しのように自らの意志を魂に伝える。……それゆえ神との完全な合一にまで自らを高めようとする魂は、人の想像するような幻影、姿、形、そしてこれこれと理解できるようなものに依存しないように心せねばならない。このようなものは決して、かくも崇高な目標に達するにふさわしい、あるいはそれに最も近い手段となりえないからである。そう、それはむしろ障害物なのであって、それから身を守り、拒んでいかねばならないものなのだ。(33)

聖テレジアも同様に言っている。「こうした事柄については常に幻覚を恐れる理由があります。それが真に〈神の霊〉から生じたものだと確信するまでは。それゆえ初めのうちはそれに対して逆らうのが常に最善のことなのです。もしもそれが本当に神の働きであるのなら、これに逆らうことで、魂の向上を一層早めることにしかならないはずです。試練は魂の前進を促進することになりましょうから(34)」

そういうわけで、真の瞑想家は、ヴィジョンを、最良の場合でも直観的理解の方法としては不完全で、間接的で、信頼のおけないものと見なしている。ヴィジョンというものは制御しがたく、気まぐれで、人を欺きがちであり、それに付随する幻覚が並はずれたものであればあるほど、ヴィジョンは怪しげなものとなるのである。しかしながら、瞑想家たちはそろって、ヴィジョン体験をいくつかの等級に分けており、見られたというよりは「感じられた」ヴィジョンの持つ価値と、主体の外なるものとして実際の肉体の眼によって知覚された文字通りの幻覚のそれとをはっきりと分けている。

われわれは、〈声〉に関してしたように、ヴィジョンに関しても――というのは心理学的観点からすれば両者はまったく平行的な現象なのであるから――あらゆる無意識的知覚状態の基盤をなしているあの概念ないしは直観が、自我によって段階を追って外化されていくさまを見てとることができるであろう。すなわち三つの大きなグループが神秘家たちによって区別され、彼らの体験を通じて繰り返しそれぞれ説明されてきた。(1)知的ヴィジョン、(2)想像的ヴィジョン、(3)肉体の眼が見るヴィジョンの三つであって、(1)実体的あるいは不明瞭な言葉、(2)はっきりと内側から聞こえてくる言葉、(3)外側から聞こえてくる言葉に対応している。ここでは初めの二つを扱わねばならない。肉体の眼が見るヴィジョンはどうなのかというと、それは純粋に神秘主義のみを研究する立場にとって興味ある特質を持たないのである。「外側から聞こえてくる言葉」同様、それは内的な記憶、思考ないし直観――あるいは心に刻みつけられた何らかの敬虔な光景――が多少とも制御を欠いた仕方で外化され、人によっては、まぎれもない外的感覚上の幻覚の次元にまで到達するというものでしかない。

(1) 知的ヴィジョン――この「知的ヴィジョン」というものは、神秘家たちがわれわれに描写してくれるあの「実体的な言葉」と同じく、非常に捉えがたく、霊的で、形を持たない類のものなので、このヴィジョンをしばしば引き起こす純粋な観想の行為そのものと区別することが困難である。そのとき魂の浸っている気分とその直観的理解とがかくも密接に絡み合っているため――それぞれにつけられている名前はほとんどの場合、本来一つである体験をさまざまな個人がアナロジーによって描写しようとした苦闘の跡にすぎない――分類を始めるやいなや、正確さを失う危険を冒すことになる。われわれに理解できるかぎりで言えば、知的ヴィジョンは、対象としてそれを求めるという類のものではなく、心の前に突きつけられる何かであり、見るでも感じるでもなく、その両方の性質を併せ持ったある感覚を通して自我の全体によって見られる、あるいは感じられるものであるらしい。それはよく知っている近しいものでありながら描写することがかなわず、明白でありながらこれと定めることのできないものなのだ。フォリーニョのアンジェラの『〈啓示〉の書』の一節は、照明の段階が順次進んでいって、ついにこの「形を持たないヴィジョン」とそれに対応する「形を持たない言葉」の直観に至る経緯を生き生きと描いている。そしてこの一節は、どんな詳細な心理学的分析よりも知的ヴィジョンの本性を明らかにするのに役立つものである。

時として神はこちらからの呼びかけなしに魂の中に入ってこられることがあります。そして神は魂に一滴、また一滴と火、愛、そして時には甘さをしみこませ、魂はそれが神に由来するものだと信じてこれを喜ぶのです。でも魂はまだ神が自分の中にいらっしゃることを知らないし、見てもいません。ただ神の恩寵を感じ、これを喜んでいるのです。そしてまたさらに神は魂を訪れ、この上もなく甘やかな言葉で語りかけ、魂はこの言葉に大きな歓びを得て、神を感じます。この、神を感じることが魂に最大の喜悦を与えるのですが、この段階においてすら、いくらかの疑いが残っています。というのは、神が自分の中にいらっしゃるという確信を持っていないからです。……そしてこの段階を越えると魂は神を見るという恵みを与えられます。神が「わたしを見よ！」と言い、魂は自分の中に神が宿っているのを見るのです。魂は人間がお互い同士を見るよりもはっきりと神を見ます。なぜなら魂の眼はわたしには語ることのできない充溢を見るから――物質的ではなく、霊的な充溢で、それについては何も語れないものを見るからです。そして魂はその光景を歓び、その歓喜は筆舌に尽くしがたいものですが、このことが、神が本当に魂の中に宿っていることの明らかな、そして確かなしるしなのです。魂は他に何も見ることができません。これが言語を絶する仕方で魂を満たしているから。魂に他の一切を見えなくさせる、神を見るということが、あまりに深遠であるゆえに、それについて何も語れないというのは悲しいことです。それは触れたり想像したりすることのできる事柄ではないのです。まったく言語を絶しているのですから。[35]

こういうわけで、知的ヴィジョンはわれわれが前章で論じた「〈神の現前〉の意識」と密接に関わっているように思われる。瞑想家たち自身は、両者は異なっていると明言しているけれども。[36] このヴィジョンは眼に見えるものでないとはいえ、はっきりとある空間的な位置を占めているという事実によって、多少とも拡散されている〈神の内在〉の意識とは明らかに違うものである。神秘家の持つ広い意味での神の存在の意識が、この場合には一点に集約され、この一点に何らかの神学的あるいは象徴的な性格が直ちに付与される。その結果、神の現前が非常に確固とした、明白な、しかもはっきりと人格的なものとして意識されるため、聖テレジアの言うように、肉体の眼で見る以上の確信を伴うことになるのである。この不可視の現前を、キリスト教の神秘家たちは概して無条件的〈絶対者〉ではなく〈キリストの人性〉と同定している。聖テレジアは次のように言う。「合一と静思の祈りにおいては神性からの流入がありますけれども、ヴィジョンにおいてはこの流入ばかりでなく〈聖なる人性〉までもがわたしたちの同伴者となり、わたしたちに善をもたらしてくださるのです」[37]。さらにテレジアは言う。

このような恩恵をまったく期待もしていなければ、自分がそんな恩恵を受けるにふさわしいなどと思ってみたこともない人が、イエス・キリストが自分の傍らに立っておられることに気づくのです。肉体の眼でも魂の眼でも、彼女がキリストを見るということではないのですけれども。これが知性の眼で見るヴィジョンと呼ばれるものですが、理由はわかりません。このヴィジョンは、想像力の眼で見るそれとは違って、すぐに消えてしまうことはなく、数日間も続き、時によると一年以上続くことさえあるのです。……これ以前に与えられた恩恵のいくつかは、これより崇高であるとわたしは信じておりますが、このヴィジョンは神について一つの特別な知をもたらします。絶えず神と共にいることによって、神に対するこの上なく優しい愛が生まれ、自分の全存在を神のために捧げたいという望みは、これまで述べられたうちで最も熱烈なものとなるのです。良心は、神が常に近くにいらっしゃることを知ることによって大いに浄められます。なぜなら、神がわたしたちの行ないをすべてご覧になっていることを知っているとはいえ、放っておけばわたしたちは、ともすると不注意になり、それを忘れがちになりますから。この状態にあるときにはそんなことは不可能です。われらが〈主〉は自らがごく間近におられることを魂に知らしめていらっしゃるのですから。(38)

このような状態——「ヴィジョン」という用語がほとんどあてはまらないような状態——において、意識性が最高度に達し、幻覚はほとんどその影をひそめることが観察されるだろう。心の眼をもってさえ、何も見られはしない。平行的な現象としての「実体的な言葉」において何も語られないのと同様である。

それは純粋な直観的理解なのである。ヴィジョンの場合は〈人格〉の、〈声〉の場合は知の直観的理解なのだ。これについてゾイゼは次のように言っている。「裸の神性の直接的ヴィジョンは疑いもなく純粋の真実である。ヴィジョンはそれが知的であればあるほど、あらゆるイメージを剥ぎとられ、純粋な観想の状態に近づけば近づくほど、高貴なものと評価されるべきである」[39]

われわれは聖テレジアのお陰で、この奇妙な「意識」の状態について直接の体験に基づく卓抜な説明を聞くことができる。それは精神的苦悩の期間の後に突然彼女に訪れた。テレジアは、彼女の指導者が「非常に疑わしい」と断じた「内側からの言葉」以外の仕方で「お導きください」と、気が進まないながらも祈り続けており、これはその祈りに対する答えであると考えた。テレジアは言う。「わたしはそのような変化を望むよう自分に強いることができませんでしたし、自分が悪魔の影響下にあると信じることもできませんでした。そう信じようと、また、変化を望もうと全力を尽くしていたのですが、そうする力がわたしにはありませんでした」。テレジアはこの引き裂かれた状態を、神の意志に全面的に屈服することによって解決した。そしてこの緊張からの解放、この自ら進んでの受動性の結果として、新たな形の無意識的知覚が突然発達して彼女の聴覚体験を強化し、それに正当性を与え、さらに悩める表層的自我に平安と確信をもたらしたと思われる。

この目的、つまりわれらの主がわたしを他の仕方で導くか、さもなければこれが真に神のものであること——というのは、今やわれらが主の御言葉は極めて頻繁なものとなっていましたので——を示してくださいますように、と願って、わたし自身と他の人々が祈り続けた二年間の終わりに、このことがわたしに起こったのです。お祈りをしていたある日――栄えある聖ペテロのお祭りの日でした――わたしは自分の間近にキリストを見ました。いえ、もっと正しく言えばキリストを感じました。肉体の眼では何も見なかったし、魂の眼でも何も見なかったのですから。キリストはわたしのごく近くにおられるように思われ、またわたしの信ずるところによれば、わたしに語りかけておられるのはキリストなのだ、ということもわかりました。このようなヴィジョンがありうるということをまったく知りませんでしたので、初めのうちは大変恐ろしくて泣くことしかできませんでした。けれどもキリストがたった一言でわたしを安心させてくださったので、わたしは自分を取り戻して、いつものように平静になり、心は慰められ、どんな恐怖もなくなりました。イエス・キリストは絶えずわたしのそばにおられるように思われました。このヴィジョンは、想像の中で見られたものではなかったので、姿かたちはまったく見えませんでしたが、とてもはっきりとキリストがいつもわたしの右側にいらして、わたしのすることをすべて見守っておられるのを感じました。わたしがわずかにでも潜心することができたり、苦悩が薄らいだりしたときには、キリストの間近な存在に気づかずにいることが決してできませんでした。わたしは大いに悩んで、すぐに告解神父の所に行き、このことを告げました。神父は、われらが主はどのようなお姿に見えるか、と尋ねました。お姿は見えません、とわたしは答えました。すると神父は「どうやってそれがキリストだとわかったのか」と言いました。どうやってそれがわかったか、わかりませんとわたしは答えましたが、主が自分の間近におられることを知らずにはいられなかったのです。……説明しようにも言葉がありません――少なくとも、わたしども女は本当に知識が貧しいのでそのような言葉を持ちません。学問のある男の方なら、もっとうまく説明できるでしょう。というのは、もしもわたしがキリストを見るのは肉体の眼によってでもない――なぜならこれは想像的ヴィジョンではなかったのですから――と言うとすると、キリストがわたしの傍らに立っておられることをわたしが理解し、それを主張し、さらに仮に実際にこの眼でキリストを見たとしても、それ以上にこのヴィジョンにおいて自分が主を見ていることに確信があるというのは、いったいどういうことなのでしょうか。仮にこれを、人が盲目である、あるいは暗闇の中にいるために、そばにいる人を見ることができない、というような状態だと想像してみても、この比喩は正確ではありません。いくらか似たところはありますけれども、類似は大きなものではないのです。なぜなら眼の見えない人にも、他の感覚が相手の存在を知らせるのですから。しゃべったり動いたりするのを聞く、あるいは相手がその人に触れることによって。けれども、これらのヴィジョンにおいては、そのようなことは皆無なのです。闇など感じられず、ただ主が御自らを魂の前に現すのですが、それは太陽の光よりももっと明らかな主についての知を通じてなされるのです。このとき、太陽やその他の光を見ると言っているのではなく、ただ、目に見えない光が悟性を照らし、そのため魂がかくも素晴らしい善を享受できるようになる、と言っているのです。このヴィジョンは大いなる恵みの数々をもたらします。[40]

(2)　想像的ヴィジョンにおいても、「内側から聞こえてくる言葉」同様、外的感覚上の幻覚は存在しない。自我がそれを鮮やかにかつ明瞭に見るというのは事実だが、それが最もかけがえのない器官――「孤独のもたらす至福である、かの内なる眼[41]」〔ワーズワース「水仙」〕――によってなされているということを自我は完全に意識しているのである。〈想像的ヴィジョン〉は、すべての芸術家および想像力豊かな人々の持つある能力の自発的で自律的な活動である。これに際して使われる機構そのものに関するかぎり、ワーズワースの想像力が見た「踊る水仙」とゾイゼの想像力が見た踊る天使たち——「彼らは踊りながらとても高く跳びはねたが、いささかも優雅さを失うことはなかった」[42]——との間には、程度の差以外に真の違いはないのである。両方とも「想像力の眼が見た受動的なヴィジョン」の優れた例である。前者において主体《ヴィジョナリー》は己れの見ている光景が記憶の中から汲みとられていることを知っており、一方、後者の場合、ヴィジョンは夢のように自発的に識閾下の領域から生じ、その内容として愛、信仰、そして真理の直接的洞察に帰することのできる要素を含むという違いはあるけれども。

想像力の眼が見た受動的なヴィジョン——ここでわたしの意味するところは、自我の干渉なしに心の中に浮かぶ光景であって、自我はそれを見てはいるが、そこで行なわれている活動に参加しようとはしない、というものである——は、神秘家において主に(a)象徴的、(b)人格的という二つの形態をとる。

(a)　象徴的形態においては、精神がそのヴィジョンによって惑わされることはない。自我は「あるイメージの形で」真理を見せられていることを承知しているのである。偉大な預言者的神秘家——たとえば聖ヒルデガルト——のヴィジョンの多くは、非常に精緻な象徴という性質を持っているので、その解釈には多くの知的活動を要することになる。解釈は時としてヴィジョンと同時に「与えられる」。ルルマン・メルスヴィンの「九つの岩のヴィジョン」は、彼が一幅の鮮明な絵のようにしてそれを見、同時にその寓意が彼の心に示されるという形のものとして描写されている。ゾイゼの生涯はこのような象徴的なヴィジョンに満ちており、この神秘家は常にこうした想像力の世界との境界に生き続け、彼にとってこの形が、真理を汲みとるのに最も適したものであったように思われる。ゾイゼは次のように述べている。

ある朝〈しもべ〉は、ヴィジョンの中で自分が天上的な霊の一団に取り囲まれているのを見た。そこで彼は、この〈天空の公子〉たちの中でもひときわ輝かしい一人に、自分の魂の中にどんなふうに神が宿っておられるのか教えてくれるよう頼んだ。天使は言った。「歓びをこめてただひたすらおまえの眼をおまえ自身の上に据え、どのように神がおまえの愛に満ちた魂の中で愛のゲームをなさっているかを眺めるがよい」。〈しもべ〉はすぐさま自分に眼を向け、身体の心臓のあたりが水晶のように清らかで透明になっているのを見た。そして彼は心臓の真中に〈神の知恵〉が安らかに座しているのを見た。彼女はとても美しかった。彼女の隣に〈しもべ〉の魂がおり、天上的な欲望に満たされていた。〈しもべ〉の魂は愛に満ちた姿で神の御胸に安らい、神は魂をかき抱いて御自身の心臓に押しつけられた。そして魂はかくも深く愛する神の腕に抱かれ、完全に他のすべてを忘れ、愛に酔いしれたままでいた。(43)

このようなヴィジョンの中にわれわれが見てとるのは、この神秘家の〈絶対者〉に対する熱情と、〈絶対者〉が魂の中に現前するという直観とが、詩的想像力のもたらす素材と組み合わされ、寓意的な形で表現されているさまである。それは実際、真理との直接的接触に霊感を得て作られた、視覚化された詩なのである。これと同じ種類に属するのが、多くの〈永遠なるもの〉の再構成である。超越的で外向的なタイプの神秘家や見者は、真実についての深い直観的理解を具体的に表そうとしてこうした再構成を試みた。このような体験において、見られた事物は、自我が見ることにまだ耐えられない超越的〈真実〉のおぼろな影にすぎないのである。これこそ〈光の河〉の素晴らしいヴィジョンを見たダンテにベアトリーチェが言ったことである。

そこで眺めると河の形をした光が、
素晴らしい春をいろどる両側の岸の
あいだに照り輝いているのが見えた。
この流れからはもろもろの生きている火が
とび出して左右の花の上に落ち、そのさまは
紅玉を黄金の中に嵌めこむようだった。
その後それらはまるで芳香に酔ったごとくに
再び不思議な淵の中に沈み、一つが
入ればまたすぐ他が出るというようだった。

……

わたしの目の太陽はわたしにこのように言ったが、
なお彼女は続けた、河も、そこに入ったり、
出たりするもろもろの宝石も、微笑む花も
その真実の姿をあらかじめ知らす像《かたち》なのだ。

御身がこれらをよく見分けられぬのは、これらのものが未完だからでなく、御身の視力が充分強くなく欠けているからだ(44)。

この素晴らしい一節の最後の二行に、ヴィジョンに関する哲学のすべてが語りつくされている。ヴィジョンとは、超感覚的なものをわれわれ人間の欠陥にあわせて適応させたもの、五感に到達しうるレベルで真実を象徴的に再構成したものなのだ。この象徴による再構成は非常に意味深く、鮮烈で、劇的な夢として見られる。そしてこの夢が超越的真理を伝え、見る者を〈永遠なるもの〉の気圏に導き入れる以上、それがわれわれのいわゆる「現実世界」である散文的で変わることのない光景《ヴィジョン》に優先するという主張がなされても無理からぬことである。この夢においては――われわれが日頃見る、これほど重要でない夢においてもそうであるように――視覚的なものと聴覚的なものがしばしば結合されている。ハッケボルンの聖メヒティルトのヴィジョンの多くがこの複合的な型のものである。かくして――

彼女は〈神の心臓〉の中にこの上もなく美しい乙女がいて、ダイヤモンドのついた指輪を手に持っているのを見た。乙女はその指輪で絶えず〈神の心臓〉に触れているのである。さらに魂はなぜ乙女がそんなふうに〈神の心臓〉に触れるのかと尋ねた。乙女は答えて言った。「わたしは〈神の愛〉で、この石はアダムの罪を表しているのです。……アダムが罪を犯したときすぐにわたしはそこへ行き、彼の罪をすべて防ぎとめました。それ以来こうやって絶えず〈神の心臓〉に触れ、神に憐れみを催させるようにして、わたしが〈神の子〉を〈父の心臓〉から取り出して〈処女なる母〉の胎内に置くそのときまで神の心が安まらないようにさせたのです」。……また別のおり、彼女は美しい乙女の姿をした〈愛〉が偉い聖職者の方々が集まっておられるあたりを歩きながら、「独りでわたしは天を経めぐり、海の波の上を歩んだ」と歌っているさまを見た。歌の言葉を聞いて、彼女はいかにして〈愛〉が〈全能なる神の栄威〉をも征服し、〈底知れぬ神の知恵〉をも酔わしめ、神の最も甘美なる善をすべて汲み上げたか、そして神の正義を完全に平らげて、それをやさしさと慈悲に変えることによって至高の栄威を持つ主の心を動かしたか、を理解したのである。[45]

この種の想像的ヴィジョンは、おそらく一般に思われているよりはるかに普遍的で、普通「正気」と言われているあの諸機能のバランス状態を少しも狂わせることなく存在しうる。プラットは言う。「もしもフロイトの主張する通り、通常の人間の夢が象徴的な性質を持つということが、いささかなりとも正しいのであれば、キリスト教神秘家において、夢の想像力が象徴的なヴィジョンを創り上げることは、別に驚くべきことではないであろう。……われわれ近代人がヴィジョンというものをまったく異常で病的なものと考えがちなのは、おそらく間違いなのだ[46]」。「視覚像を思い浮かべるのが巧みな」人の瞑想がよく視覚的な形をとることは確かである。そして実際、偉大な瞑想の指導者であった聖イグナティウス・ロヨラは、瞑想の主題を視覚像の形にするよう心して努力せよと説いている。視覚像は主体の意志によることなく、一連の思考が頂点に達したときに現れうる。そしてその思考を明証することもあれば、それに反駁を加えることもある。視覚像は霧のような背景にかすかに浮かぶこともあるし、はっきりと焦点を結び、充分光の当たった、生き生きしたものとしていきなり始まることもある。そしてそれはいつでも推論的思考の成果として得られるより強烈に真実というものを印象づけるのである。

(b) われわれがこれまで論じてきたこのヴィジョンの象徴的、芸術的性格は明らかである。しかしながら、想像的ヴィジョンにはもう一つ別の形態があって、こちらはより繊細な扱いを必要とする。この形態では識閾下の力によって捉えられるイメージ、言い換えれば、〈他者である何者か〉――この存在について神秘家は常に自らと対比的に意識しているのだが――によって心に突きつけられるイメージが、あまりに鮮明であると同時に、自我の抱いている具体的な信仰内容と霊的情熱にあまりに密接に関連しているため、かつまた自我の神に対する直観的理解の内容をあまりに完璧に表現しているため、それが象徴的なものであることが認識されないことがあるのである。わかりやすい例を挙げれば、多くのカトリックの脱我経験者がミサの聖別の瞬間に見るキリストのヴィジョンがこれである。[47] 聖マルガレート・マリ・アラコックの〈聖心〉のヴィジョンもこの例である。聖テレジアはこの無意識的知覚作用の真の性格を看破した数少ない神秘家の一人であった。その性格とは、より純化された形態である神の知的ヴィジョン同様、それが新しい事柄についての知識よりむしろ〈人格〉の鮮やかな直観的理解、生きた現前の確信をもたらすということである。テレジアは自分自身が経験した、想像の眼で見るキリストのヴィジョンについて次のように語る。

時々わたしが見たものが似姿のように思われることもありましたが、大抵の場合そうではありませんでした。御姿を現されるときの輝きからして、あれはキリスト御自身なのだ、とわたしは思いました。

時にヴィジョンがとても不鮮明なことがあって、そんなときにはそれが似姿だと思いましたが、それでも絵のようではありませんでした。たとえどんなにうまく描けている絵だとしても。わたしは、絵はたくさん見ているのですから。こうしたヴィジョンがわずかでも絵に似ていると考えることはばかげています。なぜならこの二つは生身の人間とその肖像画が違うくらいに違っているのですから。肖像画はどんなにうまく描けていても生命がないことが明白で、それゆえ、生きたそのままの姿ではありえないのです(48)。

他の箇所でテレジアはこうも言っている。

ヴィジョンは稲妻のひらめきのように一瞬に過ぎ去りますが、この至高の画像は想像力の上に非常に強い印象を刻みつけ、魂がついにキリストを見て、永遠にキリストを享受するときが来るまで、その印象は決して消えることがない、とわたしは信じています。わたしがこれを「画像」と呼んだからといって、それが絵のように見えると想像してはなりません。キリストは生きた〈人格〉として現れ、時には口を開いて深い神秘の数々を顕かにされるのです(49)。

そういうわけで、この一瞬のまばゆい〈神のペルソナ〉のヴィジョンは、魂と〈絶対的生〉の真の接触を表しているように思われる。この接触が直ちに、自我がいつも神をこのようなものと考えているそのイメージに結びつけられるのである。キリスト教の瞑想家の場合、このイメージがほとんど例外なく歴史上のキリストの〈人格〉、宗教文学や宗教画において表現されているキリストとなることは明らかである。[50]しかしながら、このような突然の直観的理解の持つ、人間の生の質を高める性質やそれがもたらす深い真実の感覚は、このヴィジョンを鮮明な夢の一つとして分類するのでなく、真の神秘主義的状態の一つとして「あらゆる所に内在する、形のない、しかしあらゆる形をとることのできる神が、言葉によって自らを表したように、ヴィジョンによって自らを表している」[51]（ドラクロワ）ものとして分類することを可能にするのである。確信と歓びとがこの体験に伴う感情である。この体験は、言うなれば、熱烈に神を求める魂の受け取るラブレターのようなもので、愛する相手の人格のまごうかたなき芳香と親筆の署名を魂に与えると言ってもよいであろう。

このキリストの具体的なヴィジョンは、言葉にすることができないという、あの真に神秘的な性質を持っている。それは自我の前に言語を絶する美しい姿で現れ、超越的体験の特徴の一つとして繰り返し報告されている天上的な光によって照らされているのである。芸術家の場合、〈美〉に対する意識が高められて、それを〈真理〉の一形態と見るようになるが、ここではそれが超越的次元で働いていることが見てとれる。かくして、聖テレジアは〈神の御手〉を、それだけを見たときに、その輝ける美しさに対する讃美の念によって脱我状態《エクスタシー》におちいったのである。[52]テレジアは想像の眼で見たキリストのヴィジョンについて次のように語っている。

仮にわたしが、あれほどまでに美しいものを思い描く方法を工夫しようとするとしましょう。それに何年費やそうと、そんなものを思い描くことは決してできないし、その方法すらわからないでしょう。なぜならそれは、ここ地上におけるどんな想像力の範疇をも超えているからです。その白さと輝きだけでも、考えられないほどのものなのです。それは眼を眩ませるような白さではなく、繊細な白さ、浸み出してくる輝きで、眼が受け取ることのできる以上の喜悦を与えます。そして眼はその輝きに決して倦むことはなく、またかくも神的な美を見ることを可能にする、眼に見える輝きによっても倦むことはありません。それはこの地上のどんな光ともまったく異なっており、わたしたちが眼にするあの太陽の輝きですらもが、今眼の前にある輝きと光に比べると何やらあまりに薄暗く、二度と眼を開けて見たいとは思わないような気にさせられるのです。……手短に言えば、それは、どんなに才能に恵まれた人であって、しかもその全生涯を費やしてみても、想像するということの不可能な、そんなものなのです。神は本当に瞬時のうちにそれをわたしたちの眼前に置かれるので、かりにそれを見るために眼を開ける必要があったとしても、その暇さえないほどです。けれども、わたしたちの眼が開いていようが閉じていようが、そこにはまったく何の違いもありません。なぜなら主がそれをお望みになるとき、わたしたちは、望むと望まないに関わらず、それを見ないわけにいかないのですから。(53)

視覚上の無意識的知覚作用にはもう一つ別の、非常に重要な種類のものがある。わたしが「想像力の眼で見る能動的なヴィジョン」と呼ぶものがこれである。受動的な種類のヴィジョンが、内奥の自我の思考、知覚、あるいは欲望の表現であるのに対し、能動的なヴィジョンはこの内奥の自我の変化の表現であり、概して何らかの心理的危機に伴って現れる。常に演劇的な性格を持つこのようなヴィジョンにおいて、自我はただ眺めているだけでなく、自分自身行動するように思われる。これらのヴィジョンは夢の持つ性格の多くを備えていることがある。純粋に象徴的なこともあるし、神学的な意味で「写実的」なこともある。〈地獄〉、〈煉獄〉、〈天国〉を経めぐる旅や、妖精界への小旅行、〈道〉を遮る天使との格闘〔『創世記』三二・二三―三一参照〕を伴っていることもある。外的な形態がどうであれ、これらのヴィジョンは常に内的な結果につながる。それは識閾下の激烈な活動が自《おの》ずと表現をとったものであり、〈絶対者〉の存在に対する自我の意識が強化され、より豊かなものとなるための媒体であるだけでなく、自我が新たな意識の次元に向かって動いていることの、外的な、眼に見えるしるしなのである。そういうわけで、この種の動的なヴィジョンがしばしば〈合一の生〉の始まりを告げることがあっても驚くにはあたらない。これに相当するものとして、アッシジの聖フランチェスコやシエナの聖カタリナが聖痕発現の瞬間に経験したとされている想像的ヴィジョン、聖テレジアの〈一撃〉、聖霊の「下級学校」から「上級学校」への移行をゾイゼに告げ知らせた天上からの訪問者[54]がある。しかしながら、魂の中で演じられるこうした劇の中で最も絢爛としており、説得力のある例は、「シエナの聖カタリナの神秘的結婚」と美術の分野で呼ばれているものである。

幼少の頃から想像的ヴィジョンと内側から聞こえてくる言葉を体験していたカタリナが、この聖なる婚約を繰り返し約束する声をかなり以前から意識していたこと、そして一三六六年、謝肉祭の最終日にその声がカタリナに「わたしは今日この日、汝と共に汝の魂の婚約の宴を厳かに祝い、約束通り信仰において汝をめとる」と告げたことをわれわれはすでに見た。カタリナの伝説はその続きを次のように語っている。

それから、まだ主が話しておられるうちに、いと輝かしき〈処女なる聖母〉と至聖なる福音書記者ヨハネと輝かしき使徒パウロ、そしてカタリナの属する修道会の創始者である高徳なるドミニクが現れた。そして彼らと共に、預言者ダヴィデが音楽を奏でるべく手に竪琴を持って現れ、彼がこの上もなく美しい旋律を奏でる間に〈処女なる聖母〉がその聖なる御手でカタリナの右手をとり、カタリナの指を〈子なる神〉の方に差し出して、畏れながら彼女を信仰においてめとってくださいますまいか、と嘆願なさった。これを〈神のひとり子〉は仁慈深くお聴きいれになり、四粒の真珠がこの上もなく美しいダイヤモンドを取り巻いている金の指輪を取り出されて、カタリナの右手の薬指にはめ、かく言われた。「見よ、わたしは今汝を、汝の〈創造主〉であり信仰における〈救い主〉であるわたし自身にめあわせる。汝はこの信仰を、天国においてわたしとの永遠の結婚を祝うそのときまで、穢れなきまま保つのだ。わが娘よ、これより先、雄々しく、またためらうことなく、わが摂理の命により汝の手に委ねられる事どもをやりとげなさい。信仰の力という武器に身を固めた今、汝は立ち向かう敵のすべてを苦もなく平らげるであろうから」。そしてヴィジョンはかき消えたが、その指輪はカタリナの指に残って、消え去ることは決してなかった。他の者の眼に見えたというのではなく、処女カタリナの眼にだけ見えたのである。なぜなら、はにかみながらではあったが、カタリナはしばしばわたしに、自分にはいつでも自分のはめている指輪が見え、それが見えないことはない、と打ち明けたからである。(55)

このヴィジョンを構成している素材を識別するのは難しいことではない。その外的形状は、アレクサンドリアの聖カタリナの聖人伝からほとんどそのまま持ってこられたものであり、同名のカタリナはこの伝記に赤ん坊の頃から親しんでいたに違いない。(56) カタリナ・ベニンカーザは、特有の芸術的暗示感応性と鋭敏さによって、この古い物語を深遠な個人的体験を伝える媒体へと変化させたのである。それはちょうど彼女と同時代のシエナ派の画家たちが、伝統的なビザンチン絵画から主題や技法や構成などを摂取し、それでいながらこれを自分たちの圧倒的な個性の表現にしたのと似ている。しかしながらわれわれにとって重要なのは、第二のカタリナが昔からある物語を自らにあてはめ、体験として実体化したやり方ではなく、それが彼女にとっての秘蹟の形であり、このとき彼女が強烈に、それ以後ずっと神との合一を意識するようになったという事実なのである。内奥の自我の支配が徐々に強まるにつれ、カタリナは「愛する神」の約束を繰り返し聞くようになり、こうしてずっと以前から準備のできていた彼女にとって、ヴィジョンが訪れたとき、それはその外的形状ゆえに重要だったのではなく、それがカタリナの生涯に及ぼした永続的影響ゆえに重要だったのである。このヴィジョンにおいてカタリナは新しい意識の次元に移行した。あの霊的婚姻という状態、サン＝ヴィクトルのリカルドゥスが「熱烈な愛の第三の段階」と呼ぶ、キリストのためのみを思う親密で愛に満ちた同一化の状態に入ったのである。

これと同じように能動的なのが、聖テレジアの偉大かつ有名な〈一撃〉のヴィジョン——あるいはむしろ体験——である。ここでは、飽くことを知らない愛の苦しみを表現しようとして、イメージと感情とが競うように並んでいる。テレジアは言う。

わたしは一人の天使が間近にいるのを見ました。わたしの左側に、人のような姿をとって。これは、ごく稀な例外を除いて、わたしには見慣れないものです。天使のヴィジョンはよく見ましたけれども、いつも以前に申し上げたように知性の眼が見るヴィジョンとして見るのです。このヴィジョンにおいて、わたしがこのような人のような姿で天使を見たのはわれらが主のご意志でした。その天使はあまり大きくなく、小柄でとても美しくて——顔は燃えており、最も高位の天使の一人のようで、全身火でできているように思われました。わたしたちがケルビムと呼ぶ天使に違いありません。……わたしは彼が長い金の槍を手にしているのを見ましたが、その鉄の穂先には小さな火が燃えているようでした。天使は時おりその穂先をわたしの胸に突き刺し、わたしの内臓そのものを貫くように思われました。天使が槍を引き抜いたとき、それと一緒にわたしの内臓も引き抜かれ、わたしは神への大きな愛の炎に全身包まれました。苦痛は激しく、わたしは呻き声を上げましたが、それでいてこの耐えがたい痛みがどんなものよりもはるかに甘美だったので、それから逃れたいと望むこともできませんでした。痛みは肉体的なものではなく、霊的なものでした。肉体もまたその痛みを分かち、それも強いものではありましたが。今魂と神の間に存するこの愛の慰撫は、非常に甘美なものなので、わたしが嘘をついていると疑う人にそれを体験させてくださるよう、善なる神にお願いいたします。(57)

最後に、こうした動的なヴィジョンが純粋に知的な形態をとりうることを付言しておこう。フォリーニョの聖アンジェラの場合がそれである。アンジェラは言う。

この前の四旬節の間に、どうしてそうなったのかはわかりませんが、完全に神の中にいる自分をわたしは発見しました。このときのわたしは、ふだん経験しているよりも高められた状態でした。わたしは〈三位一体〉の真ん中におり、かつてないほど高められた状態にあったようでした。そのとき受け取った恩寵はいつもより大きなもので、しかもわたしは間断なくこれを享受したのですから。このように完全に神に埋没していることは、わたしを歓びと喜悦で満たしました。そして、これまでのどんな経験をも凌ぐ至福と語りえない喜悦の最中にいると感じているとき、わたしの魂の中で、言葉にすることのできない神の御業が行なわれたのです。それは本当に筆舌に尽くしがたく、聖人であろうと天使であろうと、これについて述べたり説明したりできないようなことでした。神のこうした御業、すなわち計り知れぬ深淵は、天使であろうと、どんなに優れた、知恵ある被造物であろうと、理解することのできないものだということをわたしは知っています。そして今わたしが述べていることは、すべてまことに意を尽くさぬまずい言い方で言われているので、冒瀆とすら思われるほどです[58]。

自動書記

神秘主義に関連して報告されている無意識的知覚活動のうち、最も例が少ないのが「自動書記」である。この形態の識閾下行為について、われわれはすでに前の章〔本訳書では省略した第一部第三章を指す〕で扱い、そこでは最も顕著な例の二つとしてブレイクとギュイヨン夫人とを論じた。〈声〉やヴィジョンと同じく、この自動的〔無意識的〕に文章を書くという能力は、さまざまな度合いで存在しうるし、実際存在するのである。それはあの「霊感」という、芸術家なら誰もが知っている抗いがたい創作衝動に始まり、はっきり意識のある自我において、手だけが別の人格の代弁者になったかのように思われる極端な場合にまで及ぶ。ここでわれわれは「超自然的な」説明を要するような現象に立ち合っているわけではない。心理学者の観点から言えば、神秘家が霊に満たされて書いたものと、ド・ミュッセが「それは自分で何かを為すことではなくて、聴くことなのだ。誰か知らない人が耳の中で語っているようなものだ」[59]と述べているような詩的創作との違いは、種類の違いではなく度合いの違いなのだ。こうした識閾下の活動は、おそらくすべての偉大な神秘家の著述行為のうちにある程度存在しており、その際の神秘家の想像力は、ほとんどの詩人と同じく、意志と表層的知性による制御を免れているのである。

伝えられるところによると、シエナの聖カタリナは、あの偉大な『対話』を脱我の状態中に書記たちに口述したという。この脱我の状態とは単に、創造的能力が最高度に発揮される潜心という没頭状態を意味するのかもしれないし、あるいはまた内奥の心が口舌を支配する、霊媒の「忘我状態」に似た意識の状態であったのかもしれない。もしカタリナが、文章を書くことにもっと慣れた人であったら――彼女は使徒的な生活に入るまで書くことができなかった――かの内奥の心はまず間違いなく自動書記という手段を通じて自らを表現したであろう。実際、その文章のリズムと高揚に見てとれる通り、『対話』は真の自動的著述――それも最も高度なもの――のしるしをくまなく示しているのである。文体の散漫さそのもの、大雑把な暗喩の使い方、声音が親密なものになったり客観的なものになったりと奇妙に変わることなどは、この書物を預言文学と結びつけるものであり、また通常の意識の批判と制御を免れた豊かな識閾下エネルギーに特有なものでもある。[60]

ルルマン・メルスヴィンの心的状態に関してM・ユントが唱えた独創的かつ興味深い理論[61]に従えば、メルスヴィンの著作もほとんど全部この種のものである。同様にブレイクは自分が「昼夜を問わず天上からの使者の命令下にある」[62]と主張し、その死の床で自分の全作品の作者の名は自分自身ではなく、「天の友人たち」[63]にこそふさわしいのだと宣言した。それは、ブレイクの表層の心には知られていなかった真と美の水準を自由に訪れることのできるある人格が彼に与えた霊感によって書かれた、と。

聖テレジアも自分の偉大な神秘主義的著作についてほぼ同じ意見を持っていた。彼女の言によれば、これらの著作は、主人に教えられた言葉をオウムがわかりもせず繰り返すようなものであった。テレジアの物を書く能力が――〈声〉やヴィジョンにおいてあれほどの力を示した人には当然、予想されることであるが――大半、抑制されない、霊感のひらめきのままの、「自動的な」種類のものであることにはほとんど疑いの余地がない。テレジアが書いたのは稀な例外を除いて「聖体拝受」の後――つまり神秘的意識が最も活動的な状態にあるとき――であり、彼女は常に迅速かつためらいも書き直しもせずに書いたのである。さまざまな考えやイメージがテレジアの豊かで活動的な識閾下から猛烈な速さで湧き上がってきて、これを待ち受ける彼女の性急なペンですら追いつけないほどであり、テレジアは時おり「ああ、何一つ忘れることのないよう何本もの手で書くことができればいいのに！」[64]と叫んだ。テレジアが合一の状態にあるときには、わずかの暗示によってその意識の在り方が変わり、彼女は完全に内奥の心の支配下に置かれた。『魂の城』を書くにあたっては、自分の著述が自分自身にはね返って働きかけてくることがしばしばあった、とテレジアは語った。突如として、叙述しようとしている当の観想の深みに入り込んでしまって、自分以外のある力によってペンが導かれていることをはっきりと感じながら、この専心ないし忘我の状態で書き続け、表層の心が知らないさまざまな考えを書き表していることは、テレジアを驚きの念で満たししたのである。

聖テレジアの列福調査の一端としてなされた証言の中で、跣足カルメル会の初期からの修道尼であったメディナのマリア・デ・サン・フランシスコは、聖テレジアがこの『魂の城』を書いているときにその僧坊に入ったところ、テレジアは観想に没頭していて外の世界のことに気づかない状態だったと述べた。別の証人マリア・デル・ナシミエントは、「わたしたちが側で音を立ててもテレジア様は書くのをやめたり、うるさいとおっしゃったりなさいませんでした」と語った。この二人の尼僧もグラナダの小尼僧院長アナ・デ・ラ・エンカルナシオンも、テレジアが猛烈な速さで書き、消したり直したりのために手を休めることは一度もなかったと証言している。「神が彼女にお与えになったものを忘れる前に書きとめ」たいと切望しておられたため、とアナは語った。三人とも、他の多くの証人と共に、このようにして書いているときのテレジアは別人のようであり、その顔はえも言われぬ美しい表情をたたえ、この世のものならぬ輝きを放っていたけれども、それは後になると消えていきました、と述べた。(65)

ギュイヨン夫人はどうであろうか。夫人の気質には神秘家的な面とほとんど同じぐらい霊媒的な面があり、静寂主義と精神の受動性を求める情熱によってほぼ全面的に意識下の衝動のなすがままであった。このため彼女は透視、預言、テレパシー、自動書記などの現象を次々と、当惑するほど豊富に見せてくれるのである。

ギュイヨン夫人は次のように言う。

あなたがわたしにお書かせになった文章を見て、わたし自身驚きました。これを綴る際、わたしは手を実際に動かすという以上のことは何一つしていないのです。そしてこのときわたしは自分自身の心に従ってではなく、内なる心の導きに従って書くという、それまでまったく知らなかった能力を授かったのです。同時に文章の書き方も一変してしまい、わたしがあまりやすやすと書くものですから誰もがびっくりするほどでした。[66]

さらに――

……あなたがあまりにわたし自身の意志と無関係にお書かせになるので、文章の途中で止めて、あなたのお望みになるように新たに書き始めなければならないこともありました。あなたはわたしをありとあらゆる方法でお試しになります。突然書かせたり、かと思うとすぐに止めさせたり、また始めさせてみたり。昼間書いていて唐突に中断させられることはよくあり、一つの言葉を半分書きかけということもしばしばでしたが、後になってあなたは御自身の意に適ったものを与えてくださるのでした。わたしの書いたことのどれをとっても、わたしの心の中にあったものではありません。実際わたしの心は、まったく何をするでもない、一個の空白のように思われ、わたしとわたしの書いているものはまったく切り離され、書いているのが自分とは無縁なもののように思われました。……わたしの書物の欠点はすべて、神の御業というものに不慣れなため、わたしがしばしばそれに背いてしまったことによるものです。つまりわたしは、著述を仕上げるよう命じられたという理由のもとに、それにふさわしい状態に駆り立てられていなくとも、時間のあるときには書き続けてかまわないと考えてしまったのです。その結果、高雅で格調の高い部分と、香気にも優雅さにも欠ける部分がたやすく区別できるようになってしまいました。わたしは神の霊と人間あるいは自然的な霊の違いが見てとれるよう、それぞれの部分をそのまま変えずにおきました。……わたしは絶えず書き続け、しかも考えられないような速さで書きました。霊の口述の速さに手がほとんど追いつかないほどだったからです。さらにこの長い仕事の間、わたしは自分のやり方を一度として変えませんでしたし、どんな書物も参考にしませんでした。どんな勤勉な筆記者でも、わたしが一晩に書き上げたものを五日かかっても筆写し終えることができなかったのです。……これまで自分の書物について述べたことにいま一つ付け加えると、『士師記』の註解のかなりの部分が行方不明になってしまったことがありました。本を完成するように頼まれたのでわたしは失われた箇所をもう一度書き直しました。ずっと後になって引っ越しをするとき、思いもよらない所からこの部分が見つかったのですが、古い原稿と新しい原稿はまったくそっくりだったのです。これは事実の確認をした、優れた有識の方々を大いに驚かせた出来事でした。(67)

ギュイヨン夫人よりはるかに偉大で力強い神秘家であったヤコブ・ベーメも、その著述行為においては、通常の表層意識とは別のある力のなすがままの道具のようなものであった。ベーメの最初の書物『曙光』——彼が一六一〇年に受けた大いなる啓示の後に書かれたもの——が意図的な著作ではなく、霊感に基づくもの、あるいは自動書記の一例であることは、ベーメ自身の言葉により明らかである。深い、それでいてまばゆい光を放つ暗闇を思わせる言い回しに満ちたこの不思議な書物は、地元の裁判所の異端宣告を受け、ベーメは以後書物を書くことを禁じられた。七年の間ベーメはこの命令に従った。その後「上の世界からの新しい動き」が彼を捉え、この識閾下の衝動――こうした場合に特有のことだが、ベーメはこれを自分の内部からではなく外部から来るものと感じている――の圧力に屈して、彼は再び書き始めるのである。

堰を切ったように次々に著されたこの第二期の書物もまた、ほぼ純粋に自動的〔無意識的〕な型のものであった。命令を下すのは超越的意識であり、ベーメの表層的知性はほとんどこれを制御することができなかったのである。ベーメ自身このことについて次のように語っている。

これは技巧的に書かれたものではないし、字句の理解に沿ってきちんと書くにはどうすべきかなどと考える時間もなかった。書かれたものはすべて霊の指示に基づいており、それがしばしば非常に速かったので、多くの単語で字が抜け落ちたり、所によっては一つの単語がその頭文字で表されていたりするうえ、筆記者の手がこんな速さに慣れていないせいで震えることもよくあった。もっと正確で整った、わかりやすい書き方をすることもできたにもかかわらず、このようになった理由は、燃える火がしばしば猛烈な速さでどんどん先へ進み、ペンを持つ手がすぐ慌ててそれを追いかけなければならなかったことによる。というのは、その火は夕立のように不意に訪れ、また去っていくのだから。(68)

このような自動的状態の自発性と不可制御性を、これ以上鮮やかに描写することはできない。新しい知が湧き上がってきて、文は次々と瞬く間に綴られ、それがあまりに速いため、主体の手は内奥の心の労苦たる「燃える火」にほとんど追いつけないほどである。ヴィジョンにおいてそうだったように、ここでも、かの内奥の心の中に蔵されているもの、蓄積された記憶の数々がメッセージの形態に影響を及ぼす。それゆえベーメの著作には、最も熱心な読者ですら尻込みしてしまうような難解なカバラや錬金術のイメージが始終登場するが、これはベーメがそれ以前にパラケルススやヴァイゲル、そしてセバスチアン・フランクなどの著作に親しんでいたことの結果なのである。[69] しかしながらベーメがこのような〔難解な〕言語表現を使ったとしても、それは「ペンの背後に働いている力」の真実を否定することにはならない。それはちょうどシエナの聖カタリナがどのような形でその神秘的結婚を把握したにせよ、カタリナが合一の生に到達したことの真実を否定することにならないのと同じなのである。こうした無意識的労苦、言い換えれば「道を遮る天使との格闘」の成果として、神秘家は、聖俗を問わず万人に共通する人間性というものに対し〈生の霊〉を湛えた杯を差し出すのである。たとえわれわれが杯の装飾の出どころに気づくことがあるにせよ、中身の〈ワイン〉まで偽物だと告発するのは正当とは言えない。

　この章全体を通して、われわれは到達の目標というよりも到達の手段を扱ってきた。これは、「イメージ」というものからまだ完全に自由になりきっていない自我が、やっきになって、そのすべての望みの究極である〈絶対者〉を何とかして捉える――現実化する、享受する、そして称える――べく、やみくもにつかんだ手段なのである。神秘家の意識のこの側面を少しでも理解しようとするなら、これほど――時には子どもっぽいほどに――単純に〈神的なるもの〉をイメージとして対象化できる精神の持ち主に対し軽蔑を抱いてはならないし、また逆にそのイメージが暗示している形のない〈真実〉と切り離して、イメージそのものに対し迷信じみた尊崇の念を抱いてもならない。この二つの対極的な態度の中間に立ってはじめてわれわれは〈神秘主義の途〉における無意識的知覚作用の真の位置を把握することを望みうるだろう。つまりそれは、人類の最も崇高な到達目標である、あの、もう一つの世界を直観的に理解するために、われわれが現象世界を意識するときに使っている手段が適用されたものとして、こうした無意識的知覚作用を見るということなのである。

第5章　原注

(1) *Studies in Mystical Religion* (London, 1909), p.165.「合理主義的」な論調の極端なものを研究されたい読者には、Prof. P. Janet, *L'Automatisme psychologique* (Paris, 1889).〔ピエール・ジャネ『心理学的自動症――人間行動の低次の諸形式に関する実験心理学試論』松本雅彦訳、みすず書房、二〇一三〕、*L'État mentale des hystériques* (2 vols. Paris, 1893-94). および Prof. J. H. Leuba, *Introduction to the Psychology of Religious Mysticism* (London, 1925). をお薦めする。

(2) この点に関する「正常」と「平均的」の違いについては、F. G. Granger, *The Soul of a Christian* (London, 1900), p.12. 参照。

(3) St. Angèle de Foligno, *op.cit.*, p.130 (English translation, p.245).

(4) A. Poulain, *Les Grâces d'Oraison*, 10me édition (Paris, 1922), cap. xx.' Mgr. A. Farges, *Mystical Phenomena.* および J. Ribet の労作 *La Mystique Divine* はこの「超自然主義」の立場の代表的なものである。すでに述べた聖痕の「合理主義的」解釈に対して、リベはほとんど自分の論点を主張しているようには感じら

れない。なぜなら彼は、(a)〈神的なるもの〉のしるしとしての聖痕と、(b)悪魔と交渉を持った者の肉体に残るヒキガエル、コウモリ、クモ、「その他卑しさを表すすべてのもの」のしるしに同じ正当性を与えるべきだと言い張ってやまないからである（第三巻四八二頁）。

(5) 本書二〇二一二〇四頁のヒルトンおよび十字架の聖ヨハネの引用を参照。さらにRolle, *The Fire of Love*, Prologue; E. Gardner, *St. Catherine of Siena*, p.15; F. Von Hügel, *The Mystical Element of Religion*, vol. i., pp.178-181.

(6) *Revelations of Divine Love*, cap. xliii. ここでは原文の大胆な言葉遣いを復活させた。現代語訳ではいささか調子の弱いものになっているからである。

(7) ここでも他の箇所でも、空間的位置関係を表す言い回しが霊的な状態との関連で用いられるときには、すべて象徴的な意味以外持たないことにご留意願いたい。

(8) たとえば有名な「神の友」マルガレータ・エーブナーが、彼女の属していた集団の中で深い尊崇の的であったタウラーこそ、神の最も愛する者であり、神はタウラーの中に美しい旋律のように宿っていると告げる声を聞いた場合（Rufus Jones, *op.cit.*, p.257. 参照）。

(9) 聖テレジアは次のように述べている。「頭脳と想像力が非常に貧しいために、何であれ自分が考えていることを自分が眼で見ていると思ってしまう人にたまたま出くわすことがあり、わたし自身このような人々を知っておりますが、これは大変に危険な状態です」（*El Castillo Interior*, Moradas Cuartas, cap. iii.）

(10) ヴィジョンを夢との関連で説明する理論は、J. B. Pratt, *The Religious Consciousness* (New York, 1921). の十八章四〇二頁以下に適切かつ節度をもって叙述されている。しかしながらそこでプラットが「神秘家のヴィジョンの内容は彼らの信仰によって決定されるのであり、神秘家の心を満たしている神学的な素材の主要な部分に夢の想像力が作用することによってヴィジョンは形づくられる」と述べていることはあまりに断定的である。

(11) すでに引用したフォリーニョのアンジェラの書物にはこうした例が豊富に見られる。

(12) *Sur la Psychologie du Mysticisme* (*Revue Philosophique*, February, 1902).

(13) *Revelations of Divine Love*, cap. lxvi.

(14) *Vida*, cap. xxxi. §§5 and 10.

(15) シエナの聖カタリナの場合にも、わたしがすでに述べた〔本書第一章〕あの三年間の隠遁の強い精神的緊張はこの期間の終わりにかけて、カタリナのヴィジョンの性格を一変させた。かつては完全に善と美の直観のみを表していたヴィジョンが今や邪悪な相を表し始め、カタリナを非常に苦しめた（*Vita*（Acta SS.）, i. xi. I. および E. Gardner, *St. Catherine of Siena*, p.20.）。われわれは、このようなヴィジョンが「病理学的現象であって、他の幻覚とまったく同じレベルのものである」（*The Religious Consciousness*, p.405.）というプラットの意見に同意せざるをえない。

(16) 適宜に材料を拾ってこのようにあてはめることの秀逸な例がユイスマンスにより論評抜きで語られている（*Sainte Lydwine de Schiedam*, p.258.）。「リドヴィーヌは天で再び、彼女が健康だった頃地上で知っていたような日課祈祷のおつとめを見出した。〈戦う教会〔現世にあって悪と戦っている地上の教会〕〉は、実際その使徒たち、教皇たち、聖人たちのもたらした霊感により天国の礼拝の歓びへと導かれたのである」。この同じヴィジョン――これはクリスマスの前夜に見られたのだが――の中で〈キリスト降誕〉を告げる鐘が天国の鐘楼で鳴り響くと〈神の御子〉が〈聖母〉の膝の上に顕われたのであるが、それはちょうどカトリックの教会で、クリスマスの訪れと同時に飼葉槽の中の幼いキリスト像が提示されるのと同様である。

(17) *Testament*, cap. iii.

(18) E. Gardner, *St. Catherine of Siena*, p.25.

(19) Delacroix, *Études sur le Mysticisme*, p.114.

(20) Missale Romanum. Praeparatio ad Missam; Die Dominica.
(21) Poulain, *Les Grâces d'Oraison*, p.318. による。
(22) *El Castillo Interior*, Moradas Sextas, cap. iii.
(23) *Subida del Monte Carmelo*, 1. ii. cap. xxvii.
(24) *Vida*, cap. xxv. §§2, 5, 6. あらゆる形態の聴覚体験に関する詳細な議論については十字架の聖ヨハネ、*op. cit.*, 1, ii. caps, xxviii. to xxxi. を参照のこと。
(25) *El Libro de las Fundaciones* には数多くの例が見られる。
(26) Seuse, *Buchlein von der ewigen Weisheit*, Prologue.
(27) *Fioretti, Delle Istimate*, 2.; E. Gardner, *St. Catherine of Siena*, p.15; Rolle, *The Fire of Love*, bk. i. cap. xvi. および他の箇所。
(28) Heinrich Seuse, *Leben und Schriften*, cap. vi.
(29) *Essai sur les Fondements de la Connaissance Mystique* (Paris, 1897), p.149.
(30) 例外のない規則はないというが、ここでの例外はブレイクである。しかしながらブレイクのヴィジョンは他の神秘家のものとはいくつかの重要な点で異なっていた。彼のヴィジョンは「想像的」ではなく「身体的」な型のものであったように思われ、人間はそこに住まう権利があるとブレイクが考えていた、あの「真実にして永遠なる世界」の現実の知覚であるとブレイク自身には見なされていたのである。
(31) *The Scale of Perfection*, bk. i. cap. xi.
(32) *Subida del Monte Carmelo*, 1. ii. cap. xi. この章全体がこうした関連で読まれるべきである。
(33) *Subida del Monte Carmelo*, 1. ii. cap. xvi.
(34) *El Castillo Interior*, Moradas Sextas. cap. iii.

(35) St. Angèle de Foligno, *Livre de l'Expérience des Vrais Fidèles*, pp.170 seq. (English transltion, p 24).

(36) 「それはしばしば感じられるあの神の現前とは異なっていて……それ〔神の現前〕は素晴らしい恩寵ですが……ヴィジョンではないのです」(St. Teresa, *Vida,* cap. xxvii. § 6).

(37) *Ibid*.

(38) St. Teresa, *El Castillo Interior,* Moradas Sextas, cap. viii.

(39) *Leben*, cap. 1iv.

(40) St. Teresa, *Vida*, cap. xxvii. § § 2-5.

(41) "For oft, when on my couch I lie/ In vacant or in pensive mood,/ They flash upon that inward eye/ Which is the bliss of solitude:/ And then my heart with pleasure fills,/ And dances with the daffodils." W.Wordsworth, "*The Daffodils*."

(42) Seuse, *Leben*, cap. vii.

(43) *Ibid*,, cap. vi.

(44) *Par*. xxx. 61-81.〔『神曲』天国篇三〇章六一—八一行〕この節はおそらくマグデブルクのメヒティルトの〈流れる光〉としての神の概念に何がしかを負っていると思われる。

(45) Mechthild of Hackborn, *Liber Specialis Gratiae*, 1.ii. caps. xvii. and xxxv.

(46) Pratt, *The Religious Consciousness*, p.404.

(47) たとえばフォリーニョの聖アンジェラは『啓示の書』の中でこのような体験を一通り見せてくれる。それは、「内側から輝き、太陽の光輝をさえ凌ぐ」(*Ibid*., p.64. English translation, p.222.)〈神的な美〉の直観的理解に始まり、〈聖体〉の中で二つの眼が輝いているのをありありと見るヴィジョン(*Ibid*., English translation, p.230.)にまで至る。アンジェラは言う。「わたしは本当にはっきりと心の眼で〈あのお方〉を見ました。初めは生きていらして、苦しみ、血を流し、十字架にかけられておいででしたが、それから十字架の上でお亡くなりになりました」（p.326. English translation, p.223.）。「別のときわたしは浄められた〈聖体〉の中に〈子どもの姿のキリスト〉を見ました。美しく、威厳に満ちたご様子で、十二歳ぐらいの子どもに見えました」（p.67. English translation, p.229.）

(48) *Vida*, cap. xxviii. § II.

(49) *El Castillo Interior*, Moradas Sextas, cap. ix.

(50) 「聖パウロの祭日のある日わたしがミサに出ておりましたところ、至聖なる〈神の人性〉が、復活後の御姿として画家たちが描くままの姿でわたしの前にお立ちになりました」（St. Teresa, *Vida*, cap. xxviii. § 4.）。同様にフォリーニョの聖アンジェラのヴィジョンの多くは、明らかにアンジェラになじみ深いアッシジの教会、スポレトの谷の教会のフレスコ画に基づいている。彼女は言う。「教会の入口をくぐりそこで膝まずいたとき、すぐに聖フランチェスコがキリストの御胸に抱かれている絵が眼に入りました。するとキリストがわたしにこうおっしゃいました。『こんなふうにわたしは汝を堅くかき抱くであろう。その堅さゆえ、肉体の眼がこれを見ることとも理解することもかなわぬのだ』と」（*Ibid.*, p.53. English translation, p.165.）

(51) Delacroix, *Études sur le Mysticisme*, p.116.

(52) *Vida*, cap. xxviii. § 2.

(53) St. Teresa, *op. cit.*, cap. xxviii. §§ 7, 8. フォリーニョのアンジェラは同様なキリストのヴィジョンについて、「あの方の美しさと華麗さがかくも大いなるものであり……それを見た歓びもまた、あまりに大きかったので、わたしは決してこれを忘れることはないと思います。そしてわたしの確信もまことに大いなるものだったので、今もいささかなりともそれを疑うことはできないのです」と語っている（St. Angèle de Foligno, *op. cit.*, p.66. English translation, p.229.）。

(54) *Leben*, cap. xxi.

(55) E. Gardner, *St. Catherine of Siena*, p.25. Vita, i. xii. 1, 2 (Acta S. S., loc. cit.). カタリナが自分の指に常にはまっているのを見ていたこの指輪に、われわれは真の肉体的ヴィジョンの例を見てとることができよう。聖テレジアの生涯にもこれと奇妙なほどぴたりと符合する事柄がある。「あるときわたしがロザリオについた十字架を手にしていたところ、〈あの方〉はそれを取ってご自分の手の中にお持ちになりました。そして返してくださったとき、それはダイヤモンドでさえ比べものにならないほど貴い四つの大きな宝石でできていたのです。〈あの方〉は、これから先この十字架はいつでもわたしの眼にはこのように見えるだろう、とおっしゃったのですが、実際その通りでした。わたしには決してそれが木でできているように見えず、宝石だけが見えたのです。けれども宝石は他の誰の眼にも見えませんでした」(*Vida*, cap. xxix. §8.)。オーガスティン・ベイカーによれば、この類の体験、特に薔薇、指輪、宝石などを授かることは「長年にわたって聖性を保っている魂」以外にあっては「大いに疑わしい」(*Holy Wisdom*, Treatise iii. §iv. cap. iii.)。

(56) *Legenda Aurea*, Nov. xxv. 参照。〔『黄金伝説』前田敬作、今村孝訳、平凡社、二〇〇六［平凡社ライブラリー］〕

(57) *Vida*, cap. xxix. §§16, 17.

(58) St. Angèle de Foligno, *op. cit.*, p.232 (English translation, p.186).

(59) Prescott, *The Poetic Mind*, p.102. の引用による。

(60) わたしはこの点に関してはE・ガードナー氏と意見を異にする。氏の *St. Catherine of Siena*, p.354. を参照されたい。

(61) 本書六五頁。

(62) M. Wilson, *Life of William Blake* (London, 1927), p.135. の引用による。

(63) P. Berger, *William Blake : Mysticisme et Poésie* (Paris, 1907), p.54.

(64) G. Cunninghame Graham, *Santa Teresa* (London, 1907), vol. i. p.202.

(65) G. Cunninghame Graham, *Santa Teresa*, vol. i. pp.203-4.

(66) *Vie, Par Elle-même* (Paris, 1791), pt. ii. cap. ii.

(67) *Vie*, pt. ii. cap. xxi. 自動書記についてのこの生き生きした主観的説明を、真正なものと立証されている現代の自動書記の例と比較したいと思われる読者はF. W. H. Myers, *Human Personality and its Survival of Bodily Death* (London, 1903). およびOliver Lodge, *The Survival of Man*. をご覧いただきたい。

(68) *Works of Jacob Boehme* (English translation, vol. i. p.xiv).

(69) E. Boutroux, *Le Philosophe Allemand, Jacob Boehme* (Paris, 1888). を参照。

第6章　内面への旅Ⅰ——潜心と静寂

神秘生活の第一段階、浄化と照明の研究においては、有機的発達の一つの行程、人格の進化に分析と考察を加えた。このプロセスは、より高次のレベルに向かう意識の運動と見ることも、意識を作り直すことと捉えることもできるだろう。後者はある要因が出現し成長することによって生じるが、この要因は通常の人間においては潜伏したままで、充分に成熟した神秘家型の人のもとで初めて十全な開花をみるに至る。この要因——魂の閃光——の覚醒についてはすでに論じた。この要因には〈絶対者〉を認識する能力が初めから備わっている。通常の自我の、十年一日のごとく変わらぬ知覚感覚を糧とし、自我を中心に据えた生活に、この要因は攻撃をしかけ、征服してしまい、さらに〈創造に先立つ光〉に照らされた新世界へと導いていく。こうした事柄が「神秘生活の第一段階」を構成しており、それは人から神へと至る螺旋行路における一つの階梯の端から端までのひとまとまりをなしていた。

一つの生のプロセス、創造された自我と、かの〈真実〉〈自我はこの〈真実〉のまねきに耳を止めたのだった）との間における何らかのハーモニーの確立、ここまで見てきたのはそれである。そしてこの生のプロセスにおいては、そこに含まれるいかなる要素も自発的で自然な成長を遂げ、有機体は、拡張された、あるいは超越的な宇宙（有機体は次第にこの宇宙に気づくようになる）に不随意的に適合するとして論じてみた。ところで、この有機的な成長に並行して、神秘家の特徴をなす特有の活動が常に進行していく。〈無限者〉に対する意識を堅固にし、充実させ、明確にするために取り組むべき訓練がそれである。この活動は、すでに本書において一、二度登場してきている。その影響を考慮に入れないわけにはいかなかったからである。芸術家を研究していて、その表現媒体に言及しないですますことはないが、それと同様である。

神秘家の場合、媒体となるものは観想である。それは注意を外界に向けようとしない、その極限的な形態であり、徹底した心の専念である。その程度やありようはいろいろであるとしても、これは音楽家、画家、詩人の創造活動を条件づけるものでもある。〈善〉と〈美〉とを捉える能力を解き放って、〈真なるもの〉との交流に入っていく。神秘的意識は自らが発見したものを心の表層へと伝えようとすると、その方途としてしばしば「声を聞く」とか「ヴィジョンを見る」という言い方をすることになるが、観想というものも神秘的意識がこうした発見をし、超感覚的なものを看取する一つの方途である。したがって、神秘家の実質的な才能の成長と、この技《わざ》の発達とは連結していると言え、そしてその伸長は多く訓練によって条件づけられる。

画家の場合、いかにその天賦の才が衆に抜きん出たものであろうとも、何がしかの技術訓練なしではどうにもならない。音楽家ならば最低限、対位法の何たるかを心得ていなくては立往生であろう。神秘家とて例外ではありえない。確かに突如高みに駆け登ってしまう、備えもなくいきなり脱我の恍惚境をさまようということもないではない。とある詩人が突然、傑作を発表して世の中を驚倒せしめるようなものである。しかし練成という裏打ちのないとき、不意に襲いくる孤立した霊感のひらめきは、それきり途絶えて続かない。名作の高峰、一山そびえてあとはない。だからこそ、〈善〉、〈真〉、〈美〉の、〈真実〉のあらゆる側面は声を揃えて人の魂にこう強く強く求める。「この愛を整えよ、おお、わたしを愛しているおまえよ」、と。恋する人、哲人、聖人、芸術家、科学者、いずれもこれに従うか、さもなくば転落して終わるか、そのいずれかである。

つまり、陶冶してこそ実りを結ぶという点で、超越にかかわる天賦の才も、その他一切の天才を統べる法に従うのであり、実際、何らかの訓練のプロセスを経て、はじめてその力を十全に発揮することになる。神秘家がその生涯にわたって実践しようとする観想というこの不思議な技――それは彼の愛とヴィジョンと共に、一歩また一歩と発達する――は、それに取りかかろうとする自我に対して、厳しくうんざりするような作業を、意志のゆっくりとした鍛錬（これはあらゆる最高の達成の背後に横たわるものであり、真の自由を得るための対価をなす）を求めてやまない。どの時代にもある、曖昧模糊としていて実りのない、時としては有害ですらあるいわゆる神秘主義の多くに看取されるのはこうした訓練、「超感覚的修練」の欠落、不足である。鈍重で茫漠とした宇宙的感情とか、気の抜けた霊性とかが〈絶対者〉を真に探求する人々の足下にまとわりつき、その学問的追求に不信感を招き寄せてしまう例は枚挙のいとまもない。

人類の発達させてきた他のさまざまな、あるいは小さな技芸同様、ここでも教育とは主として過去のものである規範に自ら進んで従おうとすることであり、教訓を学びとろうとすることである。伝統と経験とが歩調を揃えて進み、過去と現在とが手を携える。〈愛〉というただ一つの目的に向かってひた走る新参のだが真摯な魂の持ち主一人一人が、〈真実〉への旅路の上に先達が残していった目印をたどって、歩みを進めていく。賢い魂はそれに従い、そしてそこにこの旅の本質をなす自由への到達を妨げるのではなく、それに資するものを見出す。確かにこの旅は最終的には孤独な体験、「衆を離れただ一人、唯一なるものをめざす飛翔」ではある。とはいえおよそ魂の達成というものは、他と隔絶して成就されることはないし、魂の宇宙に変化をもたらさずに終わるということもない。同時にまた、ここにおいても、人はその個人史を人類全体の歴史から、何の問題もなく切り離せるかというと、そういうわけにはいかない。最良にして最も真実な体験というものは、ただひたすら己れの直観のみを規範とする、奇矯で個人主義的な求道者のそれではない。そうではなくて、自分もその一員である霊的交流の文化から益するものを得ようとし、個人の直観を神秘家の歴史全体が示す導きに従わせようとする人にこそ、もたらされる。この導きを拒絶する者は、異端から狂気に至るまで、個人主義者を待ち設けるありとあらゆる危険に身をさらすことにならざるをえない。孤独なる者は哀れなるかな。神秘主義の歴史ほど、人類の本質的な連帯性と、それを認めまいとする人に科される罰とをまざまざと見せつけてくれるものはないと言ってよいだろう。

伝統が定めた神秘家の鍛錬とは、並はずれた精神の集中力、霊的集中の力を段々と発達させていくということである。生まれつき「〈絶対者〉を感知している」だけでは不充分であり、それを観想できるようにしなくてはならない。どれほど鋭敏であろうと、単に視覚や聴覚を備えているというだけでは駄目で、知覚力、享受力の十全な訓練を経て、はじめて音楽や美術の傑作を真に味わいつくす——見る目をもって見る、聞く耳をもって聞く——ことができるようになるのと同様である。しかしそれだけではない。ただ外なる目で見、耳で聞いただけでは、自然はその秘密をほとんど明かすことがない。あらゆる意識の段階における、その名に値する視覚体験、聴覚体験とは、感覚の先鋭化にではなく、人格全体のある特別な構えによってこそ成る。没我的な注意の結集、極度の精神集中、自我滅却であり、これによって見るものと見られるものとの間に真の交流——一言で言えば〈観想〉——が生じる。

つまり、非常に広義にとれば、観想とは〈神的実在〉の知覚に限らず、あらゆる知覚に適用しうる——そうしなくてはならないこともしばしばある——力ということになる。万物がその下で生の秘密をわれわれに開示するに至る一つの精神の構えである。芸術家はみな必然的に何ほどか観想的に関わる。利己的な先入主なしに一意専心、我を忘れて没頭するとき、芸術家は神の観点から〈創造〉を見る。[1]「無垢の眼」とはこれ以外の何であるだろうか。そしてこのようにしてはじめて、彼らは自分が世界に示そうと望むものを真に見ることができる。以上述べてきたことを安手の心理学と低級な形而上学との寄せ集めと受け取る向きには、偏見を拭いさり、この問題を実験にかけて検討してはどうかとお誘いしたい。忍耐心があり正直であれば——そして少数ながらいる、ごく簡単な観想も受けつけない気質の持ち主でなければ——人の心と外界との関連が本来いかなるものであるか、この実験から何がしか新しい知見を得られるはずではないかと思う。

何を行なうのか。一定の、さほど長くない時間、途中で途切れることなく、然るべく、何か単純で具体的な外の世界の事物を見つめる。対象とするものは何であってもほぼ差しつかえない。絵画、彫像、樹木、遠くの丘、植物、流水、小さな生き物など。カントの言ったように、星の数多《あまた》きらめく天空へ赴くまでもない。「胡桃の実ぐらいの大きさのもの」と、はるか昔にレイディ・ジュリアンが口にしているが、[2]言いえて妙である。強調しておきたいのは、これが具体的な実験であること。麗しく、かつ汎神論的な瞑想に耽るわけではない。

さて、選んだものにじっと目を凝らす。それ以外の世界の無数の情報の洪水は静かに、だが断固として拒絶しなさい。こうして他の一切は意識から排除し、ただ一つこれと決めたものを見るという行為に注意を集中する。考えるということはしない。そうではなく、いわば全人格をひたすらこれに向けて注ぎ込んでいくようにする。魂を目に籠める。知覚のこの新しい方法によって、ほとんど瞬時にして外界の思いがけざる特質が開示されるようになる。まず自分自身の身のまわりに不思議で深い静寂を覚える。それからそれへと駆り立てられている精神の活動が緩やかになる。次に、凝視しているそのものに、高められた意義、強化された実存を知覚する。こちらの全意識をもってそちらへと向かう。すると、むこうもこちらへと近づいて出会う。そちらの生とこちらの生、主体と対象との間の垣根が取り払われてしまったかのようになる。真の霊的交流が起き、対象と溶け合う。そしてそのものの秘密を深くかつ忘れがたく鮮烈に知る。が、しかし、さてそれを言い表そうとしても、ついにそのすべは見つかりはしない。

このように観るとき、薊《あざみ》も天上の特質を備え、まだら模様の鶏も崇高の輝きを示す。木々や雲、川はわれわれの同志《とも》として大いなる秘密へと導き、「箔を揺すったときのように」きらきらと輝く。「〈永遠〉を見る眼」は機会を得た。暫時われわれは「〈在りて在るもの〉の生」のうちに浸されてしまった。穏やかで深い愛がわれわれを万物の実体に結びつける。これは外界のある側面と人の心との間に起こる「神秘的結婚」。心が心に話しかける（Cor ad cor loquitur）。表層の知性にではなく、生は生に語りかけた。表面的な知性にわかるのは、このメッセージが本物であり、美しいということのみ、それ以外ではない。

この実験のためにせねばならぬことは、表層の心の働きを静め、散り散りになっていた関心を呼び集めることであった。これと決めた一つのものに全身全霊を捧げる。そこには自意識はなく、反省的思考もない。反省は常に歪曲に終わるもの。人の心はいびつな鏡である。その能力を発揮するのがいかなるレベルであるにせよ、観想に取り組む者は同化し同化されることでよしとする。大仰なところなど一つとしてないこのつつましいアプローチによって、いかなる知的プロセスによっても近づきえない知の次元へと到達することになる。

いかなる意味にせよ、このささやかな実験が神秘家の超越的観想と同等だなどと言うつもりはない。とはいえ、小さければ小さいなりに、またあくまでも目に見える〈自然〉に関してではあるが、〈不可視の真なるもの〉を捉える際に採り上げられ用いられるのと同じ天与の能力を働かせているのだ——もちろん神秘家の場合にはレベルが違うし、また超越的感覚に従属するわけではあるが。ひびのはいった壁に一瞬花の姿の出現するのを確かに見届けることと、引きあげられて「永遠の〈真理〉、真の〈愛〉、そして愛すべき〈永遠〉」を把握することとでは、確かにまったく違う。しかし、どちらも、それぞれのレベルにおいて「心の宙吊り」状態で作動する内なる眼の働きではある。

このつつましい受動性、静かで落ち着いた凝視（そこでは感情、意志、思考という区別がなくなり融合してしまう）、これこそが、ついに見ることを許されたものへの愛に火と燃える、偉大な瞑想家の手にした秘密に他ならない。だが〈自然〉の観想にはわれわれの外にあることがはっきりしていて疑いようのないものへと向かう外向性がつきまとい、知覚感覚経験の世界にその材料を求める。これに対して〈霊〉の観想は、それを実践する人に言わせれば、諸感覚のもたらすメッセージをあえて拒否しようとする。われわれの諸能力の内へと向かって行くこと、これを「内向」、「中心へ向けての旅程」と呼ぼう。曰く、〈神の国〉は汝のうちにあり、と。それゆえ魂の最もひそやかな所に神の国を探し求めよと言われる。神秘家はそこで不可視にして触知しがたいものにその全能力、己が自我そのものを集中することを身につけねばならず、それで目に見えるものはすべて忘却されてしまう。それのみに鋭く焦点が結ばれて、他の一切はすべてぼやけてかすんでしまうのである。意志の力を意図的に行使して、散り散りになっていた諸機能を呼び集め、心の中から幻影の群を、反乱する思考を追い払う。神秘家の言い方では「己れの無のうちへと沈み込む」、忙しく立ちまわる賢《さか》しらな〈理性〉が立ち入ることのできない、何一つない空白の住み処に潜み入るのである。この過程全体、自我の力を結集し「内側へと」向けること、魂の底の凝視、これがすなわち〈内向〉である。

内向というのは、生まれながらの神秘家が徐々にしかし確実に身につけていく技である。生まれつきの音楽家がピアノ演奏という技術を身につけていくのと同じである。どちらも、芸術家の持ち前の天分があればこそ、楽器から妙なる響きが引き出される。とはいえ、才能を然るべきあり方で表現できるようになるのは、楽器を弾きこなす訓練教育のたまものでもある。神秘家の教育というものも、当然教えられて身につくものがあることを前提としている。だが、教育に着手するのに先立ってまず「新生」、すなわち深層の自我の覚醒が起こることが絶対に必要である。これは心理学的プロセスであり、心理学の法則に従う。そこには予想外の、あるいは常軌を逸した要素は何一つない。専門的に言うと、ここで問題になるのは「通常の」観想であり、「超常的」観想と呼ばれるものではないことをお断りしておく。

初期の段階では内向の実践は意志的で、困難を伴い、意図的になされねばならない。ちょうど読み書きの初歩の段階と同じである。読み書きが上達すると最終的には何も考えないで自然にできるようになるが、神秘家の内向訓練も同様で、最後には習慣が形成される。訓練によって身につけた観想力は、身に備わった通常の能力の一つになってしまう。時にはそれが通常の能力全体を支配し、意志の制御を逃れ、勝手に現れて、意識の領野を制圧してしまうこともある。超越的な力のこうした暴力的で不随意的な侵入によって表層意識が完全に圧倒されてしまい、その結果、主体が通常の「外界」から切り離されてしまうということになると、これは典型的な歓喜、または脱我の経験と呼ばれる。「漸進的な段階を踏まず、突然に、はるかに高い栄光あるものへと浮揚する脱我の飛翔(3)」という、不意に訪れるエクスタシーの知覚についての包括的な言い回しによって、〈神的超越〉の神秘的な意識が最も明瞭な形で表現されている。神秘家の教える、神性の広く高揚した認識というものは通常、勤勉な瞑想によってではなく、「あらゆる被造物を超えること、自我の軛《くびき》からの脱却、心のエクスタシーに踏み込むこと(4)」(トマス・ア・ケンピス)によって獲得される。そうであるがゆえに、こうした脱我の状態に特有な経験は神秘主義を研究する者にとって極めて大きな価値がある。しかしその詳細についてはこの本のもっと後で扱うことにしたい。通常の意図的に取り組むべき内向の実践は、逆に〈神の内在〉と堅く結びついている。「中心への旅によって」見出される、内に住まう神に力点が置かれ、「天使と大天使はわれらと共にある。しかしわれらと共にあるばかりでなく、われらの内にある者こそより一層、真にわれらのものである(5)」(聖ベルナルドゥス)という確信がそこにはある。

　言葉の最も広い意味においては、ということはすなわち、神秘的祈りのあらゆる種類と段階とを包含するという意味では――観想は〈一者〉を捉えるこうした相補的な様態を通して、〈絶対者〉と魂との間に霊的交流を打ち立てるものである。その相補的様態とは次の二つ。(1)通常は制御不能な、もっぱら外向的なものであるエクスタシー経験、〈純粋存在〉への到達、または「神への飛翔」。⑵制御のききやすい内へ向かう経験。「われらの無のうちで」神と出会い神を知る人格のもっと深い次元と表層の自我とを隔てる障壁が打破され、神の生と人の生との神秘的な融合が生じる。キリスト教神秘家の言い方では、前者は「父なる神の御前へと歩み寄ること」、後者は「子なる神との結婚」とされる。どちらの場合も「魂の火花」のうちに住まう聖霊の働きにあずかる。これについて神秘家は、それぞれを空間的に配置するような言い方をするのが常である。しかしながらこの二つの経験はその最も崇高な形態においては、同じ一つのまとまったものを正反対の側から眺めたものに他ならないのではないだろうか。あるいは、われわれの手には届かない高次の総合化を示すべき相補的な状態であると言ってもよい。リュースブルクの言う「頂上の平安」、愛の極点において両者は出会う。外と内、近いと遠いとは、この「恋人たちの無我夢中のあえかな沈黙」のうちに意味を失う。『神の御側に付き随うことについて』の著者(聖ベルナルドゥス)は「神のもとへと登りつめるとは、自らの自我の内へと潜み入ることである。内へと入り自らの内奥まで深く達する者は、自らの上に昇り、さらにそれを超えて真に神の高みに登りつめる」[6]と言う。

知性にとっては空虚、心にとってはなべての望みの充足であるこの言葉に尽くしがたい出会いの場所について、タウラーはこう語る。「そこではすべてが静寂と神秘と荒涼。ただ神のみあって他には何もない。それだけである。……この〈荒野〉は〈神性の静かな砂漠〉であり、神はその息吹きを受ける者をここへ、いまこの時であるか、あるいは永遠においてか、導き入れる」[7]。通常の自我から見ると遠く離れているが、そちらから見ると自我がごく近くにあるこの「静かな砂漠」、この静穏な存在の領野から、通常の自我は官能的実存の「静寂ならざる砂漠」によって隔てられている。しかし〈真実〉の実質、自我の存在の〈底〉

そのものは自我まで伸び、それを貫き通している。ジュリアンの言うように、それは「在りて在るものの〈実体〉」であり、存在を同時に宇宙と神とに結びつけている。「神はわれらの近くにあり、だがわれらは神から遠い。神は内にあり、われらは外にある。神は故郷に、われらは異郷にある」とは、マイスター・エックハルトがこの「知性によって知りうる、いずこともないその場所」の、あるがままの姿を言い表そうとした苦闘の末に刻んだ言葉である。(8) 改めて言うまでもないことだが、自我がそれを捉えようとするなら、然るべく骨を折り、然るべき知覚の力を鍛えなくてはならない。そして、〈生成の世界〉の要請に応えるべく発達してきた意識は、己れがそこからやって来た〈存在の世界〉へと参入させられねばならない。

はるか昔、プラトンはこうした知覚の必要性と、魂が〈真なるもの〉によって涵養される観想という技の本性とを定義づけている。最も純粋に神秘主義的な章句の一節で、彼は次のように言っている。「魂が自らに立ち返って省みるときには……純粋にして永劫なる、不死にして不変な領域へと入り込んでいく。この領域を自らと類を同じくするものと感じ、自らを律してとどまり、彷徨をやめて落ち着く」(9)。プラトンおよび一般にプラトン学派の言う「観想」ではしかし、重点は直観力ばかりでなく、少なくともそれと同じ程度、知力にも置かれている。人と〈真なるもの〉との出会いの場、それは心ではなく頭である。オーガスティン・ベイカーの言葉に耳を傾けるならば、「古えの昔には、哲学的とも言うべき一種の誤った観想があった。古代の学ある異教徒の幾人かが行ない、近年においても模倣する者のあるもので、その最善にしてかつ最終的な目標は知識の完成に、そしてそこでの喜びに満ちた満足に置かれている。……哲学的観想のこのありようはスコラ学の知性にひき比べられよう。信仰の神秘の学問的研究と犀利《さいり》な検証とに多大な時間を費やし、心のうちに神への愛を深めることをめざそうとはしないのである」(10)。

神秘家の著作を読み進めるならば、観想という技を習得していく途上において、自我がぐらざるをえない過程、企てなくてはならない鍛錬の記述に必ず出会う——本人自身の手になることもしばしばで、それらは心理学的に見て大いに関心をそそられるものとなっている。多くの場合、その細部にはさまざまな相違がある。分類の仕方、経験される感情、当事者がたどっていく「階梯」の数（すなわち諸能力を結集するという骨の折れる最初の試みから、「神のうちに没入している」と感じられる至高の点に至るまで）などである。そのそれぞれに、生のあらゆる表出に備わる個有の特質がある。各々に、書き手の気質的な偏りや分析力の問題が加わって、影響を及ぼし、相違はますます大きくなる一方である。とはいえ、どれもが互いに結びついたある一つの経験の記述をなしている。愛の拍車に打たれつつ、自我全体が超越的真実の観想に、順次段階を追って集中していくということがそれである。〈神秘主義の途〉には、性格の超越、本能的生の昇華、一個の人間全体が高次の活力のレベルに上昇すること、自由の達成が含まれている。それゆえ、観想の階梯を登ることとは、知覚の力のこうした超越、あるいは高次の自由へと向かう運動が含意されていると言ってよいだろう。

梯子の階梯、発達する自我の企てる漸進的修業の内容、観想という技の鍛錬、これらは通常キリスト教の神秘家たちによって「祈りの段階」とか「祈祷」という名称で呼ばれている。しかし「祈り」という言葉の通常の含意には、形式的敬虔、細則の決まった祈願——いつからともなくある、あるいは伝統的な告諭による、決まりきった請願や義務——を示唆するものがつきまとっており、神秘家がこの言葉を使って表そうとする超感覚的営為の本性とはいささかずれがあると言わざるをえない。

神秘的祈り、あるいは「祈祷」——議論を明晰なものにするべく「祈祷」〔アンダーヒルは prayer と

orison を基本的に同じ意味で使っている。この章以外では原則としてどちらも「祈り」と訳したが、この第六章にかぎり prayer を「祈り」、orison を「祈祷」と訳した〕という言葉を使うことにしたい——、これは祈願とはまったく別で、何ら共通するところはない。祈祷には判然とした区切りがなく、決まった形式は一つもない。『聖エドマンドの鏡』にはこうある。「それは魂の熱望以外の何ものでもない」[11]——形而上的なものに対する人間の渇望の表現だと言うのである。またグルーによれば、「そこでは、想像力や理性の介入を見ることはなく、ただ心のごく純一な注意力と、同じように純一な意志の働きとによって、魂がその底において神と、創造された知性が〈創造されざる知性〉と結合する」[12]。心理学の側から見ると、この発達には神秘家の有する豊かな識閾《しきいき》下の心を着実に鍛えていくことが含まれていると言える。これによって深層の意識が流れ込む回路がゆっくりと準備されることになる。この鍛錬は不随意的な状態を、ある秩序のもとに整え、生にとって効用のあるものとする。この不随意的な状態とは受動性、歓喜、直観であり、それらは〈絶対者〉へ向かおうとする制御されない、整序されていない天与の才能の特有のあらわれ方である。とはいえ、本人にとっては、自らの祈祷はむしろ自由で相互的な愛の働きに思える。魂と神（もしくは魂と神のある側面）との間の超自然的な霊交であり、時には光明と歓喜に満ち、時には暗闇に覆われ特にこれというものがあるわけではない[13]。ある段階では、外からもたらされるメッセージを穏やかに、正直に待ち受けることである。別の段階では、はっきりとしたところのない不明瞭な交流であり、言葉なき歓喜、沈黙のうちに神を凝視することである。このいとも崇高にして困難きわまる技業に踏み出そうとする者を待ち受けている報酬のいかなるものであるかを伝えようと、神秘家は骨身を惜しまず百万言を費やして、それでもまだ語るのをやめようとしない。

交際を深めて友人をより深く知るように、この意図的な霊的交渉によって自我は〈真実の核心〉へとより深く迫っていく。ダンテのごとく一歩また一歩と観想の梯子をよじ登れば、ついには〈最高天〉に、「そこではすべての願望が成り、熟し、完結する」[14]ところに到り着く。祈祷は神秘生活の中で開花するが、この神秘生活の真の目的と同様、祈祷の真の目的は〈恋する者〉と〈愛される者〉、神と魂との至上の出会いにある。そのための方法が神秘生活のそれ、超越である。すなわち感覚的イメージを徐々に排除し、一歩また一歩と観想する自我が真実に接近し、合一を生じさせるのに必要な条件が漸次自我のうちに作り出されていく。それには集中が欠かせない。つまり、通常の自我にあっては常に外に向けられ、日常生活の種々雑多な幻影にすり減らされてきた全能力を内側へ向けることである。内向を行なう間は〈多の世界〉を拒否し、そこから身を引く。そうすることで心が〈一者〉を捉えうるようになる。ベーメ曰く、「見つめよ。汝の魂のうちに神の光を見、神によって照明を受け、導かれようとするなら。これこそがとるべき最短の道である。汝の〈霊の眼〉を〈物質〉の中に入り込ませるな。天地を問わず何かの〈事物〉で眼を満たすな。何もない裸の信仰によって〈神の光〉の中へと〈霊の眼〉が入っていくようにせよ[15]」。

ヒルトンの言葉に耳を傾けよう。

霊的な眼が開くということは、およそいかなるこの世の学者もその知恵をもってしては想像しがたく、その言葉をもってしては言い表しえないことである。なんとなればそれは学問の研鑽や人の労苦のみを通して得られるのではなく、聖霊の恵みを主とし、そこに人の苦心が加わってこそ得られるからである。わたしはそれについて語るのを恐れる。できはしないのではないかと思うからである。わたしの試みは虚しく終わり、唇は偽りの言葉で汚れる。にもかかわらず、愛が求め愛が命じていると思えるがゆえに、愛の教えと思われることをいささかなりと語ってみることにしたい。霊の眼が開くとは、以前語ったあの光溢れる闇と豊かな無のことであり、それは次のようにも言える。精神の純粋と霊の休息、内的な静穏と良心の平安、思考の高さと唯一なる魂、生き生きとした恩寵の感情と心の関与、配偶者の覚めながらの眠りと天の香りの味わい、愛に燃えることと光のうちに輝くこと、観想の始まりと感情の作り直し……言葉にすればさまざまに異なるが、言わんとする真実の点ではみな一つである。[16]

ここでヒルトンが言っているのは、「人の努力」が「恩寵」と結びつけられねばならぬということである。霊的な眼が開くためには、然るべく決まった労苦を重ねなくてはならない。「時というものを見る眼」が事物にかかずらわり、意識の領域をわがものとしているかぎり、「永遠を見る」霊の眼はまったく動き出すことがない。しかもこの眼はただ開くだけでは駄目で、さらに訓練を重ねることによって〈創造に先立つ光〉をしっかりと見据え、そうしたまま一歩も退かないようにならなくてはならない。この超越的視覚の鍛錬と清浄化は、さまざまなイメージによって描き出されている。「言葉にすればさまざまに異なるが、真実の点では一つ」というわけである。その主要な点は鏡を次第にきれいに磨き上げること、自我からなべて真実ならざるものを段々と除去すること、すなわち自我が受け取る「イメージを持たない」最終的な〈真実〉の、純粋でイメージなしでの把握を可能にする、意識の一体化された状態へと到達することである。「無一物の裸の祈祷」、「空虚」、「無」、「全き屈従」、「無となった生の平和な愛」などと神秘家たちは繰り返し言っている。神性をヴィジョンや聴覚体験を通して把握するというのは、人間の弱さに対する譲歩以外の何ものでもない。それは「感覚的なもの」が十全には克服されるに至っていないというしるしではないだろうか。天使の真の言葉を、尋常な心が理解しうる人間的方言に翻訳してしまうことだと言ってもよい。感覚心像を断固として棄却すること、およそ考えうるありとあらゆる幻覚の源、すなわち自我性と自恃をできうるかぎり捨てようとすること——自恃はあらゆる欺きの根源となる最たるもの——であり、これこそが純粋な視覚の条件である。そして「祈祷の段階」、彼らが大変骨を折って登っていく「愛の険峻な階段」は、この必要性に裏打ちされ基礎づけられたものに他ならない。

それぞれの神秘家の用いる用語、観想における自我の発達を記述する際に用いられる区分は、驚くほど多種多様である。これほど分類整理の強迫観念が猛威を揮っているところは他にはない。それだけではない。一つ一つを吟味し比較してみると、彼らの使う言葉が見かけほど厳密なものでは必ずしもないことに気づかざるをえない。さらには、長く用いられている伝統的な用語も、常に一定の決まった意味で使われているというわけでもない。「観想」という言葉を使って実は内向の過程全体を記述しようとしていることもあるし、「合一の祈祷」の意で用いていることも、さらには脱我と一緒にされていることもある。ドラクロワの指摘によれば、聖テレジアによる彼女自身の心の状態の分類でさえ、明晰というにはほど遠く、その各主要著作ごとに変転し続けてやまない[17]。こういうわけで、『生涯』においては〈潜心〉と〈心の静寂〉とは同義として扱っているようだが、『完徳への道』ではこの二つははっきりと区別されている。『魂の城』ではまた全然違う論が組み立てられており、心の静寂の祈りは「神の味わい[18]」と呼ばれている。さらにまた、オーガスティン・ベイカーは「内的な沈黙と静寂の祈り[19]」を取り上げて、聖テレジアが「静寂」という言葉で呼んでいるのは、それではなく「超自然的観想」の一形態を指していると主張している。

かくして、禁欲主義者がその著作の中で大変手際よく図表化しているいわゆる「祈祷の階梯」は、実はその多くが人工的にこしらえた象徴的なものだという結論を、渋々ながらも受け入れざるをえなくなってしまう。つまり彼らがありのままの記述と称しているプロセスは、実は人生そのものと同じく、切れ目のない一つの連続したもの——階段ではなく坂道——であり、それを分割した各部分とは、あくまでも便宜的な図式化の産物でしかない。ほとんどすべての神秘家が、先人の用語を踏襲しつつ、さまざまな場でこうした誤りをおかしている。自己分析を試みてあれこれ骨を折るが、自分個人の情緒を分割し、さらに細分化し、結合し、区別することに終わっている。観想にかかわるさまざまな論をまとめて調和一致させようと試みる者が、心に大混乱をきたすことになるのは、そういうわけによる。例を挙げてみよう。聖テレジアの「四段階」[20]をサン＝ヴィクトルのフーゴーの言う四段階[21]と、そしてまたサン＝ヴィクトルのリカルドゥスの「熱烈な愛の四段階」[22]と同一だと見なそうとすること。さらにはこの図式の上に、整理して地図にまとめる頭の持ち主というより冒険家肌の人であるヒルトンの、単純にして詩的な「観想の三段階」[23]——〈知〉、〈愛〉、〈知にしてかつ愛〉——を重ね合わせようとしてしまうこと。この点に関して、オーガスティン・ベイカーの言を思い出しておくのは無駄ではないだろう。彼に言わせると、こうした微細な区分や種類というものは、何か一般的な理由があってそうしているというより、「その魂をよぎっていく、多分どれもが同じというわけではないさまざまな効果の個別の経験から出てくるものを」その著者が「巧みに区別している」ものなのである。[24]

とはいえ、内向をめぐって筆を執る者が、観想意識の通常の発達を明晰に記述しようとするなら、何らかの図式なり、きまった図解なりを使わずにすますというわけにはいかない。あくまでも便宜上のものであることとさえ心しておくなら、それを使うことに特に大きな反対はないのではなかろうか。そこで次に、神秘的意識が成熟し、その神把握が発達していく、連続的で順序立った成長、漸次進行する変化のプロセスを、三つの部分に分けて検討してみることにしたい。この三つを、修道生活関係の文献に親しんでいる人なら誰にもなじみの深い名称、〈潜心〉、〈心の静寂〉、〈観想〉と呼ぶことにする。内向体験の以上三つの部分のそれぞれは、前に読者に加わっていただいた簡単な実験においてすでに萌芽の形で識別されていた。つまり、集中という行為、沈黙、そこから生ずる新しい知覚の三つである。〈潜心〉、〈心の静寂〉、〈観想〉、そのどれにも、それに先立つ状態に連接する特徴的な始まりがあり、次第に変化していって、いつしか後に続く状態へと交替する特徴的な終わりがある。普通〈潜心〉は〈瞑想〉のうちに始まり、「内的沈黙の祈祷あるいは単純さ」へと進み、今度はそれが真の「静寂」へと溶け入っていく。「静寂」が深まりゆくと〈通常の観想〉に移っていく。そして〈通常の観想〉が本来の〈観想〉を経て、さらに発達すると脱我にあらざる内向状態の最高の段階である〈受動的合一の祈祷〉に至る。以上のように事実を述べるだけでも、魂のこの生の過程がどれほどなめらかに連続的につながっているかが見てとれるだろう。

ある成長する能力を訓練し発達させる、あらゆる教育の目的はそれであり、観想の祈りの目的も同様である。ここでその能力とは「超越的自我」、「新しい人間」のそれ――「霊的意識」と結びつけられるすべての能力である。とは言うものの、「神の子」も人の子と同じく、初めは赤子であり、訓練の第一歩が厳しすぎてはならない。そこでこの教育のプロセスは、自然な成長の過程の一歩一歩にのっとり、それをうまく利用して行なう。ちょうどわたしたちが子どもを育てる際に、子どもの能力が発達する自然な順序を教育計画の基礎とするのと同様である。〈潜心〉、〈心の静寂〉、〈観想〉、この三つは、神秘家の力が展開していく順序に対応させられる。大づかみに言えば、以下のようになる。「瞑想的」ないし「潜心的」と呼ばれる霊的集中の形態は〈自我の浄化〉と併行し、「心の静寂」は〈照明〉の特性をなし、〈観想〉そのものは――少なくともその高度な形態においては――〈合一の途〉に到達した、あるいはほぼ到達した人によって最も十全に体験される。ここで一言断っておかなくてはならない。すなわち、自我が霊の暗夜をすっかりくぐり抜けてしまうより前に、「第一の神秘的生」において、霊的諸状態全体を駆り抜けて、一挙に探し求める〈絶対者〉の直接体験に到達してしまうように見えることが決して少なくないということである――もっとも実際には、本当の永遠なる合一の生じる意識の高い次元に自我が到達するに至っているというわけではない。祈祷の状態にある自我についても同様のことが言える。その成長の任意のある点において、自我が〈絶対的生〉との、イメージのない圧倒的な同一性の感覚――神のうちへの麗しくも高揚した没入――をわずかの期間経験することがないわけではない。この同一性の感覚のことを「受動的合一」と呼び、それは合一の生の特徴をなす意識を先取りするものである。「祈りを主とする過程」において、自我はその生の大きな過程全体を何度となく小規模な形で繰り返していく。まだそこに踏みとどまっていられるほどの実力の備わっていない次元に、束の間駆け上がってしまうことがある。「神をその底に探し求め」、求めるものを見つけ出してしまうこともある。以上のようなわけであるから、教育の階梯と成長の段階とを一致させようとするときには、厳密さを求めすぎるべきではないと言っておかなくてはなるまい。

この教育は、正しく理解するなら、一つの一貫した過程である。それは覚醒した意識、その感情、思考、意志を、ある超越的影響、流入する活力（これを意識は神的なものと捉える）の働きに、自ら進んで譲り渡してしまうことである。〈潜心〉という準備過程では、手に負えない心を服従させる。「心の静寂」では激しくたぎる意志を沈黙させ、「想像のめぐる輪」を静止させる。〈観想〉においては、ついに心はそれ自身に至る——心が心に話しかける。思いきって単純な形にまとめると、以上三つの状態は、人が探求する、言葉で表しえない〈対象〉への意図的な精神集中、その中での穏やかな安らい、それとの喜び溢れる交わりに関わると言えよう。これには神秘家の力の漸進的集中が必要とされ、そしてまた表層の知性から深層の心（すなわちただ一つ、神というものに向かいうる本質的自我）へと主導権が徐々に受け渡されなければならない。〈潜心〉においては表層の心がまだ引き綱を握っていると言えようが、「心の静寂」ではそれをすべて手放してしまい、意識は「神が働き語る、喜びに満ち満ちた沈黙」へと深く潜み入るに至る。屈従と呼ばれるこの行為、思考の意図的な否定こそが、観想状態の不可欠の序章をなす。「神と女神を見ようと望むとき、恋人たちは蠟燭を消しカーテンを引く。この高い次元における霊交においては、思考の闇は知覚の光である[25]」

それからそれへと続く祈祷の階梯における自我の陶冶、これは聖テレジアがその『生涯』の名高い一節で、魂という庭園に水を引くための四つの方法（それによって花が咲き実がなる）にひき比べているものである[26]。四つの方法の第一にして最も素朴なのは瞑想である。これは深い井戸から手で水を汲み上げるようなものだと彼女は言う。最も手間も暇も食う灌漑法と言ったらいいだろうか。これに続くのが静寂の祈祷で、もう少しましで手間も軽減される。ここでは魂は何らかの助けを受けるように思われる。すなわち感覚が静寂に至ると識閾下の諸能力が働き始める。井戸には巻き上げ機がつく——カスティリヤのどの農家にもあるムーア式の小さい水上げ機である。投じられるエネルギーに対して、より多くの水が得られる。

実在ならざるものを捨てるのと引き換えに、より多くの真実の感覚を得るということである。また「水はより水位が高く、井戸の底から汲み上げなければならなかったときより骨折りはずっと少ない。ということは水がより近くにある、魂に恵みがよりはっきりと現れるということである」。三番目の段階、合一の祈祷では、心のあらゆる意志的活動をうち棄てる。庭師はもはや自らの努力で何かをするのではない。主体と対象の接点がはっきりとでき、余計な緊張や骨折りは必要ない。あたかも小川が庭園内を流れて潤していくようなものであり、流れの方向さえ決めてやればよい。第四の最高の段階では、神が自ら「一滴一滴」天から庭に雨を降らせて潤してくださる。このときの自我のありようは完全な受動性、「受動的観想」、愛の信頼である。個人の活動は「全一なる者の大いなる生」のうちに没入してしまう(27)。

神秘家の真の歩みの尺度となるのは、愛の進捗であり、また常にそうでなくてはならない。ここで何かを捕捉することは、心によってすることなのであるから。その教育、魂という庭園の灌漑とは、この一つの花——神のうちに根ざす〈神秘の薔薇〉を育てることである。そこで、彼の観想の前進の一歩一歩に、サン=ヴィクトルのリカルドゥス言うところの〈熱烈な愛の段階〉という、高揚した感情の状態が伴う。それが眼前にないなら、この世のありとあらゆる厳しい訓練を重ねたところで神秘家が真の観想状態へと至ることはない。もっとも、オカルト研究家の知悉する知覚のアブノーマルな力なら容易に生み出されるのであるが。

こういうわけで、神秘教育の理論と神秘生活の理論との間には密接な一致がある。どちらにおいても、愛の征服が着実に進み、自我は次第しだいに屈従へと向かう。あらゆる感覚、自らの欲望のことごとくによって、目に見える事物のせわしない世界に結びついている「わたし、わたし」という叫びが鎮められていく。この漸進的屈従は通常、祈祷の実践において、円周から中心へという内に向かう退却という形をとる。ここでいう中心とは、魂の底、ほとんどの人にとっては表層の関心の瓦礫の山の下に深く埋もれている、人間の実体的な何ものかのことであり、この中心において人間の生と神の生とが出会う。がらくたの山を片付けて、この宝庫に取りかかる。ある点からするとそれが観想者のまず手をつけるべき仕事であると言えるだろう。余計なものを一掃する、「内向」の最初の一歩はそれである。内向とは、人が自らの中心へ赴こうとする、内へ向かう旅であり、その中心では人の賢しらやいわゆる美点なるものがことごとく剥ぎとられ、人は「無」とされ、ここで「じかに神と出会う」ことができる。この魂の底、通常の人間がほとんど立ち入ることのない不思議な内奥の聖域では「〈神的存在〉をじかに受け取る」が、それは「神のみが動かせるもの[28]」であるとエックハルトは言っている。限りある自我はそこで〈無限者〉と遭遇する。そして、〈神的実体〉の属性によって育まれ、親しく愛に満ちた霊交によって〈絶対的生〉に適うように作り直される。最高の形態の観想とはこの出会い、神秘的修養の完成に他ならない。ここでわれわれは純粋愛の精髄をなす大いなる自我没入行為に踏み込む門口に立っている。〈真実〉がそれをわれわれに求め、われわれはそうと知らずにそれを求めたのである。観想と合一とはここでは一つである。リュースブルクの言うところでは、「こうしてわれわれは成長し、われわれ自身を超え、理性を超え、愛の核心へと運ばれる。そこでは霊によって糧を得、無一物の裸の愛によって神性へと飛翔する。〈花婿〉との出会いへと、〈その霊〉つまり〈その愛〉との出会いへと赴く。かくしてわれわれは神によって自我の外へひき出され、愛の浸礼の内へと導き入れられるが、そこではわれわれは祝福を手にし、また神と一つになる[29]」。

内向のプロセスの始まり、自我が内奥への途へと向かう最初の意図的な行為、それは単に本能への屈服、生まれつきの夢想趣味への惑溺といったことではなく、意志的で目的を持った企てである。回心がそうであるように、見えすいた明白なものからの脱却であり、それは必然的に通常の意識全体に関わり、影響を及ぼさずにはいない。これを引き起こすのは神秘家の愛であり、理性に導かれると言えるが、それが達成されるのは一にかかって意志の精力的な働きによる。聖テレジアの言では、こうした観想生活の準備の労苦――梯子の登り始めの段階――は非常につらく、他の何にも増して勇気を必要とする。(30) 多種多方面に分散している自我の関心を、ここでは一点に集中させなくてはならない。そうしようと決めて無理にも注意力を働かせること、意識から意図的にすべての不調和なイメージを追い払うことが必要である――厳しくまた愉快というにはほど遠い務めと言わねばなるまい。超越的能力がまだなまま若く跪弱であり、諸感覚が克服されきっているのではないのだから、断固とした決意、「一途な選択」がどうしても欠かせない。それがあってこそ、外から押し寄せてくる大きな声に引き寄せられることなく、内から届くか細い囁きに耳を澄まして集中することができるようになる。

ベーメのある『対話』の中で弟子が師にこう言っている。

弟子　わたしを隅々まで明るくし、わたしの特性に完全な調和をもたらすこの〈光の源〉は、どのようにしたら〈中心〉のうちに見出されるでしょうか。以前申しましたように、わたしは〈自然〉のうちにあるわけですが、どうしたら〈自然〉とその光を通り抜けて、この真なる〈光〉、〈心の光〉が立ち昇る超自然にして超感覚的な底に至ることができましょうか。しかもこれがわたしの本性を破壊したり、わたしの理性である〈光〉を失わせることになっては困るのです。

師　おまえ自身の活動をやめ、速やかにおまえの眼を一つの点に定めよ。……この一点にすべての思考を集め、信念をもって中心にとびこみなさい。おまえを呼んでいる、誤りとは無縁な〈神の言葉〉にすがって。この呼びかけに従い、黙して神の御前に赴き、奥深く隠された部屋でひとり神と共に座りなさい。心は中心で一つにまとまり、希望と忍耐とをもって〈神の意志〉を待ち受ける。すると朝日のようにおまえの〈光〉が射し始め、しののめを過ぎて、待ち望んだ日輪そのものが昇り、そのいとも慰め深い翼の下に、おまえは大いなる喜びを見出すだろう。輝く、健康をもたらす光線のうちで上昇しまた下降する。見よ、これが真の〈生の超越的基盤〉である。(31)

この短い一節のうちに、ベーメはすべての内向の始まりとなる心理状態を捉え、叙述している。すなわち速やかに魂の眼をある一点にしっかりと固定するとは、最初に来る意識の単純化であり、そして「信念をもって中心にとびこみ」、わかっているというよりそう信じる目的のために動態能力全体を内部に向けることである。

潜心《リコレクション》という言葉。はなはだ残念なことに、往々早のみこみの読者によって追憶と結びつけられてしまうのだが、この言葉は神秘主義の著作家が既述のような意識的な精神集中、自我がその「奥深く隠された部屋」へ注意をはじめて取り集め、あるいは集約することを示す伝統的な用語である。自我はこれまでこの沈黙の不可思議な次元にはなじみがなかったが、観想生活というものを多少とも身をもって体験すれば、これはすぐにも親しいものとなる。さてそうなると自我は外界との連続から解き放たれ、その騒音は耳に入らず、ここに精神の大いなる冒険が始まる。ここで自我は生存の二つの局面の中間にいる。〈時間の眼〉はまだ見開かれたままである。自我は自らが内なる世界、「〈王の王たる者〉が客人である内側の宮殿[32]」（テレジア）に入りたいと願っているのを知っている。だが敷居をまたぐには何か方策がいる——いや、心理学の言い方をして、閾《しきい》を動かして〈絶対者〉の識閾下直観が現れ出るようにすると言った方がよいだろうか。

一般にその方策とされるのが瞑想の実践であり、通常ここから〈潜心〉の状態が、言い換えれば〈真実〉の何かある側面を意図的に考慮し思案をめぐらすことが始まる——その側面はごく普通には自我というものの宗教的信念の中から選び出される。そこでヒンドゥー教の神秘家は聖なる言葉に思いを凝らし、キリスト教の観想者は神の名か神の属性の一つ、聖書の一節、キリストの生涯のある事件を心のうちに置いてみることになり、この考察を、さらにそこから流れ出る思念や感情を精神の全域にまで行き渡らせる——そうするように促される——ことになる。この強力な暗示が、意志の力によって意識の前に据えられたままになっていると、外の世界から絶えず心の中に注ぎ込まれてくる小さな暗示の流れを圧倒するようになる。自我はこのイメージもしくは観念に集中し——大好きな絵に見入るときのように——それについて考えるというより思いを凝らすことになり、知らない間に次第に夢想の状態に入り込んでいく。そうして、この聖なる白日夢によって人生の乱雑な夢から護られ、己れ自身のうちに沈み込み、禁欲主義で言う「潜心」あるいは引きこもりの状態にたち至る。日常の「外部世界」全体を意図的に無視してはいるものの、その能力は十二分に覚醒したままであり、その一つ一つがこの状態の意識をそれと意図して作り出すべく力を揮った。そしてこの点においてこそ、瞑想と潜心とは、祈祷の高次の、または「注賦的」な段階から区別される。

サン＝ヴィクトルのリカルドゥスによれば、こうした瞑想こそ、熱烈な愛の第一段階に到達した者に特有の活動である。それによって、「神が心のうちに入り」、「心もまた己れのうちに入り」、かくしてその最も内密な奥処で「恋人の最初の訪問」を受ける。ここは〈外観〉の知覚と〈真実〉の知覚との中間点であると言ってもよいだろう。この状態がしっかりとできあがった者にとっては、瞑想の対象となる中心の「一点」を除くと、意識は空白地帯であるように思われる。この中心の焦点をめざして、内向する自我は八方から中へ中へと押し寄せるように思われる。城壁の外の世界の騒音をなおかすかに意識してはいるものの、それに応えることは拒む。ほどなく瞑想の対象が新しい意義を帯び始め、生と光とをもって輝き出す。瞑想する者は突如、これなら知っていると胸に思いあたる。友人を知るというときの、一点の影もない、生き生きとした、だが言葉にしようにも何とも言い表しようのない、そういうあり方。それだけではない。これを通してより力のある、名前を持たないものについての示唆が与えられる。瞑想の対象は目で見える具体的な絵であることをやめ、それを通して神秘家が霊的世界を凝視し、神の本当の現前を――何らかの仕方で――何がしか捉える窓となる。

この瞑想と潜心の状態において、自我はなおも自らの人格の輪郭をごく明瞭に感じている。魂に対置される神的実在、〈他なるもの〉とは分け隔てられているのがわかる。だが自我はその神的実在に気がついている。瞑想の対象は、それを通して超越世界からの明瞭なメッセージを受け取る象徴となる。だが自我はなお自然なあり方で――神秘主義の著作家の言い方をすれば「諸能力によって」――働いている。より大いなる〈生〉との意識的な融合にはまだ立ち至ってはいない。「静寂」のように、神的な環境のうちに安んじているわけではない。観想のように、不随意に脱我的に魂が持ち上げられてじかに真理をつかみとるということもない。潜心は限定的な心的状態であり、それには論理的な心的帰結が伴う。元来は瞑想によって引き起こされるか、あるいは〈真なるもの〉の何らかの側面についての一心不乱の沈思黙考から始まるが、知力に対する意志の峻厳な制御を受けることによって、外的世界とのつながりを断ち、内なる霊の世界に引きこもろうとする力を、〈自我〉の中で発達させていくことになる。

聖テレジアの言葉を聞こう。

本物の潜心にはすぐにそれとわかる特徴があります。言葉で説明するようにと言われると困りますが、ある効果が生み出され、それは実際に体験した人にはよくわかっているものです。……潜心にはいくつかの段階があり、はじめのうちはまだ充分には深まっていないので、こうした大いなる効果は感じられません。しかし潜心する際、当初感じる苦しみに耐え、自然の反抗を蔑み、自由というもの（これは実は肉体をほろぼしてしまうものです）を好む肉体の抵抗を克服し、克己を学びとり、こうしてしばしの間耐え忍びなさい。そうするとそこから得られる利益がいかなるものであるのかがごく明瞭に知覚されるようになります。祈祷を始めるとすぐに自分の感覚が一つにまとまるのを感じます。ちょうど巣箱に戻って閉じこもり、ひたすら蜂蜜作りに没頭する蜂のようだと言ったらいいでしょうか。これにはあなた本人の努力とか配慮とかは不要です。あなたの魂の自らに対する激しさに神は報いてくださるのです。そして魂が諸感覚を支配するようにしてくださるので、潜心しようと欲するとき、何かのきっかけがあれば諸感覚が従属し一つに集まるのに充分なのです。意志が一声かければ、それらは速やかに戻ってきます。こうした訓練を数えきれないほど積み重ねると、ついには神のおかげで諸感覚は全き休息と完全な観想の状態に至るのです[33]。

以上の記述から「潜心」とは精神の基礎鍛錬の一つの形態なのだということが明らかになる。それ自体というより、課される訓練、発達させられる力が大事である。潜心においては、魂は神と共に、それ自身のうちにある〈天国〉へと入っていき、外の世界の一切に対しては扉を閉ざしてしまう、そう聖テレジアは言っている。さらに言葉をついで、

わが娘たち、あなたがたには知っておいていただきたい。これは超自然の働きではなく、わたしたちの意志にかかるものなのです。それゆえに一切のわれわれの行為に、さらには善き思考にまで必要な神の通常の助力を得て成し遂げうるのです。というのも、ここで問題になるのは諸能力の沈黙ではなく、こうした力が魂の底にまでただ退却しているということです。そこに到達する途はさまざまあり、それらについては種々の本に記されています。それを見ると、内的に神に近づくべく、外的事物を心から引き離さなければならぬ、仕事にかかっているときでさえ、たとえわずかな時間でしかなかろうと、わたしたちの内部へ退却しなくてはならない、内において付き添ってくれる神の記憶は大きな助けになる、さらには少しずつ神との穏やかで言葉として口にされることのない会話に慣れていく

ことで、神が魂のうちに現存しているのだということが感じられるようになってくる、などと書かれているのです。(34)

静寂

祈祷の次の大きな段階、これは一層はっきりと神秘主義的であり、それゆえわれわれにとって一段と重要である。〈静寂の祈り〉あるいは〈純一な祈り〉、また時には〈内なる沈黙〉と神秘家の言う、難解ではあるがごくはっきりした精神状態がそれである。これは〈潜心〉によって始められた内部への退却がさらにもう一歩進んだ段階に至ることで意識にもたらされた結果を表している。

観想する者は（おそらくは持ち前の分析力によって「適宜区別される」一連のムードや行為を通して）、ほとんどそれと気づくことなく、ある知覚の次元（これにあたるものは人間の言葉にはほぼないと言ってよい）へと、漸次すべるように移行していく。この移行は、何らかの神秘、自らと〈真なるもの〉との間のある理解を絶した絆《きずな》に、深く、ゆっくりと思いを凝らし、熟考を重ねることによって、あるいは神への愛のこもった注意を意図的に働かせることによってなされる。この次元には自我の受容力の飛躍的な増加、反省的思考力のほぼ完全な停止という一見してそれとわかる特徴がある。この状態の顕著な特質である不思議な沈黙――この状態に関して表層の知性が捉えうるほとんど唯一の特徴――は言葉をもって描き出せるものではない。サミュエル・ラザフォードがもう一つの生の秘密について語った言葉をここで今一度挙げておく。「やって来て、見れば大いにわかる。もっと近寄れば、さらによくわかる」。ここでは自我はその知覚を思考が処理できる段階のはるか彼方に行ってしまう。冷静に距離を置くことなどできず、自我は流れ込んでくる生の流れに、そしてまたより大いなる意志の導きに身を任せるのみである。推論的思考にできるのは、せいぜいこのプロセスに干渉することにとどまる。肉体の生命活動の過程をコントロールできるようになると、あれこれ言い立てるようになるのと同様である。こうした推論的思考は、すでに見たように〈潜心〉によって鍛えられ、集められ、超越的な心のために作動させられていたのであったが、ここでは全面的に抑制されるに至っている。

〈潜心〉が深まってくると、自我は〈無限者〉というものの、かすかではあるが生き生きとした意識へとすべるように移行していく。官能感覚世界には扉を堅く閉ざした自我は、より真なる世界（それが何であるのか明確に示すことはできないのだが）の中へと身を浸していることに気づくようになる。この状態に静かに安んじる。ごく静かに、全き平安のうちに。〈潜心〉の開始のしるしとなる全き集中のための奮闘に代わって、ここには「生きた、自ずから働く潜心がある——神と共に、その平安、力、現前と共に、霊的な芳香かぐわしいこの薔薇のただ中に」[35]（フォン・ヒューゲル）。より大なるものへのこの屈従によって、回心の際の屈従と同様、緊張が大いに軽減される。これが最も完璧な形の「静寂」である。いわば〈無限者〉の幼な子がその父の腕の中に深々と抱かれてしまうようなものである。自分が自分であることの放棄、自我が己れを被うものを脱ぎ捨てるプロセス、これが自我の純化の核心をなすことはすでに考察した通りであるが、それと対《つい》をなすものが観想体験のこの局面に見られる。自分自身で何ごとかをなそうとする人間の矜恃に満ちた努力というものが、ここでは完全に停止し、〈愛の第四段階〉を統べる〈へりくだり〉が、その逆説的な美と力のうちに知られるようになる。意識は見出すために失い、生きるために死ぬ。ロールの痛烈な言い回しによれば、それは「神と神の威光の力の略奪者」ではもはやない[36]。かくして〈静寂〉へと至る行為は神秘探求全体の秘蹟なのであり、行為から存在への転回、〈絶対的生〉のために個別性を廃棄することに他ならない。

「静寂」の状態では表層意識が停止されると言った。とはいえ、主体の人格の意識は残っている。一般にそれは、意図的にして愛に満ちた潜心の間、注意が感覚経路からゆっくりと、だが着実に退却撤退していく後に起こる。この状態に入っていく者にとっては、外的世界は次第しだいに遠ざかっていくように思われ、ついには自らが実在しているという最も重要な事実だけが残る。慣れ親しんできたあらゆる知識、教養を奪い取られ、諸感覚という伝達器官による音も光もなくしてしまうのは、まことに驚くべきことであり、そこでこの状態の否定的な側面が意識を占領してしまう。そこからして、無、純粋な受動性、空虚、「何一つ持たぬ裸の」祈祷などという言い方ばかりが並ぶことになってしまう。宙に止まったままのようであり、安んじ、待っているが、何を待っているのかわかっているわけではない。意識しているのはただ、この全き空虚にあってさえ、すべてはよいということである。ところが、ほどなく何かがこの空虚を満たしていることに気づく。遍在する何ものか、明るい空気のように触知しえない何か。外から与えられるメッセージを待つのをやめて、「それ」が常に内にあり続けていたことに気づき始める。自らの存在全体がその影響をまともに受け、それは意識の隅々にまで行き渡る。

つまり、〈静寂の祈祷〉には二つの側面がある。はじめにあらわれる剥奪、空虚という側面。そして終わりのところに出てくる獲得、発見の側面。実際の記述においては、あらゆる神秘家はこちら側かあちら側、肯定面、否定面のどちらか一方に偏っている。エックハルトとその弟子たちの厳格な神秘主義では、ディオニュシオス・アレオパギテスの新プラトン主義的な言語表現に対する気質的な共感ゆえに、静寂の祈祷は——さらにしばしばそれによって導き出される高次の観想状態は——何よりも空虚、神の暗闇、脱我的剥奪として描き出されている。地上的な平穏と歓びを指すのにふさわしい言葉で、あの深い充足に泥を塗るような真似をしようとはしない。そこでいかにもこの学派ならではの、否定というものの持つ逆説的な暗示力を頼みとするようになっている。他方、聖テレジアや彼女のようなタイプの神秘家にとっては、たとえわずかしかなく、適切とは言いがたいものであるとしても、静寂の祈祷の歓びのイメージがある方が、何もないよりはよい。彼らにはそれは甘やかな穏やかさ、優なる沈黙であり、そのうちにあってこそ恋する者は愛される者がそこにいることを察知する。これは神の与え給うた状態であり、自我にはほとんど制御しかねるものである。

　エックハルトの著作には〈静寂〉の、意図的な潜心の結実としての内的な沈黙と受動性の熱気溢れる記述がいくつも見られる。彼の考えでは、〈静寂〉の心的な状態は何よりも、そこで人の魂が自らの「底」、〈純粋存在〉との合一をし始めるというものである。それは「自然な」祈りから「超自然の」祈りへの移行を示す。意識の領野を空《から》にし、あらゆるイメージ——瞑想の対象である〈真実〉の象徴に至るまで——を洗い落とすこと、それが必要な条件であり、その下でのみこの出会いが生じる。

　エックハルトは言う。

> 魂とそのすべての力は、分裂し、それぞれの機能に応じて、外的事物のうちに分散してしまってい

る。視力は眼、聴力は耳、味覚は舌という具合であり、分割された力というのはどれも不完全であるから、内に向かってはいよいよらまく働かなくなっている。だから魂が内的に作用しようとするなら、すべての力を本来のありように戻し、あらゆる分割されたものを一つの内的作用へと集約しなくてはならぬ。……人が内奥の働きにいそしもうというのであれば、自分のすべての力を自らのうちに、魂の一隅に注ぎ入れ、あらゆるイメージと形態とからわが身を隠さなくてはならず、そうしてこそこれに着手しうる。しかる後、忘却および無知の状態に至らなくてはならない。静穏と沈黙のうちにあり、そこでは〈神の言葉〉が聞こえてくる。静穏と沈黙はこの〈言葉〉に近づく最良の途である。全き無知のうちにそれが聞きとられ理解される。何一つ知らないときに、それは明らかになり示される。こうしてわれわれは〈神の無知〉に気づくことになり、われわれの無知は高貴なものとされ、超自然の知で飾られる。われわれがただひたすら受容的であり続けるとき、能動的であるときより一層完全である。(37)

〈静寂〉という心的状態は神秘家にとってはさらに大きな価値がある。へりくだりと受容性という道徳的状態を知性の面で補い、表現するというのがそれである。これこそが〈新生〉の条件に他ならぬ、そうエックハルトは言っている。「人がこの働きを行ない、自らを神に向けて形づくり思考するのと、人が〈沈黙〉と静穏と平和のうちにとどまり、神が人に話しかけ、人のうちで働きをするようになるのと、どちらにおいてこの〈新生〉が〈人間〉のもとで最もよく成就されるかと問うとする。……この働きと生とに至る最良にして最も高貴なありようは、沈黙を守り、神の方が働きかけ語りかけるようにすることである。働きからもイメージからもすべての力が取り去られるそのときにこそ、この言葉が語られる(38)」

「静寂」の第一の重要性は、それが本質的に〈内向状態そのもの〉であるとするエックハルトの見方は、霊的生活の客観的側面よりも心理的側面に重点を置く中世の神秘家すべてに見られるものである。それこそがあらゆる観想の必要不可欠な序章と見なされており、忍耐と潜心とへりくだりとによって充分に自己を律しうるようになった者には誰にも到達可能な、内的経験のノーマルな局面であると見なされている。

『不可知の雲』の作者の手になる古いイギリスの神秘主義文献には、この沈黙の祈祷のための心の持ち様について入念かつ詳細な指示が出てくる。それは明らかに〔ディオニュシオス・〕アレオパギテスの教えに多くを負っており、また確かに――生々しくかつ正確な教えから見て――個人的な体験からも何がしかを得ている。この『書簡』が宛てられた弟子に師匠はこう語っている。

おまえがひとりでここに来るときには、後ですることを予め先に考えておくことはやめなさい。おまえの「善い」考えも「悪い」考えも、どちらも捨ててしまいなさい。言葉で祈るのをやめ、ひたすらただ祈るのだ。……心には神へと向けられた何一つまとわぬ意思以外何ものもないようにしなさい。神御自身はいかなる方か、その働きにおいてはではどうかなど、神に特別な考えという衣をまとわせようとせず、ありのままの神のみを見るようにしなさい。よいか、神は神である。それ以外の言い方をしたり、巧みな機知で詮索してはならない。ただおまえの底によって信じよ。真の信仰に基盤をおき、自分でそうしようとしてこの信仰に結びつけられたこのそれ以外の何ものでもない裸の意思は、汝の考えと感情とにとって汝自身の存在のそれ以外の何ものでもない裸の思考であり盲目の感情であって、それ以外のものではないだろう。……かの暗闇がおまえの鏡であり、おまえの心全体となるように。神について考えてはならないのと同じように、おまえ自身について考えてはならない。そうであってこそ、分かれて、別々になってしまうことなく、霊においても思考においても神と一つになる。なぜなら神はおまえの存在であり、おまえは神のうちで自分自身であるから。原因と存在とによってそうであるばかりでなく、神はおまえのうちにおいて原因であり存在であるからである。それゆえおまえ自身についてするように、この働きにおいて神について考え、神について考えるようにおまえ自身について考えなさい。すなわち神を神として、おまえをおまえとして考える。こうしておまえの思考を散漫にさせたり、逸らせてしまったりすることなく、〈全なる者〉のうちにあずかっているようにしなさい(39)。

「よいか、神は神である！」。これは自らの着想に合わせるべく経験を捻じ曲げようとする者に対して、物事をあるがままに任せよ、受け入れて満足せよという懇請であり、また霊的不安に対する警告である。行為をやめよ、存在するために。分析をやめよ、知るために。「あの柔和な漆黒の闇がおまえの鏡」——へりくだった受容性ということがこの状態のキーワードとなる。エックハルトの見事な言葉——「ここでは魂は神と同等の力を持つ。神が与えることにおいて限りがないように、魂は受け取ることにおいて限界を持たない。神はその働きにおいて全能であり、魂は受容の底知れぬ深淵である。それで魂は神と共にまた神のうちで新しく作り出される。……聖ディオニュシオスの弟子たちはなぜティモテウスが完成という点で抜きん出ているのかと問うた。すると聖ディオニュシオスは答えて、『ティモテウスは神を受容することができるのだ』と言った。こういうわけでおまえの無知は欠点ではなく最も秀でた完成であり、おまえの無為は最高の働きである。だからおまえが自らのうちでこの誕生を真に体験しようとするなら、この務めにおいてはおまえのすべての働きを無にし、すべての力を沈黙させなければならない[40]」。

〈静寂〉についての以上の記述を、これと同じ心理状態についての聖テレジアの主観的な説明と対照させてみるのは大いに関心をそそられるところである。イギリスの神秘家の教えには意志に対する内々の訴えが多々見られたのに対し、スペインの聖女の方はもっぱら意志によらない、あるいは彼女の言い方では魂の「超自然的」働きに訴えている。曰く、

この真の静寂の祈祷の中には超自然の要素があります。いかに努力を積み重ねたところで、わたしたちはこれを自分で得ることはできません。一種の平安であり、そこではいわば魂が自らを確かなものにする、あるいはむしろ、義人シメオンに対してしたように、神が魂を定めるのです。魂のすべての力は休息しています。感覚によるのではありませんが、魂はすでに神の近くにあることを、もう少し近づいたら神と合一して一つになることを理解しているのです。これは肉体の目によって見るのではありませんし、魂の眼によって見るのでもありません。……ちょうど旅人の休息のようなものであり、目的地を視野に収めながら立ち止まって一息つき、力を取り戻してもう一度旅を続けることになります。肉体の大いなる慰安、魂の大きな満足を感じます。泉の近くにいるのを目の当たりにしている魂の幸せは大きく、そのため、たとえ水を飲まなくとも元気を取り戻すのですが、それと同じです。これ以上何を望むものがあるのか、魂にはそう思えるのです。休んでいる能力はこのままずっと静穏

にしていたいと思います。わずかな動揺もその愛をかき乱し妨害することになりかねないからです。この祈祷のうちにある者は身体を動かすまいと望みます。些細な動きがこの甘美な平安をかき消してしまうように思えるからです。……宮殿の中、王の傍にあって、王がその国を自分たちに与えようとするのを目にします。彼らにはもはや、自分たちはこの世界にはいないように思えます。見たいもの、聞きたいものがあるとすれば、それはただ神あるのみです。……静寂の祈祷と、魂全体が神と一体化する祈祷との間には次のような相違があります。後者では魂は神のもたらす糧を残りなくとり入れなくてはならないということはありません。神はそれを魂に預けるけれど、どのようにしてなのかは魂は知りません。これに対して静寂の祈祷の方は、わたしが思うところではいささかの努力を必要とするのです。しかしこれにはあまりにも深い溢れるような甘美さが伴っており、この努力はほとんどそれと感じられないほどです。[41]

「いささかの努力」と聖テレジアは言い、『内密な相談の書簡』は「一途な決意」と言っている。これらの言葉はいずれも、「静寂」の真の健全な神秘状態と「静寂主義」の病的な迷妄との境界線を画すものである。たとえて言えば、運動選手の緊張した平静さと、諦念の状態にあるようでいて実は怠慢なだけの不精者の気の抜けた受動性との相違である。真の「静寂」は目的ではなく手段であり、受動的に忍耐するものではなく能動的に迎え入れるものである。観想における自我の成長の一局面であり、古いまとまりのない活動の生から、新しい、一体化された深い行動の生――人の本当の「神秘生活」――へと橋渡しするものである。神秘家はこの状態を強く望むが、それは意識を空白のままにしておくためではなくて、意識の上に〈生きた言葉〉が書き記されるためである。しかしながら、どういうものか、この事実はあまりにもしばしば看過されており、〈内的沈黙〉というものも、偏屈な超越論者によって筋違いのあまりかんばしくない使い方をされてしまっている。

「静寂」は内向の危険地帯である。神秘活動の全形態の中で、おそらくこれが最も濫用され、同時に一番理解されていないものである。その理論は、強引に扱われ、本来の文脈から外されて、途方もなく拡大されてしまい、その結果〈静寂主義〉に見られる愚かしく危険な誇張された表現を生み出すことになった。さらにここから一転して、今度は受動性という原則に対する無差別な非難の嵐が招来されることになってしまった。そのため少なからぬ、表面だけで物事をわかったつもりになる薄っぺらな連中は、「裸形の祈祷」とは、本質的に異端の行為であると決めつけてこと足れりとした。[42]〈静寂主義〉という告発の声が神秘家たちに浴びせられることになったが、彼らにどこか誤りがあったとすれば、それは隙のない緻密な言語による表現というものに対する配慮に欠ける点であり、それゆえに誤解を招く余地を生じさせてしまったということにある。そうはいうものの、この静寂という問題に関する偉大な瞑想家の教えを曲解し、本来の文脈から外すことによって、受動性の半ば催眠的状態を故意につくることを正当化しようと立ちまわる者も、確かに神秘家の中にはいた。「まったくの無への同化」というこの無意味な状態にこの人たちは満足してしまっていたわけである。この状態において神の生に触れており、それゆえ人間存在の通常の義務と限界に拘束されないのだと言う。「静寂主義」は通常、そしてこれはあまり公正な見方とは言えないが、ギュイヨン夫人とその弟子たちの特殊な狂気を指すものとされてきた。しかし、実はこの狂気はすでに中世においても、しかももっとずっと危険な形で存在しており、これについてキリスト教世界屈指の、内向の偉大な師リュースブルクは書きとどめ、非難の言葉を連ねている。

リュースブルクは言う。「こうした静寂というものは怠惰以外の何ものでもない。怠惰のうちに人は陥り、自らのことも神のことも、さらには活動をもってなすべき一切をも忘れ去ってしまう。この安息は、神のうちにおいて人が自らのものとする超自然の休息とはまったく相反する。後者は愛に溢れた自己滅却であり、〈理解を超えた輝き〉をただ凝視する。内へと向かう望みをもって能動的に探し求め、喜びへの傾きのうちに見出される。……誤った怠惰のうちにこの休息を自らのものとすると、すべての愛に満ちた忠実さは障害のように思えてしまい、自分の静寂状態に執着して、人が神と合一する第一の途に反する生き方をするようになる。これこそあらゆる霊的な誤りの始まりである(43)」

確かにある種の心的な素質の持ち主は、いともやすやすとこうした「誤った怠惰」に到り着いてしまうことがある。故意の自己暗示によって意図的にこうした空虚、内的な沈黙をつくりだし、その穏やかな効果に溺れてしまう。利己的な目的からこれを行なう、あるいは過度にわたって行なうこと――「穏やかな喜び」が「能動的な愛」を圧倒すること――は神秘主義的悪徳である。そして、霊的能力のこうした悪用は、本性的能力の悪用と同様、その結果として堕落に到り着く。「聖なる無関心」という名の不条理にたどりつき、精神生活、道徳生活を完全に台無しにして終わる。本当の神秘家というものは静寂の祈祷に入るにあたって意図的に試みるなどということは決してない。聖テレジアにとってもそうであるが、リュースブルクにおいても、それは超自然の賜物であり、人の愛と意志によって育まれはするが、人が思いのままに操るといったものではない。すなわち、それが健全な形態で存在するところでは、自ら誘発した状態、心理詐術としてではなく、通常の発達の一局面として、自ずとその姿を現すと言っている。

内向のこの段階において導き出されるべきバランスは、逆説によってのみかろうじて表現されるように思われる。偉大な神秘家によれば、真の静寂の状態は、同時に能動的でありかつ受動的である。純粋な屈従であるが、偏った自己放棄ではなく、むしろ燃える愛の自由にして、かつ絶えず新たなものとされる自己犠牲と自己空無化である。物事を部分に分けて捉える知性は沈黙させられ、だがその人間が全体として〈真なるもの〉の影響にじかにさらされる。人格が失われるというのではないが、ただその輪郭ははっきりしなくなってしまう。ヒルトンは「極めて忙しい休息」と語っていた。オーガスティン・ベイカーによれば、「鷹の飛翔のように、いとも速やかに広々とした空間をかけ渡っていくが、それはあくまでも穏やかに、静かに、やすやすとなされ、いささかなりと翼をはためかせることも、わずかたりと体に力をこめることもない。あたかも巣の中で安らっているかのごとく、ゆったりと静かである[44]」。

フォン・ヒューゲル曰く、「とりわけ有神論およびキリスト教の神秘家の中でもきわだって経験が深く、説くところの明解な人がこぞって教えるところによると、神との特別な結合、あるいは霊性の大いなる進捗の時期に、魂の生とエネルギーが停止しているように見えたり、あるいは魂自体がそういう印象を抱くこともあるが、これはあくまでも見かけ上のものにすぎない。こうした時期には確かにこの休息の印象が強いのだが、実際にはそれは活性化されたエネルギーが著しく多いことから生じるものであり、このエネルギーが浸透し魂のあらゆる毛孔や繊維を通って表面に現れ出てくる。人の精神と霊の全体が拡大し休息すると言えば、確かにその通りであるのだが、しかしこの休息そのものが〈行為〉によって生み出されている。『あまりにも迅速で、あまりに近く、すべてを満たしてしまうものであるがゆえにかえってそれと知覚されることのない』〈行為〉によって[45]」である。

〈静寂主義〉の偉大な指導者たちは、「静寂」という心理状態に到達し、それを身をもって体験した。言葉では表しえない平安と確信を得、全き屈従の行為によって無上の喜びがもたらされ、〈絶対的生〉のもとにおいて、言葉の届かない全き休息を知って、神秘探求の究極の目的地を発見したと信じこんでしまったが、実はここは旅程の半ばにたたずむ宿にすぎなかった。さればこそ、彼らの教えるところの多くは、ほとんどすべての瞑想家がその進歩の行程で経験する、根拠の確かな実際の状態の本物の記述であるにもかかわらず、そこから彼らの引き出す推論（深奥に佇む宿をもって長い旅路の果てとする）は間違いであり、人の生にとって悪しきものである。

モリノスはその著書『霊の導き』の中で、〈内的な沈黙〉に関してもっともではあるが特にきわだったところの見られない格言を多く書き連ねている。「語らず、欲せず、考えることをせず、霊は真の完全な神秘的沈黙に到達する。そこでは神が魂と語り合い、自らを魂に伝え、御自らの深淵において極めて完全にしていとも高い叡智を授ける。神は呼びかけ、この内奥の孤独と神秘の沈黙へと導き、心の最も密やかにして隠されたところでただひとり話しかけようと言う」。観想する霊というものについて、これはこれとして間違ったことを言っているわけではない。ここでモリノスが語っているのは、どの神秘家も口にしていることであるのだが、彼の教えを全体として眺め渡してみると、ごく普通の知性の持ち主に対して、まったく何もしないことには何か特別な徳がある、その一方で意図した霊的行動はことごとく悪であると示唆していると捉えられかねないことになってしまう[46]。

近代の「神秘的」カルトの教えの多くは、このようにお粗末至極の静寂主義的なものである。「沈黙のうちへ赴くこと」を主張し、さらには不可思議な向こうみずを発揮して、意識下の瞑想の予備訓練まで授けてくれる。聖人が耳にしたら苦笑するに違いないやり口である。教えに忠実な者たちは、一堂に集められ、潜心の簡単な実技訓練によって、「静寂」に到達する仕方を学ぶ。この精神的な詐術によって近代の超越論者は、当然ながら空虚な穏やかさの状態に到達することになり、そこに安んじてよしとしている。そして「散漫な怠惰さにとどまり、尋常ならざるものの到来を期待して時を空費し」、自分がこの場で「〈原理〉と合一している」と信じこむ——数多の正統な信者が羨むような信念をもってそうするのである。瞑想家が静寂の祈りと呼ぶ心理状態は、神秘的到達というものに共通の条件であるのはその通りではあるが、しかしそれ自体はいささかも神秘的ではない。神秘的到達への予備の段階であり、扉を開ける仕方の一つにとどまる。扉が開いたとき入ってくるもの、それこそがわれわれが本当に、そして情熱をこめて欲し望んでいるものである。意志がその道を平坦にする。何が訪れることになるのか、それは心——人間全体——次第である。真に観想する者は、この全き静穏の地平に至ると、「尋常ならざる恵みと祝福」を求めようとはせず、〈愛〉の空気をしばしの間吸い込み味わう特権のみを望む。聖ベルナルドゥスの言う「あらゆる務めの中の至高の務め」に取り組もうとするのであり、全き単純さのうちに、自らの進歩ではなく、〈完全性〉との出会いに赴くことになる。

それで、その進歩の一見「受動的」な段階にあってさえ、分析してみると、神秘家の働きには、ダイナミックで目的に向かう特徴が見てとれる。休息そのものが緊張からもたらされている。神秘家とは今なお変わらず自らの故郷を探し求める巡礼者であると言ったらよいだろうか。超越へと向かう生まれついての性向に促され、高次のレベルへ、より崇高な充足へ、より大きな自己犠牲行為へと向かうその途上にある。表面的な活動はすべてやめてしまっているかもしれないが、深い、やむにやまれぬ行為は未だ失われてはいない。リュースブルクは言っている。

神の所有においては能動的な愛が求められるし、またそれがあることが前提となる。そのように考えない、あるいは感じない人がいるとすれば、それは思い違いをしているのである。神の内なるわれわれの生全体が祝福に浸されている。われわれのもとなるわれわれの生のすべては能動的な愛に浸されている。われわれは余すところなく自らのうちに生き、また余すところなく神のうちに生きていて、だがそれらは別々のものではなく同じ一つの生をなす。だがわれわれの感じるところでは、それらは二重になっていて、しかも二つは対立しあっている——すなわち富裕と貧困、飢えと飽食、行動と静寂[47]。

この本当の「能動的」〈静寂〉と、ありとあらゆる〈静寂主義〉との本質的な相違については、フォン・ヒューゲル男爵がまことに見事に言い当てている。「静寂主義。〈一つの行為〉という教説。文字通りの意味での受動性であり、あらゆる状態における、魂の側の力、あるいはイニシアティヴ発動の欠落ないし不完全。こうした教説は最終的には弾劾されるに至ったが、それはまことに正当かつ必然的なことであった。〈静寂の祈り〉、そして〈行為〉が〈活動〉に対して、ひたすらその優越性を大きくしていくさまざまな状態と程度（何らかの行為はそれが神の働きと鼓舞によって引き起こされ、導かれ、教えられており、そうであるがゆえにそれだけ一層多く魂そのものの行為となる）、これらおよび他の古い経験と実践の主要なものは常に真実であり、正しく、かつ必要である[48]」

「〈行為《アクション》〉が〈活動《アクティヴィティ》〉に対する優越性をひたすら増大させ続けていく」——自己意識のために吸収されつくしている、自我全体の深く生き生きとした運動が、ここではやかましく騒ぎ立てる表層エネルギーに対置されている——これこそ祈祷の真の理想である。これが、戸口のところで待っている究極の〈生〉と〈愛〉との合一へ向かおうとする魂の熱望全体を活気づかせなければならない。これは〈静寂〉をそのうちに含む理想であるが、その一方で〈静寂主義〉はこの理想から排除されてしまう。

ここで述べた〈一つの行為〉という教説、それは極端な静寂主義者が説いたものである。この動向の他の一切と同様、これは大いなる神秘的真理の曲解であった。魂は〈真実〉へと向かい、意志は神のうちに没入する（それは確かに神秘生活の核心そのものに他ならぬ）が、これらは〈一回限りの行為〉であり、繰り返されることはないと教えている。一度行なえば、その後は自我は〈神の生〉のうちに安んじていればそれでよく、その従順な道具と化す。純粋な受動性と無関心、これがその理想となる。一切の活動は禁じられ、いかなる選択も屈従を否定するものと見なされ、あらゆる努力は不必要で誤ったものとされた。ただ幾久しく休息し「神が沈黙のうちに働き語る」に任せる。この教説は、生と成長の法則についてわれわれの知っているすべてからはなはだかけ離れたものであり、あえて非難の矢を浴びせるまでもないように思われる。こうした無関心の状態は——これを静寂主義者たちは、霊的な事柄に関して「自らのものを求めることをしない」〈純粋愛〉の状態と同一であると見なそうとして、空しく骨折ったわけである——〈一者〉へと向かう旅路の途上で、人の精神が通って行かなければならぬ「熱烈な慈愛の諸段階」のどれとも共存することはない。この点一つとっただけでも、それがいかに非神秘的性格を持っているかを余すところなく証明していると言えるだろう。

ただギュイヨン夫人については、しまりのない、とりようによってはどうとも読める文体のために、その著書からたくさんの望ましからざる推論が抽き出されることになってしまったのは確かだとしても、行き過ぎた受動性を説き伝えた責を彼女に負わせようとするのは適正を欠いていると指摘しておくべきだろう。彼女はこう言っている。

静寂の祈りという言葉を耳にすると、魂が愚鈍なままであり、生気に欠け、無為のままだとする誤った思い込みに陥る人々がいます。しかし、疑問の余地のないことですが、そこで魂は活動するのであって、それ以前よりずっと高貴にもっと広範囲にわたってそうするのです。それは神御自身が〈動因〉であり、神の霊の媒介を得て魂が働くからなのです。……ですから、怠惰ではなく、最高度の活動が促されるのです。これはわたしたちを動かす原理として神の霊への全面的な依存を教え込むことによってなされます。神のうちにおいてこそわたしたちは生き、動き、存在するからです。……そこでわたしたちの活動は、神の刻印を最も受けやすく、〈永遠の言葉〉のすべての作用に一番合わせやすい状態を獲得し、維持すべく努力することにあるということになります。画板がぐらぐらしていると、画家はきちんと下描き線を引くことができないのと同じで、わたしたちのありとあらゆる利己的で自らのみにかかずらわう精神の働きは、間違った誤りの多い姿を生み出してしまうことになります。これでは仕事はうまくいかず、この〈素晴らしい画家〉の意図は台無しです。[49]

〈静寂の祈祷〉がこの受容性の状態にまで進んでいく真の神秘家というものは、それを記述する際「聖なる無関心」などという言葉はまず使わない。彼らの愛と熱望がそんな言い方をするのを妨げる。彼らが愛の至上の要求以外の一切に無関心であるのは改めて言うまでもない。だが、それでもなお愛については語っている。「わたしは眠り、わたしの心が目を覚ましている」。聖テレジアの言葉を引いてみよう。

これは魂の力の眠りのことで、その力がすべて失われたというわけではないのですが、といってそれらがどのように働いているのかは未だにわかっていません。……わたしにはそれがこの世の一切に対する死のごときものに思え、また神の享受であるように思えます。それを記述し、あるいは表現するべき、これ以外の言い表し方は知りません。魂もそのときどうしたらよいのか知ってはおりません。――語るべきか黙しているべきかを知らず、笑うべきか泣くべきかもわかりません。それは栄光ある痴愚、天のものなる狂気です。そこでこそ真の叡知が獲得され、また魂には喜びに満ち満ちたある享受がもたらされます。……魂の能力がなおもとどめているのは、自らを挙げて神に投げ打つという力だけです。能力のうち一つとしてあえて動き出そうとするものはなく、われわれがその一つでも動かそうとすれば、多大な努力の挙句、混乱に陥ってしまうことになります――実際このときにはそのようなことはできはしないのだと、わたしには思えます。[50]

とすれば、ここでわれわれは〈沈黙の祈祷〉が真の観想へと溶け入る様を目の当たりにする。この歓びによって静穏に波が立つ。〈静寂〉は本質的には移行状態であることがはっきりし、それは自我を新しい活動の領域へと導き入れる。

サン＝ヴィクトルのリカルドゥスは言う。熱烈な愛の第二段階、それは束縛し動けないようにする。そこで、これに捕えられる魂はそれ以外何一つ考えることができない。「征服することができない」だけでなく、「それと袂を分かつこともできない」[51]。彼はこれを、取り消しの許されない行為であり、永遠に続く合一の始まりである、魂の婚礼にひき比べている。〈静寂〉と等伍である感情状態とは、処女なる魂がその〈花婿〉に対するような受身ではあるが喜び溢れた従順さ、すなわち沈黙の結婚の誓いである。これから起こるであろうこと、求められるであろう一切に備えができている――自らを与え、自らを失い、その〈愛〉の喜びを待つ。この内的な屈従から、自我は新しい生、〈観想〉の無数の形態の下に伝えられる新しい知へと浮かび上がってくる。

第6章　原注

(1) マリタンは次のように言っている。「観想する者と芸術家は共感を分かち合う立場にある。……観想する者は、すべての根拠である最高原因（causa altissima）をその目的としており、芸術の位置と価値を知り、芸術家というものを理解する。芸術家は観想する者を判断することはできないが、その偉大さを見抜くことはできる。芸術家が本当に美を愛し、悪徳に染まって怠惰に陥らなければ、観想する者のもとに赴き、愛と美とを認めることになろう」（J. Maritain, *Art et Scholastique*, p.139.）

(2) *Revelations of Divine Love*, cap. v.

(3) St. Bernard, *De Consideratione*, bk.v. cap. iii.〔聖ベルナルド『熟慮について：教皇福者エウゼニオ三世あての書簡』古川勲訳、中央出版社、一九八四〕

(4) *De Imitatione Christi*, 1. iii. cap. xxxi.

(5) St. Bernard, *op. cit.*, bk. v. cap. v. レイディ・ジュリアンの次の言葉を参照のこと。「わたしたちは皆その人に包まれ、その人はわたしたちに包まれる」(*Revelations of Divine Love*, cap. 1vii.)

(6) *Ibid.*, cap. vii.

(7) Third Instruction (*The Inner Way*, p.323).

(8) Eckhart, *Pred.* 1xix.〔エックハルトの説教集の邦訳には以下のものがある。マイスター・エックハルト『ドイツ語説教集』上田閑照訳、香田芳樹、創文社、一九九三〔ドイツ神秘主義叢書2〕、『エックハルト説教集』田島照久訳、岩波書店、一九九〇〔岩波文庫、説教二十二篇と論述一篇他を収録〕、『エックハルト キリスト教神秘主義著作集6』植田兼義訳、教文館、一九八九〕

(9) *Phaedo*, 79 c.

(10) *Holy Wisdom*, Treatise iii. § iv. cap. i.

(11) Cap. xvii.

(12) J. N. Grou, *L'Ecole de Jésus*, vol. ii., p.8.

(13) アントワネット・ブリニョンは次のように言っている。「わたしはすべての真理を魂の内部に、殊にあらゆる物事を忘却して孤独のうちに潜心するときに見つける。そのときわたしの霊は〈もう一つの霊〉と意志を通じ合い、両者は重要な事柄について話をする二人の友人のように互いをもてなす。この会話があまりにも甘美なのでわたしはまる一日というもの、休憩もとらず、食べも飲みもせずに過ごしたことも時々あった」(MacEwen, *Antoinette Bourignan, Quietist*, p.109.)

(14) *Par*. xxii. 64.

(15) *Dialogues of the Supersensual Life*, p.66.

(16) Hilton, *The Scale of Perfection*, bk. ii., cap. xl.

(17) *Études sur le Mysticisme*, p.18.

(18) *Vida*, cap. xiv. *Camino de Perfeccion*, cap. xxxi.; *El Castillo Interior*, Moradas Cuartas, cap. ii.

(19) *Holy Wisdom*, Treatise iii. § ii. cap. vii.

(20) 瞑想、静寂、名前のない「中間」段階、合一の祈祷。(*Vida*, cap. xi.)

(21) 瞑想、独語、沈思、歓喜。(Hugh of St. Victor, *De Contemplatione*.)

(22) *De Quatuor Gradibus Violentae Charitatis*.〔『サン＝ヴィクトル学派』所収『力強い愛の四つの段階について』〕

(23) *The Scale of Perfection*, bk. i. caps. iv. to viii.

(24) *Holy Wisdom*, *loc. cit*., § ii. cap. i.

(25) Coventry Patmore, *The Rod, the Root, and the Flower*, *Aurea Dicta*, xiii.

(26) *Vida*, cap. xi. §§ 10 and 11.

(27) これら四段階の詳細な分析は以下を参照のこと。*Ibid*., caps. xii.-xviii.

(28) Pred. i. 種々のたくさんある象徴で表現される人間の潜在的な絶対性というこの教理は、神秘主義の中心となる教義であり、観想の過程の有効性を保証するものである。その極端な形態では汎神論の誇りを免がれがたい。とはいえ通常キリスト教の神秘家は細心の注意を払ってこの危険を避けている。

(29) Ruysbroeck, *De Calculo* (condensed).

(30) *Vida*, cap. xi. § 17.

(31) *Dialogues of the Supersensual Life*, p.56.

(32) St. Teresa, *Camino de Perfeccion*, cap. xxx. 〔イエズスの聖テレジア『完徳の道』東京女子カルメル会訳、ドン・ボスコ社、一九六八〕

(33) *Ibid.*, cap. xxx.

(34) *Ibid.*, cap. xxxi.

(35) F. von Hügel, *Letters to a Niece*, p.140.

(36) *Prose Treatises of Richard Rolle* (E.E.T.S. 20), p.42.

(37) Meister Eckhart, Pred. ii.

(38) Ibid., Pred. i.

(39) *An Epistle of Private Counsel* (B.M. Harl. 674). Printed, with slight textual variations, in *The Cloud of Unknowing, and other Treatises*, edited by Dom Justin McCann. 〔『中世末期の神秘思想』所収『秘かなる勧告の書』〕

(40) Eckhart, Pred. ii.

(41) *Camino de Perfeccion*, cap. xxxiii. この章全体が繊細を極めた驚嘆すべき分析であるが、この関連で読まれるべきである。

(42) たとえば、次の著作の用心深い言葉遣いに注意のこと。*Holy Wisdom*, Treatise iii. § III. cap. vii.

(43) Ruysbroeck, *De Ornatu Spiritalium Nuptiarum*, l. ii. caps. lxvi. (condensed).

(44) *Holy Wisdom*, Treatise iii. § iii. cap. vii.

(45) Von Hügel, *The Mystical Element of Religion* vol. ii. p.132.

(46) 彼は「有罪」文書の一つでは次のような踏み込んだ発言をしている。「人はその諸能力を無化すべきである」、「能動的に行動しようと欲することは神に逆らうことである」。

(47) *De Calculo*, cap. ix.

(48) *The Mystical Element of Religion*, vol. ii. p.143.

(49) *Moyen Court*, cap. xxi. しかしながら、ギュイヨン夫人の漠然とした不安定な言葉は、時として、他のもっと厳密な「静寂主義的」解釈を施されることもある。

(50) *Vida*, cap. xvi §§1 and 4.

(51) *De Quatuor Gradibus Violentae Charitatis* (Migne, Patrologia Latina, vol. cxcvi. col. 1215b).

第7章　内面への旅 二——観想

神秘家が到達する内向の進んだ状態、これを〈観想〉という総称のもとに本章では考察を加えていくことにしたい。それは「潜心」と「静寂」の訓練の結果でありその実りである。この霊的鍛錬の課程が一通り修了すると、意識のある形態が、訓練され生に有用なものとなって、表面に浮上してくる。これは一つの意識形態——真実とのコミュニケーションを図る媒体——であるが、通常の人間においては未発達なままにとどまっている。この能力のおかげで、いまやすぐれて神秘的な体験が可能になる。「そこではいかなる証人もなしに、人の自由と神とが出会う、感覚世界のあらゆる反応から切り離された霊的な泉[1]」(レセジャック)との限られた一時的な合一がそれである。

〈潜心〉の段階においては自我の霊的注意力が鍛えられた。同時に自我は知覚の新たなレベルへと押し上げられ、その力の集合点を形づくる象徴のおかげで、生の新たな流入が自我に対してもたらされる。〈静寂〉の段階においては、張りつめた静謐によって特徴づけられる状態へと進んだ。そこでは自我はあの〈真実〉のうちに安んずるが、とはいえ未だあえてそれを直視するには至っていなかった。さて、〈観想〉に至って、自我は象徴の段階、沈黙の段階を共に乗り越えて進み、そして知性にとっては闇であるが心にとっては燦然と輝く高次のレベルにおいて、「全身全霊をあげて精力的に活動する」。この観想の活動のあらわれ方はいろいろであり、付与される名称もさまざまであるが、それというのもその特徴は各個人の気質に大きく左右されるからである。修道生活の文献の著者たちの言う「尋常の」また「尋常ならざる」〈観想〉、「注賦的」あるいは「受動的な」〈観想〉という形態をとることも、さらにはまたすでに論じたように「合一の祈り」と呼ばれることもある。[2] 時々はまた、自我が超越的知覚に激しく集中したがために、外界の知覚一切を喪失し、すべての感覚のメッセージが等閑視されるほど意識の領野が狭小になってしまうという、アブノーマルな心身状態を呈することもある。こうなると主体はトランス状態にあるように見え、身体硬直と、レベルの差はあれまったくの感覚喪失がその特徴をなす。以上が〈歓喜〉あるいは〈脱我〉の状態である。身体的な面でそれがヒステリーのいくつかの徴候と類似性が認められることが、神秘主義の敵対者をして、それみたことかと勢いづかせることになってしまっていることは、改めて指摘するまでもあるまい。

まったく不随意な状態であるという点で、〈歓喜〉および〈脱我〉は、本来の〈観想〉と区別される。頻繁にそれを体験した聖テレジアの言うところでは、〈歓喜〉にはまったく抗いえない。押しとどめられるようなものではない。これに対して、純粋な〈観想〉が最高度に発展した形態の一つである合一の祈りでは、なお多くの部分が主体の意志の制御下に置かれており、「抵抗しようとすれば痛苦と苛烈さで大変な思いをするものの、妨げようとしてできないというわけではない」。[3] かくして観想の状態と脱我の状態との間には截然とした区別――肉体的と心的との二つの面――があるということになる。この点を充分に踏まえつつ、その特徴を検討していくことにしたい。

そこで、まずはじめに〈観想〉そのものについて考えてみよう。これはすべての芸術的、精神的満足の根本に横たわる、あの分割不可能な「知る力」のこの上ない発現である。そこでは、思考、愛、意志という人間の持つ「神の創った〈三位一体〉」が、〈結合した一体〉をなすに至る。そして感情と知覚とが溶け合ってしまう。ちょうど、生とのわれわれの最良の接点に他ならぬ美の把握においてそうであるように。それは〈理性〉の働きではなく、神秘的な愛の励ましのもとで起こる人格全体の働きである。それゆえに、そこからもたらされる結果は、この人格のすべての側面を養う。すなわち、〈善〉、〈美〉、〈真〉に対する直覚力に資するものとなる。心理学的観点から見ればそれは誘導された状態であり、意識の領野ははなはだ収縮している。自我の全体、その動能がくっきりと焦点を結び、ある一つのものに集中する。われわれは自らを注ぎ出す。あるいは、このあまりにも強すぎる関心事の方へと注ぎ入れてしまうように思えてしまうこともも少なくない。その関心事に到達し溶け込んでしまうように思えてしまうのである。いずれにせよ、この働きの中でそれは与えられ、通常の思考の手立てによっては知りえないものを知ることになる。

すっきりと曇りなく明確な多様性の世界、知性がよく親しみ扱いも心得ている、感覚に連結して映し出される断片の世界、この世界から注意を転換することによって、それまでそうとは知らずに持っていた新しい知覚の力が解き放たれる。断片を鋭く知覚するのではなく、（それがどのようにしてかははっきりとはわからないが）全体というものが生々しく目の前にあるのを捉える。人格の深いレベルが開かれ、宇宙との遭遇へと嬉々として赴く。その宇宙、あるいはそれとわれわれとの間にある、隠された何らかの〈真実〉が、「われわれの心の真に麗しい意志」に応えてくれる。内へと向かう集中に対し、ここでは拡張という外に向かう大いなる感覚が平衡をとる。生の流入を受け止めるのにしたがって、新しい世界がわれわれのものになるという感覚である。自我の同化がこの上なく完全で、しばらくの間、精神や意志のいかなる行為も意識されることがない。専門用語で言えば「能力が停止している」。これが観想の祈祷の師がしばしば文字にとどめている「束縛《リガチュア》」〔知的、肉体的能力が完全に停止すること〕である。「束縛」は神秘状態の本質的特徴と見なされることも珍しくない。

ドラクロワは純粋な観想の心理学的特徴を極めて細心綿密に記述している。すなわち、「観想が生じると、(a)無関心、自由、平安という全般的な状態、そして世界を超える高揚、至福感覚があらわれる。〈主体〉は一般的意識の多様性と分割性のうちにおいて自らを知覚するのをやめる。自らを超えてその上へと持ち上げられる。深い純粋な魂が通常の自我にとって代わる。(b)この状態にあっては、私‐性の意識と、世界というものの意識とが消滅してしまい、神秘家は何らの媒介もなくじかに神自身とつながっている、〈神性〉に参与しているのだという意識を持つ。観想によって存在と知のありようが設定される。のみならず、存在と知というこの二つは、その根底において一つになろうとする傾きを示す。自分の知っているもの、それが自分である、自分がそうであるもの、それを自分は知っている。神秘家は漸次このような印象を強めていくことになる」[4]。実際、一時的に自由のレベルに上昇し、神秘家は自分が真なるものであると知り、そしてそれゆえに自分は〈真実〉を知っていると思うこともないではない。

ところで、神秘家の観想の対象は常に〈無限の生〉、「唯一の〈真実〉である神」の何らかの側面である。したがって、芸術家、ならびにその他の、自分で意識してはいない観察者が〈善〉、〈真〉、〈美〉の拡散した発現との交わりから受け取ることのある活力の増進は、神秘家においては桁違いに大きなものとなる。どれを見ても一様に歓喜に震える言葉だけとっても、その証拠として充分すぎるくらいである。観想という行為においては、愛と意志とに導かれた人格全体が感覚世界を超越し、その足枷を放り捨て、自由の高みに昇る。タウラー言うところの「理性の至りえぬ」こうした高いレベルで作用するようになる。そこでは直接の接触によって超感覚的なものを捉え、「真の〈生〉をもたらすもの」とじかに相対しているのを知る。このような〈観想〉――〈絶対者〉への確たる到達――は、詩人のヴィジョンや思想家の直観がヒントを与えてくれる全的行為なのである。

それは長く続かない行為である。瞑想家の中で最も優れた人々でさえも、この畏怖すべきヴィジョンの輝きをわずかの間しか持続させることができなかった。「稲妻」、「一瞬」、「アヴェ・マリアを唱える間」などと言い表されているのもそれゆえにである。〈唯一なる真実〉をはじめて純粋な観想で捉えた際のことを説明して、聖アウグスティヌスはこう言っている。「わたしの心は経験に根ざす思考をやめ、感官のイメージの相矛盾する集合から身を退け、心を包み込む光が何であるのか見極めようとした。……かくして、眼を凝らす暇もない束の間の閃光のきらめきと共に、〈在りて在るもの〉のヴィジョンに到達したのであった。それからわたしはついに、被造物を介して理解された〈あなたの〉不可視の事物を見た。だが視線を据えたままにしておくことはできなかった。わたしの跪弱さがすぐに戻ってきてしまい、日常の経験に囲繞《いじょう》されてしまった。残ったのは麗しい思い出のみ、それはあたかも未だ口にしえたことのない食欲をそそる肉の芳香のごとくであった[5]」

聖アウグスティヌス言うところのこの芳香は、たとえそれが一瞬のものにせよ、〈真なるもの〉の気圏へと参入した者には永久に残る。そしてこれ――〈在りて在るもの〉との交わりの不滅にして筆舌に尽くしがたい記憶――は、彼らの作品に「穢れのない薔薇」の香りを付与することになるし、またその魔力の秘密ともなっている。とはいえ、彼らは神の思考に向かう脱我的な飛翔によって、言い換えれば〈絶対的生〉への束の間の没入によって到達したものがいったい何であるかを、正確かつ人間的な言葉で言い表すにはついに至ることはない。

聖アウグスティヌスの「在りて在るもの」、プロティノスの言う「一者」、「真の〈生〉をもたらすもの」、聖ベルナルドゥスの「エネルギーある言葉」、ダンテの「永遠の光」、リュースブルクの「深淵」、ジェノヴァの聖カタリナの「純粋愛」――いずれもよく言ったところで〈完全なもの〉の貧弱な象徴としか呼びえないのではなかろうか。とはいえ、こうした迂遠な言い回しを通して、またそれによって、彼らが発見した〈対象〉はわれわれが探求する対象と同一であるという保証が与えられるのではある。

ウィリアム・ジェイムズは「言語を絶していること」と、「純粋直観《ノエシス》的特性」こそが観想体験に恒常的に見られる特徴であると考えた[6]。実際にその目で見た者は磐石の確信を抱くし、見たことのない者にはいくら説明を尽くしたところで何にもならない。神秘家の確信はこれほどにも強く、これに比肩しうるものはない。逆に、これを言葉にして伝達しようと試みる者を待ち受けるものは、まったくの無力感であり、それ以外の何ものでもない。フォリーニョのアンジェラは言っている。「神が自らその姿を現すとき、魂の中における神の最も優れた働きについては、わたしたちはうまく語ることもできないし、何とか言の葉にのせようとすることすらかなわないのです[7]」。しかしながら、神秘主義の著作の大半は、神秘家がその発見を他人にも分かち与えようとする試みに関わる。多様なイメージの下に、また言葉の持つ音楽的で暗示的な特質を意図して使いこなすことによって——そしてまた、しばしば人間の直観的な力をかきたてずにはおかないもの、すなわち絶望の淵にあって活路を見出す逆説の助けを借りて——彼らは他の人に、「目が見たことのない」真実の国のことをいくらかなりと語り伝えようとするのである。それが成功するとしたら——部分的でしかありえないが——それには以下のような仮説によらなくてはならないだろう。すなわち、われわれの内部のどこかに、ある一つの能力、閃光、「精神の精妙な一点」があり、それはこの国のことをその始まりから知っていた、というものである。それはそこに住み、〈純粋な存在〉を分かち合い、そしてある条件下ではじめて意識にのぼってくる。そのとき、「超越的感情」は眠りから覚め、こうした〈無限なるもの〉の探求者は、秘匿されていた意図を本当に凝視したのだと認識する。

瞑想と違って観想は、ひとまとまりの心的状態によって支配される一つの単純な状態ではない。それはさまざまの状態をまとめる大きなグループに与えられた総称であり、部分的には——神秘主義的活動の他のすべての形態同様——主体の気質に支配され、また静寂状態ないし「無化された生の平安」の極端なものから、「思考が歌に変わる」歓喜に満ちた能動的な愛に至るまで、広範囲にわたる感情状態を伴う。〈観想〉には、「知性のヴィジョン」および「内的な声」という現象と解きほぐしようもないほど絡み合ったものもある。さらにまた「静寂」のさらに発達したもののように思えるものもある。純然たる没入、暗闇、または「模糊とした観想」などと主体が書き記す状態がこれにあたる。[8] この暗闇を通り抜けて光に至ると瞑想家が語ることもある。[9] 永久にこの「慈愛の暗闇」にとどまっているように思えることもある。[10] 没入の深みにおいてすら「自分の至福を知っている」と魂が語る場合もあるし、観想が終了し表層の知性が再度主導権を握る段になって、やっとこの至福に気づくこともある。

こうした個人的体験の渦をなす混乱にあっては、何らかの分類の基盤を立て、あるいは真の〈観想〉と他の内向状態とを区別する規則を設けることが不可欠である。といってそうした基盤がおいそれと見つかるものではないと言えばその通りだが、わたしとしては真の観想には次の二つの特徴があると考えている。(a)〈対象〉の〈全体性〉と〈被付与性〉。(b)主体の〈自己滅却〉。観想の特徴を決定しようとする試みにあたって、以上二点を踏まえて話を進めてよいのではないだろうか。

(a) どんな言い表し方をするにせよ、また知覚がいかに微弱であったり混乱していたりするにせよ、神秘家の〈観想〉経験は〈全なるもの〉の体験であり、そしてこの体験は神秘家にとっては自ら到達したというより、与えられたもののように思える。彼に開示されたのは本当に〈絶対者〉である。瞑想やヴィジョンの場合のように、絶対者の何らかの部分的な象徴とかある一つの側面とかではない。

(b) この開示された〈真実〉は観察を通してではなく、参与〔感応〕を通して把握される。〈静寂〉における受動的受容性から進んで、ここでは能動的で、外へ向かっていく自我‐贈与に至っているが、これは〈神の〉主導に対する自我の応答をなす。人間の骨折りとは無関係に、神は自由な行為によって自らを魂に対して明らかにする。そこで魂は進み出て、神のうちに自らを失わんとする。かくして一つの「ギブ・アンド・テイク」――神の浸透――が有限の生と〈無限なる〉生との間に成立する。自由と十全な生に対するわれわれの探求につきまとって離れぬ、狭隘で有限な私‐性というあの恐るべき意識はどこかにいってしまう。少なくともしばしの間、何ものにも依らず自立した霊的な生が成就する。瞑想家は「空の鳥のように、海の魚のように」その中に溶け入ってしまう。見出すために失い、生きるために死ぬのである。ディオニュシオス・アレオパギテスはこう言っている。「われわれはすべからく自分自身から抜け出て神のもとへと運ばれなくてはならない」[11]。これが〈観想〉の「受動的合一」、すなわち、一時的とはいえ、主体が言語を絶した幸福と究極の真実との二重の確信を受け取る状態である。主体はこの確信を「言われたこと」あるいは「見られたもの」へと置き換えようとすることもあるが、暗示によるものは別として、結局はそれは語ろうとして語りえないものだと認めざるをえなくなる。肝心なことは彼がそこにいたというこの事実にある。ちょうど故国への帰還を果たす亡命者にとって何より大事なことは、風景でも言葉でもなく、その土地の霊であるように。

プロティノスのあまりにも見事な一節を見てみよう。「その〈ヴィジョン〉を見ること、見てしまったこと。理性はもはやそこにはない。理性以上であり、理性に先立ち、理性の後に来る。見られたヴィジョンについても同様である。……そしておそらくここでは見るなどと言うべきではないのだろう。というのもここで見たといっても、それは見る人が識別して見たというわけではない——識別して見たなら、見た人と見られたものとを截然と区別できる。……それゆえにこのヴィジョンが何であるかを言うのは極めて困難である。それを認めたときに自分自身と同一であり、それ以外ではないように思えたものを、自分自身とは別のものとして記述することなど誰にできるだろうか[12]」

新プラトン主義の神秘主義の最良の伝統を中世において継承したリュースブルクもまた、プロティノスの脱我と密接に関連する〈真理〉のヴィジョン、至高の洞察についてこう記している。曰く、「観想によってわれわれは純粋さと、理解を超絶した光輝のうちにおかれる。……知識、精妙さ、何かしらの修練といったものによってこれに到達しうる者は一人もない。ただ神が選んで御自身を合一させ、自ら照明を与える者、他の誰でもなく、その者のみが神の観想をなしうる。……しかしこの神的な観想に到達する者はほとんどいない。われわれが無能だからであり、またそのうちにあってものを見るべき光が隠されているからである。それゆえ自分の知識、緻密で繊細な考察によってこうしたことを真に理解する者は一人もない。あらゆる言葉、また被造物として学び理解するすべては、ここでわたしが言う真理とは無縁で、それよりはるかに低いところにある。しかし神と合一した者、この真理による照明を受けた者――そうした人は〈真理〉によって〈真理〉を理解することができる[13]」。

真実のこの最終的な、求める者に答える知――〈真理〉による〈真理〉の理解――は、その根底において万人が望んでいるものである。神に焦がれる聖人、〈絶対者〉に対する哲学者の熱情、知性によって心情によって表現はさまざまであるが、これらは精神のやむにやまれぬ希求であって、それ以外の何ものでもない。科学の推論、形而上学の図式、芸術家の直観、どれもめざすのはそれである。「〈観想〉をやめたときにアダムは罪を犯した。以来、人間のうちには分裂がある[14]」(マリタン)

ヒルトンは言っている。人間の魂は、

魂より上に何かがあると、そう感じている。それが何なのかは知らないし、未だその手に収めたというわけでもないのだが、いつかは手にするのであり、燃える思いでそれを求め焦がれている。そしてそれは他ならぬ、預言者エゼキエルがそのヴィジョンのうちに見たある町に似た、エルサレムの外側の光景である。

南へ向かって坂をなす丘の上に立つ町を見たと彼は言っている。目で見て測ったところその縦も横も一ルード、すなわち六キュビット一パームを超えなかった。だが町へ入ってぐるりと見渡すと、何たる驚くべき大きさかと心に嘆声を発せずにはいられない。公共のまた個人の数多《あまた》ある堂や部屋、外にも内にも門や玄関があり、そして縦も横も何百キュビットもある、口で言い表せぬほどたくさんの建物を見た。外から見たときにはあれほど小さかったのに、内側に立ってみるとこの町はどうしてこうも大きく広いのか、まことに驚異という他はなかった。この町は神の完全な愛の前兆であり、観想の丘に立っている。それと感じるには至っていないが、だがそれに対する願望に駆られる魂の眼には、そうした何かがあるように思われる。とはいえそれは小さなもの、せいぜい一ルード、すなわち六キュビット一パームの長さに見えるのである。六キュビットとは人の働きの完成のことで、一パームは少しの観想のことである。一パームが六キュビットを超えるように、人のあらゆる働きの砂漠をほんの少しだけ超える、そういうものがあるのがよくわかる。だがそこにあるものの内側を見はしない。しかしながら、観想の町の中へ入ったなら、はじめに見たよりずっと多くのものを見ることになる。(15)

ヴィジョンの場合でもそうであるが、ここでも、「感じとれるまでには至っていないが、願望に突き動かされる」われわれが〈観想〉について本当に知りうるすべて――生にとってのその価値、それが伝える知識――は、「その町の中へ入った」者からもたらされる、あるいはプロティノスの隠喩を借りれば「〈神の思考〉の方へと飛翔した」者から来るのでなくてはならない。ではいったいその人たちは、〈絶対者〉との束の間の交わりにおいて到達した真実の知識について何を語ってくれるだろうか？

証言を突き合わせてみると、明らかに矛盾する二つの事柄が主として語られていることがわかる。彼らはみなぎり溢れる歓び、〈至福直観〉、激烈な交わり、「麗しい光景」をほとんど一息に語ったかと思うと、今度は砂をかむような虚しさ、不毛の砂漠、底知れぬ〈深淵〉、無知、〈神の闇〉を口にする。〈疎遠〉と〈親近〉、〈闇〉と〈光〉。経験した当人の手になる純粋な観想の記述には、そのどれにも繰り返し繰り返しこうした二つの対立項が登場してくる。いま挙げた四つの隠喩がどれも「ある気質を通して」見られた同じプロセスを記述し、〈絶対的真実〉に対するその気質の反応を言い表しているのだということを頭にとどめておこう。その上で、それらを比較することで、暗に示されている曰く言いがたい経験の全体性について、おぼろげながら何らかの観念を得ることができるのではないかと思う。

まずはじめに注意しておきたいのは、この知覚の感情的な付随物こそが、神秘家が常に、また必然的にその暗示的な言い回しを引き出す材料となっていることである。こうした暗示的な物言いによって神秘家はその天上的経験をほのめかす。それで書かれたものは常に科学〔的客観性〕よりも〔主観的〕印象の方に偏ったものになる。「深遠にして、しかし輝く暗闇」、「底知れぬ深淵」、〈不可知の雲〉、「〈愛される人〉の抱擁」といった具合であり、どれも〈超越者〉そのものではなく〈超越者〉との関係を、観察した対象ではなく感じとった圧倒的な印象を、〈一者である真実〉との交わりにおける自らの存在の全体性によって言い表そうとしている。

とはいえ、この点で〈観想〉を何よりも「感情の状態」と見なし、そこからして数多の現代の著作家がそうしているように、単に主観的な有効性しかないと決めつけてしまうのは公正とは言いがたい。もちろん、人間のこの上なく高く活動的なあらゆる行為では必ずそうであるように、高揚した感情がついてまわる。こうした感情は観想の中でおよそアブノーマルとは言いがたい部分をなし、それゆえ主体にとって極めて記述しやすいものではある。〈畏れ〉、〈驚愕〉、〈欲望〉、〈歓び〉というこの捉えどころのない組み合わせは、何がしかその人になじみのあるものであるし、感官的生において出会う偶発事によってそれらはさらに発展させられていく。それを他人に示唆しうる言葉が、彼の発言には含まれている。だがその経験全体は単なる知性を超越するものであり、単なる感情を凌駕している。それは知覚の包括的行為であり、こうした分割的言語によって表現しうるものではない。またそれを媒介するものは全人、分割不可能な人格であって、〈愛〉、〈思考〉、〈意志〉といった言葉によっては、その力と本性とは部分的にかろうじて暗示されるにとどまる。

観想においてこの人格が気づかざるをえない意識の局面――客観的な何ものか――は、しかしながら観想とはなじまないし、観想が意識の思考システムと関連づけられるというわけでもない。人は、日々の生活の必要に適う空間的なイメージの中で暮らすことに慣れてしまっているので、観想にふさわしい言葉による表現を持ち合わせてはいない。クラシック音楽の傑作にはじめて耳を傾けた人が、それを客観的に描き出す言葉を見つけられず、ただ自分がどう感じたかだけを口にするが、それと同じことになってしまう。これがあらゆる神秘主義的行為の記述において、感情状態が幅をきかせているように思われる理由の一つとなっている。地上的な情動は主体が感じた何事かに匹敵し、それを暗示によって語ることを可能にする。だが――比較の基準となるものが欠落しているがゆえに――その人をしてかく感じさせた〈まったく他なるもの〉を描き出すことはついにできないままである。この捉えがたくはあるが客観的である経験にうまく言葉の衣を着せようとする最善の努力でさえ、その芳香と真実とが消え失せてしまうことになるのが普通である。聖アウグスティヌスが〈時〉というものについて言ったように、それが何であるのかは知っているが、定義づけてみよと言われると途端にはたと途方に暮れてしまうのだ。

神秘活動の言葉による記述のどれもがどれほど象徴的であり、気質に左右されるものであるかという点は、リチャード・ロールという音楽好きの魂の持ち主にとって観想が持ちえた側面を見てみるとよくわかるかもしれない。この人は〈真実〉と最もよくパラレルをなすものを、親密な合一の観念や〈神の深淵〉における自我喪失の観念にではなく、天上のハーモニー――そこでは「思考が歌に変わる」神の甘美な歌――への魂の感応という観念に見出している。曰く、「わたしにとって観想とは心に浮かぶ神の愛の歓び溢れる歌であり、天使の賛美の甘やかさを伴っているように思える。それは歓喜の歌であり、この世の生における完全な祈りと高い献身の到達点である。恋人によって永遠に霊的に抱きとめられる、心の内なる喜びであり、大きな声が湧き起こる。……観想の甘美さは十全なる大いなる労苦によってはじめて得られ、筆舌に尽くせぬ歓びのうちにその人のものとなる。それは確かに人に対する霊的な報酬ではなく、神の贈ってくださるものである。しかしながら、人が予めこの世の虚栄をまったく捨て去ってしまっていなかったなら、そもそもの始めから今日に至るまでおよそ〈永遠の愛〉の観想で喜びに有頂天になるということもなかったろう[16]」。

となると、観想者のもとで〈絶対者〉の知覚がいかなるものであるか検討してみようとするなら、喚起された感情の多種多様な記述を受け入れ、取捨選択し、使いこなす備えができあがっていなければならない。分析してみると、これら喚起された感情はたやすく二つのグループに分けられる。それだけでなく、この二グループは、〈真実〉というものの神秘的意識が伸び拡がっていく二つの方向に対応し、またさらに、神秘主義の文献の特徴をなす〈神性〉というものの対《つい》をなす表現にも対応している。人格的と空間的、内在的と超越的、内に宿る〈生〉と〈無条件の源泉〉がそれである。そこで以下においては大きく二つに分けて考察を進めたい。⑴形而上的タイプの神秘家が常に力説する、不可思議で、暗い闇の、計り知ることのできない、〈純粋存在の深淵〉。⑵神的で魂に愛されるその〈朋輩〉。〈神のペルソナ〉という概念を好む自我はその姿をあたかも目の前にするかのように感じとる。

⑴〈超越の観想〉――感情状態の第一のグループ。〈神の超越〉の神学的観念を強調するものと緊密に結びついたこのグループは、神秘家が感じとり、そのうちに自らを埋没させることを願う〈絶対的神性〉の言語を絶する圧倒的な偉大さと比較したときの、己れ自身の卑少、無価値、直すすべもない無知の感覚から生まれる。神性とそれ以外の一切との、その本質における全面的でいかんともしがたい相違から生じるのである。畏怖と自己卑下、そして〈全体者〉のうちにおける自己喪失という逆説的熱情、これらがここで、感情状態を支配する。その人の耳には肯定的な物言いはことごとく冒瀆としか響かない。「理性以上であり、理性に先立ち、理性の後に来る」言語を絶した真理からまったく遠く外れているのであるから。至高の〈真実〉のありとあらゆる否定的な記述をわれわれは、通常新プラトン主義に対する本能的な好みや、個人的な心像に対する偶像破壊的不信感と手を携えて進むこの感情のグループに負っている。このタイプの自我にとっては、神とは〈無条件のもの〉、〈まったくの他者〉であって、われわれはそれを表すべき言葉を持たず、われわれの貧しい象徴はかえってそれを蔑ろにすることにしかならない。〈神〉を見るとは〈暗闇〉、「不可知の雲」に入っていくこと、そして「われわれが何も知らないという、このことのみを知る」ことである。この極端な霊的卑下を満足させうるものは他にはないが、この霊的卑下は自らの被造物としての状態の限界に甘んずることを拒否するという、油断のならない手ごわいおごりへと容易に堕落しかねないものであることを忘れないようにしよう。

「人が知ることのない、人に知られることのないもの、それ以外に神はいない」、そうこの観想する魂は言う。「いない。本当に、いない、間違いなくいない。誰一人、言うべき一つの言葉さえ見出せない、天国にいるすべての者たちでさえ、〈その方〉について知っているありったけをもってしても、その一端にさえ到達することも理解することもかなわない。それがわたしの神である」(17)

地理的に正確であろうとし、〈魂〉の唯一の〈故郷〉である〈絶対的な一者〉についての把握と接触を明確に見定め記述しようとする際には、このタイプの瞑想家は、アレオパギテスという偉大な師匠のように、非人格的になり、超然となってしまう。無量の高みへと引きあげられてしまったかのようであり、そこでは空気があまりにも希薄で並みの人間の肺では耐えられそうにない。こうした高くそびえる頂きでの生のありようについて問われると、大抵〈神の暗闇〉というディオニュシオス〔・アレオパギテス〕の概念か、あるいはこれとパラレルになる観念、底知れぬ〈深淵〉、〈神性の砂漠〉、エックハルトの「誰にも無縁な静かな荒野」を取り上げざるをえなくなる。

奇妙な次第ではあるが、彼らがはっきりとした肯定へと近づき、その結果、彼らの著作の他のいかなる部門にも増して、感情的で神人同形説的な信仰の持ち主に驚愕をもたらすことになるのは、〈超〉本質的な〈神性〉との合一が起こる、この場所ないしリアリティのこの局面――この「輝く闇と豊かな無」――に関して述べた一節においてである。この説明の言葉はあるはっきりとした心理的経験に対応しており、この点疑問の余地はない。この言説においては「静かな砂漠」、「広大な海」、「底知れぬ深淵」(ここにおいては「空虚」、「無」、「暗闇」〔静寂の祈りにおいて自我はここに入っていく〕が果てしなく拡大されてはいるものの、最終的には肯定的な充足に至る)が常に言及されている。これはどこかの学派の型通りの紋切り型などと言ってすますことのできるものではない。こうした記述には一貫性があるとは言いがたいと言われれば確かにそうだが、しかしそこにはある何とも言いがたい不思議な確かさ、さらに不可思議な情念の調子、特有の奇妙なリアリズムがある。ここからわかるのは、そのどれをとっても彼らが発想源としているのは経験であって伝統ではないということである。表層の心がこれまで知った一切を否定するという、いかにしてもやみがたい衝動に突き動かされ――それを言語、それも極限まで張り詰めた言葉によって捉え伝えようとし、だがその言葉はことあるごとに彼らを失望させずにはおかない――それでもなお、こうした瞑想家は確かな何ものかをわれわれに伝えることができる。与えられた生《なま》の〈真実〉の知見、不変の〈絶対者〉、本当に達成されたそれとの至福の合一。これらの説明では彼らは一致しており、報告者が皆同じ土地に滞在し、同じ精神状態を経験したことが明白である。いや、というより、われわれの心の内奥がその証人となってくれる。われわれは彼らを途中まで出迎える。本能的にかつまた反論の余地なく、彼らが真実を告げているのは直観的に、また疑問の余地なくわかるし、それによって熱情的なノスタルジア、流謫と喪失の苦い味わいがかきたてられる。

〈無限者〉を探求するこうした人々は、異口同音に広大無辺の空間を表す言葉を口にする。忙しく落ち着きのない感覚世界から身を引き、魂と見かけの世界との「底」、すなわち〈存在〉、なべて〈在る〉ものの〈実体〉に沈潜する。多様性は〈一体性〉に還元される。知覚する自我はこの一体性のうちに没入する。こうしてこの「〈神性〉との合一」の間、神秘家は、タウラーの言葉を借りれば「ただ神のうちに」自らを見出すのである。

この偉大なる師タウラーは言っている。

この神的な底に見出される大いなる砂漠には、イメージも形態も状態もありはしない。ここにある、そこにあるというものではない。本質的に底がなく、漂い浮かぶ、測りがたい〈深淵〉のごときものである。水が寄せたり引いたり、上がったり下がったり、あるときは空洞に消えて水などどこにあるのかというありさまだったかと思うと、すぐにまた打ち寄せて、何もかも呑みつくしてしまわんばかり。あたかもそのようなことがこの〈深淵〉に起こる。まことに、これは天や人のという以上に〈神の住み処〉である。本当にそこに入ろうと望む者は必ずここに神を見出し、またただ神のうちに自らを見出す。神がこの底から離れることはないのだから。神はその者と共にあり、その者はここで〈永遠〉を見出し楽しむ。ここには過去も現在もなく、創り出された光でこの神的な〈底〉に届くものも、それを照らし出すものもない。ただここのみが神の住み処であり聖所だからである。

さてこの〈神の深淵〉の深さを測りうる被造物はない。それを一杯に満たしうる者はなく、それに満たされる者もない。神のみが〈その限りなさ〉のうちにこれを満たしうる。なぜならこの深淵は〈神の深淵〉にのみ属しているからで、それについてはこう記されている。深淵は深淵を呼び求める。さてこの底は光を放って魂の力に向かい、その最も低い力も最も高い力も照らし出し、最も純粋な〈源〉と真の〈起源〉へと向けようとする。この底に本当に気づいている者は、骨を折って己れを省み、この底の荒野で叫ぶ声に耳を傾けつつ、一人でいなければならない。この底はあまりにも不毛で荒涼としており、思考というものが入り込んだ例がない。理性に助けられ、〈聖三位一体〉の瞑想に没頭した人間の全思考（こうした考察に没頭した人々は確かにいる）のうち、一つとしてこの底に入り込んだ者はない。この底はごく近くにあって、しかも同時に非常に遠くにあり、そしてあらゆるもののはるか彼方にあり、時間も空間も知らない。単純で不変な状態である。実際に本当にそこへ入っていく者は、あたかも自分が永劫の昔から変わることなくここにいた、また自分はそれと一つであると感じる。[18]

同様の趣旨は、他にも多くの神秘家にも見てとれる。「はるか〈久遠〉の昔から人が神のうちに存在した」〈存在の深淵〉の筆舌に尽くしがたい歓びと恐怖、「生そのものを剥ぎとられて」、「神の海の逆巻く大波を乗りきって帆を進める」魂の冒険、これらを精彩ある筆致で描き出している。だが彼らの言葉は門外漢には驚きをもたらすだけであって、実のある情報はほとんどない。観想する自我がこの不可思議な場に到達してできるのは、最大の剥奪が最大の歓びでもある、信じがたく、驚くほかない世界について語ることにとどまる。ここでは所有と放棄の両極が同一であり、無知と知、光と闇とが〈一つ〉である。愛がその人を時間もなく空間もない〈存在〉の世界へと導くのであり、そこは奮闘する個人の霊にとっても、奮戦する宇宙にとっても平安に満ちた底である。だから、できることと言えば、ピリポにならって「もうよい」と声を上げることだけである。

メーテルランクは言う。「ここでわれわれは突然、人間の思考の限界、心の〈極〉圏からはるかに離れて遠い所に立つ。ここは酷寒の極みである。恐ろしく暗い。とはいえそこにあるのは炎と光ばかりである。だが、この新しい知覚に対処すべく己が魂を訓練してきていない人にとっては、この光、あの炎は絵の具で塗っただけのように暗く、また冷たい。ここで問題になるのは諸学のうちで最も厳密なもの、神の『汝自身を知れ』という、この上なく荒々しく最も住むに難しい突端の探求である。そして、人間の心の動きと神の心の働きとが混じり合う、逆巻く波のうねる海の上には、真夜中の太陽が君臨する」[19]

一方には「炎と光」――宇宙を満たす生ける創造的愛の炎――、他方には継起する一切を超越し、地上に生まれた者の単眼的な視野には暗いとしか映らぬ「神性の静かな砂漠」がある。それぞれ極めて思いきった逆説にまとめられた、一方は肯定的、他方は否定的なこれら二つの隠喩によって、〈絶対者〉についての人間の観想体験のほとんどすべてが表現されうるし、実際表現されている。〈最高の超越〉の否定的な記述、高次の知の形態としての「神的な無知」の告白についてはすでに考察した通りである。しかしこの否定的な記述に対し、幾人かの選り抜きの精神の持ち主によって、真理の能動的な観想というものがバランスよく対置されている。すなわち「秘められた意図」の脱我的把握がそれである。

いま、ここで経験される〈至福直観〉というもの、これをわれわれに描き示してくれる神秘家は、極めて稀ではあるがいないわけではない。この至福直観とは〈真実〉の燃え上がる心との接触による知である。それは一つの大きな全体の中に〈存在〉と〈生成〉の地平を、〈同時的なもの〉と〈継起的なもの〉とを、そしてさらに〈永遠の父〉とその「エネルギーある〈言葉〉」による発現とを含むものである。高次の神秘主義の天才の特色をなす、この力の幾ばくかについては、〈照明〉の特色を研究する際に見ておいた。その極めて巧みな文学的表現は、「天堂篇」の章句にあり、ダンテがいかにしてひと時の間、〈最高天〉の秘密を見てとったかが語られている。それ以前、すでに彼は〈光の流れる川〉と静かな白い〈薔薇〉という二重になった〈真実〉の象徴的なヴィジョンを享受していた。[20] ここではこの二つの側面は消え、彼は〈一なるもの〉を見ることになる。

……わたしの眼はいっそう澄んで
本来それ自身真実である崇高な光の線の
その中にますます深く入っていった。
その後わたしが見たものは過度にわたるもの
到底言葉では尽くしがたく
記憶も立ち向かいえない。

わたしはまるで夢の中で何か見たのに、覚めると、
それによって引き起こされた印象や感情だけ残り、
その他のすべてが記憶に残っていない人のようだった。
というのはわたしの見たものはほとんどことごとく消え、
それから生まれた甘美なものだけが未だなお、
心の中で雫《しずく》を滴らせていたからである。

………

もしもわたしが堪えていた生きた光の
鋭さから目を背けでもしたならば
わたしの目はくらんだに違いない。

だがわたしはそれに向かい一段と心を固めて
それに堪え、ついにわたしの目を無限の威力と
合わせることができたのを記憶している。

……

さてかくのごとくわたしはまったく心を奪われて
視線を定め、熱意をこめてじっと見つめるうちに
見つめれば見つめるほどますますわたしの心は燃えた。
ひとたびかの光に向かうときは、他の光景を
眺めるためからだを背けることは
不可能であり許されなくなるのだ。
それは意志の目的たる善がことごとくその中に
集まってそれ以外では不完全なものでさえ
そこでは完全なものになるからである。[21]

ダンテの〈永遠の真実〉の把握と〈神のペルソナ〉との観想の交わり、この二つの中間に位置するのが、超感覚的なものに対する知覚がまったく人格的であるというわけでもなく、さりとてまったく宇宙的で超越的であるというわけでもない、そういう神秘家類型の人である。この人にとって、神は何よりも〈完全者〉——〈善〉、〈真〉、そして〈美〉、〈光〉、〈生〉、および〈愛〉——であり、それを探し求める自我のま

さに入口のところで、明視の瞬間に捉えられる。ここでは神が知覚される象徴はなおも哲学的な抽象にとどまっている。しかし神秘家の手にかかるとこれらの用語は抽象的ではなくなり、刺激を受けて生き生きしたものになる。こうした瞑想家は、〈絶対者〉の、イメージなく曰く言いがたい特性は保持しているのだが、しかしその観想によって得られる喜び溢れる人格的愛にも心惹かれずにはいられない。

　こういうわけで、その啓示の書の驚くべき一節において、フォリーニョのアンジェラは突然こう声を上げている。「わたしは神を見た！」。するとその彼女の秘書はこう言っている。「そしてわたしこと、これを書き記す平修士は、何を見たのか、どのようにしてか、体のあるものを見たのかと彼女に尋ねた。彼女の答えはこうであった。『ある充溢と明瞭さとを見たのです。あり余るほどわたしのうちにそれを感じとったので、それを言葉で言い表したり、およそこのようだと描き出すこともできません。何か体あるものを見たのかどうかも言えません。あたかも天にあるようであり、美しすぎるので、至上の〈美〉であり至高の〈善〉であるという他は、何一つそれについて言い表しえません』。また、『わたしは神の筆舌に尽くしがたい十全さを見ました。しかしその十全さのうちに〈至高の善〉を見たという以外、何とも申し上げようがないのです[22]』」

⑵〈内在性の観想〉――瞑想家の第二のグループは「恐れを払いのける愛」に従っている。同じ〈限定されざる生〉といっても、その不可解さや到達不可能な超越ではなく、何よりも身近にあり、親密で、甘美であるという感覚できわだっている。第一のグループではこの〈限定されざる生〉というものは、形而上学詩人から借用したとおぼしい目を瞠《みは》るような形象によって辛うじて暗示されるにとどまっていた。ヒルトンが美しいイメージで語っているところによれば、第二のグループの瞑想家たちは「神の、目に見

えない神聖な〈御顔〉の芳香をしみじみと味わっている」[23]。歓喜と畏怖によってひとくくりにされるものよりも、むしろ歓び、信頼、愛情——あらゆる完全な愛において常にそうであるように、畏怖は常に何がしかは存在しているが——から流れ出てくるすべての感情が、ここでは〈真理〉を描き出すべく力を貸している。

こうした瞑想家たちは、〈存在者〉への到達を、すべての交わりのうちで最も内密でこの上ない歓びに満ちたものであると語っている。すなわち、〈花婿〉の到来であり、〈創造に先立つ光〉のうちへの歓喜に満ちた没入である。ロールは声を大にして言う。「観想の恵みほど益するところ多く、楽しいものはない！われわれをこの低き所から高め、神のもとへと差し出してくれる。歓びの始まりでない観想の恵みなどというものがあるだろうか？　確たるものとなった恵みでないような完全な歓びなどあるものだろうか？」[24]。『単純な魂の鏡』によれば、このような「明るく輝く観想」においては「魂は喜び楽しんでいる」。全き平安と躍動する喜びとであり、これは人間の通常の意識が知るいかなる楽しさをもってしても語りえないものである。ほんのひと時の間、魂は〈神的生〉に参入したのであって、すべてを知り、かつ何も知ってはいない。世界の秘密を習得したのであるが、それは在ることによってであり、知ることによってではない。在ること、それこそがただ一つ真に何かを知るということである。

親密な情愛が支配的な感情をなし、神秘家としての訓練や傾向によって、キリスト教の抽象的で〈三位一体〉的な面よりも人格的でかつ〈受肉〉的な面が強調される、このようなタイプの瞑想家は常に、自分の秘密を何よりも敬愛すべき〈友愛〉の経験として描き出そうとする。この人にとって〈真実〉とは一つの〈状態〉ではなく、一つの〈ペルソナ〉である。「合一の祈祷」においては、厳密な意味で人格的な別の〈自我〉に、自らの自我が没入する真の交わりが起こるようにその人には思える。曰く、そのとき「神は魂の〈底〉において魂と出会う」。言い換えれば、魂が〈絶対的生〉に参入する、人格の隠された深みにおいてということである。明らかに、「観想の階梯」、あるいはその心理的状態はここで、非人格的な類型の神秘家における〈深淵〉への到達のそれと同じである。とはいえ、その当事者から見れば、〈愛する人〉と〈愛される者〉とのこの喜び溢れた人格的な出会いは、エックハルトおよびその流派が記述している「神の砂漠」における魂の没入とは非常に異なった体験であるだろう。「この一体化のうちに、神と〈魂〉との、揺らぐことを知らない結婚がある」[25]。そうヒルトンは言っている。

聖テレジアは親密かつ情愛的なタイプの瞑想家の古典的な見本とも言うべき人であるが、その他にも大聖ゲルトルート、ゾイゼ、ジュリアン、マグデブルクのメヒティルトなど、大勢がこの観想の働きのさまざまな具体例となっている。神秘的な愛の最も美しく感動的な表現のすべては、観想という〔こ〕の働きによっている。「わたしは彼を見、彼を探した。そして彼を得た、彼を求め欲した」というジュリアンの言葉は、警句という形で歓喜に満ちた成就と、飽くことを知らぬ欲望との結びつきを表現し、友愛的でありかつまた神的なある〈現前〉の把握を言い当てている。彼女の〈愛の十番目の啓示〉の記述もまたそうであって、「この甘美な喜びと共に、彼はわたしの理解力に聖なる神性を何ほどか示しました。それから、いわば貧しい魂を奮起させて理解できるようにしてくださいました。すなわち、何時とも知れぬ時より始まり、今に至り、今後も末永く続く果てしない〈愛〉について考えるようにしてくださったのです。そしてこれと共にわたしたちの善なる神は喜びに溢れて『ああ、何とわたしはおまえを愛したことか』とおっしゃいましたが、それはあたかも『愛する者よ、汝の主、汝の創り主であり、そして汝の終わりなき歓びである神に注意しよく見なさい』とおっしゃったかのようでした[26]」。
フォリーニョのアンジェラは、自らの受けた啓示を書き取らせた書記にこう語らせている。「魂の眼が開かれ、〈愛〉が穏やかに彼女の方へ歩みを進めてくるのを見た。その始まりは目にしたのだが、終わりは見ていない。いつまでも続いていたからである。この〈愛〉と比べられるような色彩はなかった。それはまっすぐに彼女のところまでやって来て、彼女は肉体の眼で見るよりももっとはっきりと魂の眼で見たのだが、それは鎌のような見かけをとっていた。いや、具体的にこれと指差して言えるほど似ていたというわけではなく、この愛が何となく鎌に似たものと眼に映ったということである。すぐに引っ込んでしまったので、はっきりそれとわかる充分な暇はなかった。そうであればこそ、彼女はますます憧れを募らせることになった[27]」

神秘家とその〈友〉とのこの交わりの最も完成された形を示してくれるのは、マグデブルクのメヒティルトであり、彼女の観想は紛うかたなく親密タイプのそれである。彼女が言うには、「祈りは大いなる神を小さい心のうちへと引きおろし、飢えたる魂を十全な神のもとへと赴かせます。神と魂という二人の恋する者たちを共に歓びの部屋へと導き入れ、二人は愛の語らいにいそしみます[28]」。

すでに見たように、〈三位一体〉の教理のおかげで、キリスト教の神秘家は、いやそれにとどまらず、キリスト教神秘主義全体が、〈真実〉のこうした仕方の把握と、言語を絶した〈一者〉(「イメージのない」〈絶対者〉)の「否定的」でありかつ非人格的な知覚とを調和させることができる。とはいえその極端な形では、両者の対立は鮮やかすぎるほどで、こうなると〈神性〉の不可知の全体性と神の可知のペルソナという、エックハルトのよく知られた区別を認めざるをえないようにも思えてしまいもする。しかしながら、やはり「イメージ」と「円環」とは一にして全体であるものの多様な把握の仕方を表しているのである。真実の以上二つの側面、存在の二つの水準、それらはいかに大きく異なるように見えようとも、実は〈同じ一つのもの〉[29]なのだというダンテの確信、これをすべての神秘家は感じとるのであり——それはまたとりわけドイツの神秘家が言葉にして表現したものであった。どちらも人間とあの〈絶対的真理〉との部分的な接触をそれぞれ記述しようとするものである。この〈絶対的真理〉は「そこにあるのにそこになく、近くにあって遠くにある」、あの〈三位一体の事実〉、三色であり大きさは同じであるもの〔『神曲』天堂篇第三十三歌〕、すなわち神である。完全な〈真実〉についての何らかの観念（もとよりそれは不完全でしかありえないわけだが）を形成しようとするなら、両者が共に必要である。たとえば前人未踏の土地へ二人の人が一緒に行ったとする。一人が広大な土地、美しい景観を人々に伝え、もう一人は地質組成、生物の状態を示す植物相、動物相を報告することになった。だがこの双方があいまってはじめて、具体的なその土地の正しい評価を下すことができるようになる。それと同じことである。

　人格的真実と形而上学的真理とを結びつけ、超越的神と受肉した神とを結びつける、キリスト教の核心にはこれがあり、そうであってみれば[30]、観想体験のこうした逆説に対する哲学的神学的基礎づけとがキリスト教の中に見出されるというのは、充分納得のいく話である。常にとは言いかねるが大半の場合、キリスト教の神秘家は、魂にとっての人格的であり親密な〈恋人〉（それがいかに捉えがたいものであるかということは、身をもって知りすぎるほどによく知っている）と、キリストの〈ペルソナ〉とを同一のものと捉えている。不可知にして超越的な〈神性〉と、あの永遠の光（〈ペルソナの三位一体〉が取り戻されている〈区別のない一者〉）とを同一のものと見なしているのである。実践的瞑想家のほとんどは、その気質によって、〈真実〉に対する以上二つの理解のどちらかへの偏りを呈する。つまり「魂の底」での人格的で内在的な出会いか、あるいは否定以外のいかなる言葉によっても定義しえない、非人格的な〈超越者〉を前にしてへりくだった「無化された魂」の厳粛な歓びのいずれかである。とはいえ、双方の型の知覚が共存しているように思われる場合もある。彼らは交互に光と言い闇と唱え、歓喜に満ちた〈愛〉との出会いと、他に何もない裸の〈深淵〉、神の〈本質〉の砂漠の中における至高の自我消滅とを語る。こうしたタイプの瞑想家の申し分のない実例がリュースブルクであり、その著作には神秘というものの人格的な側面と超越的な側面との双方が見てとれる総合的経験を記述する数多くの重要な章句が含まれている。彼は言う。「われわれが見る力となるとき」——言い換えれば、霊的明晰に到達したときには——

〈花婿〉の永遠の到来を歓びのうちに観想することができる。これがわたしの語ろうとする第二の点である。ところで、〈花婿〉のこの永遠の到来とは何か？　それは絶え間なく続く新しい誕生と途切れることなく続く新しい照明のことである。なぜならそこから〈光〉が輝き出し、そして〈それ自体〉が〈光〉であるこの底は、生を与えるものにして、豊かな実りをもたらすものでもある。それだから、〈永遠の光〉のあらわれは、霊の秘められた奥処で途切れることなく、新たなものとされ続ける。見よ！　ここでは、人間のあらゆる業と能動的徳とは消え去らねばならぬ。ここでは魂の先端において神が一人働くのであるから。ここには、この〈光〉によって、そしてこの〈光〉のうちにおいて、その〈光〉を永遠に見る力があり、凝視があり、それ以外には何もない。〈花婿〉の到来はあまりにも速やかであるため、〈彼〉はいつまでもやって来るように思われる。そしてその底知れぬ豊かさをもってわれわれのうちにとどまり、さらに、間断なくその〈ペルソナ〉において新しくわれわれのもとへと戻ってくるが、そのときにはまったく新しい輝きを伴うので、やって来るのはこれが初めてだろうとしか思えない。その到来は、すべての〈時〉の外、〈永遠の今〉のうちにあり、常に新しい待望と新しい歓びとをもって歓迎される。見よ！　この〈花婿〉がその到来とともに持ち来たる歓び、嬉しさは、底知れず深く限りがない。〈彼自身〉が歓びであり嬉しさであるから。そしてこのゆえに、霊が〈花婿〉を観想する眼は非常に大きく見開かれて二度と閉じることはない。……さてこの能動的な出会い、そしてこの愛ある抱擁は、その本質において喜ばしいものであり、絶対的なものでもある。〈神性〉という、限定を受けない、〈区分区別のないもの〉は、あまりにも漠として暗く、いかなるイメージをとることもない。それは自らのうちにあらゆる神的な特性と働きとを隠し、〈ペルソナ〉の一切の属性を〈本質的一体性〉のすべてを包み込む豊かさのうちに隠し、そして〈言語を絶したもの〉の〈深淵〉において、神的な享受をもたらす。ここには享受における死があり、それ以外の何ものでもない〈純粋存在〉のうちへの溶解と死とがある。そこではすべての神の〈名〉、すべての状態、そして神的真理の鏡に照らし出されるすべての生きたイメージは〈言語を絶した単純さ〉、イメージと知との〈不在〉に同化されてしまう。というのもこの限界のない〈単純さの深淵〉においては、すべての事物が享受の至福に包み込まれている。だが、〈深淵〉それ自体は、〈本質的一体性〉による場合を別として、とりこまれることなく残ってしまう。ペルソナ、また神のうちに生きる一切はこれにとって代わられてしまう。ここにはほとばしる愛を受ける享受の抱擁における永遠の休息以外には何もないからである。これがすべての内的な魂が何よりもこれと選んだ、そこに至る道のない〈存在〉である。これは

すべての恋人たちが自らを忘れるあえかな沈黙である。(31)

ここでリュースブルクは〈魂の花婿〉としての〈神のペルソナ〉の象徴から始めており、この点ではシエナの聖カタリナと気性面で相通じるものがあるとも言えるが、先に進んでいくと、キリスト教形而上学の頂点にまで上りつめるに至っている。すなわち神学の〈ペルソナ〉を超越し、人間の言語を絶する〈絶対的な一者〉のうちへの自我の愛ある没入について述べるに至っているのである。彼は、言葉や喩えという頼りにならないものに必死の思いですがりついているように思えるが、これは〈真実〉というものを魂が享受することについて、何かしらヒントになるものを与えてくれるのではないかという彼の願望のしからしめたものだろうか。ここに見られるのはその本性からして、神人同形論的な宗教の夢とか図式などとはあまりにもかけ離れたものである。この〈神的深淵〉に関する彼の不可思議な陳述は、わたしがすでに他の瞑想家の著作から引用したものと同等である。この人たちは自分の体験の情動的側面に流されてしまうのを拒否して、自分が感じたことだけではなく、凝視したものをも語ろうとした——彼らとしてはそう考えたのである。しかしながら、リュースブルクの神秘的天才、〈真実〉に対する直観の深さと全体性とは、〈神性〉についての単なる空間的、形而上学的記述でこと足れりとするのを許さない。彼の見るところでは「能動的な出会い」と「愛ある抱擁」とが真の観想行為の本質的な部分をなす。「恋人たちが自らを忘れるあえかな沈黙」において、一つの〈ペルソナ〉がある一つの人格と出会う。「すべての内的な魂が何よりもこれと選んだ」のはまさにこれである。哲学的〈絶対者〉ではない。

瞑想家が〈絶対的生〉との独自な交わりへ到達する方法について、もう少し立ち入って見てみよう。こうした人の〈真実〉への没入を特徴づけるように思われる活動はいかなるものであるのだろうか。予期されるように、その活動には二通りある（そこから生じる結果もやはり二種類ある）。すなわち人格的で肯定的な活動と、非人格的で否定的なそれとである。〈神的完成〉が魂の連れ合い、〈花婿〉、〈愛される者〉と捉えられている場合と、自我が〈深淵〉の逆説的な輝き、「誰にも無縁な静かな荒野」へ没入して終わる場合とでは、問題のアプローチの方法が著しく異なったものになるのは明白である。婚礼の用意と北極海探検の準備、それぐらい違う。そこで、一方の端には人格的で親密な交わりの極端な形――恋する者が愛される者のもとへと赴くこと――があり、これを神秘家は「合一の祈祷」と呼ぶ。もう一方の端には「暗い観想」があり、超越的で非人格的なタイプの自我は、これによってはじめて〈絶対的な一者〉の方へ近づいていくことになると主張する。

〈名づけようのない超越〉のおぼろげで言語を絶した観想、〈絶対者〉へのイメージのない専心、その古典的な実例となるのは改めて言うまでもなくディオニュシオス・アレオパギテスである。この観想を〈神的暗闇〉と名づけたのは彼であるし、また後世のこのタイプの神秘家はことごとくその言語表現を彼に負っている。この主題に対する彼の態度は明快でありすぎるほどである。彼の述べているところは、聖アウグスティヌスのそれのように、〈真実〉に到達したという高揚した感覚に満ちて光り輝く。その〈真実〉は意志を固めれば他の人にも到達できないものではないが、しかしそれは彼の導く道を通ってのみ可能なのである。

こう彼は言っている。

親しきテモテよ。おまえにはこう助言しよう。神秘的観想を真摯に実行して、諸感覚、知性の作用、感覚や知性が知覚する一切、さらにこの無の世界にあり、あの存在の世界にある一切を棄てなさい。こうして、おまえの悟性が休息を得たら、おまえは存在も悟性も包み込むことのできない〈その人〉との合一へ向けて（できるかぎり）昇っていきなさい。おまえ自身を、そしてすべての事物を絶え間なく、また絶対的に放棄することによって、万物をひたすら退け、一切から解放され、そうして全実存在に優越する〈神的暗闇の光〉の高みへと導かれていくことになる。[32]

さらにまたこうも言っている。

〈神的暗闇〉とは〈主〉が住むという近づきがたい光以外の何ものでもない。まばゆい輝きゆえに目で見ることはできず、横溢する超自然の輝きゆえに求めて探し出すというわけにはいかないが、しかし神を見、知るに値する者は、そのうちにあって安らう。そして見ることもなく知ることもないというまさにこのゆえに、あらゆる真理とすべての知識を超えたもののうちにいその者は本当に在る。[33]

ディオニュシオス［・アレオパギテス］以後のすべての瞑想家は、彼から「神的暗闇」という観念を受け継ぎ、この暗闇のうちへ入ることが魂にとって最高の特権であるという考えを踏襲することになった。それをいわばでき合いのものとして、何の疑いも差し挿まず信頼して受け入れ、自分たちの伝統の中に組み込んでいったとされる。このような見方が神秘主義を扱う著作家にとってはありきたりな決まり文句と化している。しかし、こう言いきってしまうと、神秘家とは、何よりも実践的な人たちであるという事実が閑却されてしまうことになりかねない。彼らは哲学的な体系を手際よくまとめようとして著作にいそしむのではない。自分自身で経験したこと、人類にとって超越的重要性があると感じられる何事かを述べ伝えるべく筆を執る。それゆえ、彼らが観想における自らの経験を記述しようとして「暗闇」という直喩を用いることにこだわるなら――実際に固執しているのだが――それが事実にぴったり適合しているからこそそうしているのであり、それ以外の理由からではないということになる。ヘーゲル主義者ならずとも、対立者が加わってこそはじめて真理にアプローチする望みを持ちうる。「歓喜的」あるいは「親密」タイプの神秘家がもたらしてくれるものこそ、まさに「漠たる無知」に対立することになるものである。こちらのタイプの神秘家は「合一」の肯定的な経験、「魂の神秘的な結婚」のうちにこそこの上ない満足を見出している。

ところで、この「暗闇」のイメージを使う者がそれによって本当に言おうとしているのは何だろうか? 以下のように考えてみたい。すなわち絶対的〈真実〉における神は、人間の知性にとっては不可知――暗闇――である。人間の知性は、ベルクソンが憶い出させてくれたように、神的直観ではないそれ以外の目的に適うものである。神秘的な愛に駆り立てられ、人間の人格全体が〈真実〉と接点を持つようになるとき、その人格は知性のカテゴリーがどれ一つとしてあてはまらないような、ある経験の地平へと入っていく。理性は、極めて具体的な意味で「暗闇の中」にいる――〈不可知の雲〉に浸されてしまう。とするなら、知的な心《マインド》がかすんでぼやけ、やがて見えなくなってしまうというこのことこそ、神秘家が〈絶対者〉へと向かう上昇における、必要欠くべからざる部分であるということになる。その〈絶対者〉――人を震撼せしめ、かつ魅惑する神秘[34]——が「心情によって捉えられる」ようになるのは、それが「知性には知られることがない」ことをわれわれが意識し、「悟性の作用」は傍らにうち捨てておくようにというディオニュシオスの命令に従うことによってである。瞑想家の歩みは全人格にかかわるものでなければならない。「足枷を取り払い、自由に」、〈真実〉の胸の中へと「自らを駆り立てる」べきなのである。かくして目で見るものや、頭の中の知識を超越してその彼方に向かうときにはじめて、こうした能力が扱いうる世界をも超越したとの確信を得る。そのときあらゆるイメージ、一切の観念を超える〈まったくの他者〉のうちに本当に在る。

これは〈愛〉。天に向かって飛翔する、
一瞬一瞬に、たくさんの覆いを剥ぎとっていく。
はじめの時には、生を棄て、
おわりのところでは足を使わず旅する。
不可視のものとしてこの世界を見る、
自らに現れ来たるものを見るのではなく[35]（ジャラルッディーン〔ルーミー〕）。

われわれの知性の無知の認識、このつつましい屈従こそが、〈不可知の雲〉への入口、〈絶対者〉の神秘的知に向けての第一歩である。ヒルトンは言う。「なぜなら〈真実〉と〈へりくだり〉とは両親を同じくする本当の姉妹であって、愛と慈悲とで結ばれており、この二人の間にはめざすものの違いはいささかもない[36]」

『不可知の雲』の著者は言う。

あなたは、次のようにお尋ねになるでしょう。「神御自身についてわたしはどのよう考えたらよいでしょうか。また神とは何でしょうか」。これには次のようにしかお答えできません。わたしは知らない、と。

ご質問とともに、あなたはわたしをあの暗い闇、あの知ることのない雲のうちに引き入れてしまいました。あなた御自身にもそこに入っていただきたく思います。生きとし生けるものとその働き、そしてさらに神御自身の働きについて、人は神の恩寵によって完全に理解し、また考えをめぐらすことができます。しかし神御自身について考えることは誰にもできません。それゆえわたしは考えうるものはそのままにしておき、考えられぬものを愛することにします。それは、愛することはできようが、考えられるものではないからです。愛によって得ることが、離さないようにすることができる、だが考えるのではそうはならない……憧れる愛の鋭い矢をもって、知られることのない厚い雲を射るのです。何事が起ころうとも、そこから離れてはなりません[37]。

それゆえ、神秘家の観想の対象が思考に従うもの、「知る」ことのできる何ものかであるかぎり、それは〈絶対者〉ではなく、〈絶対者〉の部分的イメージ、もしくは象徴でしかないことがはっきりする。最終的な〈真実〉を見出すためには「不可知の雲」の中へと入らなくてはならない――知性の働きうる地平のさらにその彼方へと向かわなければならない。

同じ大神秘家はこうも言っている。「わたしが闇と呼ぶのは、知的理解力の欠如を言っているのです。……こうした理由で、それは空に浮かぶ雲ではなく、あなたとあなたの神の間にある、不可知の雲と呼ばれるのです[38]」

そこで、瞑想家のなすべき務めはこの雲、ヒルトンの言う「善い暗闇」の中へ入っていくことだ、ということになる。「静寂の祈祷」において見られる、推論的思考の意図的な抑制とイメージの排除、それはこの中に入っていく一つの途である。もう一つの途は個人的な屈従、あるいは「自己無化」である。離脱と内向とによって「無」または「魂の底」へと入る者は、「闇」にも入る。このように言うといかにも単純な話に思えてしまうが、しかしいざその意味するところを理解しようとすると話はまったく別である。ベーメの対話体のある著作の中で、途方に暮れた弟子は次のように問いかける。

弟子　一切の〈自我〉が空虚になった〈魂〉の、このすべてを脱ぎ棄てた〈底〉というのはどこにあるでしょうか？　そしてまた、人ではなく神の住まう、隠された中心へはどうしたら行き着けるのでしょうか？　師よ、それがどこなのか、どうしたらそれを見つけだし、中へ入っていけるのか、どうぞ平易にお教えください。
師　魂が自らの〈意志〉を滅してしまい、もはや自ら〈何か〉を意志するということがないようなところがそれである。……
弟子　でもどうしたらそれがわかるでしょうか？

師　おまえが理解しようとすれば、それは離れ去ってしまうだろう。だがおまえが己れをまったく棄て去るなら、それはおまえのもとにとどまり、おまえの〈生〉に欠くべからざるものとなり、おまえの身についたものとなるだろう。[39]

『不可知の雲』の著者は、初めてこの〈暗闇〉に入る時に自我を圧倒するおぼろげな暗さと混乱の感覚について、極めて明快に述べている。これは〈静寂〉のところで研究した受動的な受容性のための思考の滅却と類似した進行をとるものだと言うのである。

彼は新参者の観想におけるはじめの漠として暗い段階についてこう言っている。

最初に行なうときには、ただ闇を見出すのみです。それはいわば不可知の雲のようで、意志のうちに神に向かう裸の志向を感ずるだけで、それが何なのかわかりません。この闇、この雲は、いかに努力しようとも、あなたと神との間に介在し、あなたが理性により、悟性の光をもって神をはっきりと見ることもできず、また感性により、愛の甘美さのうちに神を感ずることもできない状態にあなたを引きとどめておきます。それゆえあなたが愛している御方を求めて絶えず声を上げて呼びかけながら、できるだけ長い間この闇の中にとどまるようにしなさい。ここで神を感じとり、目の当たりにすることがあるとしても、常にこの雲、この闇の中にとどまらなくてはならないのです。[40]

〈神的なるもの〉のこの暗い観想、思考や情動の範囲をはるかに超えた「〈在りて在るもの〉の実体」への没入というものの至高の価値について、同じ時代から、といっても地域的にもまた気質的にも大きく隔たってはいるのだが、もう一つの証言を拾ってみることにしよう。われわれの目の前にあるのはこの不思議な意識形態に関する極めて鮮明かつ詳細な説明の一つであり、これは『不可知の雲』や十字架の聖ヨハネの述べているところと綿密に比較するに充分な価値を有している。瞠目すべき人物、フォリーニョの聖アンジェラの証言がそれである。彼女は俗世の生活から回心して、フランシスコ派に入ったが、プラトン主義的な神秘家でもあった。その言を聞くとわれわれは、プロティノスの声がスポレトの谷から響いてくるのを耳にするような気持ちに誘われる。

彼女の書記はこう言っている。

わたしが彼女に質問していたときに、キリストの忠実な下僕は突如、魂を奪われてしまい、わたしの言うことがわからない様子だった。それから驚くべき恩寵が彼女に与えられた。しばらくして……彼女は次のように語り始めた。「わたしの魂は恍惚として、口では言い表しようもない歓びを味わいました。知りたいと熱望していたものをみな知り、この手にしたいと思ったすべてをわがものとしました。わたしはすべての〈善〉を見ました」。さらにこうも言った。「この状態では、魂はこの〈善〉が離れてしまうことがあるとか、あるいは魂の方が離れていくとか、さらにまた再び魂がそれから分離されてしまうことがあるとは、とても信じることはできません。魂は〈至高の善〉のうちにおいて大いなる喜びを味わいます。唇や心で言えるような何かを魂が見るのではありません。何も見ず、しかし〈すべて〉を見る。……記述したり知覚したりできる善は、今やわたしの求めるものではなくなっています。わたしがすべての希望を託しているのは深く隠され人目につかない、ある秘密の〈善〉であり、これをわたしは大いなる暗闇のうちにつかみとります」。ここで平修士のわたしがこの暗闇とは何のことか納得も理解もいかなかったところ、キリストの忠実な下僕は説明しようとこう言った。「それを暗闇のうちに見るというのは、それがすべての善を超えているからです。それでも残るもの、暗闇とはそれでありそれ以外の何ものでもありません。魂や心が到達しうるものはすべて、この〈善〉より劣っているのです。わたしがこれまで語ってきたこと、とりわけ、全被造物が神に満たされているのを魂が見るとき、魂が神の力を見るとき、さらに魂が神の意志を見るとき、魂がつかみとる一切はこの最も秘められた〈善〉に劣るのです。なぜなら暗闇のうちにわたしが見るこの〈善〉は〈全〉であり、それ以外のあらゆるものはその部分でしかないからです」。彼女はさらにこう付け加えた。「それ以外のものは、それが何か言い表すことはできませんが、喜びをもたらします。それにひきかえ暗闇における神のヴィジョンの力は、それによって口もとがほころぶということもなく、愛の献身や熱情が魂にもたらされることもありません。……神がわたしにくださった無数の、そして言葉で表しえない恩恵、語りかけてくださった言葉、あなたが書き記してくれたすべて、それらはいずれも、大いなる暗闇の中に見てとれる〈善〉よりはるか下にあるのです。ですからそれらにわたしの望みを託すわけにはいかないのです」。……キリストの忠実な下僕がわたしに語ったところでは、彼女の心が持ち上げられ、大いなる暗闇において、そしてまた極めて驚異的で完全なヴィジョンのうちに神を見るという、この高度で言語を絶したありように至ったことはただ三度のみ、とのことであった。無論、〈至高の善〉を見たことは数えきれぬほどあるし、それらはいつも暗き所においてであった。しかしこれ

ほどにも高度なありようで、これほどの大いなる暗闇を通して見たことはなかったのである。(41)

以上の言葉、さらには「暗い観想」の根底にある着想全体は、フォン・ヒューゲル男爵の含蓄に富む一節と照らし合わせてみることで、一層よく理解できるのではないだろうか。「〈限定されざる個〉としての神を愛する魂は、必ずや知的な理解を超えて神を愛することになる。敬虔な信心の要素、こうした行為を通して、またこうした行為においてのみ十全に知りうる〈一者〉に対する自由な自己犠牲の要素は、かくして永遠に人間から離れてしまうことはない(42)」。そこで、観想行為、すなわち〈神性〉に対する愛に溢れ自我を忘却する集中――神の〈絶対的ペルソナ〉に向けて人間の小さくて限定された人格を迸《ほとばし》らせること――は、それが思考を超越しているかぎり、知性にとっては暗闇を意味する。が、しかし心からすると光輝溢れるものである。心理学的には、それは意識のもう一つの中心のために、表層意識の必要不可欠な涸渇化を行ない、思考のメカニズムを停止させることを意味するだろう。この新しい中心はそれを成り立たせるにあたって自我の活力の貯えに対し極めて大きな要求をし、またそれが活発に働くときには、他の中心からエネルギーを引き出してこなくてはならない。かくして、「思考の夜」は「知覚の光」の厳密に論理的な帰結ということになる。

〈神的暗闇〉の二重性――理性という解剖刀にとっては「無」であり、拡大する能動的な愛にとっては至高の豊かな実りであるこの暗闇――を十字架の聖ヨハネほど繊細な洞察をもって表現した者はない。彼の著作においては、人格的歓喜のキリスト教的彩りによって、新プラトン主義の神秘家の正確ではあるが時として無味乾燥な記述が生彩あるものへと変えられている。偉大な神秘家にして、傑出した詩人でもあるこの人は、その「暗夜」についての詩において、内向した魂の、言語を絶する実体験にありったけの芸術的表現の最高の力、音楽的律動の源となるすべて、隠喩の暗示性を付与することになった。

とある暗い一夜
愛の熱望にうかされるまま
（ああ、幸なくして、だが何たる幸せか！）
わたしは行った、誰にも見つかることなく、
わが家を出て、すべてが寂として静かなるところへ。

垂れ込める夜闇に、見とがめられることなく
秘密の階段を通って、ひっそりと身を隠して、
（ああ、幸なくして、だが何たる幸せか！）
夜闇に紛れ、ひそやかに
わが家を出て、すべてが寂として静かなるところへ。

浄められた夜にさまよう
秘かに隠れ、一人として見とがめる者なく、
わたしも何ものも見ず、

導く明かりと言えば
わたしの傍らにあって燃える心のうちの灯りあるのみ。

わたしを導くはその灯り、
真昼の輝きよりも確かなり
そこには〈一者〉がわたしの到着を
待っているのを知った。
その人の住むところ、それはその人の待つところに他ならぬ。

おお、かく導いた夜、
おお、暁の光より麗しい夜、
おお、わたしたちをもたらした夜、
恋人を恋人の目の届くところに、
喜びの結婚のうちに、恋する者を愛される者に！

花のような胸の上に
すべて〈彼〉のために、ただ〈彼〉のために、
そこでわたしは愛する者に

甘やかな安らぎを与えた。
杉の扇がその上で風を送った。[43]

これらの詩句における人格的心像と形而上的心像との完全な融合に注目しよう。双方ともその暗示性によって全体の効果をあげるのに大いに力あずかっている。この全体的効果によって暗く、しかし炎を上げる神秘家の歓喜、燃え立つ愛の肯定、これに付随する精神的暗闇と静寂の否定――「幸なくして、だが何たる幸せか」――が、どのようにしてかは別にして、われわれに伝わってくる。他の人には見えない、瞑想家の真の生活の秘密、五感の世界という快適な環境をあえて能動的に放棄すること、彼の熱烈な精神が身を投じなくてはならない、かすかに暗く、未だ知られざる存在の地平――「暁の光よりも麗しい夜」――、〈内なる光〉、「真昼の輝きよりも確か」に歩みを導いてくれる神秘的な愛の火。さらには「すべて〈彼〉のために、ただ〈彼〉のために」という思いが成就するに至った自己犠牲のエクスタシー（そこでは「喜びの結婚のうちに」恋する者は〈愛される者〉との交わりに到達する）まで、すべてがここにある。

十字架の聖ヨハネはその著書『魂の暗夜』の中で、この詩の冒頭の一節に注解を施しているが、これこそ観想の心理の叙述として最も見事で細部まで行き届いたものの一つに他ならない。

彼は次のように述べている。

魂は、愛の合一へと上昇するほのかに暗い観想を、秘密の階梯と呼んでいる。ここには観想の二つの特質が窺えるが、一つ一つ説明しよう。第一に、この暗い観想は秘密とされる。前にも言ったが、それが神秘神学であり、これは神学者たちが秘密の叡智と呼び、また聖トマスによればとりわけ愛によって魂に注賦されるものである。これは秘やかに、隠れて生じ、悟性その他の力の自然的な作用が介在する余地はまったくない。……魂はそれを判然と捉えることも命名することもできないし、そうしようと望むこともない。それにまた、かくも高度な知、これほど繊細にして注賦された霊的印象を知らしめる仕方も、適切な比喩も見出すことができない。したがって、自らを説き明かしたいというやむにやまれぬ願望を魂が抱き、おびただしい説明を連ねたところで、やはり秘密は秘密のままである。この内的叡智はあまりに単純にして、全般的であり、かつまた霊的でもあり、感覚によって知覚される何らかの形態とかイメージという形で悟性の捉えるものとはならない。それゆえ諸感覚および想像力――それらは媒介として役に立ったこともなく、また感覚的形態や色彩を知覚したわけでもない――ではそれを説明できないし、それについて語りうるような何らかの概念を形成することもできない。とはいえ、魂ははっきりと、自らがこの不思議な叡智を感じ、味わっていることを感知している。何かあるものを初めて見た、そんな人に魂を喩えてみたらよいだろうか。以前にはそれに似たものを見たことなどまったくない。出会って、それを知覚し、気に入る。だがどうやっても、それが何であるか言うことはできず、名前もつけられない。それが感覚によって認知される対象であってもやはり駄目である。感覚を通して入ってくるものでないということになれば、それについて述べようとすることがどれほど難しくなってしまうかは、改めて断るまでもないだろう。……すでに述べたように、その本性からして表現不可能であり、秘密と呼ばれるのはまさに的を射ているというべきだろう。だがそう呼ばれるには、さらにもう一つ別の理由もある。というのも、この神秘的叡智には魂を自らのうちへと隠すという特質がある。通常の作用に加えて、時としてこの叡智は魂を同化し、秘められた深淵に沈めてしまう。この深淵では魂は自分があらゆる被造物から遠くにあり、それらから分け隔てられているのを明瞭に見てとる。魂は自らを深く広漠たる孤独のうちに見出す。いかなる生き物もやって来ることのない、果てしない広大無辺の荒地である。そして、この孤独が深甚、広大、空虚であればあるほど、それだけそれは美味、甘美、快美である。そこでは魂がより隠されていればいるほど、それだけ全被造物より高次のものとなっている。

さてこの叡智の深淵は魂を持ち上げ、拡大し、愛の知恵の源そのものにおいてその水を飲み味わうようにさせる。これによって魂は、〈神的なもの〉の至上の知と感覚とを比べて、全被造物の置かれた状態がいかに低いものであるかを思い知らされる。またわれわれがこの世で神的な事柄を論議しているあらゆる言葉や文章がいかに低級であり、欠陥に満ち、またある意味で不適切であるのかもよくわかる。神的な事柄は人間の技芸や学問の最良の努力から身をかわしてしまうのであり、ただ神秘神学のみがこれらをその本質的真実において知りかつ味わいうるのである。(44)

この重要な一節の中に、これまで観想の記述において取り上げられた四つの主要なイメージ、暗闇と光、荒地と愛の合一が、うまくまとめ合わされている。別の言い方をすると、無知が至上の知であり、孤独が親しい交わりであるという、自我の逆説的感覚である。この対立項の組の後者、あるいは「それが深甚、広大、空虚であればあるほど、それだけ美味、甘美、快美である荒地」について、わたしはスペインの神秘家の重厚な言い回しに光沢を添えるべく、リチャード・ロールの古風にして簡潔な言葉を引用せずにはいられない。

荒地において……愛される者は愛する者の心に語りかける。はにかみ屋の恋人のように、人々の前では自分の愛する人に情を乞わないし、親しげにするのではなく、知らない他人にするようにそっけなく接吻する。信心深い魂は俗世の出来事からは身も心も安全に離れている。……天の歓びがほどなくやって来る。それは楽しい旋律を見事に響かせて、魂の泉に至る。そのしるしを魂は受け取り、これから先は世俗の音を耳にして魂が喜ぶことはない。これは霊の音楽であり、正当であろうとそうではなかろうと俗世の煩いにかまけている者の誰一人あずかり知らぬものである。注意を向けるべきは神のみだということを学び取った者以外、これを知るに至った者はない[45]。

ディオニュシオス型のすべての神秘家が伝え力説してやまない「暗い超越」は、われわれの一切の神理解のうちにあって極めて真実に接近したものである。この点疑いの余地はない[46]。とはいえ、それが真実であるのは、あくまでもそれが〈在りて在るもの〉の限定なき〈肯定〉を暗示すべく、否定というものの示唆する特性――〈暗闇〉があることそのものが〈光〉を内包する――をそれが使いこなすという逆説的な意味においてでありそれ以外ではない。だがこの言葉が〈絶対者〉にふさわしいものであるほど、われわれ自身からは離れ、あてはまらなくなってしまう。よく注意して使うようにしないと、誤りを除こうとするつもりが、誤りでない一切をいともやすやすと消し去ってしまうことになりかねない。未だ人は純粋精神たりえていないし、〈永遠〉に到達したわけでもない。人は道半ばにある。〈真実〉を求める性急な半熟者が足下の地を切りすててしまえと言い張るようなことがあれば、めざすところにはついに到達できずじまいで終わる。ダンテがそうであったように、人は星への梯子、人界から神的な世界までの全行程にわたる梯子を必要としている。それゆえ、十字架の聖ヨハネにおいてそうであったように、暗闇についてのこうした厳格な哲学的記述に対して、〈愛〉の人格的、人間的、象徴的な肯定によってバランスをとるようにしなければならない。そうしてこそ、瞑想家がその至上の「神への飛翔」において到達する〈真実〉というものについて、歪んだ観念を持ってしまうのを回避しうる。意識に、その〈家郷〉から隔てている溝を乗り越えさせるには援助の手が必要となる。

「荒地」、恐るべき〈深淵〉は、「人々の前では自分の愛する人に情を乞わない恋人」の声によって心暖まる親しいものとされなくてはならない。〈絶対者〉との交わりのこうしたイメージというものはあくまでも近似的なものにとどまるのではないかと言われれば確かにその通りであるが、しかしそれは定規とコンパスで測ったような形而上学的思想では捉えがたい観想体験の実感をもって捉えた一つの側面を表している。ブレイクは、真の神秘家の洞察をもって、この状態を観想の二つの極端な形態の中間にあるものと捉え、次のように書いている。[47]

夜のうちに住まう貧しい魂に
神が現れる。神は光である。
だが昼の世界に住む者には
人間の形が現れる。

「合一の祈祷」および「霊的結婚」において、「昼の世界に住む」ような気質の瞑想家はまさにこうした「人間の形」の啓示――キリスト教の〈受肉〉の教理にあたるもの――を受け取る。彼らは〈限定なき生〉の人格的で熱情的な側面をつかみとる。親密であると同時に拡がるもの、すべてを求めると同時に何もかも捨て去る愛を把握する。この愛は〈限定なき生〉と欲してやまぬ魂との間をあたかも稲妻のように駆けめぐる。

わが唯一の〈愛〉よ、〈汝〉はわたしに言った、わたしを〈汝自身〉にしたいのだ、そしてまた〈汝〉はその持っているものすべて、〈楽園〉のすべてと共に、すべてわたしのものであり、そしてわたしはすべて〈汝〉のものだ、と。わたしはすべてを捨てるか、そうでないなら無を捨てるか、どちらかにするべきであり、（そうすれば）〈汝〉はわたしにすべてを与える、と。〈汝〉はわたしにこの名前を与えた。そのときわたしは「わたしは汝を一族の光へと導いた」を心のうちで聞いた。それには然るべき理由がある、と。そのとき、〈汝〉が見せてくれた詳細な視覚像に呼応する至純の〈合一〉目がけて進みたいと（何の手立てがあるというわけではなかったが）思えたのだった。そこでわたしは〈汝〉に言った。「他のことについては誰でもこれと思う方にお与えください。しかしあらゆる手段から自由な、この〈汝〉との最も純粋な〈合一〉だけはわたしにお与えください[48]」と。（ヴェルナッツァ）

「われわれの務めは神を愛すること」、そうリューースブルクは声を上げている。「われわれを満たしてくれるもの、それは〈神の抱擁〉への服従にある」。〈神の抱擁〉に対するこの全面的にしてかつ突然の服従こそ、〈合一の祈祷〉と呼ばれる観想形態の本質である。「屈従」はその秘密をなす。これは個人の屈従であり、有限者の〈無限者〉に対するそれであると同時に、花嫁の〈花婿〉に対する、心の〈心〉に対する屈従である。この屈従はそれにふさわしい気質を持った瞑想家にあっては、完全で脱我的な一つの典型をなすに至っており、そこには多少の差こそあれ通常の意識の完全な停止、忘我化が見られる。さらには、観想と真の脱我とを隔てる境界線が踏み越えられてしまい、肉体的、心理的効果が生じることもしばしばある。聖テレジアの言うところでは、

ここには何の感覚もありません。享受だけはありますが、といって与えられたのが何の享受なのか理解することはありません。何らかの善の享受であり、そのうちに善の一切がまとめて含まれていま す。ですがそれがでは何の善なのかとなると、それはわかってはおりません。感覚はことごとくこの享受に占められてしまっており、外に向かうもの内に向かうものを問わず、そのどれ一つとして何か他のものに注意を向けようとしてもできなくなっています。……しかしこの全き同化【専心】の状態は、想像力の全き休止——わたしの信ずるところでは、そのとき想像力は全面的に休息しています——と同じく、ごく短時間しか続きません。しかしながら諸能力の方はなかなか完全に元通りになるというわけにはいかず、混乱状態が収まるには数時間を要します。……こうしたことは、実際に経験した者によってこそ、はじめていくらかなりとわかるものです。というのもここで生じていることはあまりにも漠として判明というに程遠く、筆の力をもってもっと明晰に記述するわけにはいかないのです。

せいぜいわたしに言いうるのは、魂は神の近くにあるものとして表されるということであり、その点では非常に確固としていて強力な確信があるので、ほとんどそう信じないわけにはいかないのです。全能力はいまや役に立たず、まったく停止してしまうので、前に言ったように、その作用は確認できません。……意志は愛することによって完全に満たされてしまいますが、どのように愛しているのかは理解しておりません。悟性というものが、理解するとしても、どのように理解するのか理解しない。わたしにはそう思えるのですが、それが理解しないのは、先ほど言ったように、これは理解しえない事柄だからです。(49)

明らかに、ここにおける心理状況は、非人格的なタイプの神秘家が〈不可知の雲〉、〈神の暗闇〉に包まれたと感じるのと同じものである。
また別のところでは聖テレジアはこう言っている。

この祈りが以前のもの〔すなわち静寂〕と同じく、一種の半睡であると思ってはなりません（それを半睡と呼ぶのは、魂がぐっすり眠りこんでいるのでもなく、はっきりと目覚めているのでもなく、一見眠っているように見えるということからです）。合一の祈祷では魂は眠っています。魂自身と地上の事物に関しては熟睡しているのです。実際、この状態が継続している短時間の間、いかなる感情もなく、そうしようと望んでいるのに、何事も考えることができないのです。だから、何か努力をして思考を停止させようというのではありません。魂が愛することができるなら――いつ、またどのように愛するか魂は知らないし、自分が何を求めているのかも知らない……魂はいわばこの世に対しては完全に死んでおり、それでよりよく神のうちに生きるのです。[50]

こうした観想は無意識とどう違うのかという疑問が湧き上がってくることもあろう。聖テレジアによれば、その相違とは、表層意識の抑制の間に起こるはっきりとした何事かにある。表層意識は日覚めると、その「何事か」をそれと気がつくようになる。神秘家が絶えず断言しているように、真の観想は常にその実りによって判断されなくてはならない。それが本物なら、見かけ上の受動性の時期の間に大事な働きが生じているのである。深層の自我が逃げ去り、自由奔放にふるまい、それ以前とは異なったものとなって戻ってくる。忘れてはならないのは、テレジアは己が経験を踏まえて語っているということであり、その気質的な特殊性によってこの経験がとる形態に多少なりとも変更が生じてくる。彼女の言うことに耳を傾けてみよう。

この状態が続いている間、魂は見も聞きもせず、何も理解しません。とはいえこれは大抵ごく短時間のことであり、その上魂には実際にそうである以上に短く思えます。神は魂のもとを訪れますが、それは魂が我に返ったとき、自らが神のうちにあり、神は魂のうちにあったことを決して疑わず、二度と忘れない、そのようにしてなのです。この真実に対する確信は極めて堅固であり、たとえ次にこの状態が生じるまで数年の時が流れようとも、魂がそれを忘却したり、その真実性に疑念の矢を投げかけたりすることは決してありません。……ところで、次のように言いだす人があるかもしれません。

この合一の間、魂は見ることも理解することもできないとするなら、では魂が神のうちに、神が魂のうちにあることを魂はどうやって見、どうやって理解するのか、と。わたしの答えはこうです。合一のそのときには魂は見ることはありませんが、それが終わった後になって明瞭に知覚するのです。視覚によってではなく、神のみが与えうる、心のうちに残された確信によってです。[51]

第7章　原注

(1) Récéjac, *Fondements de la Connaissance Mystique*, p.176.
(2) 本書一四四頁。
(3) St. Teresa, *Vida*, cap. xx. §1 and 3.
(4) *Études sur le Mysticisme*, p.370.
(5) Aug. *Conf*., bk. vii. cap. xvii.
(6) *Varieties of Religious Experience*, p.380.
(7) St. Angèle de Foligno, *Le Livre de l'Expérience des Vrais Fidèles*, p.238 (English translation, p.189).
(8) 以下と比較せよ。Baker, *Holy Wisdom*, Treatise iii. §iv. cap. iv.
(9) 以下を見よ。Hilton, *The Scale of Perfection*, bk. ii. cap. xxv.
(10) 本書三二四頁。
(11) *De Divinis Nominibus*, vii. 1.

⑿ *Ennead*, vi. 9, 10.

⒀ Ruysbroeck, *De Ornatu Spiritalium Nuptiarum*, l. iii. cap. i.

⒁ J. Maritain, *Art et Scholastique*, p.141.

⒂ *The Scale of Perfection*, bk. ii. cap. xxv.

⒃ Richard Rolle, *The Mending of Life*, cap. xii.

⒄ *The Mirror of Simple Souls*, Div. iii. cap. xiii.

⒅ Tauler, Sermon on St. John the Baptist（*The Inner Way*, pp.97-99).

⒆ Maeterlinck, Introduction to Ruysbroeck's *L'Ornement des Noces Spirituelles*, p.v. 神学者はここにルドルフ・オットーやカール・バルトが強調する〈神的実在〉の側面との魂の接触に関する詩的な説明を認めることであろう。

⒇ *Par*. xxx. 61-128. 本書二一四頁と比較せよ。

(21) *Par*. xxxiii. 52-63, 76-81, 97-105.

(22) St. Angèle de Foligno, *Le Livre de l'Expérience des Vrais Fidèles*. pp.78 and 116 (English translation, here very imperfect, pp.169, 174).

(23) *The Scale of Perfection*, bk. ii. cap. xli.

(24) *The Mending of Life*, cap. xii.

(25) *The Scale of Perfection*, bk. i. cap. viii.

(26) *Revelations of Divine Love*, cap. xxiv.

(27) St. Angèle, *Le Livre de l'Expérience des Vrais Fidèles*, p.156 (English translation, p.178).

(28) *Das Fliessende Licht der Gottheit*, pt. v. cap. 13.

(29) *Par.*, xxxiii. 137.

(30) 本書第一部第五章と比較せよ。〔この日本語版は第二部のみの訳なので該当箇所なし〕

(31) Ruysbroeck, *De Ornatu Spiritalium Nuptiarum*, bk. iii. caps. ii. and iv.

(32) Dionysius the Areopagite, *De Mystica Theologia*, i. I.

(33) *Ibid.*, Letter to Dorothy the Deacon. この一節はヴォーンの『夜』の名高い詩句の源泉となっているようである――

（ある人達は言うのだが）神には
深いが目も眩むばかりの闇がある。
この世の人々がはっきり見ることができないので
日が暮れて暗いのだと言うように。
おお、そんな夜がほしい。神の中に
見えずにかすかに生きることができるように。
（荒川光男訳『神秘思想と形而上詩人達』から）

(34) R. Otto, *The Idea of the Holy*, caps. iii. and iv. この著作全体が超理性的〈真実〉の観想との関連において研究されるべきである。〔ルードルフ・オットー『聖なるもの』華園聰麿訳、創元社、二〇〇五〕

(35) Jalalu'd Din, *Selected Poems from the Divan*, p.137.

(36) *The Scale of Perfection*, bk. ii. cap. xiii. 〔『不可知の雲』奥田平八郎訳、現代思潮社、一九六九〔古典文庫32〕、『不可知の雲：キリスト教神秘体験の不朽の古典　付 個人カウンセリングの書』ウイリアム・ジョンストン校

訂、斎田靖子訳、エンデルレ書店、一九九五〔ヘーシベック文庫〕〕

(37) *The Cloud of Unknowing*, cap. vi.〔最後の個所のみ奥田平八郎の訳による〕

(38) *Ibid.*, cap. iv.

(39) Boehme, *Three Dialogues of the Supersensual Life*, p.71.

(40) *The Cloud of Unknowing*, cap. iii.

(41) St. Angèle de Foligno, *Le Livre de l'Expérience des Vrais Fidèles*, pp.210-12 (English translation, p.181).

(42) *The Mystical Element of Religion*, vol. ii. p.257.

(43) *En una Noche Escura.*〔San Juan de la Cruz『聖霊頌歌：暗い夜』芳賀徹訳、中央公論美術出版、一九九七、十字架の聖ヨハネ『暗夜』山口・女子カルメル会改訳、ドン・ボスコ社、一九八七〕

(44) St. John of the Cross, *Noche Escura del Alma*. l. ii. cap. xvii. この著作の中で聖ヨハネは「暗闇」のイメージを三つのまったく異なる事柄にあてはめていることを読者にお知らせしておくべきだろう。すなわち、彼が「感覚の夜」と呼ぶ心の浄化、ディオニュシオス・アレオパギテス流の「神の暗闇」もしくは暗い観想、そして「霊の夜」と呼ばれる真の「魂の暗夜」の三つである。このことが神秘主義に関する現代の著作家たちが「暗夜」という主題を扱う際に陥るはなはだしい混乱の原因となっている。

(45) *The Fire of Love*, bk. ii. cap. vii.

(46) 以下と比較せよ。Baker, *Holy Wisdom*, Treatise iii. § iv. cap. iv.

(47) *Auguries of Innocence*.

(48) Colloquies of Battista Vernazza: quoted by Von Hügel, *The Mystical Element of Religion*, vol. i. p.350.

(49) *Vida*, cap. xviii. §§2, 17, 19.

(50) *El Castillo Interior*, Moradas Quintas, cap. i.

(51) *Ibid.*

第8章　脱我と歓喜

観想のめざすところは、親密な交わりの状態を作り出すことにあり、そこでは自我は「神のうちに、神は自我のうちに」あると神秘家は明言している。とするなら、「〈絶対者〉との一致」という、一時的ではあるが高揚した意識の成就に関するかぎり、合一の祈祷が神秘活動の終着点を表すとしてよいのではないかと思われる向きもあろう。しかしながら、ほとんどすべての偉大な瞑想家は一群の明瞭な脱我の状態を、これとははっきり異なるものとして記述し、霊的意識のさらに進んだ高度な局面と見なしている。脱我というこの状態にあっては〈超越者〉に対する関心の集中が徹底しており、特定のこの一点へ向けられる生の集約と傾注とが極度に強い。それで主体は、多少の差はあるもののトランス状態に陥り、脱我にある間は外界の一切を意識することがない。通常の観想にあっては、人は外界に注意を向けまいとする。その限りで、外界はぼんやりしたイメージとして、意識の領野の縁にとどまってはいるのだが、それ以上どうなるというわけではない。脱我の場合、主体が外界に注意を向けることができなくなる。外界のメッセージは何一つ届かない。肉体的苦痛の言葉に置き換えられるような、あらゆるメッセージのうちで最も執拗なものですら届かずじまいである。

どの神秘家も一致して、こうした脱我を例外的に恵まれた状態と見なしている。この状態においては人間の精神は神的なものとの、最も直接の合一に迫る。脱我とはここで喜び溢れる高揚、〈無限者〉への陶酔と同義である。ディオニュソスの秘儀によって引き起こされる脱我、新プラトン主義者の形而上的歓喜、インドの神秘家やキリスト教聖人に見られる、意図的【随意的】なあるいは非意図的【不随意的】なトランス――超越的な価値においてはどれほど異なろうとも、そうした価値を認め、意識の質のこの変化によって〈真なるもの〉の確かな手応えを得、言葉では言い表しがたいものを捉えているのだと主張する点では、どれも一致している。言うまでもなく、当人が霊的階梯のどこに位置するかによって、つかんでいるものの質も内容もさまざまである。脱我とは、その階梯に付随する心的‐身体的状況に他ならない。マイヤーズの言によれば、「脱我が存在するという証拠は、他の何らかの宗教的信念が存在するという証拠より強力だと言ったとしても、それは逆説を弄するものだということにはほとんどならない。宗教のあらゆる主観的経験の中で、脱我ほど執拗に、そしておそらくは心理学者に対して、最も説得力をもって主張されてきたものはない。これはまた何かある一つの宗教にのみ見られるものというわけではない。……未開人の魔術師から、ブッダ、マホメットを経て、聖ヨハネ、聖ペテロ、聖パウロに至るまで、これを記録にとどめたものにこと欠かない。それらは道徳的、知的な相違はあるものの、この違いを超えて、心理学的な本質においては同一である[1]」。

脱我の状態を三つの面に分けて考えてみることにしたい。⑴肉体的側面、⑵心理的側面、⑶神秘的側面、以上の三つである。脱我をめぐってはまことに嘆かわしい誤解にこと欠かず、聞くに堪えない非難の応酬にいとまがない。だがこれらは実のところ、今挙げた三つの側面のどれか一つに造詣の深い者が、他の二つの側面に関して、そこから導き出される結果をまったく考慮に入れず、自らの知見を強引にあてはめようとするところに生ずるもののように思われる。さて、では順次三つの面を見てみよう。

(1) 肉体的側面。肉体面から見ると、脱我とはトランスのことであり、然るべき深さで、一定の時間持続する。主体は意識の領野を覆いつくす何らかの観念への専心、ないし観想の時期から、脱我へと漸次移行することもあり、突然脱我に入ってしまうこともある。後者の場合、その観念——それを暗示する語とか象徴でもよいが——が出現したかと思うと、あっという間に人はトランス状態に引き入れられてしまう。神秘主義の著作家によっては、これを歓喜《ラプチャー》と呼んでいることもある。とはいえ、脱我と歓喜というこの区別は便宜的なものであり、神秘家の書くものにはどちらとも判然としない中間的形態のものがたくさん出てくる。

トランス状態の間、呼吸も血液循還も低減する。体は冷え硬くなる。脱我に陥ったそのときの姿勢は(それがどんなに無理のある不自然なものであっても)、そのままである。トランス状態が極めて深いと、まったくの無感覚状態に立ち至ることもあり、後に引用するシエナの聖カタリナ伝にはそうした例が見られる[(2)]。信頼できる証人の言によれば、ルルドの幻視者ベルナデットは脱我状態にあるとき、火のついたろうそくの炎に近い側を十五分間握りしめていたとのことである。痛みもなく、火傷の痕も見られなかったという。聖人伝にはこうしたたぐいの脱我の無感覚状態の例がいくつもあり、それはまたある種の病理的状態の特徴をなすものでもある[(3)]。

脱我体験者の証言によれば、トランスには二つの面がある――(a)短い時間の透察、そして(b)比較的長く続く全き無意識。こちらの方は死のごとき身体硬直に至ることもあり、数時間、ないし聖テレジアの場合一度あったように数日間続く。テレジアの言うところでは、

合一とトランスの相違は以下の点にあります。トランスの方が長く続き、また目につきやすいのです。呼吸数が段々と減り、口もきけず目も閉じてしまいます。合一の場合にこういったことがないわけではありませんが、トランスではもっと激烈です。歓喜が深いときには、どういう具合なのか詳らかにはいたしませんが、自然な体の温かみが感じられなくなってしまいます。こうした祈りではこれは多少とも見られるものです。さて、さらに一段と深まってくると、前にも言ったように、手は冷たくなり、木片のように堅く突張ってしまいます。身体はというと、立っているとき、跪いているときに歓喜に襲われると、ずっとそのままでいることになります。魂には主が与えてくださったものに対する歓びが満ち溢れ、体を動かすのを忘れ、ただじっとしているだけです。歓喜が続くと、神経もそれを感じるようになります。(4)

身体の徴候に関するかぎり、こうした脱我は何も神秘家のみに見られるものというわけではない。それはある心的状態に起因するアブノーマルな身体の状態である。原因となる心的状態には、健全なものもあれば不健全なものもある。天才のしからしむるところであるかと思うと、病気のせいということもある。「神経過敏」とか霊媒質とか呼ばれる、必ずしもよく理解されているわけではない性格類型にはよく見られ、

またある種の精神および神経の病いにおいてもよく知られた徴候である。心の跪弱な者が一つの観念に集中すると――ちょうど催眠術にかかって一点を凝視するように――いとも簡単にトランス状態に陥る。その観念がごく些細なものであろうと、意識が把捉されてしまえば同じである。ということは、中味と切り離してしまえば、脱我には霊的価値を保証するものはないということになる。単に一つのアブノーマルな心的‐身体的状況の現前を示すにすぎない。ノーマルな均衡の変化、意識の識閾《しきいき》の移動であり、それは肉体を、そして通常の「外界」を、意識の領野のうちにとどめるのではなく、その外に追いやってしまう。呼吸のようなほとんどまったく自動的な身体機能にまでその影響は及ぶ。かくして脱我は、肉体面から見ると、①意識の識閾がとりわけ動揺しやすい人、②特に一つの観念とか直観に執着する傾向のある者、こういう人たちに生じる。しかしその意義を左右するのは、もっぱらその観念や直観の客観的な価値である。

ヒステリー患者の場合は、意識の中心が不健康な状態にあるので、閾下意識に蓄積されるごく些細な、あるいは不合理な考えや、やくたいもないあれこれの思いつきが、このように固定してしまうことがあり、そうなると精神はこれに支配されてしまい、トランス状態が生じる。こうした脱我は病気である。強調されるべきは、これを可能にする病理学的状態である。神秘家の場合、その生活を満たす観念は極めて偉大なもの――神の観念――であり、それがあまりに鮮烈で生々しく、親密であるので、どうしても意識野がそれのみに占領されてしまう。身体あるいは精神の脆弱で不健康な状態ではなく、圧倒的な霊《スピリット》の強さこそが強調されなくてはならない[5]。この本物の脱我は病いではなく、「意識生活によくある偶発的な出来事として分類すべきある状態がとった極端な形態」なのだとゴドフェルノーは言っている[6]。

この区別の重要性は神秘家自身、十二分にわきまえているところである。ヴィジョンや聴覚体験と同様、脱我も神的なものと認められるに先立って、容赦ない批判的検討の俎上に載せられるべきだと彼らは明言している。疑問の余地なく「神による」脱我というものもあれば、明らかに「悪魔の」引き起こすものもある。「歓喜には二種類あり、充分に注意を払って区別しなくてはならない、神秘生活の偉大な先達はそう教えている」とマラヴァルは説く。「そのうちの一方は、その〈途〉に充分に習熟しておらず、自我に対する執着を断ちきっていない者に見られ、感覚対象を生き生きと捉えてしまう白熱する想像の力か、悪魔の手管によるものである。聖テレジアが著作のそこここで述べている〈女性的脆《もろ》さのもたらす歓喜〉がこれにあたる。もう一つの〈歓喜〉は、これとは反対に神への大いなる高潔な愛を抱く者の純粋に知的なヴィジョンによってもたらされる。己れをまったく棄て去った高潔な魂には、こうした歓喜の際に神が必ずや高きにある大事なことを伝えてくださる[7]」

　脱我が本物かどうかの目安は、外的徴候にではなく、内的な恵み、後になって生み出される価値にあるとする点で、どの神秘家もマラヴァルの言に同意している。ここでは心理学は彼らの範に従うべきだろう。脱我の状態とは、身体と魂との密接な結びつきのこれ以上ない最高の実例であって、身体に出てくる結果もあれば、それが精神的な面に出てくることもある。その結果は健康な身体の働きと病的なそれとに観察されるような、それぞれの特徴があり、相違が見られる。意識の最も高い中心、霊的知覚器官に注意が集中されるなら――自我が束の間逃れていた〈在りて在るもの〉のヴィジョンへの扉が本当に開かれるなら、――脱我は生にとって善きものであるだろう。逆に、病的なトランス状態は生にとって常に悪しきものである。集中が高次の精神状態に対してではなく、低次のそれに対してなされ、その人の活力、熱情、知力が促進されるどころか、かえって抑圧されてしまい、あとには衰弱した意志、そして時には道徳的知的混迷が残ってしまう。[8]「本人にとっても他の人にとっても、大きな益をもたらさないような脱我には用心すべきである」とオーガスティン・ベイカーは言っている。「それがやって来る徴候に気づいたら、心を他に逸らすべきである」[9]。滋養になる食物に対する健康な食欲と、ごみをあさる病的な飢餓感とは違う。どちらも同じ消化器官を使って満足させると言えば、そう言えないことはないが、だからといってひとしなみに扱ってよいということにはならない。

健康な脱我と精神病理的なそれとが、同じ一人の人間に見られることもある。ジェノヴァの聖カタリナ、シエナの聖カタリナの場合がそうで、健康に影が差し始めるにつれて、こうした天才には必ず見られる神経の不安定さが顕著になり、脱我が頻発するようになっていった。しかしこれはもっと早い段階で経験された、活力をもたらすあの健全な脱我ではない。身体が漸次衰弱をきたすところに生じたもので、霊の圧倒的な力によるものではない。鋭い自己批判の眼を持つジェノヴァの聖カタリナは、この点を意識していたという確かな証拠がある。「傍らに控える者にはこの二つの状態の区別がつかなかった。そこで彼女は我に返ったとき、このように言うこともあった。『どうしてわたしをこの静寂から目覚めさせようとしなかったのですか。あやうく死んでしまうところでしたのに』[10]」。初期の脱我では、これとは逆に〈絶対者〉に対する極度の集中から招来される高揚と、生の活発化という肯定的特徴が高い次元において見てとれる。もっとも表層意識の絶滅という、単に消極的でしかない特徴も見てとれることも言っておかなくてはならないだろう。天国のようなところに安らい、その食べ物で身を養って、彼女は新たな健康と力をもって脱我から覚める。そしてこの脱我の生と並行して、病院の看護婦長として、また多数の弟子たちを抱える霊的母として、実際的な数限りない仕事をこなしていったのである。伝説の伝えるところでは、何度となくどこか秘密の場所に身を隠してとどまり、人が捜して見つけると地面に座っているのだった。両手で顔をおおい、まったく我を忘れて、思考も言葉も超えた歓びのうちにあった。呼びかけても――それが大きな声であろうと――耳に達しない。またあちこちと歩き回ることもあった。……これも自分でそうしようとしているというのではなく、愛の衝動に引きずられるままそうしているのである。また六時間というもの死んだようになっていたこともある。だが呼ばれると急に立ち上がり、必要とあればどんな些細なことでもすぐにいたしましょうと答えるのであった。[11] こうして〈全一者〉から離れてしまうときにも、悲しみというものはないが、それは自我執着（la proprietà）というものを悪魔のごとく見なし、避けたからである。隠れ場所から出てくると、顔は智天使のように薔薇色に染まり、まるで「わたしを神様の愛から引き離そうとするのはいったい誰なの？」と言わんばかりであった。[12]

聖カタリナが歓びに満面を薔薇と染めたこのような〈純粋愛〉との歓喜の交わりから生ずるものについて、聖テレジアは次のように述べている。「かつては病んで苦しんだ者が健康を取り戻し新たな活力さえ身に帯びます。歓喜のうちに何か偉大なものが魂に与えられたのです」[13]

(2) 心理学的な面から見ると、およそ脱我とは、専門的に言うと「完全な単一観念執着《モノ＝イディズム》」の一形態――その最も完全な形態――ということになる。〈潜心〉について扱ったところで述べた、周縁から中心へ意識が引きこもり、一つのものへと意図して注意を傾けることであり、それが――意志的であろうとなかろうと――その論理的結末へと突きつめられる。①心的‐身体的支障という代償を常に支払うが、②健全な場合には非常な明晰さ、自我の関心が向けられているその当のものに対する最高の直観という褒美がもたらされる。

つまり、こうした脱我とは観想の高揚した形態であり、とすればそれにふさわしい人は観想から自然に進んでいって脱我に到達することになるだろうと期待される。「ある観念を心のうちに抱いて、強いて固定する行為と、脱我との間にあるのは単なる程度の差である。観想では意志を働かせ、心の極度の緊張を中断させる力が必要である。観想を最高度に高めたものである脱我においては、非常に厳密な意味で言えば、意志はこの状態を引き起こしうるものの、しかしそれを停止させることはできない」[14]。モーリーはそう言っている。

すなわち「完全な単一観念執着《モノ＝イディズム》」では、一つのものに注意が集まりそれ以外の一切は等閑視されてしまい、これが徹底されて主体はトランス状態に陥る。意識は、外界のメッセージを受け取ったりそれに反応したりする中心部分から引き下がってしまっている。何も見ず、聞かず、感じない。瞑想家の言う「わたしは眠り、わたしの心が目を覚ましている」は、もはや隠喩ではありえず、極めて具体的な現実の記述となっている。神秘的訓練の全体の方向が、注意をこのように固定することに向けられていたのを思い出していただきたい。これに持っていくのが、〈潜心〉であり〈静寂〉である。〈観想〉はそれなしには起こりえない。一切の外的なものが忘却される意識の一体化は、神的なものとの合一に必要不可欠な前奏である、そう神秘家は誰しも口を揃えて言っている。〈多〉へ向けられる意識と〈一〉へ向けられる意識とは、両立しえない。心理学から見ると、脱我とはこうした一体化の極端な形態ということになる。一つの観念、一つの願望への自我の専心が非常に深く――しかも偉大な神秘家の場合にはそれが熱烈であり――それ以外の一切は消えてしまう。知覚や思考の座である高次の中心はもちろん、肉体的生命を司る低次の中心からも、生の潮が引いてしまう。主体の活力はあげて超越的世界――病的な脱我経験者の場合は心を占領する観念――に集中してしまうので、この至高の行為のためにとられてしまって、脳髄にも身体にも何のエネルギーも残らない。

一般に神秘家は、芸術家型、創造家型の人の特徴である暗示や印象づけに対する極めて強い感受性を持っているので、神的なものの何か好みの特別な象徴を見せられたり、それに注意を集中したりすると、俄かに脱我が引き起こされることもしばしばであるのは驚くにはあたらない。こうした象徴は、一つのまとまった全体をなす思考と直観の集まる集約点を形づくる。目の前にある象徴――時には急にその象徴について考え出すこと――は、心理学の言い方をすれば、何か特別な径路からのエネルギーの放出を引き起こすに足る。言い換えれば、自我の持つ〈絶対者〉というものへの意識に属するすべての観念と直観とを動かして生きたものにするということであり、それらに活力を集中し、それらがいわば重大な鍵となっている知覚世界へと自我を導き入れる。ここに、ある神秘家たちにとって象徴の持つ深い意義がある。口では霊的なもの、触知しがたいもののみが大事だと広言しながら、一方ではしきりと外的形態に執着するという逆説的なありようはここから生じている。

キリスト教の神秘家にとっては、秘蹟と信仰の神秘とが常にこうした支点をなしてきたし、それが脱我を生み出す際に大きな役割を果たすこともしばしばである。シエナの聖カタリナや、またジェノヴァの聖カタリナにとってもしばしば、聖体拝領が脱我の前奏曲となった。ノリッジのジュリアン[15]、アッシジの聖フランチェスコ(16)は十字架をじっと見つめてトランスに陥った。カルトゥジオ会士ディオニシウスはその生涯の終わり近く、『来れ、創造者よ』〔この句で始まる聖歌〕や、あるいは詩篇の一節を耳にするや、神のうちへと没入し、地上から高く引きあげられたという(17)。

伝記作者の伝えるところでは、シエナの聖カタリナは、「常に非常に熱心に神と交流しており、その後すぐ脱我の状態に入り、何時間にもわたって意識を失っているのであった。あるときには彼女がこの状態にあるのを見て、ドミニコ会の托鉢修道士たちが昼日中無理やり彼女を教会の外に引っぱり出し、照りつける日射しの下、付添いをつけた上で気がつくまで放っておいた」。また次のようなこともあった。「教会で彼女が脱我状態にあるのを見つけると、彼らはやって来て針でいくつもいくつも突き刺した。カタリナはそれでも一向にトランス状態から覚める様子はなかったが、後になって我に返ると、痛みを感じて、怪我を負ったことに気がついたのであった(18)」

以上のような他人の目を通した記述と、聖カタリナ自身が『対話』の中で述べている脱我の合一の主観的な説明とを比較してみよう。『対話』では、彼女の深い自我が自らの内的経験を劇の形式で説明している。そのおかげで、他人が見てわかる外面的な状態の内側はどうであるのかがよく窺われる。『対話』においてはよく見られることだが、深い自我の直観的知覚を、聖カタリナ自身は魂に語りかける神の声に帰している。

魂と〈わたし〉との全き合一を通して、しばしば彼女は体の重みがすっかり軽くなってしまったかのように宙へ上がりました。しかしこれは体の重みがなくなったということではありません。魂と〈わたし〉との合一の方が魂と体の結合よりももっと完全であるということなのです。そうであればこそ、〈わたし〉と結合した霊の力が体の重さを地上から持ち上げ、体は働くことができず、魂の愛のうちに引き裂かれてしまうのです。生あるものに力を与えようとする〈わたしの善〉によらなければ、それらには生きることのできないものがあるということを、聞いたことがありましょう。また、魂には体から離れてゆかないものがあるという事実は、死者の中から立ち上がるものがあるという事実より、もっと大きな奇蹟であると見るべきです。それほど魂と〈わたし〉との結びつきは強いのです。それゆえ、〈わたし〉は時にこの合一からしばらくのあいだ身を引いて、魂が肉体という器に帰れるようにしてやるのです。……愛のあこがれゆえにとび出してきた肉体へと。魂は肉体から離れてしまったのではありません。そうなるのは死ぬときだけです。肉体の力が離れただけなのです。愛のあこがれによって〈わたし〉と合一するのです。記憶はただただ〈わたし〉によって満たされます。知性は高揚して〈わたしの真理〉の対象を凝視し、知性につきそうあこがれは、知性が見るものを愛しそれと合一します。〈わたし〉のうちでこうした力が結びつき、集まり、浸され、炎に包まれ、肉体は感情を喪失してしまうので、目は開いていて見ることなく、耳は音を捉えて聞くことなく、舌は語ることがありません。もっとも心情の豊かさのあまり、その軽減と〈わたしの名〉の賞讃と栄光とを行なうときにはそうすることがありますが。手は触れず足は歩めませんが、これはすべて〈愛〉の感情に手足が縛られているからなのです。[19]

これほどに深い健全な脱我は、神秘家だけに見られる特権的なもののように思えなくもない。かくも大いなる熱情、底知れぬほど深い精神集中は、神秘家の持つ神への極めて大きな燃える愛によってはじめて生み出されるのではなかろうか。だが観想の技法というものは、創造的な天賦の才を持つあらゆる類型の人——発明家、哲学者、詩人、預言者、音楽家、「三重の星」のすべての信徒、神秘家である聖人は言わずもがな——によって、それぞれに何がしか意識して使われている。脱我の状態という、観想の極致についても同様であり、芸術家型、創造型の人格が発達して完成した段階に至っている場合、もう少し穏やかな形で現れることがあり、健全かつ正常な働きを示す。見者の預言的直観、偉大な形而上学者の透徹した知的明察、芸術家の美または真理の至上の知覚といったものを伴うこともある。聖人が「神に捕えられる」と言うように、この人たちもそれぞれのヴィジョン、〈絶対的生〉の部分的理解に「捕えられる」わけである。脱我意識の特徴をなす喜び溢れ伸び広がって外へ向かう感覚も共通している。彼らの最高の創造とは、考えて作ったものではなく、「全なるものの大いなる生」との脱我の合一の際に知ったものを、われわれにわかるように言い直してくれたものである。

　そうしてみると、心理学者は脱我を「純粋な単一観念執着《モノ＝イディズム》」と同一視していて、なるほどそれは脱我の一部分ではあるものの、脱我という状態の内容の全部とはとても言えない。確かに、脱我者は一つの観念、一つの愛に専心しており、そのうちにあり、それと共にある。彼の世界はそれで一杯になっている。しかしこの意識の一体化の状態は、すでに捉えたものにただひたすら注ぎ込まれるというわけではない。それ以外何もしないとしたら、それは病んでいるのである。本当に成し遂げなくてはならないもの、それは純粋な知覚である。それは外へ向かい、伸び広がるもので、めざす目標は自らを超えた彼方の何ものかである。脱我状態において生じる心的自我の再編成というものは、意識のノーマルな要素のみにかかわるのではない。そうではなくて、神秘家が「尖端」とか「魂の閃光」などと呼ぶ、超越的知覚の中心の周りをめぐる意識の一時的な一体化のことなのである。通常の生活では識閾の下にとどめおかれている、人格の深い層がそこでは活動的になっている。そしてこれらは圧倒的な熱情の力、あらゆる健全な脱我状態の根底にある超越的愛によって、表層の人格と融合する。ここから生ずるのは一つの観念に集中した頭、一つの欲望に執着する心ではなく、さらには最愛の思念への関心によって結びついた頭と心ですらない。そうではなくて一つの存在全体が凝集したものである。通常の世界を捨て、全能力が新しい中心に結集して、新しい生に奉仕し、一本の炎の柱となって感官の世界の壁を突き抜け、その向こうへと進む。脱我とはこのごく短い統合行為を伴う心的 - 身体的状態である。

(3) 以上から、肉体面では脱我とはトランスに陥ることであり、他方、精神面では意識の完全な一体化、神秘の側面では知覚の高揚した働きであると言える。それは〈純粋存在〉へと向けて霊的意識をあたうるかぎり拡張することである。ここでは「伸び広がる盲目の意志」に〈永遠の生命〉の深遠な体験という報いがもたらされる。この体験においては、思考と感情というそれぞれ別個の活動、自分が自分であるという意識、時間空間の意識――〈生成の世界〉とそこでのわれわれ自身の占める場所に属する一切――が停止させられている。これらに割り振られていた活力が、一つにとり集められて「純粋把握」の状態を形成する。すなわち〈超越者〉の鮮明な直観――もしくはそれとの結合――である。この脱我に陥っている間、神秘家は、実際的には、通常の人間が感覚世界に生きているのと同じように、本当に超感覚世界に生きている。一時的でありかつ安定していない状態ではあるが、その中では最も高く、歓びに満ち満ちたもの――「受動的合一」――を経験している。意識はここで感覚の限定を超え、自由の高みに至り、束の間「全なるものの大いなる生」と結合する。

そこで、瞑想家の観点から見れば、脱我とは合一の祈祷の発展し、完成に至ったものであると捉えられ、となるとそれでよしとして必ずしも骨を折ってこの二つの段階を区別しようとはしなくなってしまう。そのせいで、研究者の苦労の種がまた一つ増えることになる。[20] いずれの状態でも、〈超越者〉は視覚によってではなく、触覚によって知覚される——もっとも他によい言い表し方がないので自らの経験を視覚の言葉で記述することもないではない。愛する者と二人、闇に包まれてあり、最も鮮明な視覚、精神の最高の分析をもってしても到底得られないような完全な知を獲得する、など。〈脱我〉においてはおそらく、合一の祈祷のときより、その把握が一層はっきりと「至福的」である。脱我を経験した者の持ち帰る感情状態の記憶というものは、合一のうちにある瞑想家がその「恋人」との出会いに満たされるあの〈不可知の雲〉における柔和な自我喪失より、ずっと我が意にかなう確信に関わってくることがしばしばである——イメージを持たない〈真実〉を今度ばかりは知ったのだ、そして生のパラドックスを解決したのだという確信である。とはいえ、脱我の本当のしるし、注賦的観想との唯一有効な違いは、トランスに陥ること、これである。それは第三天に至った聖パウロのように「肉体の感覚を奪われてその外に出てしまう」[21] こと〈脱我〉であり、「心を神の高みに引きあげられる」こと〔観想〕ではない。もっともこれが外的な区別でしかないことは言をまたないし、それもごく肌理《きめ》の荒いものである。トランスにはさまざまな段階があるのだから。とはいえ実際の役に立つ分類の基盤としては、とにかくこれしかないのである。

おそらく、実際にこうした状態を体験した人でなければ、それらの本当の違いはわからない。聖テレジアほどの心理的な洞察に卓越した人ですら、ここでは道を誤り、神的なものへの意志的な専心と非意志的な専心との相違という地点に後退を余儀なくされている。つまり霊的な価値の違いではなく、こうした価値を知覚した人の心的‐身体的状態の違いを問題にしてしまっているのである。彼女は次のように言う。

> 神の助けを得て説明できればと思います。どの点で合一が、歓喜と、有頂天と、またいわゆる霊の飛翔と、さらにはトランスと異なるのかということについて。これらはみな同じものです。つまりどれも脱我と呼ばれることもある、まったく同一の状態に付けられたさまざまな呼称であるのです。それは合一より優れており、その実りはより大きく、他の作用はより多岐にわたります。合一は始め、なか、終わりと終始一定不変であり、内的にも同様です。ところが歓喜の方は終わり方がはるかに高度であり、内外双方に【言い換えれば肉体と心の両面に】効果を生じさせるのです。……歓喜には絶対に抵抗できません。ですが合一の方は、こちらが自分を見失ってしまわなければ、せきとめることができます。もっともそのために抗うのはつらく、骨の折れることではあるのですが。[22]

神秘主義の心理学という観点からすると、脱我について、次の二つの点に関心を集中させたい。①脱我の知覚の〈対象〉について何を神秘家は教えてくれるのか。②このトランスの中で神秘家が享受する特殊な意識の本性はどんなものか。つまり〈神というもの〉について、そして人の力について、どんな耳新しいことをもたらしてくれるのだろうか。

概して言うと、この二点のどちらについても神秘家は、瞑想家がそれについて述べる一般的な証言を、より大いなる確信をこめつつ、支持し、強調し、より一層輝かしい見事な言い回しのうちに表現してくれることになる。忘れてはならないことだが、実際、脱我者というのは、特別な心的‐身体的構えを持つ、特殊な瞑想家以外のものではない。それだけではなく、すでに見たように、正確にどの時点でトランスが起こり、深い観想が脱我の様相を帯びるのかは、必ずしもたやすく決定しうるというわけではない。精神状態の分類においては常にそうだが、ここでも分類は恣意的である。端的なケースではまったく問題はないが、それほどの完成度に至っていないものもあり、それらは「静寂」の深みと「歓喜」の高みとの間に漸次列をなして並ぶ。たとえば、プロティノスとパスカルの脱我には本当に肉体的なトランスがあったのか、それとも「合一」型の深い専心のみにとどまるのか、何とも言いかねるのではないだろうか。キリスト教神秘家の多くの人々の言葉遣いもやはりそうで、彼らの言う「歓喜」はあまりにも漠然として、隠喩的であり、そのため〈歓喜〉という言葉で言おうとしているのが、通常の意識の突然の停止のことなのか、単に俄かに生じる心地よい魂の高揚を指すのか、一向に判然としないのである。

ロールに目を移してみよう。

すでに見たように、狂喜には二つのありようが認められる。一つは人が肉体の感覚から離れてしまう状態である。この場合、狂喜の状態にある間は、すぐわかるように肉体では何も感じないし、また他から体に何かされてもやはり何も感じない。といって死んだのではなくぴんぴんしており、魂から肉体へと生命の流れは途切れることがない。聖人はこのようにして狂喜を起こすことがあるが、それは本人にとって実り多く、他の人にとっても学ぶべきものである。パウロもこのようにして第三天へ至った。罪人《つみびと》もこのようにして狂喜のうちにヴィジョンを見ることがあり、聖人の歓びと罪に定められた者の苦しみとを目の当たりにし、自らを矯正するよすがとなす[23]。こうした例は枚挙にこと欠かない。さて狂喜のもう一つのあり方、それは観想によって心が神のうちへと引きあげられることである。狂喜のこのあり方は神を完全に愛する者には必ず見られ、そうでない者にはまったく見られない。これもまた狂喜と呼ばれる。激しい力をもって、いわば自然に反してなされるからである[24]。

しかしながら、「観想による心の引きあげ」が「これもまた狂喜と呼ばれる」とされ、脱我が心の喜悦と同義語として使われる——実際しばしばこのように見なされることがある——ということになると、細かく心を配る研究者としてはどうしたらいいか途方に暮れてしまう。そこでここではできるかぎりこうした用語を厳密に規定し、超越的意識の外に向かい拡大するあらゆる状態の記述に広く一般的にあてはめるのは慎むことにしよう。

このアブノーマルな状態——この抗いがたいトランス——に到達するということで神秘家は何を言わんとしているのか？　少なからぬ心的‐身体的な疲弊を含めて、代償は甚大である。歓喜もしくは脱我のうちには〈神的実在〉の至上の知、あるいはそれへの感応を享受する瞬間——それはしばしばあまりにも短いし、また決して言葉では表しえない——があると彼は明言する。そのときには〈純粋存在〉、〈根源〉、〈始源〉、〈最愛の者〉に到達するのだと、手かえ品かえさまざまな隠喩によって語っている。「待ち望むまさにそのもの、すなわち神のうちに包み込まれる」[25]。エックハルト曰く、「ああ、何と不思議なことだろう、魂と神との合一とは！　そのとき、歓喜した魂は神によって自らの外に出る。もはや名前をつけて呼ぶことのできるものには決して満たされることがない。〈神的愛〉の流れが魂の外から流れ込み、魂を自らの外へと引き出し、名づけられない〈存在〉、第一の源、すなわち神そのものへと導き入れる」[26]。〈根源〉、〈始源〉への束の間の到達、神秘主義の脱我のあらゆる叙述の主題はこれである。ルルマン・メルスヴィンの『九つの岩の書』ではほんの一ときの、だが圧倒的な歓喜が巡礼の長い試練と登攀《とうはん》の終点となっている。「〈無限者〉のヴィジョンはほんの一瞬しか続かなかった。我に返ってみると彼は生命と歓びに満たされているのに気がついた。『わたしはどこにいたのだろう？』と問えば、『聖霊の高き学び舎にあり』という答えが返ってきた。『そこでは〈神の知恵の書〉のまばゆい頁が汝を囲んでいた[27]。汝の魂は喜び勇んでその中に入り、そして学び舎の神なる師の溢れる愛で満たされ、肉体的なものまでが変貌させられた』[28]」。またもう一人の〈神の友〉、その心的な性状がはなはだ尋常を欠き、〈神的愛〉に専心して七年間も口をきかなかったエリナ・フォン・クレヴェルスハイムは、その期間の終わる頃、「神の手に触れられ」五日間というもの脱我の淵をさまよった。そのときに「純粋な真理」が開示され、魂は引きあげられて〈絶対者〉の直接経験を果たした。「父なる神の心のうちを見」、そして「愛の鎖につながれ、光に包まれ、平安と歓びとに満たされた[29]」。

合一というこの超越的行為においては、神秘家は時として「何の意識もない」と語ることがある。だが明らかにこれは比喩的な言い方であり、何も意識しないのなら、合一の行為があったことがわかろうはずがない。個人性がどこかに残っているからこそ、神に到達したことに気がつくのではないだろうか。とするなら、ここで神秘家が言わんとしているのは、意識がその形態を著しく変えてしまい、もはや認識することも、人間の言葉で言い表すこともできなくなっているということであろう。サン＝ヴィクトルのリカルドゥスの逆説的な言い方――「記憶せずして記憶し、見ないで見、理解しないで理解し、見抜かずに見抜く、この不思議なありよう」[30]が脳裏に浮かんでくる。この何とも言い表しえないが、圧倒的に迫ってくる生々しい状態において、自我全体が高揚、白熱して、一体化し、情熱的な知覚の鮮烈な行為となって傾注される。ここには反省的思考、自己観察の余地はない。われわれのあらゆる行為を見張り、意識を引き裂く、われわれのうちなる超然とした「何ものか」は覆い隠されてしまった。神秘家はただひたすら〈永遠なるもの〉にのみ注意を払っている。とはいえそれは〈永遠なるもの〉についての自分の知覚にではない。これについて考えられるようになるのは、脱我が終点に至って、ようやくそれからである。

するとわたしはすべてを忘れ、
わたしが近づくとやって来た者と頰を重ねた、
すべては消え、わたしはいなかった、
気がかりと恥は百合の中にとどめ置き、
そのまま忘れ去る。[31]（十字架の聖ヨハネ）

これこそ意識の完全な合一、愛の経験への全き集中であり、概念的分析的行為はことごとく排除されている。それゆえ、神秘家が自分の諸能力は停止し、「すべてを知りかつ何も知らなかった」と口にするとき、その真に言わんとするところは、〈絶対者〉に集中しきっていて自らの個的実存を考えなくなってしまったということである。あまりに深く〈絶対者〉に没入したがゆえに、それを思考対象として知覚することはできなかった。ちょうど鳥には支えてくれる空気が見えず、魚には泳いでいる海原が見えないのと同様である。本当に「すべてを知っている」が、しかし何も「考えては」いない。「すべてを知覚している」が「何一つ思い描くことはない」。

　脱我意識というものは自意識的ではない。直観的であって論証的ではない。大きな激情に揺すぶられ、大いなる〈観念〉に取り憑かれ、意識は「密度の著しく高い単一状態」[32]（リボー）に至っている。この状態にあっては、意識は通常の知識のプロセスから外れ、〈真実の核心〉へと深く潜み入る。一つの融合が生じるが、これは合一の生の予感に他ならない。脱我者は自由を束の間、前もって味わい、そこから戻ってくるとこう言う。「〈実存〉の意味がわたしにはわかっている。いや前から知っていた。これは宇宙の健全な中心――魂の驚異であり確かさである」[33]。同様の経験を神学の公的な言葉に包んで聖テレジアは次のように語っている。「神のうちなる魂の全き変容は一瞬しか続きません。しかもそれが続いているあいだ、魂の能力はどれ一つとしてそれに気がつきませんし、何が起こっているのかわかってもいないのです。そればかりか、地上に生きてあるかぎり、わたしたちがそれを理解することはかないません。少なくとも神はわたしたちにそうさせようとはしません。わたしたちに理解できるはずがないに違いないからです。これをわたしは経験によって知っています」[34]。ここでは経験によって知っている者の言葉の方が、心理学の全所説より重い。心理学というものは、どうしてもこの「内的かつ霊的な恵み」の「外なるしるし」の方にかかわることにならざるをえないからだ。脱我者にとって脱我が意味するものは何か、そのヒントを得ようとするなら、経験者の言葉に赴かなくてはならない。

　ゾイゼによれば、「魂が自らを忘却し、光輝く闇に住まうときには、聖ベルナルドゥスの言ったように、その全能力および全特質を失う。程度の差こそあれ完全にそうなるのであって、この程度の差は魂が――

身体のうちであれその外であれ――どれほど神と一体化しているかに応じて決まる。この自我の忘却の幾分かは神のうちなる変容である。この後、神はある意味で魂にとっての一切となる、そう聖書には記されている。この歓喜の中で魂は消えてしまうが、しかしまだ完全にそうなってしまうというわけではない。確かに神性の特質を何がしか獲得するが、本性そのものから神的になるというわけではない。……ごく平明に言い表せば、光り輝く〈存在〉の神的な力によって、魂は恍惚とし、生来の能力を超えて他の何ものでもない裸の〈無〉のうちに入っていく[35]」。

ここではゾイゼは彼自身の歓喜に満ちた神への到達を、ディオニュシオス・アレオパギテスの否定神学の用語によって記述しようとしている。否定神学の言語世界の大半は、抽象的な哲学思考にではなく、生《なま》の具体的な脱我体験、新プラトン主義者の体験に根ざしていると考えられる。新プラトン主義者たちは――キリスト教徒、異教徒を問わず――それこそが〈一者〉に到達する最高の方法であると信じ、また時には熟考を重ねて帰納してみせてもいる。キリスト教の脱我の全教理は、その形而上的側面に関しては、プロティノスという偉大な実践的超越論者をその始祖とする。脱我の人であったプロティノスの著書『エネアデス』第六巻には、明らかに彼自身の体験に基づく神秘的なトランスの記述がある。曰く、「そのとき、魂は見ず、見ても区別がつかず、そこに二つのものがあると思いもしない。魂はそれ自身であることを、自らに属することをやめ、いわばもう一つのものとなる。神に属し、かつ神と一つである。二つの同心円の関係、重なったところでは〈一つ〉だが、分かれれば二つになる。……神とのこの結合においては、二つのものがあるのではなく、知覚するものが、知覚されるものと一つになっている。神と一体化したときの自分を憶えていられたら、人は神の似姿を自らのうちに持ちえたであろう。……そのとき彼のうちで動くものはない。怒り、欲望、さらには理性、何らかの知的な知覚、どれも動くことがない。あるいは、こう言った方がよければ、彼自身が動かなかったのである。とは言うものの、脱我に陥り、静寂のうちに一人、神と共にあって、妨げられることのない静謐を楽しんだ」[36]。同じ本の別のところではこうも言っている。脱我とは「見ることとのもう一つの様態、自分というものの単純化と放棄である。接点を持ちたいという欲望、休息の望みであり、そして合一を求める努力である」。観想体験のあらゆる局面がこの一節の中に要約されていると言ってよいのではないだろうか。

　研究者によっては、プロティノスの脱我とキリスト教聖人のそれとでは種類が異なるとする者もある。プロティノスの脱我は哲学的ラプソディーであり、プラトンの言う「救いとなる狂気」の類であるというわけである。そして、必ずしも充分な証拠に基づいているというわけではないが、プラトンのそれは頭でこしらえただけのものであり、心とのつながりはまったくないと見なされている。プロティノスが自らの愛を語ろうとして用いる無味乾燥な形而上学的言辞を一瞥すると、なるほどこの見解にも一理あると思える。しかしながら、脱我そのものは具体的な問題である。その根源は理性にではなく、〈絶対者〉に対する非常に深くしっかりとした熱情に置かれており、この〈絶対者〉は神秘家の神に対する愛にとっては、いかなる知的好奇心（それがどれほど崇高なものであるとしても）よりもはるかに近しいものなのである。それについて記されたものは寥々《りょうりょう》たるものでしかないが、その章句に目を通せば、そこに浮かび上がってくるのは、神秘に対するこの人のもって生まれた天与の才が彼を何に駆り立てたかであって、哲学をする精神が考え、描いたものではない。こうした章句に出合って直ちにそこに読み取れるのは熱気の上昇であり、価値観の変化である。形而上学者としてのプロティノスが何を考えようと、脱我の人としてのプロティノスが確信しているのは、神との合一とは心の合一であるということである。「神は愛によって捉えられ、保持される。思考によるのではない」。中世における瞑想家と同様、彼は――彼自身の言葉を借りれば――〈ヴィジョン〉というものは求めてやまぬ者にのみあらわれるのであり、「愛する者がその愛の対象のうちに安らうようにさせる」「愛の熱情(37)」を持つ者のもとをのみ訪れると確信している。結婚という直喩、魂の最高の喜悦としての結合の直喩、(それには、いささか曲解されて人口に膾炙《かいしゃ》してしまった『雅歌』の流布に責任の一端があり、また独身を通す聖人の性的倒錯にも原因の一部があると、時として言われることがある)、それがこの実際的な異教の哲学者の著作にも登場している。この人は〈一者〉の超越的直観で知られているばかりでなく、実際的な親切心やしっかりした常識的感覚の持ち主としても名高い。

とするなら、異教の脱我体験者の最高峰であるこの人は、自らの体験から語っているときには、キリスト教の瞑想家の先鞭をつけていると言ってよいだろう。彼の語る言葉も、キリスト教の瞑想家の言葉と比べてみると、こうした脱我を最高の形態の祈りと区別する陰影がどれほど繊細微妙なものであるかをまざまざと示している。「静寂と孤独のうちに神と共にあり」、しばしの間、〈神的生〉と「あたかも二つの同心円のように」交わり、「知覚する者とされるものとが一つになる」――これこそアレクサンドリアの精妙繊細な知性の持ち主が、その体験のリアリティの最も近くまで迫ったぎりぎりの地点である。この体験の中では偉大な霊的天才の熱情的な単一観念執着《モノ=イディズム》がそれに抗う諸感覚を克服し、一瞬の間であるとしても、人間の魂が到達しうる最高のレベルで働いている。そのとき、自我‐没入がなるが、これこそ脱我の秘密であり、観想の秘密でもある。自我‐没入、それは自我性のバリアが取り払われる超越状態であり、われわれに「〈生〉と〈至福〉が伝えられ、そこではすべてのものが焼きつくされるとともに、新たにされる(38)」

（プロティノス）。霊性の面からは、記述の便宜はともかくとして、脱我と観想という二つの状態は区別されない。観想が拡大し、外へ向かい、自らを外へ与え、かわりに〈絶対者〉の確かな享受を得るところでは、その内容はすでに脱我的だということになる。その外的形態がどうかということは、神秘家の身体によって決まるので、その魂とは関係がない。

心の働きは静まって
ゆったりと安らう、
神のうちにあって魂を奪われ、
再び自らを見出すことはない。
……
その大海原の中に
いとも深く飲み込まれて、
そこから出ようにも
一向に路がわからない。
自分では考えることができず
どのようであるのかも言い表せない、
なぜなら、変容が起き、

もう一つの衣を身にまとったから。

知覚はすべて
　善をひたすら凝視する、
　そしてその美を観想する、
　この美は他の何にも喩えがたいもの。(39)

脱我の魂をこのように歌うのは、ヤコポーネ・ダ・トーディである。この詩人にして神秘家の手になる見事な表現によって、心理学の無味乾燥な説明に俄かに光がともり、生気が横溢する。
その続き――そしてこれこそが脱我のあらゆる詩的描写の白眉だろうと思うのだが、そこに響くものの一つはプロティノスであり、もう一つはサン＝ヴィクトルのリカルドゥスである。神秘生活の最大の秘密を秘匿しておくために、と同時にそれを顕示するためにこう歌われている――

扉は大きく開け放たれる、
　神と結びついて、
　神の内なるすべてを
　手の内にする。

かつて感じたことのない何かを感じ、
知らなかったものを看て取る、
信じなかったものを所有し、
風味もないのに味わい楽しむ。

自らに滅び
すべてを失ってしまったから、
測りえない完全さの高みを
手の内にしているのだ。

自らに
他の何ものも混ぜ入れなかったから、
イメージを持たぬ善を
豊かに受け取ったのだ。[40]

この言語を絶した「察知」、神のうちにあって魂を奪われること、〈イメージを持たぬ善〉とのこの合一は――最も純粋であるにしても――脱我の把握のとる唯一の形態というわけではない。前の方の章で出てきた多くのヴィジョンや聴覚体験は、トランスや脱我状態において体験されたものであり、概して言うと歓喜の最初の激動が過ぎた後に起こっている。聖フランチェスコもシエナの聖カタリナも脱我に際して聖痕を受けた。ゾイゼのトランスのほとんどすべて、そして聖テレジアとフォリーニョの聖アンジェラのトランスの多くは、〈絶対者〉の純粋な知覚というより、象徴的ヴィジョンを伴うものであった。とするなら、脱我というものは、それが歓びに満ち、拡大していく観想と同義でないかぎり、何らかの内へ向かう経験というより、外へ向かう状態のことを指す名称だとする意見の方にますます耳を傾けざるをえないということになってくる。

歓　喜

これまで考察してきたすべてのケースにおいて——こうした個別のケースは大きなグループの特性を示すものであるのだが——脱我の訪れというものは、常に不随意ではあるが、漸次的なプロセスをなすものと捉えられてきた。一般に、それは観想の際の頂点をなすものであった。自我はそこで、静寂の祈祷、合一の祈祷、あるいは超越的な関心事に対する類似の集中に同化してしまい、こうした状態の限界を超えてしまった。そしてさらに一段と脱我的なトランスへとなめらかに移行した。その際、外面的な特色として、手足の硬直、体が冷たくなること、呼吸数の減少が見てとれる。

しかしながら、〈神的ヴィジョン〉における激しい専心の状態から自然に進んで脱我に至ることもあれば、そうではなくて意識が通常の状態にあるときに、俄かに、かつ抗いがたく脱我に捉えられることもある。

修道生活の著作家たちが言う〈歓喜《ラプチャー》〉はまさにこれである。神秘生活の核心は人格を作り直すことにあるという点についてはすでに見た。言葉を変えると、その人が〈絶対者〉との間に意識的な関係を持つようになることとである。神秘家にあっては、その特殊な天与の才を表現する技能、観想の技能の発達がこれに伴う。この技能の実践は、詩、音楽、その他の創造形態の実践と同じように、通常の進歩の順路をたどることになるだろう。はじめのうちは意志の制御に服し、また常にその探求の最高の〈目的〉に対する意図をもった注意、すなわち祈祷に依拠している。どのように終わることになるかはまた別の話として、神秘状態はその人の側の何らかの意志的な働きによって始まる。すなわち神の招きに対する慎重な応答、可視世界から不可視世界への転換である。ところが、超越的なものに対するその人の天与の才があまりにも強くなりすぎて、性格の他の要素を圧倒してしまい、心的動揺——識閾下領域からの突然かつ制御不可能な侵入——を引き起こすことがあり、これは預言者、作曲家、詩人のいわゆる「華やかな狂気」に匹敵する働きをする。〈歓喜〉とはこうしたものである。〈絶対者〉に対する激しく制御不能の天与の才の表出であり、自我の神経組織を一時的に混乱させ、時には永久に傷ついたままにしてしまうこともある。必ずそうだと言うわけではないが、しばしば〈歓喜〉は——詩的なそれと同様——生にとって素晴らしい光輝と価値のある結果をもたらすことがある。とはいえそれはあくまでも偶然の副産物であって、神秘体験に本来備わっているわけではなく、主体の心的‐身体的な構えと、超越的な力との不調和を示している。

とすれば、〈歓喜〉は特定のタイプの自我の全体的成長に付随するものだと言えよう。これが神秘的回心では珍しくない出来事であるのはすでに見た通りである。こうした回心の特徴をなすことのある識閾下の直観の激烈な奔流は、通常の意識を混乱させてしまい、意志と諸感覚を圧倒し、多少の差こそあれ全面的なトランス状態を引き起こす。ゾイゼやルルマン・メルスヴィンの場合がこれであり、おそらくパスカルも同様であろう。パスカルの「確信、平安、歓び」は、あらゆる脱我の知覚の特徴をなす〈完全さ〉と〈真実〉――決定的でありかつ忘却不可能な知の確信――の高揚した直観を端的に言い表したものである。

この激しい脱我状態のさまざまな局面、あるいは発現形態について、聖テレジアはその著『霊の説教』の中でもう少し詳細に述べている。彼女の言うトランスがここでわれわれの使っている脱我に当たり、歓喜のことは有頂天とか「霊の飛翔」とか呼んでいる。「トランスと有頂天との相異は次の点にあります。トランスでは魂が段々と外部の事物の世界に対して死んでいき、感覚を喪失して、神のために生きることになります。これに対して有頂天の方は、神のただ一つの働きによって生じ、迅速に魂の深い奥処に働きかけるので、魂の上部はなくなってしまったかのようであり、魂が体から離れてしまったかのようです[41]」

別のところではこう言っている。〈歓喜〉は「一般に衝撃として起こり、急激かつ先鋭であるので、思念を集めたり、対応策を講じたりする暇はありません。雲であると見えたり感じられたりすることもあり、剛勇な鷲が高く飛翔しその翼に乗せられて運び去られるような感じがすることもあります。重ねて言うと、運び去られるのを感じかつまた見るのです。それがどこへなのかは知らぬままに[42]」。ここで言う運び去られる感覚は、空中浮揚という具体的な形態をとることさえある。上昇の感覚と外へ向かう感覚とが意識の領野をすっかり支配してしまうと、主体は自分の体が地面を離れて持ち上げられていると心の底から思い込んでしまう。「抵抗しようとしたとき、足下のある大きな力がわたしを持ち上げたかのように思えました。何とも他に喩えようもないのですが、ただ他の霊的な天恵よりもはるかに激しいものであったのは確かで、そのためわたしは粉々になってしまったかと思いました。……それだけでなく、正直に申して、わたしはひどい恐怖にとらわれました。特にはじめのうちは本当に恐ろしかったのです。このように体が空中に持ち上げられてしまったのを見て、いったいどうすることができたでしょうか？　霊が自分についてくるようにと引っぱりあげてくれてはいるものの、そして抵抗しなければひどく甘美であるとは言うものの、感覚はなくなってはいないのです。少なくともわたしは自分が持ち上げられているのがわかる程度には正気を保っていたのです」[43]

ルルマン・メルスヴィンもその回心に付随して起こった歓喜にあっては、足をつくことなく庭をめぐった、と語っている[44]。またシエナの聖カタリナはすでに引用した一節で、霊の力について語り、それによって体が空中に持ち上げられたと言っている[45]。

この空中浮揚という感じが主観的なものであるということを、聖テレジアは具体的に知っていたのであって、そのことは次のような箇所からもよく窺われる。「歓喜が過ぎたとき、しばしば体がふわふわしていて、重さというものがどこかにいってしまったかのようでした。あまりに軽いので足が地についているかどうかさえはっきりしないことも時としてありました。しかし歓喜が続いている間、体が死んだようになっていることが極めて頻繁で、まったく力が失せておりました。歓喜が見舞ったときのその状態を――つまりそのとき座っていれば座ったまま――続けていたのです」。明らかにここでは肉体がじっとしているという外的な状態と「浮揚」[46]という主観的な感覚とが共存しているわけである。

歓喜の状態にあるときの自我の意識というものは、聖テレジアの言うような諸能力が完全に魅入られているものから、完全なトランスまで、さまざまである。有頂天の到来がいかに唐突至極であろうと、だからといって神秘家がすぐさま表層意識をなくしてしまうことにはならない。「ものを見たり聞いたりする力は残っています。ただし聞いたり見たりするものがいかにも遠く離れたところにあるように思われるのです[47]」。言い換えれば、それらが意識の領野の縁まで後退してしまい、だがしかしなおその縁のこちら側にかろうじて踏みとどまっているとでも言ったらよいだろうか。確かに諸感覚がすっかりトランスに陥っているというのではないかもしれないが、しかしながら運動する力はいつになっても取り戻される気配がない。脱我の場合同様、呼吸と血液循環とは著しく減少してしまう。

聖テレジア曰く、「花婿が魂を奪い去ろうとするとき、その命令によって屋敷の扉、さらに天守閣や城全体の扉も閉ざされてしまいます。彼によって話をする力が奪い取られてしまい、ほかの能力がかなり長く残されることがあろうとも、口をきくことはできないのです。時としては当人の全感覚が一度に奪い取られてしまい、手や体が死んだように冷たくなってしまうこともあります。息をしなくなってしまうこともないわけではありません。この状態は短時間しか続きません。つまり、同じ深さで長く続くことはないのです。というのもこの深い停止状態が収まってくると、身体が正気づき、もう一度この死に戻っていく力を得るように思われます。そしてこの死が魂により活力溢れる生を与えることになるのです[48]」。

つまり、聖テレジアの考えでは、霊のこの大きな動揺が、それに見舞われた人の活力を増進させる、「以前よりもっと生き生きと」させる、というのである。その人を「天の秘密」の中へ導き入れるのであり、そうならないなら、それは「本物の歓喜」ではなく、「体の繊細さゆえに女性がこうむることのある肉体的脆弱さ」にすぎない。とはいえ、動揺の鋭さと激しさとによって後には重大な精神的混乱が残る。「この最高の脱我状態は長く続きませんが、終わってからも意志は深く陶酔し、心は自らの外へ、何処とも知れぬどこかへ行ってしまっており、まる一日、時には一週間ほどにわたって、神への愛へと意志をかきたてるもの以外、何に対しても注意を払うことができません。神への愛に対してははっきりと目を覚ましていますが、あらゆる地上的な事物には目をつぶって眠りに落ちたままです[49]」

だが、平衡状態が取り戻されると、〈絶対者〉に対するこの激しい至福直観の本当の効果が、通常の生活の中へと侵入してくるようになる。〈真実〉の新しい次元を察知するに至った自我は、その印象の強さによって清新な活動へと駆り立てられる。今や自らが知るに至ったものとの永遠の合一を願う。束の間、それに没入したと思われたものとの合一である。神秘家の特異な能力――自らの観想が命じ、発展させた、また自らの脱我が表現する〈真実〉を把握する力――がここではその人の生のプロセス、〈多〉から〈一〉へのゆったりとした旅に対して作動する。故国を一瞥して、望郷の念はますます嵩じるとでも言ったらよいだろうか。脱我において最もポジティヴな形態をとる〈絶対者〉に対する直観的な把握が、神性との永久の合一という最終目的へと鼓舞し駆り立てる。「かくも大きな恵みを受けた魂は、それを与えた〈神なる花婿〉を丸ごと所有したいというやむにやまれぬ渇望にとりつかれます[50]」。これも聖テレジアである。

こうしてみると、脱我状態というものは単に自我を尋常ならざる知の段階へと引きあげるだけではない。生を豊かにし、意識の作り直しに寄与し、自我をその「故郷へと向かわせる強く激しい愛」を押し進め支えてくれる。それはまた、従わなくてはならない超越的な基準について持ちうる最も明瞭なヴィジョンを自我に与える。努力する小さな生を支える〈大きな生〉の流入というものについて、最も鮮明な意識をもたらす。とするなら――たとえ開始時の激しさがしばしば体をぎりぎりまで試錬にあわせることもあろうと――ちょうど〈火〉の経験から戻ってくるパスカルのように、神秘家が「よい脱我」からつつましくしかし意気揚々として、驚くほど力をつけて戻ってくるのは不思議なことではない。そして、受動的な喜びではなく、むしろこの〈途〉の闘いと艱難、あえて愛の苦痛と犠牲を受け止める心の備えができあがっている。

〈熱烈な愛の第三段階〉において、愛は行為を麻痺させてしまう。サン＝ヴィクトルのリカルドゥスはそう言っている。合一（コプラ）はこの状態の象徴であり、その表現が脱我である。望みに駆られる魂は、神のために渇くのではなく神のうちへと入ろうとして渇く。これは彼の見事な言い回しである。望みのひと漕ぎで〈果てしのない海〉へと漕ぎ出す。心は運び去られて〈神の光〉の深淵に浮かぶ。そして、外的事物は一切忘れ、自分自身さえも忘却し、心は挙げて神のうちへと入っていく。この状態では、地上的な願望の一切は天の栄光のうちに同化されてしまう。「心が己れ自身から離れ、神の神秘の秘密の場所へと運び去られ、四囲を神の愛の火で取り囲まれるとき、心のうちはこの火に貫かれ燃え上がっている。己れをまったく脱ぎ捨て、神の愛を身にまとう。見つめた〈美〉と同じになり、もう一つの栄光へと完全に移ってゆく[51]」

こうして、脱我状態は神化に、すなわち魂の実体を神という〈善〉、〈真〉、〈美〉に合致するように作り変えるという務めの一助となる。「見つめた〈美〉と同じになり、もう一つの栄光へと完全に移ってゆく」、つまり〈真実〉の燃える心、家郷の深い、だが輝ける闇の中へと入っていく。

第8章　原注

(1) *Human Personality and its Survival of Bodily Death*, vol. ii. p.260.

(2) 本書三五九頁。

(3) 近年の興味深い症例が以下に紹介されている。*Lancet*, 18 March, 1911.

(4) *Relaccion*, viii. 8.

(5) まさにこうした心理学的根拠に立って、脱我が必然的であることを聖トマスは証明している。「人の心が高められて霊的な事柄の観想に至ると、それだけ一層感覚的な事柄からは引き離されることになる。そして観想が至りうる最終的な到達点は神的実体である。それゆえその神的実体を見る心は、死によって、あるいは何らかの歓喜によって、肉体的感覚からはまったく引き離されてしまっている」（*Summa contra Gentiles*, 1. iii. cap. xlvii.）

(6) *Sur la Psychologie du Mysticisme*（*Revue Philosophique*, February, 1902).

(7) Malaval, *La Pratique de la Vraye Théologie Mystique*, vol. i. p.89.

(8) ジャネ（Pierre Janet, *The Major Symptoms of Hysteria*, p.316.）は、精神レベルの低下はヒステリーに常に見てとれる徴候、あるいは、「スティグマ」であると言っている。

(9) *Holy Wisdom*, Treatise iii, §iv. cap. iii.

(10) Von Hügel, *The Mystical Element of Religion*, vol. i. p.206.

(11) 義務の呼び声を察知し耳を傾ける力は、それ以外の一切にはいささかも気がつかない。とはいえこれはリボーの気づくところとなっていたある特色に明らかに関連している。リボーの言うところでは、脱我《ラヴィッシング》におちいった者の耳には何の音も聞こえない。ただしいくつかの例ではある特別な人物の声だけは別で、トランス状態にある人の耳にも常に届く（*Les Maladies de la Volonté*, p.125.）。

⑿ *Vita e Dottrina*, cap. v.

⒀ *Vida*, cap. xx. § 29.

⒁ A. Maury, *Le Sommeil et les Rêves*, p.235.

⒂ *Revelations of Divine Love*, cap. iii.

⒃ 本書三九頁。

⒄ D. A. Mougel, *Denys le Chartreux*, p.32.

⒅ E. Gardner, *St. Catherine of Siena*, p.50.

⒆ *Dialogo*, cap. lxxix.

⒇ たとえば、ダンテの場合には「永遠の光」へと同化されたときにトランスを伴ったか否か明らかではない。

(21) 2 Cor. xii. 1-6.〔『コリントの信徒への手紙二』〕

(22) *Vida*, cap. xx. §§1 and 3.

(23) 以下と比較せよ。Dante, Letter to Can Grande, sect. 28. ここでは「罪人《つみびと》を矯正するための脱我」という事実を示して、『神曲』が実体験の所産であり、自らの書き記す「大いなる〈存在の海〉を本当に渡った」のだという主張を裏打ちしようとしている。

(24) Richard Rolle, *The Fire of Love*, bk. ii. cap. vii.

(25) Dante, *loc. cit.*

(26) Eckhart, *On the Steps of the Soul* (Pfeiffer, p.153).

(27) 以下と比較せよ。*Par.* xxxiii. 85.

(28) Jundt, *Rulman Merswin*, p.27. これは生にとって健康的な効果を含む「よい脱我」であったことに注意せよ。

(29) Jundt, *Les Amis de Dieu*, p.39. 以下にも出てくる。Rufus Jones, *Studies in Mystical Religion*, p.271.
(30) *Benjamin Major*.〔『サン＝ヴィクトル学派』所収『大ベニヤミン：観想の恩寵について』〕
(31) St. John of the Cross, *En una Noche Escura*.
(32) Ribot, *Psychologie de l'Attention*, cap. iii.
(33) B. P. Blood. 以下を見よ。William James, *A Pluralistic Mystic*, in the *Hibbert Journal*, July, 1910.
(34) *Vida*, cap. xx. § 24.
(35) *Leben*, cap. vl.
(36) *Ennead*, vi, 9.
(37) *Ennead*, vi, 9.
(38) Ruysbroeck, *De Calculo*, cap. xii.
(39) *Lauda*, xci.
(40) *Ibid*.
(41) *Relaccion*, viii. 8 and 10.
(42) *Vida*, cap. xx. § 3.
(43) St.Teresa, *op. cit.*, *loc. cit.*, §§ 7 and 9.
(44) 本書四六頁。
(45) *Dialogo*, cap. lxxix.
(46) *Vida*, cap. xx. § 23. 同時に、われわれの知識の現状において、また空中浮遊というものの数多くの実証的な事例にかんがみて、この問題に対して独断的な判断を下すことは不可能である。超自然主義派の人の観点を最も端的に表現したのは以下である。Farges, *Mystical Phenomena*, pp.536. seq.

(47) St. Teresa, *Vida*, cap. xx. 23.

(48) St. Teresa, *El Castillo Interior*, Moradas Sextas, cap. iv.

(49) *Ibid*.

(50) *Ibid*., cap. vi.

(51) *De Quatuor Gradibus Violentae Charitatis* (paraphrase).

第9章　魂の暗夜

先の数章では、神秘主義において人間がたどる生の過程、つまり人間の超越的意識の有機的成長過程の研究から少しそれて、この過程の中で生まれる副産物、すなわち神秘主義に特徴的な自己表現の諸形態を研究してきた。観想の標準的な技法の向上過程や、大抵の場合これに付随して起こる——ただしこれにとって本質的ではない——視覚体験や聴覚体験、脱我体験や恍惚の体験などの研究である。

しかし神秘家といえども、天才と言われる人がみなそうであるように、まず人間なのであって、その上で芸術家となるのである。この点を忘れて神秘家の作り出す業績ばかりに目を奪われて、神秘家の人格における成長の研究から離れてしまったのでは、われわれは大きな誤りに陥ることになる。しかもこうした誤りは往々にして見られるところなのである。〈為すこと〉ではなく〈成ること〉が、神秘家が第一にめざすところである。したがって、神秘主義研究者の関心も、まずこの点にこそ向けられねばならない。われわれは論述の都合上、この超越への歩みの中途で、神秘家のなす諸活動の中の主なものを通覧してきたわけだが、ただしこうした活動は、当然ながら、神秘家の生のある特定の段階でだけ起るものではない。たとえば脱我体験《エクスタシー》は、神秘主義への回心の段階でも、その最後の転換点たる魂の「神秘的結婚」に際しても、等しく見られる特徴である。(1) また視覚体験や聴覚体験は——それぞれ視覚型、聴覚型の自我においては——内的進歩のあらゆる場面に付随して起こり、その都度、道を照らし出す。つまり、〈浄化の途〉では試練に光を与え、その意味を悟らせてくれるとともに、〈照明の途〉では歓喜の表現ともなるのである。往々にしてそれらは、ある神秘的階梯から次の段階への移行の分岐点を示すものともなっている。

ただしこの原則には一つ例外を認めておかねばならない。というのも、通常「第一次の神秘的生」すなわち〈照明の途〉と、「第二次の神秘的生」すなわち〈合一の途〉を分かつところの、闇の状態へのあの大規模な揺り戻し、特にその最も強烈な時期というのは、神秘的活動に関しては一般にまったくの空白、沈滞の時期なのである。この「魂の暗夜」がひとたび完全にその帷《とばり》を降ろしてしまうと、視覚体験によって照らされることも、聴覚体験によって慰められることもほとんどなくなる。そして、これはこの暗夜の苦しみの本質をなすことなのだが、一度手に入っていた祈りや観想の能力が、ここではまったく失われてしまったように思われるのである。辛うじてかち得た拠点から、自我は突き戻されてしまうのである。無力感、空虚感、孤独感、これらはこの浄化の暗き炎の中に呑みこまれた人々が自分の苦しみを記述する際の決まり文句である。神秘家の典型的な生の過程におけるこのテーマについて、これから論じていかねばならない。

神秘家の標準的な成長全般に関する主要な心理学的特徴は、すでに指摘しておいた。(2) つまり、神秘家の歩みの本質は、新たな「心的」均衡を確立しようとする努力、超越的実在《リアリティ》の各レベルの上に、いわば次々と堅固な足場を築かんとする努力にあるのだった。そしてこの努力が実を結ぶまでの途上で、自我は「楽しみの状態」と「苦しみの状態」との間での一連の往復運動を経験するのだった。別の言い方をすれば、これは意識全体がより高次の中心に順次移行する場合にとる、規則的な運動なのである。すなわち、それぞれの段階において、前進しようとする強烈な肯定作用は、超越へ向かう未成熟な力をそのつど疲れ果てさせてしまい、その疲労の埋め合わせとして、一種の否定作用、つまり意識全体の揺り戻し、知性の停滞、情動の退行、意志の活動停止などが生ずるのである。

　こうして、自我が「神秘的覚醒」の際に獲得していた〈神の完全性〉についての高揚した意識は、自己にしみついた不完全性に対する、沈んだ苦い意識によって引きずり降ろされる。そしてこの二つの意識の衝突が、かの自己改革への骨の折れる努力、すなわち「浄化の途」へと、自我をさらに駆り立てるのである。つまり、〈照明〉をもたらし、その支配的特徴をなす、〈絶対者〉についての新たな脱我的な覚醒が、その状態自体への否定を引き起こすのである。なぜなら、その覚醒は、いわば自我がいま見てとった〈絶対者〉とは依然として遠く引き離されてあり、決してそれと共存できないことの自覚でもあるからである。照明された意識が充分に安定している時期には、自我は原則として完全に満足している。〈永遠〉へのヴィジョン、神への強烈な愛の意識の中で、自分は到達点の安らぎを得たと信じているからである。だが、遅かれ早かれ、心的疲労なるものが始まる。照明の状態は破れ始め、これに代わる否定的意識が現れてくる。そしてそれが圧倒的な闇と沈鬱の感覚へと広がってくる。この感覚はまことに深く、強く、ために自我は〈超越者〉に対するあらゆる意識を失ってしまうまでに至る。こうして、〈暗夜〉と呼ばれる否定と苦しみの状態へと、自我は沈み込んでいくのである。

〈神秘主義の途〉で生ずる出来事はほとんどそうだが、この暗夜も次の二つの視点から見てみることができる。まず、(1)心理学者の観点からすると、これは精神の発展史の一モメントとして見ることができる。それは人間の心的生を心理学者が手際よく説明するための、多少とも機械的な心理法則によって支配されたものと見なされる。また、(2)神秘家自身の視点からは、これを人格の再形成、「新たな人間」の成長、すなわち「神への変容」に寄与するものとして、その霊的な側面に注目して、見ることになる。

(1) 心理学的に見るならば、〈暗夜〉とは、緊張に対する反動の法則の一適用例に他ならない。緊張した神秘的活動の時期に続く、疲労と弛緩の時期である。「これは神経系に関する最も明瞭な法則の一つである」とスターバックは言っている。「神経系は、継続して一定の方向に働き続けると息切れの状態に陥り、休息を与えないかぎり再び活動を始めることができない[3]」。いかに霊的であるとはいえ、神秘家も──肉体の内にあるかぎりは──その活動に際して神経系や脳組織の機構を用いないわけにはいかない。神秘家の歩みとは、心理学的側面から見れば、超越的生の成長に資する方向にこの神経機構を制御し、それによって意識の諸中心を次々に獲得していくことなのである。その限りでは、したがって、超越的生も心的機構の必然性に部分的には条件づけられており、疲労と反動の法則に左右される。大きな前進の後には、そのために犠牲にし、またおそらく疲弊させてしまった心的機構の息切れ、弛緩の時期が続くのである。とりわけ、進んだ段階の照明的生に伴う不断の緊張状態に意識の高次の諸中心が従属させられ続けていると、その強烈な熱中、明晰、深い観想の時期──多くは視覚性や聴覚性の現象を伴う──の後には、ほとんど必然的に、否定的状態への揺り戻しが起こるものである。

これが、偉大な聖人たちの──と言っても、多くの霊的な人々の中で、聖人と見なされる人はほとんどいないのだが――生涯に見られる、あの不可解で苦痛に満ちたエピソードの心理学的説明である。これは大抵の場合、超越的次元との真率な交流が長く続き、「神の現前」の意識がいや増してきた、その後で訪れる。この時期には、内的な体験が突然すべて消滅してしまい、ただ、そのときまで抱き続けてきた信念に盲目的に依り頼むことによってのみ、かろうじて信仰の喪失から免れることができるだけである。[1]だが、神秘家としての完成態にまで到達すべく定められている偉大な瞑想家たちは、それがいかに長く厳しくとも、この新たな浄化たる窮迫の時期からやがて脱け出てくる。彼らにとっては、これはより高い段階への関門なのである。しかし、彼らのような英雄的な精神態度に欠ける人々がこの〈夜〉に入り込むと、そこでの苦痛や危険に屈してしまう可能性がある。この「大いなる否定」は、かくて、霊的生命の選別場ともなっている。ここにおいてわれわれは、「自然神秘家」たち、神秘主義的詩人たち、また真実在《リアリティ》についての照明的ヴィジョンを与えられたところで満足してしまっているすべての人々に別れを告げることになる。ここからさらに進まんとする者は、偉大な、かつ強靱な精神の持ち主である。彼らは真実在を知ることを求めるのではなく、自らそう*ある*ことへと駆り立てられているのである。

かくてわれわれは、人間の精神活動が服していると思われる条件の一つとして、神秘家の生におけるあらゆる肯定には、自我の安定を脅かす否定が伴うのだと考えてよいだろう。たとえば、観想における進歩の過程も、まさにこうした光と影の交替によって特徴づけられている。その初期には「慰め」と「索漠感〔荒み《すさ》〕」との交替が、ついで「暗い観想」と〈真実在〉への鋭い直観との交替がみられる。同じように、神経的に極度に不安定な自我にあっては、歓ばしい脱我が訪れるごとに、苦しく否定的な脱我が続いて生ずる。闇の状態と照らしの状態は、こうして急速で鮮烈な交替を繰り返しながら長期にわたって併存してゆく。多くの幻視家や芸術家は、このようにして、創造的エネルギーのすさまじい噴出のたびごとに、無力感、抑鬱感でひどく苦しむ時期という代価を払っているのである。

歓びの意識と苦しみの意識のこの急速な交替は、〈神秘主義の途〉の歩みで新たな段階に入ったはじめの頃に最も頻繁に見られるようである。すなわち〈浄化の途〉から〈照明の途〉に入ったとき、また〈照明の途〉から〈暗夜〉に入ったときである。なぜなら、これらの心的状態は、原則として一挙にではなく徐々にしか確立されないからである。神秘家たちはこの歓びと苦しみの交替現象を、「愛のゲーム」と呼びならわしている。そこでは神が、神を求ある魂といわば「かくれんぼ」をするのである。わたしは先に、このことの特徴ある実例をルルマン・メルスヴィンの生涯から引用しておいた。[5] 彼は回心から〈暗夜〉への参入までの中間期、すなわち「愛の苦しみの学校」を、一貫してそうした不安定な状態の中で過ごしている。ギュイヨン夫人もそうである。彼女は〈暗夜〉――その最も深刻な時期を、彼女は〈神秘的死〉と呼んでいる――が訪れ、続いている間に、自分に生じたいろいろな兆候や苦しみを、細部にわたって入念に記述しているが、それによると、〈暗夜〉の始まりは、短い喪失感ないし感覚の不活発の時期が繰り返し訪れることだという。修道文献の著者たちが「索漠感〔荒み〕」と呼ぶ現象である。そこでは魂は、それまで自分の生を満たしていた諸々の神的事象に対する一切の関心や情熱を失ってしまう。この喪失感は、これに先立つ非常な歓びと信頼感で「照明された」時期への反動に他ならない。これについて彼女はこう言っている。「神の現前は決して、一瞬たりともわたしから去ってはいません。でも、この幸福なときのために、何と高価な代価をわたしは支払ったことでしょう。というのも、この〔神を〕所有した状態はわたしには完全な、完成されたものと思えたのですが――そしてそれが完全になればなるほど、それは秘められたもの、感官からは遠いもの、堅固で不動のものとなるのです――それは結局、何らの支えもなく、もとに戻る望みすらない、何年も続く全き喪失状態のための、単なる準備でしかなかったのです[6]」。ギュイヨン夫人は自分の状態を自分では決して制御しようとせず、ただ「神の風見鶏」のように「自己を委ねきった魂」として、彼女自身のありさまを記述することに専心しているので、われわれには比類のない研究の機会を提供してくれている。

彼女は言う。

わたしはほとんど絶え間のない長い喪失の時期を最後まで堪え忍びました。それでも時おりは、まことに奥深く内密に、また活き活きとしみ透ってくる〈神なる汝〉の流入をいただいておりましたので、わたしにはあなたがお隠れになっているだけで、わたしから去っていってしまったのではないことが、たやすくわかりました。というのも、この喪失の時期の間はあなたを完全に失ってしまったように感じられてしまうのですが、それでもある深い支えが、たとえ魂に知られることはなくても、留まっているからです。そして魂は、この時期に続く完全な喪失の状態の中でこの支えをも失ったときに、初めてそれに気がつくのです。ですが、あなたは、以前より一層大きな善と強さとをもって戻ってこられます。そのたびごとに、より一層大きな栄光をもってお戻りになります。ですから、たった数時間であなたはわたしの不信仰の残骸をすべて建て直され、わたしの一切の損失を、惜しみなく、わたしにとっての善へと変えてくださるのです[7]。

われわれはここに、新たな段階への入り口で意識が示す振動現象の、心理学的観点からは完璧な実例を見てとることができる。旧い均衡状態、つまり楽しみ＝肯定を特徴としていた中心に基づく旧い秩序は、すでに失われている。が、苦しみ＝否定を特徴とする中心に基づいた新たな秩序はまだ確立していない。ギュイヨン夫人はこの二つの世界の間に佇んでいる、いな、揺れている。絶えず移動して制御できない彼女自身の心的、また霊的状態の哀れな餌食となっている。しかしゆっくりと、この振子はその極限に近づいていく。喪失の状態が「ほとんど連続的になり」、照明の状態への揺り返しは稀になる。ついにそれがまったくなくなり、こうして新しい段階が確立される。〈暗夜〉が本当に始まったのである。

「暗夜」とは、心理学的側面から見れば、一面では疲労の状態であり、一面では移行の局面であるとするこの理論は、多くの場合心的ないし道徳的無秩序がこの時期の主要特徴となるという事実によっても確証される。〈暗夜〉の中にいる人には、すべてが自分にとって「悪い方に進む」ように思えてしまう。彼らは、邪悪な想念や突発的な試練で痛めつけられ、霊の事柄のみならず世俗の問題に関してさえ、自己統制力を失ってしまうのである。リュシー＝クリスティーヌは言っている。「大きな悲しみの試練の時期には、わたしはしばしば、あの霊の闇の中に引き込まれて、自分が虚妄と幻覚の中で完全に滅び去ってしまった、と思い込んだものでした。この試練は何より恐ろしいものです(8)」。この局面を通りゆく者は、しばしばその健康をも損なってしまう。彼らは「変人」になり、友人たちにも見棄てられる。知的生活のレベルも低下する。彼ら自身の言い方によれば、「あらゆる類の試練」、「外なる十字架と内なる十字架」が、一挙に押し寄せてくるのである。

ここでの「試練」とは、総括的に言えば、自我と、それが関わらねばならない世界との不調和を意味している。何ものも、われわれがそれに有効に対処するすべを知っている場合には、試練とはならない。われわれが事態にふさわしく対応できないときに、つまりその事態が異常に厳しいものであったり、われわれが常になく脆弱であったりするときに、物事はわれわれの試練となるのである。このことは、ギュイヨン夫人の体験の歩みをさらにたどってみれば一層明らかになろう。彼女は自分の霊的苦難を雄弁かつ詳細に分析してくれているので、彼女の自伝のこの部分は、「暗夜」の研究にとってかけがえのない心理学的資料となっている。つまり、この信心深くはあるが若干自己執着癖の強い〔ギュイヨン夫人の〕魂にとって、「暗夜」がどのようにあらわれたのかをありのままに示してくれているのである。

神に対する意識が徐々に希薄になっていくにつれて、ギュイヨン夫人は心的および道徳的混乱の中に落ち込んでいったようである。しかもそれには、より一層の霊的悲惨が伴っていた。

それが何であれ、何か幸せな状態を、またはその美しさを、あるいは何らかの徳の必要性を感ずるやいなや、わたしはそれと正反対の悪徳の中にいつも落ち込んでしまうように思われました。そうした思いには、ほんの瞬時のものであっても、常に愛が伴っているものですが、あたかもそれはわたしがその反対物を経験せんがためにのみ、与えられたかのように思われました。わたしには神の純粋さについての強烈な知覚が与えられていました。ところが、わたしに感じられるかぎりでは、わたし自身の方はますます不純になっていくのでした。というのも、本当はこの状態は大変に魂を浄化するものなのですが、わたしにはとてもそんなふうに理解できなかったのです。……わたしの想像力はまったくの混乱状態にあり、何の安らぎもありませんでした。ああ神様、わたしはあなたについて語ることもできませんでした。わたしはまったく白痴のようになっていたのです。それどころか、あなたについて語られた言葉を理解することさえできなくなっていたのです。……わたしは神に対して冷淡で、その御憐みにも無頓着になっておりました。わたしが人生の中で為してきた善い行ないも何一つ思い起こせませんでした。善が、わたしには、悪として見えていたのです。そして――恐ろしいことに――この状態は永遠に続くに違いないと思われていました。(9)

彼女には、自分が現世と来世の両方から見離されてしまったように思われたのである。健康を損ない、友人を失い、家庭内の問題には悩まされる。こうした事態は、彼女の内面の苦しみに歩調を合わせてますますひどくなっていった。自己制御力や集中力も減退していった。痴呆状態、無能力者のようになり、教会での礼拝さえ、理解も参加もできないように思われた。祈りも、どんな善行も行なえなかった。すでに捨離していたはずの現世的な事ごとに絶えず惑わされ、といって、そうしたことに心を向けてみてもすぐにうんざりしてしまうのだった。しっかり打ち立てられていたはずの、彼女の第一の神秘的生は瓦壊してしまい、手に入れていた意識の状態も崩れ去ってしまった。しかも、それに代わるものは何ら生まれてこないのである。

「完徳の途にまで進歩していると思い込んでいた魂にとって、このように一瞬にして自分が粉々になってしまうのを見ると、びっくりさせられてしまいます(10)」と、ギュイヨン夫人は率直に語っている。

ゾイゼも同じであった。霊的生活の「上級学校」に彼が入ったときには、内的誘惑や心の荒廃ばかりでなく、中傷、誤解、苦境、病苦などの外的な試練、またあらゆる方面での能力喪失に苦しめられている。「このときには、神は、悪魔と人間の双方に、この〈神のしもべ〉を苦しめる許可をお与えになったかのようであった」と彼は語っている。(11) この全面的な疎外感や、外界からの圧迫に対する〈自己〉の無力感、虚弱感などは、青年期に見られる漠然とした抑鬱感や神経過敏症に似たところがある。部分的には、同じ原因によると言ってもよい。これらは共に、旧い均衡状態が破綻して、新たな均衡状態が確立されるまでの問の、混乱の時期なのである。自我が実在《リアリティ》のより高次の段階に上昇しなければならないときには、長く愛着してきた、しかし今では幼稚なものになってしまったかつての世界の一部分を、背後に切り捨てて行かねばならない。ちょうど、子どもが母親のもとから小学校に進むときにつらい思いをしなければならないように。そこでは破壊と建設が並行して進む。照明の段階にある意識が擦りきれ壊れていくことは、自我が別の中心に向けて動いていることのしるしである。かつての意識状態を失うことからくる喪失感や不適応感は、新たな成長への間接的な刺激なのである。自我は、まだ居心地のよくない新たな世界の中にまさに押し出されつつある。だが、第二の、成人の生を意識的にわがものとなすところまでは、まだ到り着いていないのである。

「汝は胸に抱かれた幼児《おさなご》、甘やかされた幼児であった」、〈永遠の知恵〉はこうゾイゼに告げた。「さあ、これからはすべて一人でやっていくのだ」。こうして、それまですっかりなじんできた支えが取り去られてしまい、その結果、自我は暗闇と混沌の中で、ただ事態の進行に、抗うすべもなく身を委ねる他はなくなる。あの休むことなき〈生命の霊〉が、新たなより高次の状態にまで自我を衝き進めていく働きに、ただ身を委ねるのである。こうして自我は、〈真実在《リアリティ》〉を単に見るばかりでなく、自らが真実在になっていくのである。

したがって、心理学的に見れば、「魂の暗夜」とは意識の旧い状態が消尽し、新たな状態が生長するという、二つの事態に起因していると言える。それは、自我が〈絶対者〉に到達するまでの有機的過程における「成長の苦しみ」なのである。偉大な神秘家や、人格の面での創造的天才たちは、こうした心的混乱を霊的利益へと変えてしまうすべを本能的に知っていた。不安定な心的‐身体的状態にある者が、激動と再適合という心的振動作用を通じて新たな意識の中心へ移行していくのと同様に、格闘しつつ上昇していく霊的人間も、これと平行した霊的振動過程をたどるのである。行きつ戻りつ霊は進みゆく(Gyrans gyrando vadit spiritus)。意識の機構は、負荷がかかりすぎると毀《こわ》れてしまい、自我をかつての低い段階に突き戻してしまうかに見える。そのときには、自我は超越的世界への理解力を喪失してしまう。ちょうど子どもが初めて一人で立たされたときに、母親の腕の中にいたときよりもっと弱々しく感ずるのに似ている。

「というのも、はじめに彼〔神〕は、快く知覚される光や思寵の注入をすべてやめてしまうばかりでなく、高次の霊的活動を、感知しうる形で行なう力をも、彼女〔魂〕から取り上げてしまうからである。さらに神の愛について思いをめぐらすことの快さもみな奪ってしまい、魂をその低次の能力の最低のところにまで沈めてしまわれる」と、オーガスティン・ベイカーは言う。熟達した魂の導き手である彼は、ここで現代の心理学者の言を先取りしているのである。続けてこう言っている。

したがってここでは、以前に彼女〔魂〕が持っていた情動の平静さはすっかり失われ、もはや彼女は自らの内面に潜心することもできない。罪深い身心の動きが強暴に彼女を苛み、これを克服するには霊の途を歩み始めた当初と同じほどの（それ以上とは言わぬまでも）大きな困難を覚える。……自分の精神を高みに向けてみても、見えるのは暗雲や闇ばかり。神を探し求めてみても、〈神の現前〉のほんのわずかなしるしも痕跡も見つからない。そこにあるのはただ、内なる罪深い妄念を本当に実行してしまうのを控えさせている何ものかなのだが、それが何なのかもわからない。彼女の思考力には何の力も残っていないのだから。彼女はいまや、確かに精神〔霊〕とか精神〔霊〕の働きとか――ここでわたしは、その感知されうる働きについて言っている――からは最も遠い、全き異郷の地にいるのである。(12)

意識が再び自己を見出し、新たな中心が形成されるまでに、このような混乱と悲惨の時期は何ヶ月も続くことがある。場合によっては何年間も続く。しかも、この新たな中心、〈絶対者〉に対する新たな意識は、まずその否定的な側面から開示される。自我は言うなれば、新たなより高次の状態の可能性を自覚するはるか以前に、自分の旧来の状態の不充分さに気づかされるのである。この点の自覚は、次の二つの形態をとる。(a)その客体に関しては、自我が追い求めている〈絶対者〉との隔たり、ないしは不在の自覚であり、(b)主体に関しては、自我の弱さと不完全さの自覚である。この双方が行動への直接の刺激となる。これはいわば、自我が自ら実体験し、戦い、解決しなければならない〈神的否定〉である。〈暗夜〉とは、したがって、もっぱら自然的諸原因によって生ずるものであるが、それがかえって神秘的エネルギーを生じさせ、さらには超自然的効果を生むものともなるのだ。

(2) 心理学についてはこのくらいにしておこう。われわれは続いて、〈暗夜〉の神秘的ないし超越的側面について考察しなければならない。〈暗夜〉を実際に堪えぬいた神秘家たちにとって、また人々を導くために〈暗夜〉を研究した霊性の専門家たちにとって、〈暗夜〉がいかなる意味を持っているのかを見てみなければならない。

神秘主義の途にあってはどの局面でもそうなのだが、ここでもわれわれは、〈暗夜〉をひとしなみに単一の経験に還元してしまうような一般化、すなわち〈暗夜〉の苦しみを通り抜けた自我にはみな、同一条件下で生まれ同一の症候群を伴う明確に規定されたある状態が見出される、といった考え方はぜひ慎まねばならない。そうではなく、〈暗夜〉とは単に、通常〈照明の生〉と〈合一の生〉の中間に生ずる否定的で苦しみに満ちた状態を指す名称であって、それ以上ではない。それぞれのタイプの瞑想家はそれぞれのやり方で、これを自分自身に、またわれわれに対して解釈してみせるし、実際、あらゆるタイプの照明に応じて、それに固有の仕方で対応する「闇」があるのである。

ある気質の人々には、〈暗夜〉は、情動的な側面――突然〈恋人〉を喪くしてしまった者の悲嘆、といった――が主導的となる。別の人々には、知的な闇ないし混乱が、何よりも大きな比重を占める。ある種の人々は、十字架の聖ヨハネのように、「受動的浄化」、すなわちまったく無力な困窮状態として〈暗夜〉を経験する。そこでは自我は何もなしえず――ただ〈生命〉の流れに導かれるままに身を委ねている他はない。また別の人々は、ゾイゼはじめドイツ派の男性的とも言うべき神秘家たちのように、これをむしろ合一的生への不可欠の準備たる「全的自己放棄」に向けての、不屈の行動と道徳的葛藤の時期として経験する。各人の性格を形成するこうした諸要素は、自我の最初の浄化ではまだ問題にされていなかったのだが――意識が照明の生の段階に入ったときには、いわば脇にとり残されていたのだ――ここではそれらが眠りから覚まされ、幻想から浄められて、成長する生の奔流の中に強引に繰り込まれていくのである。

〈暗夜〉は、したがって、人間性に深く根ざしたプロセスである。すでに充分に霊的であり、超自然的地平にしっかり立っていると思い込んでいた自我は、この〈暗夜〉において力ずくで後に突き戻される。〈光〉の領域から退いて、後に残してきたさまざまな欠陥をもう一度担わされる。このようにしてはじめて、つまりわれわれが「霊的」側面と呼びたがる一面だけでの、部分的で表層意識的な進歩ではなく、人間全体の変容によってはじめて、〈神的人間性〉は形成されうるのである。この〈神的人間性〉の形成――「山で示された型に従っての」〔『出エジプト記』二五・四〇〕人間の作り直し――、これこそが、神秘家が〈真に実在するもの《リアリティ》〉に至るための唯一の確実な梯子なのである。〈永遠の知恵〉はゾイゼにこう言っている。「わたしの人間性〔人性〕こそは、汝の求めつつあるものにたどりつかんとする者みなが踏みゆかねばならない道である」[13]。この「厳しい言葉」は、純粋な神秘的生を、数多くのうわべだけの模倣から区別する試薬としてさえ用いることが可能だと思われる。自我は、その第一の浄化において、完全性を映す鏡を磨き浄めた。ついで照明の生において、〈真実在《リアリティ》〉を目の当たりにすることができた。このようにして自我は、感覚による幻想に埋没している「自然的」人間の通常の知覚力を超越してきた。かくて今や、自我は自分自身が真実在とならねばならない。これは、それまでの諸段階とはまったく別の事態である。このことが成し遂げられるためには、新たな、一層根本的な浄化が必要である――知覚器官の浄化ではなく、自我の存する神殿自体の浄化である。人格の座、愛と意志の源泉たる「心」の浄化が必要なのである。この〈夜〉の苦悶と抑鬱の中で、自我は〈無限者〉のヴィジョンから有限者の限界性の実感へと再び後退し、あらゆることを〈なす〉能力を失うのだが、それによって、より大いなる〈生命〉の働きに自らの意志を従属させることを学ぶ。かくて、自我はその〈生命〉に〈なる〉可能性をつかむのである。「このような長く苛酷な移行期を通りすぎると」とリュシー＝クリスティーヌは語る。「魂は自分が〈神の御手〉の中にいて以前よりずっと従順になっているのに気づきます。神以外の一切から、以前よりはるかに離脱しているのを感じます。魂は自らのうちに、へりくだりと忍耐の果実が実ったのをはっきりと感じます。そして、自分自身や一切の事物が〈無〉であることを実感するに応じて、自身の愛がより純粋に、直接に、神のもとに昇っていくのを感じるのです[14]」

われわれの分析のまさに中心をなすここにおいて、神秘的生とは愛の生でもあること思い起こしておかねばならない。神秘家が追い求める究極の〈対象〉、彼の不断の直観の〈対象〉は、至高の欲求と讃美の対象でもある。「あなたと共にならば獄舎も薔薇園となりましょう。ああ、あなたは心を夢中にさせてしまわれる。あなたと共になら、〈地獄〉も〈楽園〉となりましょう。ああ、あなたは魂を歓びで満たされる」。こう、ジャラルッディーン〔ルーミー〕は言っている[15]。であるからこそ、ひとたび〈至福直観〉を得た神秘家にとっては、意識の領域からこの〈対象〉が取り去られること以上に、つまりこの交わりの喪失、〈光明〉の消失以上に大きな悲痛はないのである。したがって〈暗夜〉は、いかなる形態で訪れようと、必ずや非常な苦痛を伴う。〈浄化の途〉で堪え忍んだのよりもはるかに大きな苦痛である。〈浄化の途〉では、自我が不完全性から強引に引き離されるのだが、ここでは、〈完全者〉の方が姿を隠して、代わりに、何かこの上なく悪い事態に陥っているとの、何か究極的な〈宝〉が失われてしまったとの、圧倒的で如何ともしがたい確信が残されるのである。以下では、この確信がどのような形で意識の表面にまでもたらされてくるのかを、いくつかの特徴ある事例に沿って見てみることにしよう。

(1)〈絶対者〉への意識が、神との交わりの感覚という形態をとる性向の人々、神の客体的な観念が生の中心的事象となる人々にとっては、〈暗夜〉にあっては、一度は姿を見せた神がいまやその〈現前〉を故意に引っこめてしまい、もう決して御自身を顕わすことはないに違いない、と感ぜられてしまう。「神は、神とわれわれとの間に、あたかも壁を築かれたかのようにふるまわれる」とエックハルトは言っている。[16]「〈永遠〉に注がれていた眼」が閉じられ、慣れ親しんだ親密で相互的な愛の感覚が、怖しい空白にとって代わられるのである。

十字架の聖ヨハネは言う。

> この打ちひしがれた魂が最も痛切に感ずることは、神が自分を見放し給うた、という確信、このことに疑いの余地はない、との確信である。神は自分を、闇の中に、穢らわしいものを捨てるように、投げ込まれたのだ。……死の影、地獄の苦痛と悲惨がこの上なく切実に感ぜられる。しかもこれは、神に見棄てられたという感覚、神の大いなる不快と怒りによって罰せられ、打ち棄てられた、との感覚から来るのだ。こうしたすべてを、いや、もっとひどい苦しみを、いまや魂は感ずる。つまり、自分にはこうした状態が永遠に続くであろう、との思いである。のみならず、こうした魂は、あらゆる被造物からも同様に見棄てられてしまったと感ずる。また自分は皆の侮蔑の的となっている、とりわけ友人たちから蔑まれている、と感ずる。[17]

同じくギュイヨン夫人にとっても、神の直観的把握を失ったとの感覚は、「夜」の最も恐ろしい特徴の一つに挙げられている。

ああわが神よ、あなたはわたしを、これまで書いてきましたようにまことに深く傷つけられた後で、わたしからお隠れになり始めたのです。あなたの現前がわたしにはかくも甘美で、あなたの愛はわたしのうちでかくも強かったがゆえに、あなたの不在は一層つらく思われました。……ああわが神よ、あなたがかつてわたしを死の状態へとまさに置き入れなさったやり方は、死に向かいつつある生とも言うべきものでした。つまり、時おりあなたは身をお隠しになり、わたしを数多《あまた》の弱さの中に置き去りにされますが、時おりは御姿を顕わして一層大きな甘美さと愛を与えてくださったのです。が、魂が死の状態に近づけば近づくほど、魂の荒《すさ》みの期間は長く、耐えがたいものとなり、魂はますます弱っていきます。そして歓びも短いものになっていくのですが、一層純粋で、内密なものになります。こうした状態を経て、魂は全き喪失の時期に入っていくのです。(18)

この全き喪失、すなわち「神秘的死」が完全に確立してしまうと、人格神としての「神の〈不在〉」だけではなく、人格神的でない支えも取り去られ失われてしまったかに思われる。自我が実生活全体の基盤として長らく感じてきた、魂の超越的〈根底〉なり〈閃光〉なりも、失われてしまうのである。こうして、自我が霊的世界と交流する手段そのものが消滅してしまい、あらゆる点で自我は文字通り「死んだ」ようになってしまう。ド・コサードはこう言っている。

この全き喪失の境に至ったとき、われわれはどうしたらいいのか。単純さと平静さを保ってそこに留まれ、灰の山の中に坐っているヨブのように。そしてこう繰り返せ、「心の貧しき者は幸いである。何も持たざる者はすべてを持つ。なぜなら神を持っているのだから」と。偉大なジェルソンも言っている。「一切を棄てよ。汝自身を一切から引き離せ。そうすれば汝らは一切を神のうちに持つであろう」と。またフェヌロンはこう言う。「感ぜられた神、味わわれ、楽しまれた神は、確かに神ではあるが、そうした賜物によって魂におもねる神である。闇における神、喪失における神、打ち棄てる神、感ぜられぬ神こそ、まことの神であられる。それはいわば、裸の、純一の神である……」。われわれはかかる死を恐れるべきだろうか、これこそが、われらのうちに真の神の恩寵の生をもたらすものであるのに。[19]

(2)〈聖性〉に対する主観的観念――個人の人格と〈超越者〉の相似の必要という観念――が中心的位置を占めるタイプの自我にとっては、〈暗夜〉の苦しみは、喪失感というよりは、新たな恐るべき明晰さという形をとる。〈善なる御方〉のヴィジョンは、自我に対して、自らの絶望的な、どうにもならぬ不完全性の感覚を突如として目覚めさせる。〈浄化の途〉で耐え抜いたのよりはるかに厳しい暗黒の「罪責感」が、他の一切を駆逐してしまう。「彼女〔魂〕の苦しみがかくも恐ろしいのは、彼女がいわば神の純粋さに圧倒されているからです。この純粋さが、彼女自身のほんの些細な不完全性の元素までも、巨大な罪であるかのごとく見せてしまうのです。神の純粋さと被造物の間の距離は無限なのですから[20]」

十字架の聖ヨハネもまた言っている。「これこそが、この浄化の最もつらい苦しみの一つである。魂は自己自身のうちに底知れぬ空虚を自覚する。すなわち、魂にとっての慰めの源泉たるべき、自然的、時間的〔現世的〕、霊的の三種の善の欠如である。魂は自分が、これらとは正反対の諸悪、つまり醜い不完全性、知性の涸渇と空虚、闇の中への霊のうち棄て、等のただ中にあることに気づくのである」[21]

(3) 罪の意識、「神の不在」と並んで、しばしば見られるいま一つの否定作用がある。これも、〈夜〉に突然呑みこまれた自我がこうむる、決して耐えやすいとは言えぬ苦しみである。すなわち、情動の完全な弛緩とでも言うべきものである。かつての情熱がすべて消え、無感動、怠惰がとって代わる。自我はこうした状態が嫌でたまらないのだが、どうにもならないのである。これは、修道文献の著者たちには「索漠感〔荒み〕」の名でよく知られている、陰鬱な霊的アンニュイの状態である。心理学者たちはこれを、情動の疲労の結果と見なしている。[22] 長い間ずっと自我の全存在の焦点となっていた〈共に歩んでくれる神〉への、あの情熱的な愛が消失してしまうとは、信じがたく思われよう。だが、超越的ヴィジョンが取り去られるばかりでなく、そのヴィジョンへの欲求そのもの、関心そのものが、冷めていくのである。しかもなお、神秘家たちは一様に、これは霊的意識の成長のためには不可欠な段階であると明言している。

リュースブルクは言っている。「天球で太陽が傾き始めると、処女《おとめ》座宮に入る。これは、この時期が一年のうちで処女のように不毛〔不妊〕なため、こう言われる」。これは魂の周期における秋である。夏の熱気が冷めていくときである。

こうして太陽の一年の旅程が終わりに達し、完成される。これと同様に、あの栄光の太陽であるキリストは、人の魂の天頂にまで登った後、〈第三段階〉で教えておいたように、やがて傾き始め、神の陽光の照り映えを隠し、人間をうち捨てるようになる。そのときには、かつての愛の熱気も焦慮も冷めていく。だが、いまやこのキリストの掩蔽《えんぺい》と、光と熱の消失こそが、次の段階の最初の働きであり、新たな始まりなのだ。いまやキリストは、人の内部からこう語りかける。「汝らも、わたしが今示すような仕方で、外に出ていけ」と。そこで人は出ていき、自分の貧しさ、みじめさ、孤独を思い知らされる。そこでは、愛の嵐、激情、焦燥等の一切が冷めていく。熱く輝いていた夏は秋に変わり、なべての豊かさがひどい貧しさに姿をかえる。そして人は、自分の不幸のゆえに不平をもらす。かつての愛の熱気、親密さ、感謝の念《おも》い、歓喜の称讃、これらはいまやどこにあるのか。内なる慰め、密かな歓び、甘美な感覚はどこに行ったのか。どうしてこれらがみな、失われてしまったのか、愛の燃えるような激しさ、かつて感じていたあの賜物の一切は。どうしてこれらがみな、自分の中で死に絶えてしまったのか。人はいまや、すべての知識や働きを喪失してしまった白痴のような気持ちになる。……そしてこの悲惨さから、滅びへの怖れが芽生えてくる。いわば、一種の半信半疑の状態である。これは、人が絶望に陥らずに踏みとどまる、最後の地点である。(23)

(4) この情動の停滞に対応するものとして、知性と意志の停滞がある。ある瞑想家たちは、否定の状態の一部としてこの知性と意志の停滞を経験している。まず意志に関しては、ある種の道徳的怠慢としてこれは現れる。自我が、自分の衝動や思考を制御できなくなるのである。この全面的な心の混乱状態においては、人が生来もつ性向のうち浄化されていない部分、久しく識閾《しきいき》下に閉じ込められていた卜等な衝動や些末な思念などが、すべて強引に意識の領野内に侵入してくる。「あらゆる悪徳がわたしの中で再び目を覚ましたのです」と、フォリーニョのアンジェラは言う。「これほどの苦しみを耐えるくらいなら、火炙りにされるのを選んだ方がましだったでしょう」[24]。視覚体験や聴覚体験が自動的に起こるようになってしまっている場合には、この潜在意識領域からの侵入は、しばしば、自我を粗暴な罪悪行為へとそのかす邪悪な視覚体験、聴覚体験という形をとる。たとえばシエナの聖カタリナは、歓びに満ちた照明の途と「霊的結婚」の中間の時期に、悪鬼どもが彼女の小部屋に充満して「卑猥な言葉や仕草で彼女を邪淫へと誘う」ヴィジョンに悩まされている。そうしたとき、彼女は修道院の小部屋から飛び出て教会堂に逃げ込むのだが、悪鬼どもはそこまでも追いかけてくるのである。彼女がこの強迫観念から解放されたのは、それに抵抗しようとする努力を一切やめたときのことであった。そのとき彼女はこう叫んだ。「わたしは苦しみをこそわが慰めとして選びました。ですから、わたしはこうした、また他のどんな苦痛をも、それが主の御旨にかなうかぎり、主の御名において耐えていきます」。この、自己屈服の行為と共に、あの邪悪なヴィジョンは消え去った。カタリナは再び肯定の状態へと戻り、〈十字架〉のヴィジョンを与えられて慰められたのである。[25]

よく似た心理的状態を、聖テレジアも経験している。ただし彼女は、これを標準的な発達に伴う一エピソードとして捉えるには至っていない。彼女にとって説明のつかない他の諸々の霊的冒険と同じ、悪魔の仕業に帰している。

彼女は言う。

魂はくびきをかけられ、自分自身に対する制御の力をまったく失ってしまいます。何も考えることができず、悪魔が示す愚かな思いばかりが浮かびます。そうした思いは、多かれ少なかれ、空虚で互いにつじつまが合わず、脈絡も欠いており、ただ魂をいらだたせるばかりです。こうして魂は、自分自身を支配できなくなっていくのです。そしてこのようにして――わたしの見るところ――悪魔どもは、魂でもってボール遊びをしているのです。しかも、魂は彼らの手から逃れ出ることができないのです。この状態にある魂の苦しみを記述することはとてもできません。魂は安らぎを求めてさまよいますが、何の安らぎも見つからぬままに神は魂を放っておかれます。理性の光は、その意志の自由の中にまだ残されていますが、その明るさは失われ、いわばその眼に覆いがかぶされたかのようです。……さまざまな誘惑が理性をひき倒し、鈍らせ、そのため神についての知識も、どこか遠くの彼方から聞こえてくるもののようになってしまいます。

この知性の鈍り、暗さは、日常の知的行為にまで及ぶ。内的生の怠惰と混乱を反映した事態である。「霊的読書による炎で安らぎを得ようとしても全然だめです。本がまったく読めないようになってしまうのです。あるときこんなことがありました。わたしはある聖人伝を読んでいました。聖人の耐え忍ばれた御事蹟を朗読すれば、自分のことは忘れて、心を新たにできると思ったのです。四度も五度も、わたしは同じ行を読んでいました。それは確かにスペイン語で書いてあったのですが、わたしは読み終えたとき、読む前よりももっとその内容がわからなくなっていたのです。わたしはあきらめる他はありませんでした。こうしたことは、一度ならずありました[26]」。ここで思い起こすべきは、これが「暗い観想」の現象に他ならぬということである。先に検討した精神の暗さが、ここでは表層的知性の通常の活動にまで拡がってきているのである。〈不可知の雲〉が湧き上がって自我の全体を覆ってしまったかのようである。「途の中の途」たる観想は、神秘家の生という大きな途の縮図となっている。どちらの場合も、〈光〉へ至る通路は〈闇〉の混乱と無知に柔順に身を委ねることを通じて開けてくるのである。この茫漠たる無力状態の闇の中で、元来行動的で自ら恃《たの》むところの大きいタイプの自我が、いかにストレスやいらだちに悩まされるかを、テレジアはその半ばユーモラスな自己告白の中で、鮮やかに言い当てている。彼女は言う。「悪魔はこのとき、大変な怒りの霊を送りつけてきたので、わたしは人間どもをみな平らげてしまいたく思ったほどです[27]」

こうした「闇」の諸相、またこれに伴う圧倒的な無力感、抑鬱感は、みな神秘家の生涯に共通して見られるものである。ゾイゼもルルマン・メルスヴィンもこれらを経験している。タウラーも絶えずこれに言及している。フォリーニョのアンジェラは、「地獄よりひどい窮乏感」について語っている。マグデブルクのメヒティルトのような朗らかなタイプの精神でさえ、確かにこの神の喪失と不在の苦しみを知っていた。彼女はある箇所でこう言っている。「主よ、あなたは、わたしがあなたから得ていた一切を取り上げてしまわれましたが、それでも、犬でさえその本性によって持っているあの賜物を、恩寵によって残しておいてくださいました。それは、すべての慰めを奪われた悲惨な境遇にあっても、なおあなたに忠実であり続ける、という財物です。これこそわたしが、あなたの天上の〈王国〉よりももっと激しく求めるものなのです[28]」。この言葉の中に、この〈暗夜〉の「生にとっての価値」の全貌が明らかにされている。それはつまり、自我を滅した堅忍を教育する、「愛の苦しみの学校」なのである。

(5) しかし、〈絶対者〉に対して、自我の不完全さを——まだなすべき務めがあることを——絶えず感ずる、その感覚の表現形態には、いま一つの種類がある。興奮しやすく、心情の起伏の激しいタイプの人格にあっては、意識はゆっくり時間をかけて上昇していくのではなく、むしろ苦しみと楽しみの状態を短期間で往復するという傾向が強い。こうした人の場合、〈合一の生〉に到達する前に、往々にして、突然、「見神」への激しく抗しがたい欲求、〈超越者〉をその完全な姿で捉えたいという欲求の激発に襲われることがある。しかも、この欲求はただ死によってのみ満たされると考えてしまうのである。こうした自我はまた、照明の意識段階を脱するにつれて、照明期の意識が――その最高の状態でさえ――いかに部分的なものでしかなかったか、単なる象徴にすぎなかったか、に気づき始める。そして神との合一への歩みは、いまや究極的〈実在《リアリティ》〉への情熱的な、抑えがたい渇望によって導かれるようになる。この情熱は実に強烈なもので、感ずる者にとって鋭利な苦痛でさえある。これはまた、〈暗夜〉の孤独感、無力感、等々の一切を伴っており、時としては、否定的昂揚《ラプチャー》、欠乏ゆえの脱我の高みへともたらされることもある。これは、自我が本来の棲み家からまだ離れてあることを理解させる、稀有な方途なのである。その最良の実例はおそらく聖テレジアであろう。また聖フランソワ・ド・サルも『神愛論』の中の素晴らしい一章で、これをテーマに論じている。[29] テレジアは、類を見ぬほどの変化の激しい気質、感情の梯子をすばやく上下する性向のゆえに、歓びの昂揚状態《ラプチャー》のあと、しばしばその代償として、かの「大いなる欠乏感」――暗い脱我、または「神の苦しみ」――に襲われている。彼女は言う。

　この苦しみが続いている間は、わたしたちは自分の存在すら思い起こすことができません。なぜなら、一瞬にして魂の全能力が完全に縛りつけられてしまって、わたしたちの苦痛を増すことのほかは何もできなくなってしまうのです。わたしが誇張していると思わないでください。反対です。今わたしが言ったことは実際よりも控えめなのです。それを表現できる言葉はないのです。これは感覚や能力の自失状態です。ただし苦痛を増す方向への働きだけは別ですが。そこで知性は、神から離れてあることがどんなに悲痛をもたらすものであるかを痛切に理解します。しかもわれらの主は、御自身をありありと啓示されることで、この悲しみをさらに大きくなさるのです。こうして苦痛はいや増していき、いくら抑えようとしても大声を上げてしまうほどにまでなります。どんなに苦痛に慣れた、我慢強い人でも、これを抑えることはできません。なぜなら、これは体に感ぜられる苦しみではなく、魂の奥底での苦しみだからです。いまわたしが話しているこの人〔テレジア自身〕は、このことから、霊は体よりもはるかに鋭い苦しみを苦しむことができるということを学びました。(30)

この「暗い昂揚《ラプチャー》」において生ずる強烈で苦しい〈神の不在〉への意識集中には、あらゆる種類の心的、肉体的脱我の徴候が伴っていることが多い。

この状態が続くのはほんのわずかですが、それでも四肢がばらばらになったように感じます。鼓動も、死んでしまうかと思うほどにかすかになります。これは確かな事実です。というのも、自然の肉体の心臓が止まっている間に、超自然の心臓が激しく炎を燃え立たせるので、もうちょっとのところで神は本当に、魂の死への欲求をかなえてやりそうになるほどなのです。……みなさんは多分こう言うでしょう。神へのこうした欲求には不完全なところがある、と。そして、なぜこの魂は、神の意志に完全に身を委ねているはずなのに、それに従おうとしないのか、と尋ねるでしょう。今まではそれができたのです。彼女〔魂〕の生命を神の意志に捧げてきたのです。でも、今ではそれができないのです。なぜなら彼女の理性は大変低いレベルにまで下げられてしまい、彼女はいまや自分を支配できないのです。そして自分の苦悩のことだけしか考えられなくなっているのです。彼女にとっての〈至高の善〉から遠く離れたままでは、どうして生きていく望みがありましょう。彼女は非常な孤独に苛まれ、地上のどんな被造物とも交わりを感ずることができません。天国にまします方々を信頼することもできません。彼らは彼女の〈恋人〉ではないのですから。その一方で、あらゆる交際が彼女には苦痛になります。彼女はあたかも空中に吊された人のようで、地上に触れることも天上に昇ることもできません。身を焼きつくす渇きに駆られながらも、水にたどりつくことができません。これは、堪えることのできない渇き、しかも何ものも癒しえない渇きです。しかも、彼女は、われらの主がかのサマリアの女に語ったあの水〔『ヨハネによる福音書』四・五―一四〕によってでなければ、何ものによっても癒されることを拒むでしょう。そしてその〔生命の〕水は、彼女には与えられずにあるのです。[31]

以上の〈暗夜〉の諸形態――「神の不在」、罪の感覚、暗い脱我、かつての情熱、平安、歓びの喪失、低次の霊的・精神的レベルへの退行――これらはみな、神秘家たち自身によれば、意志ないし人格の砦の最終的浄化という一つの同じ過程を構成する諸要素、諸局面と考えられている。この過程を経てこそ、自我は何の留保もなく、「自我が初めにいた場所である神のうちへ」と、溶け入ることができるのである。〈神秘主義の途〉におけるこうした出来事の役割は、霊の楽しみを求めそこに安らおうとする生来の傾向、すなわち〈真実在《リアリティ》〉そのものと、〈真実在〉を観相することで与えられる歓びとを混同してしまう傾向を魂から取り除くことにある。これは、〈浄化の途〉で始まっていた、混乱した愛を秩序づける仕事、諸々の価値を超越的視点から価値づけし直す仕事の完成である。自我はそうした子ども向けの満足を超えて上昇していき、その愛を、完全に利己心を脱した、力強い、勇気あるものとしていかねばならない。霊的貪欲のあらゆる残滓を洗い流さねばならない。個人本位的立場の完全な放棄、かの〈溢れる光〉の大いなる流れを妨げる矮少で自我中心的な自己満足欲求の放棄、これこそが、人間が〈真実在〉に参与するための最終条件なのである。この点は、大神秘家だけに許された完全な参与についてばかりでなく、本物の科学者や芸術家が、〈永遠の善〉の「手足となって働く」場合の非利己的な行為に関しても等しくあてはまる真理である。タウラーは言っている。「神がいつまでも、御自分の子どもたちを初めと同じように愛撫し、その頭上を照らし、心を暖めてくれると思ってはならない。神がそうされるのはわれらを御自身へと引き寄せるためにだけである。ちょうど鷹匠が美味しい餌物で鷹をおびきよせるように。……われわれは奮起して自ら立ち上がり、進んで修学の時期を去り、感覚や暖かさを楽しむことをやめ、いまや不撓の熱意をもって、われら自身の責任で神に仕えるのでなければならない(32)」。

〈暗夜〉を責任感の生長として——人格形成の一局面として——捉える、この男らしい見方は、ドイツ神秘主義に特徴的なものである。『単純な魂の鏡』では、「魂は、かつて大いに愉しんでいた誇りと戯れとを棄てるのです」と言われている。ゾイゼにも同じ事態が見出される。導きの天使が感覚的慰めをまったく与えず、ただ「男らしく行ぜよ(Viriliter agite)」〔『コリントの信徒への第一の手紙』一六・一三〕——「男らしくせよ」という厳しい命令だけを与えるようになったのである。タウラーも言っている。「このとき初めて、われわれは神の子として神の愛の充溢に到り着くのだ。このときには、われわれを神に引き寄せ、われわれを神から離れさせずにおくものは、もはや幸福でも不幸でも、幸運でも逆境でもない。われわれがこのとき経験するものは、誰もはっきり語ることはできまい。だがそれは、われわれが愛の最初の炎で燃え上がり大感激していたとき、ただしまだ真の服従には遠かったときよりは、はるかによきものなのである[33]」

〈照明の途〉においては、魂は〈創造に先立つ光〉を浴びて暖められ、自分が味わっている神的光明や甘美さを〈神の本性〉と同一視していた。超越の意識は、もっぱら個人的ヴィジョンや個人的歓喜体験の増大として感知されていた。したがって、一見自己を放棄したかに見えるこの状態にあっても、「わたしが（the I）、わたしを・わたしに（the Me）、わたしのもの（the Mine）」といった意識のあり方は、霊的なものになってはいるが、未だもとのままに残っている。感覚の克服は、この克服の業《わざ》が魂にもたらした豊かな生によって、充分以上な代価を得ていた。しかし、〈絶対者〉との真実の、永続的合一が成るためには、すなわち自我の全体が——その存在が完全に〈無限の意志〉に屈服し——全面的に神へと変容し〈全体者〉の大いなる生命に合流する、かの高次のレベルで生きることを学ぶためには、その前に、この個人的歓びへの依存傾向が予め取り去られねばならない。魂の火花、神的人間性〔人間の中の神的な部分〕の急速に成育する種子が、人格の隅々にまで行き渡らねばならないのである。そうなってはじめて、自我は、ジェノヴァの聖カタリナと共にこう言うことができる。「わたしのわたし（my *me*）は神です。わたしはわたしの自我性を、神のうち以外には見出しません[34]」

〈暗夜〉のさまざまな苦難、悲惨が行なうことは、霊の最終的、根本的浄化である。すなわち、神からの分離の克服、自我性の滅却である。自我が自己の所有物として求めるものが、すでに〈神の愛〉だけになっていてもである。この欲求すら——これは確かに、全的な幸福への欲求である。〈神の愛〉さえ所有していれば、魂はもう何も必要ないのだから——偉大な霊的精神にとっては、自己自身を与えんとする彼らの愛の輝きには、穢れと感じられる。「こうした内的喜びや楽しみについては、わたしはただ次のことだけを言っておきたい」とウィリアム・ローは言っている。

つまり、それらは聖性でも、敬信でも、完徳でもない。それらは、聖性と霊的完成に向けて進みゆくようわれらに呼びかけ、誘うものというにとどまる。……だからそれらはむしろ、われらが赤ん坊であって、まだ本当の神の〔成〕人になっていないことを示しているはずである。……そしてこの神の成人となること、これのみが、一切の利己性・自我性を拭い去った魂のうちに開かれる、真の〈神の王国〉なのである。そのときには、魂は唯一の愛、唯一の意志しか持たない。〈神の愛〉から分かれ出た情動と欲望のみしか持たない。こうして魂は、自らのすべてを〈神の意志〉に委ねるのである。……一言でまとめるなら、われわれを神から分かつものは、われら自身の意志の他にはないのだ。あるいはこう言ってもよい。われら自身の意志とは、神からのわれわれの分離そのものなのだ、と。われわれの本性にかかわる無秩序、腐敗、病いは、すべてわれら自身の意志、想像力、欲求が一種の固着状態にあることに由来している。すなわち、われわれはその固着状態の中で、われわれだけで生きており、そこではわれわれがわれら自身の中心かつ円周となり、われわれ自身のみから、つまりわれわれら自身の意志、想像力、欲求だけに従って行動してしまっているのだ。……一定限度内のへりくだり、苦行、信心、忍耐、またわれわれのもつ徳性ゆえの迫害くらいでは、この自我性・利己性にとっては何の効力もない。いや、霊的自我は、これらの徳のすべてを生命の糧となし、これらの徳の持つ現実性、強さ、大いさを、求め、知り、感ずることのみが自らの生命であるようにならねばならない。だが、これらの徳の輝き、顕われがいかに見事であっても、なおそれらの依って立っている根底が未だ浄められぬままなのである。粗雑鈍重な血や肉と同じように、〈天の王国〉には入ることのできない自我性・利己性が残っている。この最後の浄化において、われわれがどんなことを感じ、行なわなければならないのか、またいつ、その自然的な、また霊的な自我性の最も深い根がわれわれから引き抜かれ、取り除かれるのか、またいかにしてわれらはこの試練に耐え抜けるのか、こうしたことはどれも、われわれが予め知ることのできない事柄に属する。(35)

自我は、したがって、「自分自身の中心かつ円周」であることをやめるすべを学ばねばならない。この最終的屈服が、最終的平安の代価なのである。〈暗夜〉において飢え、苦しみをなめた精神は、この「それ自体が祈りである」苦悩を通じて、〈愛〉ゆえの愛なき状態、〈すべて〉のゆえの〈無〉を受け入れることを学ぶ。そうして、甦《よみがえ》りへの何の約束もなしに死に、見出す希望のほとんどない中で失うのである。そうした精神は、自分の超越的生命の最も確実に見えた基盤までもが足下から崩れてゆくのを茫然と見つめ、決して夜明けの来ぬかに見える闇の中に佇むことになる。これが、ドイツの神秘家たちが言うところの「真の自己放棄」、あるいは愛の苦しみの上級学校」に他ならない。英雄的な離脱、勇ましさ、霊的勇気の最後の試験である。こうした経験は、自我が自分の意志でそこに入ったり出たりはできないという意味では、「受動的」なものである。だが、それは能動的忍耐への直接の誘いであり、活動を生み出す緊張の条件なのである。だからたとえば、シエナの聖カタリナが、かの忌まわしい罪のヴィジョンに苦しめられたときにも、彼女はその貞淑で繊細な心性には到底耐えがたいような醜悪な形の苦難に対して、これを英雄的に受け入れるよう、自らの深き自我によって導かれていたのだった。だから試練の中でついに彼女が抵抗をやめ、「わたしは慰めよりも苦しみを選びます！」と叫んだとき、この試練はその役割を了《お》えた。試練はやんだ。しかも、さらに意義深いことには、彼女が「あなたはどこにいらっしゃったのですか、わが主よ、わたしがこの汚辱に苦しめられていたときに」と尋ねたとき、〈神の声〉はこう答えたのだった、「わたしはおまえの心の中にいた[36]」と。

〈神の声〉は、『対話』によれば、聖カタリナにこう語りかけた。

魂を不完全な状態から引きあげるために、わたしは魂の感覚から身を隠し、それまで与えていた慰めも取り去ったのだ。……これはわたしが、魂をへりくだらせるために、そして本当の意味でわたしを求めさせるために、信仰の光の中で魂を試そうとしてしたことなのだ。これによって魂が、賢慮ということを学ぶようにと。だから魂が、私心なく、生ける信仰と感覚への嫌悪をもってわたしを愛しているなら、自分は心の平安や静寂などには値しないものと考えて、苦難のさなかでも歓びを感ずるはずなのだ。さあ、これが、わたしがおまえに語った三つのもののうちの第二、つまり魂はいかにして完徳に達するのか、完徳に至ったとき魂は何を為すのか、への答えである。これが、そうした魂の為すことなのだ。たとえわたしが身を隠したのに気づいていても、だからといってそうした魂は後を振り返ったりはしない。ただへりくだりをもってその行を続け、自己認識という家に籠もって、そこに留まるのである。そして活ける信仰をもって聖霊の到来を、すなわちわたしの〈愛の炎〉の到来を待つのである。……これが、不完全状態から上昇し完全性〔完徳〕へと至るために魂の為すことである。そしてまさにこの目的のため、つまり魂を完全性へと至らしめんがためにこそ、わたしは魂から、恩寵に関してではなく魂の感情に対してだが、身を隠すのである。いま一度、だからわたしは魂を置き去りにする。魂が自らの欠点を見てとり、知ることができるように。そして慰めを奪われ、苦しみに苛まれることで、自分自身の弱さをはっきりと知り、堅固さ、忍耐力にいかに欠けているかを学び、それによって霊的な自己愛の根そのものを切りすてるように。なぜならこれこそが、魂のあらゆる自己認識の終極目標なのだから。つまり、自己自身を超えて昇り、精神の玉座に登り、不完全な愛の感覚性が断末魔のあがきを繰り返すことを二度と許さず、叱責と矯正により、自己への憎患と徳への愛という刃《やいば》でもって、自己愛の根を断ち切ることである。[37]

「自己憎悪の刃で自己愛の根を断ち切ること」――〈暗夜〉の中で魂を圧倒する苦い自己侮蔑や無力感が生ずることの、神秘主義的根拠がここにある。そうした無力感は、実は、神秘家たちの言う進歩のしるしなのである。それは、魂がまだ慣れていない実在の深層への参入のしるしであり、そしてこれに伴って、かの〈真実在〉、〈完全性〉と、不完全な魂との間に横たわる慄然たる不均衡への意識が増大してくる。

自我が闇の中にあるのは、耐えられる以上の大きな〈光〉で目が眩まされているからである――かの「〈神の知恵〉は、魂にとって夜の闇であるのみならず、苦痛であり責め苦でもある」。

光が明るくなればなるほど、梟《ふくろう》の目は見えなくなる。またわれわれが太陽を見ようとすればするほど、われわれの視界はぼやけ、われらの弱い視力は眩まされる。同様に、観想における神の光も、まだ完全に浄化されていない魂を照らすと、かえって霊的な闇で魂を覆ってしまう。これはその輝きが強すぎるからだけでなく、その光が魂の自然な知覚力を麻痺させてしまうためでもある。このときに魂がこうむる苦痛は、ちょうど、病気で弱った目が急に強い光で打たれたときに感ずるものに似ている。この苦痛は、まだ浄化されていない魂がこの浄めの光に曝されているのに気づいたとき、特に強烈なものとなる。なぜなら、この純粋な光は魂の不純な部分に、それを追い払うべく襲いかかるのであり、また魂は自分のあまりの穢《きた》なさ、悲惨さに気づかされて、あたかも神御自身が自分を攻撃してきたかのように感じるのである。……なんとも素晴らしい、と同時に憐れむべき光景ではないか！魂はあまりに弱く、あまりに不完全なために、いとも柔らかで優しき神の御手をも、ひどく重く、自分を圧しつぶすもののように感じてしまうのだ。神はそっと、しかもこの上なく慈悲深い仕方で触れられただけなのに。というのも、神が魂にお触れになるのは、懲らしめるためではなく、神の御恵みを魂に置かれんがためなのだから。(38)

かくて〈暗夜〉とは、どのような観点から見ても、一種の不調和の状態、環境への適応不全の状態と言える。自我は、自分の生命と歓びの〈源泉〉となるべき〈絶対者〉との直接の接触にまだ慣れていないため、〈慈しみの愛〉の「柔らかく優しい接触」さえも、耐えられぬほどの重圧に感じてしまうのである。ここでなされる「自己無化」ないし「意志の浄化」とは、この不調和を解消するための苦しい努力である。魂の中にあって、〈神的なもの〉から分離してなお自らを立てんとする何ものか、真実在からの明るい光を、歓びではなく苦痛に変えてしまう何ものかを、浄めようとする努力である。いまや魂は霊的生命の大いなる流れの奥深くまで参入しており、超越への能力が魂の中ではっきり主要な位置を占めるようになってきているため、この浄化の過程は魂が欲すると否とに関わりなく、魂の中で進行していく。この意味でこれは、修道文献の著者たちがよく用いる名称によれば、「受動的浄化」と呼ぶことができる。主体が自分をまだ何ほどかの者であると感じている間は、この主体は自我性を未だ無化しきっていないのであり、自分の存在と神の〈存在〉とが合一すべき地平に、未だたどりついていないのである。

　主体が、どんなに卑しい者としてであろうと、自分について考えることを一切やめることができたとき、また神の現前を感じたいという欲求に潜んでいるような自我性すらも廃棄するに至ったとき、そうしたときはじめて、かの調和は達成されるはずである。これが「魂の無化」、〈絶対的生〉の大いなる運動への完全な屈服である。神秘主義について論ずる者たちはおしなべてこの点を入念に強調している。ここでも、浄化の途の場合と同様、生のより高次のレベルに接近するための条件となるのは、一種の死である。すなわち剥奪、離脱、撤退、といったものである。貧しさこそがこの〈十字架〉への跳び台となる。そしてそこに待つのは、何ら霊的にも報われる望みのない、完全な荒廃である。いまや感覚の満足と同じく、霊の満足も消え去らねばならない。献身や自己鍛練を進んで為す力すらも取り去られる。そしてそれにとって代わるのは、恐るべきアンニュイ、怠惰な無力感である。神秘主義のモットーである「わたしは何者でもない」、「わたしは何も持たない」、「わたしは何も欲しない」は、いまや、感覚からの離脱だけではなく、自分の存在のすべてが、かの〈全体者〉に屈服したことを表す言葉とならねばならない。

こうした内面での作業がめざす道徳的状態は、完全なへりくだりということである。タウラーは言っている。「一切は底なしの無へ底なしに沈み込むことにかかっている」。続けて言う。

「主よ、わたしがこんなに深い、恐ろしい、おぞましい径《みち》を通ってあなたを追い求めねばならないとは、いったいあなたはどんな御方なのでしょう」と人が問うたならば、主はこうお答えになるだろう。「われは〈神にして人〉であり、そしてはるかに〈神〉である」と。さてこのとき、もし人が心の底から真実に、自覚的に、「ではわたしは無であり、そして無より以下のものです」と答えることができたなら、一切は成し遂げられたのである。なぜなら〈神性〉は、一切がそこでは無化されつくした魂の根底(39)の他に、働きかける場所を何も持たなくなったのだから。スコラ学者たちの言うように、新たな形相が存在へともたらされるや、古き形相は必然的に破壊されるのである。……そこでわたしもこう言おう。「人がこうしてこの〈存在〉を着るならば、それまでその人のあらゆる能力――知覚、知識、意志、行動、受容、感覚、利己性――によって受け入れていた一切の形相は、必然的に駆逐されねばならない」と。聖パウロが〔ダマスコへの途上で〕何も見えなくなったとき〔『使徒言行録』九・三―九、二二・六―一一、二六・一二―一八〕、彼は神を見ていたのである。またエリヤがマントで顔を覆っているときに、神は来られたのである〔『列王記』上、十九章〕。ここではどんな頑丈な岩でもみな壊される。霊が憩うことのできるすべての地盤が取り去られる必要がある。そうして一切の形相がなくなったとき、一瞬にして人間は変容するのである。だから、汝も、内に進み入らねばならぬ。そうすれば〈天上の御父〉はこう語りかけ給うだろう。「おまえはわたしを〈父〉と呼ぶがいい。そして決して内に入るのをやめてはならぬ。さらにさらに奥へと入れ。ますます近みへと進め。そして、知られず名もなき深淵にますます深く沈み入るがいい。そしてすべての方途、形像、形相を超え、すべての能力を超えて、汝自身を喪い、汝自身を否定し、ついには汝自身を形〔相〕なきものとまでなすのだ」。この喪失の状態においては、それ自体の上に安らっている根底の他は何ものも見られない。ただあらゆるところに、一なる〈存在〉、一なる〈生命〉のみがある。こうして人は、言うなれば、知ること無く、愛すること無く、感ずること無きものとなるのである。(40)

これほどに徹底的な自我性除去の過程が、苦しみなしにはなされがたいのは明らかであろう。これは、「神化」の否定的な側面なのである。つまりそこで、自我は「知覚、知識、意志、行動、利己性」を――〈わたしが〉、〈わたしを〉、〈わたしのもの〉といった意識を――剝奪されて、自分自身を喪い、否定し、形〔相〕を無くし、そうしてかの〈一者〉の「ますます近みへ」と近づくのである。もはや「それ自体の上に安らっている根底の他は何も見えなくなる」までに――そしてこれが魂の根底であり、そこに魂は、神との合一の場を有しているのである。

「あらゆるところに一なる〈存在〉、一なる〈生命〉のみがある」――これが神秘家の営みの終着点である。この最終的均衡状態をめざして、自我は〈暗夜〉の薄明と苦難の中を歩んでいる。否、むしろもがいていると言おう。ギュイヨン夫人は類い稀な美しい表現でこう語っている。「魂は数多くの死を重ねた果てに、ついに〈愛〉の腕に抱かれて息絶えます。しかし魂は、この腕を感ずることもできません。……このとき、〈無〉

に帰せしめられた魂の灰の中に一つぶの不死性の種子が見つかります。この種子は灰の中で護られ、やがて時が来れば芽を出すはずです。でも魂はそれも知らず、再び生命を得られるなどとは期待することもありません」。それればかりか、「〈無〉へと帰せしめられた魂は無のままに留まるべきです。いまや塵にすぎないのですから、この状態から脱け出ようなどと望んではなりませんし、以前のような生を再び欲してもいけません。魂は、もはや存在しないかのように、無に留まっていなければなりません。そしてこれは、〔霊の〕〈奔流〉が〔霊の〕〈大海〉中に呑みこまれ、自らを没して、その自我性を二度と取り戻すことがないようにです。そうして〔霊の〕〈大海〉と一にして同じものとならんがためなのです[41]」。

ヒルトンもこの「無化された魂」についてこう言っている。「魂は、神を愛している、とか神を見ている、とか考えることがなくなればなくなるほど、それだけ至福の愛を受けるべく神に近づいているのである。なぜなら、そのときには愛が主人となり、魂の中で働き、自己のことなど忘れさせて、ただ愛の為す業だけを見つめ、眺めるようにさせているからである。だからこのときには、魂は〔能動的に〕行為するというよりむしろ、〔受動的に〕耐え苦しんでいる。これが浄らかな愛というものである[42]」

「神秘的死」あるいは〈暗夜〉とは、したがって、多性から〈一性〉への移行に伴う一局面、付随現象である。人間の神秘的進化の最終目標たる、〈絶対者〉への魂の没入ないし合一の随伴現象なのである。それは幻想の生からの、苦しいが最終的な訣別である。そこにおいて自我は、あらゆる自然的な愛情や欲求が根づき、感覚も知性もそこに向けられているこの〈生成の世界〉から引き離され、そして、弱く、盲いているために初めは荒野、「闇」としか見ることのできない、かの〈存在の世界〉へと推し入れられるのである。火なくして変成なし、と錬金術師たちは言う。十字架《クロス》なくして王冠《クラウン》なし、とキリスト教徒は言う。霊的生の専門家たちはみな一致して、――その依って立つ教義、信条、解釈のいかんにかかわらず――この苦難と試練と孤独の状態を、〈多〉から〈一〉へ至る道程中の不可欠の部分として記述している。ここで自我は、〈真実在〉との親密な合一の中で生きられる完成された生の、まさにとば口にまで運ばれる。これは〈復活〉に先立つ〈埋葬〉である、とキリスト教の神秘家たちは言う。生の過程を常に自分たちの信仰の言葉で語ろうとしてのことである。なるほどここでも――しかも他のどの局面よりも徹底的に――自我は「見出すために失い、生きるために死な」ねばならぬのである。

〈暗夜〉は、すでに見てきたように、徐々に確立されていく。自我の能力や直観が一つ一つ取り去られ、明晰な時期が次第に少なくなり、そしてついに「神秘的死」すなわち全面的剥奪の状態に陥る。同様に、夜が明け初め、新たな〈合一の生〉が到来するに至る過程も――たとえばルルマン・メルスヴィンの場合のように――数々のヴィジョンや脱我ではっきりと区切られることもありうるが、[43]概して緩やかなものである。〈暗夜〉の悲惨や不調和が一つ一つ去っていき、肯定が否定にとって代わる。〈不可知の雲〉が陽光によって差し貫かれる。

かくして、この全面的屈服の行為こそが〈暗夜〉の極点であり、これが自我に〈永遠〉への足がかりを与える。意識の旧き中心が放棄されることで、新たな中心に向かう動きが可能となったのである。そうして一歩一歩前進していくごとに、〈超越的自我〉、すなわち〈絶対的生〉と一つになった魂の火花が、次第しだいに人格の内奥に座を拡げていき、〈永遠の世界〉に適合した自我の再形成が一段一段進行していく。〈暗夜〉の悲惨と外見上の停滞の下で――あの霊的意識の薄明状態、意志と愛の弛緩状態の中で――このことは為されていた。そして内的変容の最後の偉大な局面が、こうして成し遂げられたのである。この夜から出で来った自我はもはや、〈創造に先立つ光〉からの照明を意識の対象とした、したがってそれとは分離された自我ではなく、〈新たなる人間〉、すなわち変容した人であり、その生命は神の〈絶対的生〉と一つになっている。十字架の聖ヨハネはこう言っている。「魂の二つの家【感覚の家と精神の家】が静まり、この平安の中で一なるもののうちに固められ没しゆき、それらに仕えていた魂の諸能力、情念、欲求等が静寂のなか深く沈んでいって、低級な事物にも高級な事物にも煩わされることがなくなると、すると直ちに、〈神の知恵〉そのものが、愛による所有という新たな絆《きずな》によって、魂と合一する。こうして『知恵の書』に書かれてあることが成就する。曰く、『静かな沈黙があらゆるものを覆い、夜が早い足どりで真夜中に至ったとき、天の高みから、あなた〔神〕の全能の御言葉が玉座から飛び下りてきた』(『知恵の書』一八・一四―一五)。同じ真理が『雅歌』にもはっきりと記されている。そこでは、〈花嫁〉は、彼女からヴェールを奪って傷つけた者たちのそばを通り過ぎた後でこう言っている。『わたしが彼らと別れていくとすぐ、わが魂の愛する者に出会った』(『雅歌』三・四)」(44)

*

これまでは、〈魂の暗夜〉を多少とも学問的な視点から考察してきた。つまり、生そのものよりももっぱら文献に依拠して、〈暗夜〉の分析と記述を試みてきた。こうしたやり方は、何であれ有機的な過程を扱う際には、明らかな欠陥を伴っている。この欠陥は、人間の霊的生命に適用された場合には一層大きなものとなる。加えて、われわれが主に依拠してきた、「生に即した」実例たるギュイヨン夫人は、その自己分析への情熱ゆえに、神秘家の諸状態の研究者には確かに大きな価値を有してはいるものの、必ずしも充分な証言提供者と見なすことはできない。彼女の病的な感傷性や度を越えた「霊的自尊心」は、彼女の心理記述の意義を評価する際に常に忘れずに考慮に入れておかねばならぬ点である。生きた魂の歩みの一局面としての〈暗夜〉の本当の姿を把握するためには、常にその魂固有のコンテクストの中で、その魂の経験全体の中の一部分として、これを見るようにしなければならない。霊的成長のこの段階を通りつつある自我が、日常の生活の中でどのようにふるまっているのかを、つまり「神的なもの」への直観ばかりでなく、夜ならざる昼の実生活の内容をも、研究しなければならないのである。

そこで、本章の付論として、以下では一人の神秘家を例にとって、この「苦しみの段階」が彼の生の中にどのように表れているかを見てみることにしよう。彼は情熱的で感じやすく、詩的な性格を持ち、観想体験のあらゆる場面、魂の気分や心の動きの一つ一つに、敏感に反応している、そうした神秘家である。わたしが選んだ実例は、ゾイゼである。その理由は、(1)それが他ではあまり見られない興味深い要素を数多く含んでいるからである。つまり、〈暗夜〉を、一連の特殊な気分や出来事としてではなく、彼固有の性格に色濃く条件づけられた、一つの成長の段階として示してくれているのである。(2)また、その記録は、類例を見ぬ天才的な自叙伝の中に彼自らの筆で記されたもので、聖人伝記者が尊敬のあまり事実を歪めてしまうような改竄を比較的よく免れているからである。

ゾイゼの『自伝』〔『ゾイゼの生涯』〕二十二章以降は、〈神秘主義の途〉における〈暗夜〉の時期の研究にとって、われわれの有する最も貴重な資料の一つである。われわれはそこに——おそらく著者本人よりもはっきり——彼の意識の再形成の様子、深層自我からの絶えざる働きかけに対する彼の気質に応じた反応のありさまを見てとることができる。それは聖テレジアやギュイヨン夫人とはまったく違ったタイプの反応である。彼の場合には、この試練と浄化に際して、一種の男性的な活動性という特徴を見せる。霊的生の英雄的な側面の強調である。これはギュイヨン夫人の自己放棄や聖なる受動性についての仔細な饒舌よりも、また聖テレジアの飽くなき熱望からくる「暗い脱我」よりも、ずっと魅力的である。

ゾイゼが、この剥奪を伴う〈第二の神秘的生〉に参入したときの記述は、「いかにして〈しもべ〉は〈真の自己放棄の学校〉に導き入れられたか」と題された章に見られる。特徴的なことは、この内的経験が一連のダイナミックなヴィジョンとして表現されていることである。これは、すでに指摘した通り[45]、意識の新段階に移行する危機的な時期に往々にして見られる、「ダイナミック」なヴィジョンである。これに先立って、彼には不断の苦行と断続的な照明との長い時期があった。それは彼の言うところによれば、十八歳から四十歳まで続いた。彼の霊的生の第一のサイクルである。この時期の終わりにあたって、「神はゾイゼにこう示された。これまでの厳しさや懲らしめはすべて一つの始まりにすぎない。これらの力で彼〔ゾイゼ〕は粗野な感覚的レベルの自己に打ち克つことができたが、いまや、この〈途〉をさらに進まんとする以上、いま一つのやり方で鍛えられなければならぬ、と」[46]。この時期のヴィジョン――それはどれも生きした内面のドラマである――の中でも、次に挙げる二つは、ゾイゼの成長した神秘的意識が自身の経験自体に先行して突進して行くさまをよく示していると思う。つまりそこでは、彼の意識は自分の将来が記された秘密の書を読み、自分にとって霊的に何が必要なのかを探り、そしてその結果を、後方で進むのをしぶっている表層の心に教え示しているのである。この成長しつつある神秘的意識は、日常レベルのゾイゼが感知していない轭《くびき》にまで、すでに気づいている。その眼差しは魂の真実の祖国に注がれ、完全な自由に向けて踏み行かねばならぬ小径《みち》を見つめている。すなわち、ゾイゼがもう獲得したと思い込んでいる霊性と、かの完全な自由との間の懸隔を見ているのである。その第一のヴィジョンとは、〈上級学校〉についてのもの、そして二番目は、彼が騎士の物具を身につけるよう召し出される、というものである。

ある夜、朝課の後で〈しもべ〉〔ゾイゼ自身のこと〕が椅子に座って深い思索に沈潜していたとき、彼は外的感覚から離脱してしまった。そしてヴィジョンの中で、一人の堂々たる若者が天上から自分の前に降りてくるのを見たように思った。若者は彼にこう言った、「おまえはすでに〈下級学校〉で充分な時期を過ごし、充分に自分を鍛え終えている。わたしと一緒に来い。おまえを世界で最も高い学校に入れてやろう(47)。おまえはそこで、神の真の平安を与えてくれる学問を学ぶため鍛えられることになる。この学問こそが、おまえの聖《きよ》き始まりを、幸いな終わりにまでもたらしてくれるのだ」。そこで〈しもべ〉は歓びでいっぱいになり、立ち上がった。すると若者が彼の手をとって霊の国に連れて行ってくれたように思われた。その国には、霊的な人々が住む一軒の美しい館があった。そこには、あの学問を学ぶべく研鑽している人々が住んでいるのだった。家に入ると、これらの人々は親切に彼を迎え、親しげに挨拶した。すぐに彼らは最高の〈師〉のところに行き、男が一人やって来て、弟子入りしてかの学問を学びたがっている旨報告した。すると〈師〉はこう言った。「その者をここに連れてきなさい。わたしの意にかなうかどうか、会ってみよう」。さて、最高の〈師〉は〈しもべ〉を見ると、大変優しげに微笑みかけて言った。「よく聞きなさい。この客人はわれらの高さ学問のよき生徒となることができる。ただし彼が忍耐をもって厳しい試練に耐え抜くならばだ。というのは、この男は内的に試みられることが必要だから」

〈しもべ〉はこのときは、この謎めいた言葉の意味を理解できなかった。そこで彼を連れてきてくれた若者に向かって尋ねた。「はて、わが友よ、この〈上級学校〉とはいったい何なのでしょう。それから、あなたが話してくれたあの学問とは？」。若者はこう答えた。「この〈上級学校〉では、〈完全なる自己放棄〉を教えている。つまり、ここで人は、自らを完全に放棄することを学ぶのだ。そのために、神が顕現なされているような状況にあってさえ、それが被造物における顕現であれ神御自身の顕現であれ、とにかく人間の弱さをできるかぎりすべて放棄して、平静を保ち動揺しないでいられるよう、自分を鍛えるのです」。この言葉が終わるとすぐ、〈しもべ〉は我に返った。……そして自らにこう語りかけた。「おまえは自分の内面をよく調べてみろ。まだまだたくさんの自己意志があるのが見えるだろう。これまで自分に課してきた全苦行をもってしても、未だに外的な妨害に耐え抜くことすらできていないのがよくわかるだろう。おまえはちょうど、繁みに隠れている鷺《さぎ》のようだ。木の葉のざわめきにさえおびえている。おまえはまた、日々おまえに向けられる非難の声を恐れている。おまえはおまえの悪口を言う人々を見ただけで真青になってしまう。おまえはやりこめられるのが怖くてたまらず、逃げ出してしまう。素直に出頭すべきときにも、こそこそ隠れてしまう。人が褒めてくれるときにはおまえは幸せだが、叱られると悲しくなる。確かに、おまえは〈上級学校〉に行くことがぜひ必要だ[48]」

数週間の後、ゾイゼは外的苦行をみなやめてしまったことからくる新たな肉体的快さを楽しんでいた。

そうしたとき、自分の道徳的勇気の不足について、さらに厳しい教えを受けた。彼はベッドに座ってヨブ記の「〔地上の生は、これ〕兵役なり（Militia est）」、すなわち「人のこの世における生は、騎士のそれの如くである」[49]という聖句について黙想していた。

そしてこの瞑想の間に、彼はまた感覚を離脱した。そして男らしい装いの美しい若者が彼の方にやって来るのを見たように思った。その男は手に拍車やその他、騎士が身につけるならわしの物具類を持っていた。そして〈しもべ〉に近づき、鎖甲の上着を着せかけてこう言った。「さあ、騎士殿！　おまえは今まで一介の従士にすぎなかったが、今や神の御意志で騎士の位に挙げられたのだ」。〈しもべ〉は自分の拍車を見つめて、大いに驚きながら心の中でこうつぶやいた。「おお、これはいったい何が起こったというのだ。わたしはどうなってしまったのだ。わたしは本当に騎士にならねばならないのだろうか。平和な身分でいた方がずっといいのに」。そこで若者にこう語りかけた。「わたしが騎士になることが神の御意志であるなら、わたしはむしろ戦場でわたしの拍車を勝ち得とうございました。その方がずっと名誉なことだったでしょうから」。若者は脇を向いて笑いだした。そしてこう言った。「怖がってはならぬ。おまえは充分に戦うことになろう。神に仕える霊的騎士道において勇猛な働きを為さんとする者は、世界中でその騎士的勲功が語られ歌われているいにしえの誇り高き英雄たちが出遭ったのよりも、はるかに多くの、はるかに恐ろしい戦いに耐え抜かねばならない。神は、おまえをこの重荷から解放しようとは望んでおられない。神はむしろ、おまえの担うべきものを、今までよりずっと重いものに変えようとなさっているのだ」。そこで〈しもべ〉は言った。「ああ、主よ、それでは前もってわたしの苦しみを教えてくださいそれについてよく知っておけますように」。主は答えられた。「だめだ。おまえは何も知らぬ方がよい。尻込みしてしまわないように。だが、これから耐えねばならない無数の苦しみのうち、三つだけ教えておこう。その一つはこれだ。これまでおまえは、自分で、おまえ自身の手で笞打ちの苦行をしてきた。つまり、もうよかろうと思うところで打つのをやめ、自分自身に憐れみをかけていたのだ。だがこれからは、おまえ自身の手からおまえを奪い取り、他人の手の中に無防備のまま投げ入れることにしよう。彼らがおまえを笞打つことになるのだ。おまえは自分の評判が地に堕ちるのを見るだろう。ものの見えていない連中の軽蔑の的となるだろう。これはおまえには、十字架の先でできた傷(50)以上の苦しみとなるだろう。おまえは、これまでは、苦行に熱中していれば褒められ、讃えられてきた。だがこれからは、おまえは卑しめられ、無視されることになるのだ。さて、第二の苦しみはこれである。これまでは、おまえはどんなに厳しい苦行を多く自分に課していても、神の御恵みにより、優しく愛情深い気持ちが常に残っていた。これからは、これまで特別な、敬虔な愛が見つかると思っていた場所にはもう何も見出せず、ただの不信仰と、大きな苦しみと悲しみだけになるだろう。おまえの試練はまことに数知れず、少しでもおまえを愛してくれる人なら、みな同情のあまりおまえと一緒に苦しまずにはいられないほどになるだろう。次に第三の苦しみはこれである。これまでは、おまえは甘やかされた乳呑み児にすぎなかった。海の中の魚のように、神の優しさの中に浸りきっていたのだ。これからは、わたしはこうした一切を取り去ろう。おまえがそれを失い、そしてその喪失に苦しむこと、そして神にも人にも見棄てられ、おまえの敵の連中から公然と迫害されること、これがわたしの意志するところだ。一言で言えばこうだ。おまえが受け取って、歓びや慰めを与えてくれるはずの一切は無に帰そう。そしておまえを苦しめ悩ませるあらゆるものが、それにとって代わるだろう[51]」

ここには、見ての通り、十字架の聖ヨハネ、ギュイヨン夫人、ド・コサードなど、意識のこの段階について書き残したほとんどの専門家が述べている通りの、〈暗夜〉の特徴をなす諸々の苦しみが、極めて詩的なヴィジョンの形で示されている。荒《すさ》みや孤独、神にも人にも見棄てられ、何もかもが「悪い方に向かう」傾向、思わぬ試練や悲嘆の氾濫――こうしたすべてがここには見られる。ゾイゼは大変鋭敏で感受性豊かな、詩的な性格の持ち主だったので、この心的混乱、不幸の洪水には痛切に苦しめられた。深い抑鬱感に苦しみ、信仰への懐疑、絶望への誘惑によって、「彼の心の上に山がのしかかってきたかのようだった[52]」。こうした悲惨な状態はおよそ十年間続いた。これに、病気や謂《いわ》れなき誹謗などの外的な試練も加わり、苦しみは一層広範囲に、また強烈になっていた。ただ、浄化の期間にもそうだったが、折々訪れるヴィジョンや示現によって、どうにか息がつけるのだった。

ゾイゼは生来、隠遁の生活を志向していた。人知れぬ苦行や夢想、湧き上がる熱烈な信心、愛する〈永遠の知恵〉との感覚を脱した長い交わり、これらを強く求めていた。芸術家であると同時に隠遁者で、まったく非実践的なタイプの人間であった彼は、夢想家型の人間が世界に対して抱く恐れをすべて持っていた。が、いまやこうした性向全部に対して、彼の深層自我が逆流を始めたのである。すっかり意気銷沈し、悲嘆に暮れていた彼に、天使が現れて「雄々しく活動的に生きよ（Viriliter agite!）」と命じたように[53]、彼の深層自我はより勇敢さを要する方向へ容赦なく彼を駆り立て始めた。快適とは言えぬまでも、平和ではあった小房から、乱雑で騒然たる世界へと彼を送り出し、行動へとせきたてたのである。哀れにもゾイゼは、こうした粗暴な世界には生来まったく向いていなかった。そのため、彼の自伝の相当の部分がこのときに耐え忍んだ事柄の記述に費やされている。〈暗夜〉とは、彼にとってはとりわけ「能動的〔活動的〕夜」であり、行動へと強制されればされるほど、夜はますます暗く、苦しくなっていくのだった。どの章もどの章も、この不幸な〈しもべ〉の苦難の話で埋められている。そして、こうしていったん実際的生活に関わり始めるや、時をおかずしてその生来の単純さが露呈してしまい、隠遁生活時代にかちえていた賢者だとか信仰深いとかの評判も、失われていってしまった。

ゾイゼには、初期のフランシスコ会士たちが持っていたような、喜んで神の愚者と自称するような剛気な明るさ、子どものような勇敢さが欠けていた。この、〈永遠の知恵〉への途方に暮れた恋人は、自分の尊厳が失われ、他人に冷たくされ軽蔑されることで、痛切に苦しんでいる。彼は、自分がこしらえた敵や、自分が受けた中傷についての長大で陰鬱な一覧を作ったりもしている。「〈永遠の知恵〉に伴われて試合場にのぞむ」(54)はずの従士には不可欠な徳として示されていた、かの動ずることなき騎士的勇猛心は、なかなか速やかには獲得できなかったのである。

ゾイゼは生まれつきロマンティックな気質の人であった。霊的騎士道の夢に彼は取り憑かれていた。神秘的生を記述しながら、何度も繰り返し、騎士試合の用語が用いられる。しかし、この臆病でひどく神経質な、非行動的なドミニコ会士にとって、これほど似つかわしからぬ理想もおそらくあるまい。彼は脱我的な「聖霊の吟遊詩人《ミンネジンガー》」であり、半ばは詩人、半ばは形而上学者であり、弱い体に悩まされつつも神秘への情熱に翻弄された、同僚との粗野な交わりにすら本能的怖れを感ずるような人間だった。

ゾイゼには、不屈の堅忍といったものは見当たらない。彼はどんな打撃も痛切に感知し、生来の本能がみなすぐに悲鳴を上げたがるような性質の人だった。彼ほど人間的な超越主義者はいない。彼は率直に、しかも余すところなく語っており、そのため読者は彼を充分信用できるし、われわれも他の大瞑想家たちよりはるかに内密なところまで、彼を知ることができる。自伝中のある章で、彼は最大限の才能を発揮して、コンスタンツ湖を渡る途中で一人の立派な騎士に出会ったときの出来事を物語っている。ゾイゼは、その騎士が熱中して語った騎士試合の栄誉や危険さにすっかり感動してしまうのだが、この頑健な武人と神経過敏な神秘家との対話には、興味深い点が多々含まれている。ゾイゼは騎士の語る激闘の物語や、騎士たちの勇敢さ、また彼らが競い求める指輪の話などに興奮し、感嘆する。だが、彼を最も感嘆させたのは、傷を受けてもものともしない、騎士たちの剛毅さであった。

「では、誰かがひどく打たれても、泣いたり、怪我したことを示したりはしないのですか」と彼は問う。騎士は答えた。「いや、たとえ心臓が止まろうとも、実際それもよくあるのだが、決して打撃を受けたことを示したりはしない。陽気に、何ともないようにふるまわねばならない。さもないと、その男は恥辱をこうむり、名声と〈指輪〉とを一時に失ってしまうのだ」

「この言葉に、〈しもべ〉は考えこんでしまった。深く感動し、心の中でため息をつきながらこう言った。『ああ、主よ、この世の騎士が小さな名誉を得るためにさえこれほど苦しまねばならぬのなら、永遠の救いを受けるべきわれらが、もっとずっと大きな苦しみに耐えねばならぬのも当然です！　ああ、心やさしきわが主よ、わたしがあなたの霊的騎士たるに値する者であったらどんなにいいでしょうか！』

目的地に着くと、しかしゾイゼは、新たな試練に巻き込まれた。そしてすぐに先ほどの勇気ある決意を忘れてしまい、いつものように弱音をはき始めた。するとやがて、一つのヴィジョンを伴った脱我状態に陥った。その中でゾイゼはあの深層自我から来る声を聞いた。そうした声に彼は常に神的な価値を認めていたのである。その声は明らかな皮肉をこめて、こう尋ねた。「さて、あの高貴な騎士道はどうなってしまったのかな。この藁でできた騎士は、このボロでできた男は、いったい誰だ。向こうみずな約束をしておいて、苦難に出くわすや尻込みしてしまうようでは、おまえが欲しがっている〈永遠の指輪〉など到底勝ちとれぬはずだが」

「ああ、主よ！」とゾイゼは嘆いて言った。「あなたのために耐え抜かねばならぬこの騎士試合は、何と長く続くことでしょう！」

声は答えた。「だがその褒賞は、名誉は、そしてわたしが騎士たちに与える〈指輪〉は永遠に滅びぬ(55)」

神秘に対するゾイゼの意識が成長するにつれて、彼を行動と忍耐へと促す本能も一緒に成長していった。内なる声と、ヴィジョンによるその絵解きは、容赦なく彼を駆り立てた。彼の弱さを嘲り、より能動的な受苦、より完全な自己放棄に向けて、つまりは冷酷な世間とのさらなる交わりに向けて、彼を励まし続けた。「雄々しく活動的に生きよ！」。彼は完全な人格、完全な人間とならねばならないのだった。静かな僧坊、人知れぬ苦行の次は、彼の自我性こそが取り去られねばならない。そして彼の自己放棄が本物かどうかは、他人の冷たい、時には敵意の眼差しによって、試みられねばならぬのだった。神秘的生の歩みをもっぱら受動的なものとして、つまり行動的生活からの隠遁として捉え、そして「暗夜」をその最も病的な表れと見なそうとする人々にとっては、このゾイゼの場合は、確かに一つの再考を促す実例となるであろう。

ゾイゼを「真の自己放棄の学校で完成にまで導いた」最後の試練が、まったく人間的で一見「非神秘的」

なものであったというのは、興味深い事実である。あるヴィジョンの中で〈永遠の知恵〉は彼にこう語りかけている。「神性の至上の高みに到達し、言葉にしえぬ甘美さを味わうためには、何人《なんぴと》もまず、わが人性の〔体験した〕苦しさと孤独とを体験しなければならない。わが人性を通らずに登ろうとする者は、高く登れば登るほど、後でそれだけ低く転落することになる。わが人性こそ、おまえが求めるものに到達せんとする者みなが踏みゆかねばならぬ途である。わが苦しみこそ、みなが入らねばならぬ門である」(56)。人が体験する最も暗く最も苦しい試練、愛と忍耐の最も厳しい試みであるこの人性の小径を通って、ゾイゼはかの永続する心の平安、神の意志との合一という、最終の段階に「入った」のである。「人性の小径」でのこれらの試練が全体としてめざしているのは、われわれの見るところ、修道院でのかなり専門化された修行や浄化では眠ったままにとり残されていた彼の人格中の諸要素を、目覚めさせることであったように思われる。彼の人格中でまだ活性化されていない、あるいは抵抗を示すような一つ一つの細部にまで「新たな人間」が浸透していくさまを、ここに見てとることができるように思う。こうしてこの〈知恵〉の〈しもべ〉は、自らの意志にかかわりなく、〈永遠の愛〉に奉仕する深く広い意味での人間的生活へと押し出されていくのである。愛する神の不在、恐ろしい他人の敵意、これらが彼に仕掛けられた主な圧力であった。そしてこれらに強く刺激されながら、ゾイゼが徐々に勇気、へりくだり、友愛において成長していったさまを、われわれはよく観察することができる。

神秘主義の歴史を通じて、ゾイゼの『自伝』中の、「そこでは、〈しもべ〉が耐えねばならなかったある特別な〈試練〉について語られる」と題された部分(57)ほどに感動的なものは稀である。そこでは一人の悪意ある女性が、ゾイゼを自分の子の父親だと訴え出た事件が語られている。そのため、しばらくのあいだ彼の評判は完全に地に堕ちてしまった。「しかも、スキャンダルは、かの修道士〔ゾイゼ〕の聖性の噂が大変広く及んでいただけに、それだけ一層大きなものとなった」と、この〈しもべ〉はいつに変わらぬ率直さで語っている。哀れにもゾイゼはこの災難で完全に打ちのめされ、「心の奥底まで傷ついてしまった」。彼は叫んだ。「主よ、主よ、わたしは生涯を通じて、毎日どこでも、あなたの御名を讃えてまいりました。そして多くの人によって御名が讃えられ、愛されるようにと努めてまいりました。それなのに今、あなたはわたしの名を泥の中に引きずりこもうとなされるのです！」。さて、スキャンダルが最高潮に達した頃、近所に住むある女性がこっそり彼を訪ねてきて、この醜聞の原因である例の子どもを始末してしまうようにとそそのかした。そうすれば、噂は早晩忘れられ、彼の名声も回復するだろうと言うのである。女はさらに続けて、赤ん坊を何とか片づけてしまわないと、世間の圧力で無理やりその子を認知させられ、養育費まで払わされることになると言うのだった。ゾイゼは、周りの人々の侮蔑や社会的地位の失墜に苦しみながらも――また指導者の一人がこうして中傷されることで、〔ゾイゼの属していた〕〈神の友〉全体の評判までひどく傷つけられることもよく自覚していたが――この誘惑に対しては、立派な信仰表白の言葉を返すことができた。「わたしは天国の神を信頼しています。神は富める御方ですから、これまでわたしに必要なものはすべて与えてくださいました。これからも、もし必要ならば、わたしともう一人分を養うほどのものは与えてくださるでしょう」。こう言ってから、この誘惑の女にこう告げた。「行ってその子どもを連れてきてくれ。会ってみたいから」

そして、その赤ん坊を受け取ると、膝の上に置いてじっと見つめた。すると赤ん坊は彼に微笑みかけるのだった。深いため息をついてゾイゼは言った。「わたしに笑いかけているこの可愛い赤子を、どうして殺したりできよう。だめだ、だめだ。そんなことをするくらいなら、この世のありとある試練をみなこうむった方がましだ！」。そしてこの不幸な小さな命の方に顔を向けてこう言った。「ああ、かわいそうに。おまえは不幸なみなし子だ。おまえの無情な父親はおまえを拒み、おまえの悪い母親はおまえを捨てようとしている。気に入らなくなった仔犬を捨てるように。神の御摂理で、おまえはわたしのところに来た。わたしがおまえの父親になれるようにと。ならばおまえを貰ってやろう。ただしそれは、神様から貰うのだ。他の誰からでもない。ああ、心底可愛い子だ。わたしの膝に寝かされて、おまえはわたしを見つめているが、まだ喋ることもできない！　わたしはと言えば、傷ついた心で、涙にぬれた眼で、おまえを眺めている。そして唇ではキスしてやろう。わたしの燃える涙で、おまえの小さな顔に露をおこう。……おまえはわたしの子になるがいい。そして善なる神の子になるがいい。そして天がわたしに一口の糧を与えてくれるかぎり、二人でそれを分かち合おう。神のより大いなる栄光のために。そしてわたしに振りかかるすべての試練に、わがいとし子よ、忍耐強く、耐えていこう！」

かつては自分自身の霊性の安全にしか関心を持たず、単なる宗教的審美家の域を出なかったのに比べて、これは、初期のゾイゼからの何と見事な変貌であろうか！

物語はさらに続く。

さて、赤ん坊を殺そうとしたこの冷酷な女は、ゾイゼの涙を見、その優しい言葉を聞くと、いたく心を揺さぶられた。彼女の心は憐れみの気持ちでいっぱいになり、一緒にすすり泣き始め、やがて大声で泣き始めた。そこで、〈しもべ〉は彼女を静めなければならないほどだった。泣き声を聞きつけて、誰かが何ごとかとやって来るかもしれないからである。女が泣きやんだところで、この〈修道士〉〔ゾイゼ〕は彼女に赤ん坊を返し、祝福を与えながら赤ん坊にこう語りかけた。「さあ、神がその善性において汝を祝福し、諸聖人が汝を、来りうるすべての悪より護り給わんことを！」。そして女に、費用は自分が出すので、その子の世話をするようにと命じた。

驚くまでもないが、この英雄的愛の行為の後、ゾイゼの評判はますます悪くなった。最も親しかった友人にまで見棄てられ、修道会からもほとんど破門されそうになった。苦難と悲惨、将来への危惧はますます大きくなり、ついに一種の精神的危機状態にまで彼を追いつめていった。

彼の弱い体は苦しみに耐えている間にぼろぼろになり、正気を失った者のように狂おしくあたりを徘徊したり、世間からずっと離れた、誰一人やって来ないような場所に一人で隠れたりした。……だが、こうして苦しんでいる中にも、神から来る何かが、何度か彼の魂の中で語りかけることがあった。「さあ、おまえの自己放棄はどこに行ってしまったのだ。おまえは人々に、歓びのときも試練のときも、いつも同じ気持ちでいることが大切だと、あれほどやすやすと説いていたが、その教えはどうなったのだ。おまえがこんなざまでは、神において憩うとか、神にのみ信頼をおくとかのことは、いったいどうやったらいいというのだ」。彼は泣きながら答えた。「あなたは、わたしの自己放棄がどこへ行ったのかとお尋ねですか？　でも、まずわたしに教えてください。神の、神の友に対する無限の御憐みはどこに行ったのですか？　……ああ、〈底なき深淵〉よ！　われを助けたまえ。あなたなしには、わたしは滅んでしまいます。あなたは知っておられます。あなたがわたしの唯一の慰めであること、わたしの全信頼はあなただけに注がれてあることを。おお、傷ついた心を持つ方々はみな、神の愛ゆえに、わたしの言うことを聞いてほしい。ご覧ください！　わが愚かなふるまいによって、何人《なんぴと》もつまずくことのありませんように。自己放棄を説教するだけのことなら、それはたやすいことでした。ですが、今や、わたし自身の心が刺し貫かれてしまっています。わたし自身が骨の髄まで傷ついてしまっています。……どうしてそんなわたしが自己放棄した者などでありえましょう」

そして苦しみが半日ほど続いた後、彼の頭は疲労困憊してしまったが、ようやくやや平静を取り戻して、座りこんで我に返った。そして神に向き直って、自らを〈神の意志〉に委ねて、言った。「そうなるよりないのでしたら、御旨のままになりますように（fiat voluntas tua）〔『ルカによる福音書』一・三八[58]〕」。この服従の行為がなされるや、直ちに脱我とヴィジョンが訪れた。その中で、彼の苦難に終わりが近づいていることが告知されたのである。「そして実際に、神は〈しもべ〉を助けに来られ、少しずつ、かの恐ろしき嵐は去っていった」

このようにゾイゼにおいても、シエナの聖カタリナはじめ、われわれの見てきた神秘家たち同様、この〈暗夜〉のなすところはすべて、完全な自己屈服という、神秘主義において不可欠な行為へと方向づけられていたのであった。かの「御旨のままになりますように」こそは、新たなより深き生命のために自我が死ぬことのしるしなのである。ゾイゼはこうして「真の自己放棄の学校」の教えを学び、真実在《リアリティ》の新段階に向けて進んでいった。完全な自己無化、すなわち〈神の意志〉がもつ大いなる、そして隠された目的の完全な受容、という段階へと。

いえ、この至福の存在に必須のことは
神の御意志のうちにかたく留まること、
かくしてわれらの意志そのものが一つになることです。[59]

とピッカルダ〔ダンテの恋人ベアトリーチェの実家ドナーティ家の一員。修道女であったが政略結婚させられ、ほどなく病没した。その魂は天国の最下圏、月天に住む〕は〈天国〉の第一の掟を告げ知らせている。ゾイゼもまた、火〔煉獄と天国の間には、火炎天と呼ばれる炎の圏がある〕を通り抜けて、「主の御意志こそわれらの平安（La sua voluntate é nostra pace）」〔『神曲』天国篇第三歌八五〕と言いうる段階にまで達したのである。「霊的自我」を中心としていた意識の旧い体制は、その頂点に至り、そしてついに崩壊した。回心のときの激動に比せられるこの心的嵐のただ中で、「報いを求める愛」は最終的に取り除かれ、代わって〈純粋愛〉の新段階が突如として確立されたのである。人間的苦しみはその代価であり、「自由な魂」だけに与えられる無限の歓びがその報いである。だが、われわれは苦しみについては研究の対象にしえても、この歓びの本性については、われわれの想像力を絶している。ちょうど、すべての神秘家の事蹟の〈絶対的モデル〉〔イエス・キリストの生涯〕にあってても、われわれは十字架まではっきり見ることができるが、復活後の生命の真の本性については、ほとんど推測もできないのと同様である。

したがってゾイゼの場合も、〈合一の途〉に自らを確立していくさまの記述は貧弱なものであり、それ以前の記述全体と比べて、一種のアンチ・クライマックスとなっている。事実、彼はこう記しているのみである。

そしてやがて、神がふさわしいと判断されたとき、神はこの哀れな殉教者に、それまでのすべての苦しみの酬いをお与えになった。そして彼は心の平安を得、その平静と静寂の中で数多くの貴重な御恵みを授かった。そして彼は魂の最も奥底より主を讃め称え、かつての苦しみをこそ主に感謝した。今となっては、彼は全世界にかえても、それらを免れようとはしなかったであろう。彼は神によって悟ることができたのである。青年時代からそのときまでずっと耐え忍んだ苦しみ全部を合わせたよりも、自分があぁして完全に身をおとしめたことによってこそ、より大きな報いを得、神のもとへ挙げられるにふさわしい者とされることができたのだ、ということを。(60)

第9章　原注

(1) 本書四七頁以下の、パスカルとゾイゼの場合を参照。

(2) 本書、第一章。

(3) E. T. Starbuck, *Psychology of Religion* (London, 1901), p.24.

(4) このことの一つの実例を、聖ジャンヌ・フランソワーズ・ド・シャンタルの後半生に見ることができる。M. E. Lowndes, *The Nuns of Port Royal*, p.284. 参照。一般の瞑想家たちの体験に現れた〈暗夜〉の試練に関する大変貴重な報告が、ド・コサードの霊的書簡の中に見られる。*L'Abandon à la Providence Divine*, vol. ii. 参照。

(5) 本書一一二頁参照。

(6) *Vie*, pt. i cap. xx.

(7) *Ibid.*, cap. xxi.

(8) *Journal Spirituel*, p.233.

(9) *Vie.*, cap. xxiii.

(10) *Les torrents*, pt. i. cap. vii. § 2.

(11) *Leben*, cap. xxii.

(12) *Holy Wisdom*, Treatise iii. § iv. cap. v.

(13) *Büchlein von der ewigen Weisheit*, cap. ii.

(14) *Journal Spirituel*, p.368.

(15) *Mesnevi* から。*The Flowers or Rose Garden of Sadi*. の「附録」に引用。

(16) Meister Eckhart, *Pred.* lvii. 同じく聖ゲルトルートも、ある象徴的ヴィジョンの中で、彼女とキリストとの間に厚い垣根が立てられるのを見ている。

(17) *Noche Escura del Alma*, l. ii.cap. vi.

(18) *Vie*, pt. i. cap. xxiii.

(19) De Caussade, *L'Abandon à la Providence Divine*, vol. ii., p.269. J.P.〔コッサード『み旨のままに』水谷愛子訳、ドン・ボスコ社、一九八三〕

(20) Madame Guyon, *Les Torrents*, pt. i. cap. vii.〔『キエティスム　キリスト教神秘主義著作集15』所収『奔流』、教文館、一九九〇〕

(21) *Noche Escura del Alma*, loc. cit.

(22) De Caussade, *op. cit.*, vol. ii., pp.1-82. に示唆的な実例が集められている。

(23) Ruysbroeck, *De Ornatu Spiritalium Nuptiarum*, l. ii. cap. xxviii.

(24) St. Angèle de Foligno, *op. cit.*, p.197 (English translation, p.15).

(25) E. Gardner, *St. Catherine of Siena* (London, 1907), p.20.

(26) *Vida*, cap. xxx. §12 and 14.

(27) *Ibid.*

(28) *Das Fliessende Licht der Gottheit*, pt. ii. cap. 25.

(29) L. vi. cap. xiii.

(30) *El Castillo Interior*, Moradas Sextas, cap. xi.

(31) St. Teresa, *op. cit.*, loc. cit., Vida, cap. xx. §§11-14. と比較。

(32) Sermon for the 4th Sunday in Lent (*The History and Life of the Rev. Doctor John Tauler, with 25 of his sermons*, trans. by S. Winkworth, New ed., London, 1909, p.280).

(33) *Ibid.*

(34) *Vita e Dotrina*, cap. xiv.

(35) *Christian Regeneration* (*The Liberal and Mystical Writings of William Law*, pp.158-60).

(36) 本書四〇八頁参照。
(37) *Dialogo*, cap. lxiii.
(38) St. John of the Cross, *Noche Escura del Alma*, l. ii, cap. v.
(39) すなわち、自我性や妄想から浄められた、魂の純粋な本質。
(40) Sermon on St. Matthew (*The Inner Way*, pp.204, 205).
(41) *Les Torrents*, pt. i. cap. viii.
(42) *The Scale of Perfection*, bk. ii. cap. xxxv.
(43) Jundt, *Rulman Merswin* (Paris, 1890), p.22.
(44) *Noche Escura del Alma*, l. ii. cap. xxiv.
(45) 本書二二〇頁参照。
(46) *Leben*, cap. xx.
(47) 第一次と第二次の神秘的生を、それぞれ聖霊の〈上級学校〉、〈下級学校〉と呼ぶ用語法は、「神の友」のグループ全体に共通のものであり、彼らの著述には頻繁に登場する。ルルマン・メルスヴィンの『九つの岩のヴィジョン』では、「自分の〈源泉〉を見つめている」男は、聖霊の〈上級学校〉にいた者、すなわち神に合一した者だと言われている。
(48) *Leben*, cap. xxi.
(49) 『ヨブ記』七・一（ヴルガタ訳）。
(50) その浄化の年月には、ゾイゼはいつも鋭く尖った十字架を身につけており、その先端は彼の肉を突き刺していた。
(51) *Leben*, cap. xxii.

(52) *Ibid.*, cap. xxiii.
(53) *Ibid.*, cap. xxv.
(54) *Büchlein von der ewigen Weisheit*, cap. ii.
(55) *Leben*, cap. xlvii. 同じくリュースブルクもこう言っている。「われらの〈盟約〉の黄金の〈指輪〉は〈天〉と地よりも大きい」（*De Contemplatione*）。ヘンリー・ヴォーンの次の詩行（*The World*）とも比べられたい。

昨夜わたしは〈永遠〉を見た、
浄く果てなき光の〈輪《リング》〉のようだった、
　くまなく明るく、静まっていた。

＊

誰かがこう囁いた、
「この〈指輪《リング》〉を〈花婿〉は誰にも与えずとっておかれた、
　ただその〈花嫁〉ひとりのために」

(56) *Büchlein von der ewigen Weisheit*, cap. ii.
(57) Cap. xl.
(58) *Ibid.*
(59) *Par.* iii. 79.〔『神曲』天国篇、第三歌。原著は、本文にイタリア語を載せ、注に英訳を記す〕
(60) *Loc. cit.*

第10章 合一の生

〈合一の生〉とは何か。この本における探求の過程で、われわれはしばしばこの〈合一の生〉というものに言及してきた。そしてついに、これがどういうものなのか、定義を試みるべき段階に達した。普通の人間は自分自身の真の人格について知ることがほとんどないし、神のそれ〔ペルソナ〕については皆目これを知らない以上、〈合一の生〉に関する定式通りの叙述、すなわち「人間の意志が神と結びついているような生」という答えでは、問いそのものをより充実した形で繰り返しているにすぎず、研究者に対し何ら真の意味を伝えるものではない。

われわれが〈合一の生〉の性格を本能的に、内側から知る――ちょうどわれわれが、表現はできなくとも自分自身で通常の人間の生を知っているようなやり方をここでは指す――ということはむろん不可能である。ここで扱われるのは霊の最終的勝利であり、神秘主義の華であり、人間性の到達しうる最高点なのだから。観想的生はそもそもの始めから、修行という高価な犠牲を払いつつ、遅々とした歩みながらもたゆまずこの完成をめざして成長してきたのである。未だ数は少ないながらも増加しつつある英雄的な人々の集団をわれわれは眼にする。哀れな幻の生に浸りきっている者には到達できない超越的な真実の次元に生きている人々。彼らが呼吸している空気の真の性質は、われわれには考えも及ばないのだ。かくして、これまでこの霊的意識の研究において多くの箇所でしてきたように、ここでも知識の大部分を神秘家の生《なま》の証言に依拠しなければならない。神秘家が享受している「より豊かな生」の性格を語れるのは神秘家だけなのだから。

とはいえ、情報の源は完全にこれだけというわけではない。〈合一の生〉の独特なところは、その最高で完璧な形がしばしば現世の中で生きられ、世人の眼の前にその効果が示されるということである。われわれの肉体を統べる法則が「土から土へ」〔聖公会祈祷書（*The Book of Common Prayers*）、埋葬の儀式の一節〕であるのと同様のことが、奇妙にも、魂を統べる法則についても言える。ついに真実を完全に意識するに至った人間の精神は、〈存在〉の円環を全うしてもともとの在り方に再び戻ってきて、それを豊かなものにするのである。こういうわけで、〈神秘主義の途〉の初期の訓練の段階では、「病的で孤独な」瞑想家の生活から自説に有利な側面を容易に引き出すことのできた反神秘主義的な人たちも、この段階では人類の最前線の開拓者、直観が鋭く極めて実際的な人間という、彼らにとってはあまり認めたくない神秘家の側面にしばしば出くわすのである。芸術家、発見者、宗教や社会の改革者、国民的英雄、「非常に活動的な」聖人などがこれにあたる。こうした人々の成し遂げる偉業の超人的な性質から、彼らの持つ並はずれた活力の何ほどかを推しはかることができるだろう。聖ベルナルドゥス、聖処女ジャンヌ・ダルク、シエナの聖カタリナ、聖イグナティウス・ロヨラ、聖テレジア、ジョージ・フォックスなどが成し遂げたことや、解決した困難を説明しようとするなら、これらの偉大な精神が「人間を照らす光」〔『ヨハネによる福音書』一・四〕であるかの〈生〉との間に、常人よりもはるかに近しく、緊密な、そして確固たる接触を持っていたという他ない。

そこで二通りの探求の道が開かれていることになる。一つは神秘家たちがその超越的体験について語っていることを比較対照し、説明する方法。二つめは神秘家たちの生涯が提示する証言に依拠する方法である。神秘家たちはその生涯によって、彼らの活動の天上的源泉、言い換えれば、生命力の根原となる次元との間に樹立された接触が彼らの内部に存在することを証言しているのだから。第三のものとして、心理学が提供する検討の枠組みもあるが、かの霊的巨人たちを扱う際にこうした枠組みを用いるには、特別の注意と謙虚な態度が必要となる。

〈合一の生〉はしばしば俗世間において過ごされるが、決して俗世間に属するものではない。それは存在の別の次元に属しており、われわれの言葉とは無関係な地平で働いていて、それゆえ、人間の力でこれを推しはかることはできない。谷底にいるわれわれは、山頂での変容を経験したあの高められた霊の持ち主の真の生を、たまさか仰ぎ見ることしかできないのだ。彼らははるか彼方にいて、われわれとは別の空気を呼吸しており、われわれには手の届かない存在なのである。とはいえ、この人々が人類にとって持つ重要性はこの上ないものである。彼らは〈絶対者〉に対して人類の送る外交使節であるのだから。人類が〈真実〉に到達することは可能であり、しかも一時的でなく恒久的に〈真実〉を手にすることができるのだという主張の正当性をこの人々は証明し、超越的な生の実際的性質のあれこれを身をもって示しているのだ。オイケンの言葉を借りれば、彼らが証明しているのは、「圧倒的な〈霊的能力〉の到来であって、この〈霊的能力〉は、生の土台を据える、あるいはそれを何とか維持しようとするにすぎない、いわゆる霊性とは別のものなのである」[1]。言い換えれば、いったん人間の魂がそれを受け取るべく開かれさえすれば、いかに人間の生の質を高める〈神の愛〉の力が実際に働くかを彼らは証明しているのである。

さて、最初に神秘家自身の語る証拠を検討しようとすると、〈合一の生〉を叙述する試みにおいて、神秘家が主として二種類の象徴的表現を援用することに気づかされる。この象徴的表現は二つながら非常に危険かつ誤解を招きやすいものであり、また神秘家型の人間に敵意を抱きながらこれを調査しようとする研究者の手厳しい批判の的となりやすい。さらに、前の章のいくつかで瞑想家および脱我行者により用いられた象徴と出会った経験から想像されるように、この二種類の表現はそれぞれ超越的・形而上的神秘家と個人的・人格的神秘家の二つの型に帰属するのであり、それが定式的表現となった上で、切り離されて個々に検討されると、両者は互いに矛盾するように見えるのである。

⑴〈絶対者〉を非人格的で超越的なものと見なす形而上的神秘家は、〈絶対者〉への最終的到達を神化、あるいは自我の神への完全な変容として描く。⑵個人的、人格的交わりという相のもとで最もよく〈真実〉を把握する型の神秘家は、この交わりの達成、すなわち完成され恒久的なものとなった形態を、魂と神との霊的結婚として語る。明らかにどちらの言葉も、自我が分析的に見たというよりも、その全体性において感じたある状態の本質についての自我の推測を表しているにすぎない。その状態の真実は真に筆舌に尽くしがたいのである。したがって、これらの言葉を、言語を絶したこの状態にあてはめるのは、ちょうど人間の生のプロセスに対して、生きることの持つ性質と意味を論じる賢《さか》しらな理論を振りかざすのと同じことなのである。これらの言葉を詳しく調べることは有意義であるが、その言葉のもとになっている生、

これを説明しているのだというその生を併せて検討することなしには、その言葉を理解することはできないであろう。

ところで、「神化」と「霊的結婚」あるいはこれに類した言葉は神秘家の気質に基づいて使われる言葉であり、客観的事実よりむしろ主観的体験の在り方に関わる言葉である。前者は、神秘家が自分自身の人格に起こった根底的な変化(2)――彼の「塩と硫黄と水銀」が「霊的黄金」に変容すること――を驚きとともに知る、その認識を叙述し、後者は喜悦溢れる愛の成就を叙述する。それゆえこの二つの象徴的再構成を比較し、潜在している共通要素を発見し、抽出していくことによって、両者が描写しようとしているある根本的な事柄について何がしか学ぶことができるかもしれない。

これに付け加えて、神秘家はある種の徴候を、〈合一の状態〉を迎える上での欠くべからざる準備、あるいは〈合一の状態〉のしるし、産物として叙述しており、このような徴候も〈合一の生〉の性格を定義するのに役立つかもしれない。

主要な、いや実際上重要な唯一の準備は、自我性の全的な放棄、すなわち「自己無化」であり、〈暗夜〉の試練によってしばしば生み出されるのがこれである。ノリッジのジュリアンは言う。「被造物的なすべてについて無となるまで、いかなる魂も休らうことがないのは、この理由によるのです。すべてである〈あの御方〉をわがものにしたいと望む愛のために魂が自ら進んで無となるときはじめて、魂は霊の休息を手にするのです(3)」。徹頭徹尾離脱を果たした「無化された魂」のみが「自由である」と『単純な魂の鏡』は言うのであり、〈合一の状態〉の本質は〈永遠の生〉に対し、自由に、子が親に自然に従うように参加する状態なのだ。この状態そのものの主な指標は、(1)自我がどのような相のもとに〈無限なるもの〉を把握していようと、ともかくひたすらその〈無限者〉のためだけを考えていること、(2)〈無限者〉の力を分かち与えられていて、その権威に従って行動しているという意識があり、それが完全な自由の感覚、犯しがたい静謐さをもたらし、通常、自我を何らかの英雄的努力ないし創造的活動へと駆り立てること、(3)自我が「生命を与える力」、すなわち他の人々の間でのエネルギーの中心、霊的生命力を実際に生み出す存在として確立されること、の三つである。このような徴候を集め、心理学的観点から検討し、さらにこうした徴候を示す人々の生涯にも検討を加えることによってわれわれは確実に、こうした特徴的な状態と行動を伴う超越的な存在の様態に関し、何らかの新しい知識を――どんなに断片的であろうと――手に入れることができるであろう。これ以上のことはダンテですらできなかったのだから。

人間から超越することは言葉では言い表せぬ。(4)

そこでこれから〈合一の生〉を、(1)心理学者の立場から見て、(2)神秘家により叙述される仕方にのっとって、すなわちそれぞれ、(a)〈神化〉という言葉、(b)〈霊的結婚〉という言葉に従って、(3)最後に、それを生きた人間自体に眼を向けることによって、できるならば有機的全体としてこれを認識する、という順序で考察していくことにする。

(1) 純粋に心理学者の観点からすると、〈合一の生〉の示す多様な現象は、全体的に捉えたとき、何を表しているのであろうか。おそらく心理学者は、それが〈神秘主義の途〉全体を通じて、何とか支配権を握ろうと奮闘を続けてきた、あの高次の意識形態が、ついに首尾よく支配の座についたことを示していると答えるであろう。人間の人格の最も底深く、豊かなレベルが今や光を浴び、自由を獲得したのである。自我は造り直され、変容し、ついに自らを統一したのであり、緊張状態が終わるとともに力は新たな目的のために解き放たれたのだ。

ドラクロワは言う。「神秘主義的生が始まるとともに、主体の一人格としての生の中に、ある一連の状態が導入される。これらの状態は、それぞれきわだった特徴を持ちながら、全体としては、ある特殊な心理学的システムとでも言うべきものを構成する。その成就に際し、通常の自我はいわば抑圧され、このシステムが展開するにつれ、新しい感じ方と行動法を持った新しい人格が成立してくるのである。神秘主義的生の成長は、人格の変容をもたらす。それは原初的な自我意識を放棄し、より広い意識をこれにとって代わらせるのである。自我性は神的なるもののうちに完全に消滅し、〈神的な自我〉が原初的な自我にとって代わる」[5]。この概念に哲学的な内容を付け加えれば、この〈合一の状態〉において人間は、神的な自我を「原初的な」自我にとって代わらせることにより、ついに真の自由に到達した、「真実の享受の状態に入った」[6]（オイケン）ということになろう。かくして神秘家は、〈真なるもの〉の実体そのものである〈圧倒的な力〉の流入する新たな径を切り拓いたのであり、自らの意識を造り直し、この全的な再生によって「〈普遍的生〉の次元に移行することになったのである。それは異質なものではなく、われわれ自身のものなのだ」[7]（オイケン）。この〈普遍的生〉、「いかなるもののうちにも包含しきれない、活力に満ちた神の言葉」との間に樹立された交わりから――絶えず変化し、成長してきた神秘家の人格がついに完全に適応することになった〈存在〉の深い次元から――神秘家はあの驚くべき強靱さ、揺るがぬ平安、そして〈合一の生〉の最も顕著な特徴の一つである、状況に即応していく能力を汲みとっているのである。「より優越した型の、隠された不変の人格」[8]〔ドラクロワ〕は、神秘家の成長のあらゆる段階において、表層の自我に自らの存在を絶えず、ますます強力に主張し続けたのだが、この真の、永遠の自我は、今や意識的にその究極の目標を実現し、ついに完全に存在し始めたのである。〈暗夜〉の労苦を通じて、それは性格の中に最後に残った反抗的要素を攻略し、征服した。それはもはや〈絶対者〉を深く奥底で感知し、圧倒的に直観するという行為のみに限定されることなく、また観想や脱我という心的状態に依存して出現するのでもない。〔超自然的真実との接触を持つ超越的自我である〕アニマと〔表層的な自我である〕アニムスが結合したのである〔上記のアニマとアニムスについて、原著十二版の前書きによれば、アンダーヒルはHenri Bremond の用語を踏襲している〕。神秘家はついにスティーヴンスン的なパラドックス〔ジキル博士とハイド氏のこと〕を解決し、二者ではなく真に一者になったのである。

(2) 神秘家も、以上のような描写に対し、それなりに同意はするであろう。しかし神秘家はおそらくそれを自分自身の言葉に言い換え、心理学の範疇を超え、その力の及ばないような説明を付け加えようとするであろう。長年にわたって求められてきた〈超越的真実〉との交流が、神との合一が、今やついに樹立された、と神秘家は言うだろう。自分の自我が、直接の接触はないながらも、自分の到達した〈生と愛の大海〉に――海綿が海水に浸されるように――浸しつくされた、と言うだろう。「わたしは生きている。しかしながら生きているのはわたしでなくわたしの中の神である」〔『ガラテヤの信徒への手紙』二・二〇参照〕。神秘家は自分がついに分離状態の最後の汚れを洗い流し、神秘的な仕方で「自らの見るところのもの」〔リュースブルク〕になったということを知っているのである。

かのスーフィズムの詩人〔ルーミー〕の言によれば、神秘家の旅は今や神に向かってだけでなく、神の中で遂行されるのである。神秘家は〈永遠の次元〉に突入し、あの〈宇宙的磁石〉がすべての生けるものを引きつける状態に今この地上で到達した。その霊的自我が覚醒し、拡大し、愛と苦痛という相補的な火の試練を潜り抜けるにつれて、交互に訪れる歓びと苦悩の期間を経て進んできた神秘家は、内奥では自分がはっきりした目標に向かっているのだということを知っていた。そして偉大な神秘家であれば、さらに、この目標が単に知るという行為――それがいかに強烈で人を昂揚させる崇高なものであっても――ではなく、そう在るという状態であるということ、自分自身を着実に、また容赦なく本来の在り方へと駆り立ててきた愛の成就であるということにも気づいていたのである。錬金術師たちの象徴を借りれば、〈愛の火〉がその仕事を成し遂げたのだ。〈賢者〉の神秘的な〈水銀〉――あの小さな秘宝、神秘家のうちにあった〈真実〉の断片――が神秘家の心と五感の塩と硫黄とを完全に変化せしめたのである。かつてあれほどにも大切にされた照明の白い石ですら、神秘家はあきらめてこれをるつぼの中に投じたのだ。今や偉大なる仕事は成し遂げられ、最後に残った不完全な部分が消え去ったとき、神秘家は自らのうちに「高貴なティンクトゥール」――霊的人性の黄金――を見出す。

(a) 非人格タイプの神秘家――〈超越的絶対者〉を求める人――が、その探求の成就を神化という言葉で叙述する傾向にあることはすでに述べた。このような神秘家にとって――この状態に到達する人間すべてにとってそうなのだが――〈合一の生〉とは必然的に、その個別の徴候の総和を無限に超えた何かを意味する。それは普通の人間には決して理解できない何かなのである。〈合一の生〉において神秘家は、「神の本性にあずからせていただき」〔『ペトロの手紙二』一・四〕、真実の所有を享受する、と宣言する。われわれは「われわれがそうであるところのものを見るだけ」〔リュースブルク〕なのであるから、神化の教説は右の主張から自然かつ論理的に帰結するものとなる。

『ドイツ神学』の著者は次のように述べている。「ある人たちは問うかもしれない。〈神的な本性〉を分有する者、言い換えれば神のような【*vergottet* 字義通りには、神化された】人間であるというのはどういうことなのか、と。答えはこうである。〈永遠の、あるいは神的な光〉に浸透され、ないしはその照明を受けて、〈永遠の、あるいは神的な光〉の炎に包まれた、ないしは焼きつくされた人、それが神化された人であり、〈神的本性〉の分有者なのである[9]」

「神化」というような言葉はもちろん科学的な用語ではない。それは人間の理解力をはるかに超え、それゆえ人間の言葉では語ることのできない一つの超越的な事実を暗示しようとする隠喩であり、芸術的表現なのである。この事実の「おぼろげな序誦」を、ダンテは〈永遠の薔薇〉の花弁となっている聖人たちを見たときに感じとったのであった[10]。われわれが〈神の存在〉というものを知らない以上、魂が神の中で変容されるという言明のみでは、人を恍惚とさせるような暗示は与えても、正確な情報は決して伝わらない。無論こうした至高の状態を経験した稀な例外を除いてのことではあるが。しかしながら、このような例外たる個人たちは――もしくはその大部分は――このような言明をほぼ真実であると認めている。その中でより明敏な人たちは、注意深くその意味づけを限定することによって汎神論的解釈を排し、神秘家は極端にも自我の滅却を説きつつ自分たちを神と同等なものと見なしているという非難を否定する。しかし、その一方で彼らは、この言明が、高水準の霊的活力に到達する多くの人の定型的かつ通常の体験と呼応するという点については、疑念の抱きようもないほどはっきりとこれを首肯するのである。神化に関連する言葉は主として、〈真実〉を〈人格〉としてではなく、ある状態、ないし場所として直観的に理解する神秘家によって用いられる。この型の人々は、神への旅路の初期の段階を叙述するのに再生とか変容といった象徴を使った人たちであった。

これらの瞑想家たちが用いる、神化に関する率直かつ直接的な言葉遣いは、彼らの教理や実践のどれにも増して、非神秘主義的な人々の間に反感を呼んできた。表面的な言葉の意味だけを問題にすることにより、このような言葉遣いを冒瀆的と呼ぶのは無論たやすいことである。そしてそれは実際にもしばしばなされてきた。しかしながら、正しく理解するなら、この教理は、あらゆる神秘主義のみならず、多くの哲学とほとんどの宗教の根底に存するものなのである。それは最初の諸原理を論理的に推し進めた結果なのだ。ドラクロワは正当にも、キリスト教神秘主義は「すべての宗教の持つ、神化に対する自発的かつ半ば野蛮とも言える憧憬[11]」から生まれ出るものだと述べている。東方キリスト教は常にこれを認め、それを儀礼の中で表現してきた。シメオン・メタフラステスは言う。「〈神の体〉がわたしを神化し、わたしを養う。それは把握しがたいやり方でわたしの霊を神化し、わたしの魂を養うのである[12]」

キリスト教の神秘家は人間の神化というこの教説を、〈神のキリストにおける受肉〉――神の人化――から導き出される論理的帰結として正当化する。この議論の根拠として彼らは、教父たちの権威に頼り、これを引用することができるのである。「かの御方はわれわれが神となることができるように、人となられたのである」と聖アタナシウスは言う[13]。聖アウグスティヌスは、彼の回心前の期間について次のように言っている。「わたしは高みから汝の声がわたしに呼びかけているのを聞いた。『〈わたし〉は成長しきった者の〈食物〉である。成長せよ、そうすれば汝は〈わたし〉を食することができよう。そのときにも汝は肉の食物を汝に同化するように〈わたし〉を変化させて汝の本体となすことはできない。そうではなく、汝が〈わたし〉の本体へと変化するのである』[14]。それゆえエックハルトが次のように書いたとき、彼は教父たちの見解を敷衍したにすぎなかった。「われらが主は、なべて生ける魂に『わたしはおまえのために人となった。おまえがわたしのために神とならないなら、おまえはわたしに不当なことをすることになるのだ』と告げている[15]」

もし神秘家がこれまでにその求める目標に到達したことがあったということを認めるのならば、適切な言葉がないために彼らが「神化された」と呼んでいる状態に自我が変化することをも、認めぬわけにはいくまい。こうした変化の必然性は神秘家のそもそもの立場、すなわち、「われわれはわれわれがそうであるところのものを見るのであり、われわれ自らの見るところのものであるのだ」〔リュースブルク〕という法則に暗々裡に含まれているのである。エックハルトにおいて、神化という言葉はその最も極端な形をとるが、彼はこの必然性に基づいてそれを正当化している。「もしもわたしが神を直接に知るとしたら、わたしは完全に神にならねばならないし、神はわたしにならねばならない。この神とこのわたしが一つのわたしになり、そうあり続けるために[16]」

聖アウグスティヌスは神が魂の〈国〉であると言い、リュースブルクは〈家〉だと言う。合一の状態にある神秘家はその生まれ故郷におり、そこに属しているのだ。他国をさまよっている異邦人ではなく、帰国した放浪者である彼は、今や完全にその故国に同化し、その一部となっているのだが、その人格だけは侵されることなく保持されている。英国に生まれた者以外、誰にも英国的精神はわからないのと同様、神秘家たちのみが彼らの故国を知るのだが、彼らはそれを思考によってではなく、直観的な参与によって、同化によって知るのである。したがって、「神化された」者以外誰も神の隠された生を知ることはない。

これもまた参与によってのみ、生を生きることによって、大気を呼吸することによって、「それによって彼らがものを見、またそれ自体を見るその同じ〈光〉との合一」[17]によってのみ与えられるものなのである。それは人為によって与えることの不可能な、かの国の市民権の一つなのだ。かくして、〈真実〉の懐に抱かれて送る生についてあなたがたは何を語ろうとするのか、と神秘家たちに問うのは重要なことになる。そして、彼らの報告を、その内容の表現がいかに受け入れがたいものであろうと、偏見なく受け取ることもまた重要なのである。

　これらの報告から、そしてその中に見出される象徴の選び方から、まず第一に言えることは、偉大な神秘家たちが何をおいてもはっきりさせたいと望んでいるのが、神化という言葉によって、神との同一化という傲慢不遜な主張を意味しているのではないということだ。彼らがわれわれに認めさせたい真実は、〈神の自我〉が自分の自我へ注入されたということ、あまりに崇高でかつ〈真実〉と調和しているために神的としか呼びえない、生の新たな次元に参入したということなのである。人格が消失することはなく、むしろそれがより真なるものになると彼らは繰り返し請け合う。聖アウグスティヌスは、「わたしが全存在を挙げて〈汝〉に執着するとき、わたしは何事においても苦痛や労苦を知らぬであろう。そしてわたしの生は真に生となるであろう。完全に〈汝〉に満たされているのだから」と言う[18]。「わたしの生は真に生となるであろう」。なぜならそれは「汝に満たされているのだから」。真実の獲得と神化とはこうして同じものとなる。必然的にそうなのだ。というのは、神的なるもののみが真実であることをわれわれは知っているのだから[19]。

　マグデブルクのメヒティルト、そして後にはダンテが、神を、〈宇宙〉を満たす炎あるいは火の河と見た。

「神化された」聖人たちの魂はその中で燃えている火花であって、その火の炎に包まれ、それと一つではあるが、また個別の存在なのである。[20] リュースブルクもまた、「すべての魂が、生ける石炭のように〈神の無限の愛〉の中心で神によって燃え立たされる」のを見た。[21] このような火のイメージは、この超越的な状態をなんとか叙述しようと苦心している神秘家の多くにとって、特に的確かつ示唆深い象徴と思われてきた。もはや薄暗い〈不可知の雲〉に惑わされることなく、神秘家はその内奥にまで突き進み、そこで自らの目標を見出した。イスラエルの子らを夜通し導いた〔『出エジプト記』一三・二一参照〕、創造に先立つ〈火〉、エネルギーを与える〈火〉を見出したのである。〈火〉と〈熱〉、〈光〉、〈水〉、〈空気〉といった、大いなる非人格的力を比喩としてことさらに用いることによって、神秘家たちは神性というものの一つの感知しうる様態、そして変容された魂がそれに参与するさまを描き出すことができるように思われる。単に人格的な関係を表すような言葉だけ使ったのでは、このことは述べることができない。かくしてベーメは〈言葉〉と魂の合一を描写しようとして次のように言う。「これを地上的な事柄にたとえて言おう。明るく燃え立っている鉄片を見よ。鉄片はそれ自体では暗く、黒いものであり、火があのように鉄に浸透し、その中から輝くからそれは光を放つのだ。さて、鉄は鉄でなくなりはしない。それは未だに鉄であり、また火の源（あるいは性質）もそれ自体の固有性を保ち続ける。それは鉄を呑みこむのではなく、鉄に浸透する（その中から輝く）のである。このとき鉄は以前と同じく鉄であり、それ自体において自由な鉄なのだ。火の源あるいは性質に関しても同様である。神のうちにある魂も同じような在り方をしている。神は魂に浸透し、その中に宿るのだが、魂が神を包含するのではなく、神が魂を包含している。それでいて神は魂を（魂以外のものに）変えるのではなく、魂に〈威光〉の神的な源（あるいは性質）を与えるだけなのである」[22]

ほとんど正確に同じような神化のイメージが、ベーメの時代より五〇〇年前にサン＝ヴィクトルのリカルドゥス――ベーメが読んだとはまず思えない神秘家――によって用いられている。「魂が神の愛の火の中に没入するとき、それは鉄のように、まずその黒さを失い、それから白熱の状態に至って火それ自体に似たものとなる。そして最後に液体になり、その本性を失って、完全に異なった存在の質へと変化せしめられるのである」。さらにリカルドゥスは言う。「冷たい鉄と熱い鉄の違いのようなものが、魂同士の違い、すなわち、熱意を欠いた魂と神的な愛によって白熱している魂との間の違いなのだ」[23]。他の瞑想家たちは、神化された魂は〈創造に先立つ光〉に満たされることにより変容されると言う。つまり、炉の中で炎を上げ、火と似通ったものに変化させられる燃え木のようなものだと言うのである。シエナの聖カタリナに神の声は次のように告げる。「これらの魂は〈わたし〉の慈愛の炉にくべられ、その意志は一部たりとも外に残されることなく、完全に〈わたし〉の中で燃え立たされるのである。それは炉の中で完全に焼きつくされる燃え木、火になってしまったがゆえに誰もこれをつかんでその炎を消し止めることなどできない燃え木のようである。同様に、誰もこれらの魂をつかむことはできないし、それを〈わたし〉の外に引きずり出すこともできないのだ。なぜなら、これらの魂は恩寵によって〈わたし〉と一つにされているのであり、完成へと導きつつある者に対してするように、気まぐれにそれらから〈わたし自身〉を引きあげることを〈わたし〉は決してしないからである」[24]

神という「安らかなる大洋」の中へ自己を失うこととして理解される〈合一ないし神化の状態〉の、精妙かつ繊細な描写の最高のものを求めるなら、われわれはリュースブルクの天才によらざるをえない。彼のみが、あらゆる陥穽を避けつつ、この状態のもたらす筆舌に尽くしがたい歓びを想像させるものを伝えてくれたのだが、それは人間の言葉にもここまで可能であったのかと思わせるほどのものであった。畏敬と歓喜、神学的知識の深さ、鋭い心理的洞察が、人の心を動かさずにはいないような単純さによって和らげられているのである。「内なる魂を〈一者〉に向けて引き寄せ」、「家へ帰って来なさい」と言う「愛の誘い」を実際に聞いた人の報告にわれわれは耳を傾ける。謙虚な受容性、従順な自己無化が、すべての偉大な神秘家にとってと同様、リュースブルクにとって〈神の国〉への門なのだ。神化された魂について彼は次のように語る。

それらは何かを為すについても、為さぬがままにするについても、苦しみに耐えるについても、自らを一切神に委ねたから、世人が持つことのできない揺るぎない平和と内なる歓び、慰安と香気とを持つのであり、こうしたものは偽善者にも、また神の栄光よりも自分自身を求め、実現しようと志す人にも持てないものである。さらに、これらの内的で照明を受けた人々は、望むときにはいつでも心の眼でもって眼の前に、彼らを〈合一〉へと引き寄せ、促すものとしての〈神の愛〉を見ることができるのである。なぜなら彼らは、〈聖霊〉を通じて〈父〉が〈子〉と互いに抱擁し合い、またすべての選ばれたる者を抱擁していること、そして永遠の愛をもって自分たちを〈彼らの本性〉の合一へと引き戻していることを見、また感じているからである。このように〈合一〉は本来的に、あるいは恩寵によって、〈合一〉から生まれたすべてのものを常に引きつけ、誘ってやまないのである。そしてまたそれゆえに、このような照明を受けた人々は、自由な霊を持ったまま、理性を超えて、イメージをまったく剥奪されたヴィジョンの中に導き入れられるのだが、ここに永遠に自らのうちへと引きよせる〈神的な合一〉の召《まね》きが宿っているのである。そしてこれらの人々はイメージのない、剥き出しの悟性によって、あらゆる仕事、あらゆる鍛錬、さらにあらゆる物事を経て、彼らの霊の頂点に至るのである。そこで彼らの剥き出しの悟性は、ちょうど大気が陽光を存分に浴びるように〈永遠の光明〉を浴びつくす。そして、剥き出しの、高められた意志はちょうど鉄が火によってそうされるように、底知れぬ愛によって変化させられ、愛に浸しつくされる。そして、剥き出しの、高められた記憶は底知れぬ〈イメージの不在〉に包まれ、その中にしっかりと据えられているのを感じるのである。そしてそこで、創造されたイメージは理性を超えた仕方で、それ自身の存在と生の起源である〈永遠のイメージ〉と三重に結ばれる。……とはいえ、被造物が神になるのではない。というのは合一が、恩寵と本来の地を求めるわれわれの愛とを通じて、神の中で起こるからであり、内へ向かう観想の状態にある被造物は、それゆえ、自らと神との間に区別と他者性があることを感じているからである。そして合一は媒介なしのものであるけれども、神が天上で、また地上で為す多様な働きは、被造物の霊からは隠されている。なぜなら神は、はっきりそうと識別できるように自ら在る通りに自らを与えるが、魂の精髄の中で自らを与えるのであり、この魂の精髄において魂の能力は理性を超えた仕方で単純化されており、単純さにおいてそれらの能力は神による変容をこうむるからである。そこではすべてが充満し、満ち溢れているのであり、それは霊が自らを神と一つの真実、一つの豊かさ、一つの合一であると感じているのである。しかしながら、ここにおいてすら、神に向かっての前進の本質的傾向というのはあるのであって、ここに魂の存在と〈神の存在〉との本質的な区別がある。これがわれわれに感じることのできる最高の、最も素晴らしい区別なのである。[25]

リュースブルクは別の箇所でこうも言っている。「愛がすべてのものを超えた彼方、光を超えた〈神的な闇〉へとわれわれを運び入れたとき、われわれはそこで〈父〉の似姿である〈永遠なる言葉〉によって錬成され、変容させられる。そして大気が陽光に浸透されるように、われわれは霊の無為のうちに、われわれを包み、われわれに浸透する〈理解不可能な光〉を受け取るのである。この〈光〉は無限の凝視であり、眺め以外の何ものでもない。われわれはわれわれがそうであるところのものを見るのであり、われわれ自らの見るところのものであるのだ。なぜなら、われわれの思考、生そして本性は単純さのうちに高められ、神に他ならぬ〈真理〉と一つにされているからである[26]」

ここでは〈絶対者〉の人格的側面が最小限にまで減じられているように思われるが、それにもかかわらず、われわれが人格における価値と見なすすべて――愛、行為、意志――は損なわれることなく存している。われわれは人間の精神に属する諸々のカテゴリーを超えるヴィジョンの次元に捉えられてしまっているように思われる。〈他者なる何ものか〉――われらの故国であり、希望であり、情熱でもあるもの、われわれの人格の完成であり、また〈存在〉すべての〈実体〉であるもの――の観想に捉えられてしまっているように思われるのである。このような終わることのない観想、〈善〉、〈真〉、〈美〉の本質のさなかに宿ることこそが〈至福直観〉の真髄であり、〈永遠〉すなわち「あらゆるものの中で最も喜ばしく望ましいもの、あらゆるものの中で、その所有者に最も愛されるもの[27]」（トマス・アクィナス）への参与の真髄なのである。神学は、この〈永遠〉への参与こそが魂の目標であるとわれわれに告げている。

〈場所〉あるいは〈物〉のような、非人格的象徴を使う傾向にあるこれらの形而上型の神秘家たちは、しばしば〈合一の生〉に〈至福直観〉の前触れを見る。つまり〈神的存在〉の中での絶対的な生に、今この地上で参入したと見なすのである。それは、完全なものとなったすべての霊が肉体という制限をうち捨てて、彼らがそこへと向けて創られた永遠の次元にもう一度入ったときに生きるはずの生なのだが。これらの神秘家にとって、実際「神化された人間」は、超越的真実をわがものとする天才のおかげで人類の歴史に先行し、他の人間には地上の生が終わるまで知りえない意識の形態を獲得したということになる。

『真理の書』においてゾイゼは、〈神の愛の大洋〉に安らう祝福された魂の生と、あらゆる自我性を捨て、自らの意志を〈永遠なる真理〉の意志に溶け込ませた神秘家が地上で生きる、それに近似した生とを美しく、詩的に比較している。われわれはここに、昔から言われ続け、永久に繰り返されるかに思われる非難——神秘家は人格の全的滅却をその探求の目標ならびに対象として説くという非難——に対してなされてきた多くの返答のうちの最善のものを見出す。〈しもべ〉ゾイゼは言う。「主よ、完全に自らを捨てた祝福された魂には何が残るのでしょうか」。〈真理〉は答える——

善良にして忠実な召使が、その〈主〉の歓びの中に入るとき、彼は神の家の豊かさに酩酊する。彼が感じるのは酔った人間の感じるものなのだが、ただし言い表しようもないほどに深いものだ。彼はわれを忘れ、自分の自我というものを意識しなくなる。消滅し、自らを神の中に失い、神と一つの霊になるのだが、それはちょうど一滴の水が大量のワインの中に失われるようなものである。この一滴の水は、ワインの色と味とを受け入れて自らは姿を消すが、祝福を完全にわがものとした人々もそうなるのである。描写のしようもない仕方で、この人々からはあらゆる人間的欲望が取り去られ、彼らは忘我の状態にあり、〈神の意志〉に浸透されているのだ。もしそうでなかったとしたら、つまりその人の中に何か吸収されない人間的なものが残っていたとしたら、神はすべてにおけるすべてでなければならないという聖書の言葉は偽りになってしまう。その人の本質はそのままなのだが、別の形、別の栄光、別の力において存するのだ。そしてこのことはみな完全で欠けるところのない自己放棄の結果なのである。……ここに汝は汝の問いに対する答えを見出すであろう。なぜならばこの世におけるまごうかたなき自己放棄と、人間が真に〈神の意志〉に自らを委ねきることは、聖書の言う、天上の諸聖徒の自己委譲の模倣であり、縮図であるからだ。そしてこの模倣は、これを為す人々の神との結合の強弱、神と一つになる度合いの多寡に応じてその手本に近づいたり遠くなったりするのである。天上の諸聖徒について言われていることによく注意せよ。彼らは個人としての自発性を剥奪され、別の形、別の栄光、別の力に変化させられている。それでは、この別の形とは、彼らが自らを注ぎ込み、また彼らの中へと注がれ、彼らと一つのものになる〈神的本性〉であり、〈神的存在〉でないとしたら何であろうか。そして、この別の栄光とは、〈近づきえぬ光〉に照らされ、その中で輝かされることでなければ何であろうか。別の力とは、〈神のペルソナ〉との結合を通じて、聖徒の神聖さに似つかわしいすべてを成し遂げ、これに反するすべてを除去することができるようにと与えられる神的な強さと神的な力でないとしたら何であろうか。すでに言われたように、人が自我性から歩み出るというのはこういうことなのである。[28]

神秘家はみな、〈わたしが〉、〈わたしに〉、〈わたしのもの〉を脱ぎ去ること、全き自己放棄ないし「自己無化」――より大きな〈意志〉の指示に自らを委ねること――が、合一の生を達成するための不可欠の条件であるという点で一致している。一時的な心の裸化によって瞑想家は神のヴィジョンを見るための空白を作り出したのだが、今やこれが生全体に適用されねばならない。ここで、かの頑固な〈私〉性、つまりわれわれがふだん自分自身と見なしている表面的な個性が、最終的に吸収され、消滅する、と神秘家たちは言う。それは永久に失われ、その場所に何か新しいものが据えられる。自我は神秘的な〈神の体〉の一部分となり、〈真実〉の共同的な生に謙虚に加わって、「人間にとってその手が果たす役割を〈永遠なる善〉に対して果たしたい(29)」〔『ドイツ神学』〕と望むのである。「貪欲であると同時に惜しみなく与える」〔リュースブルク〕かの不可思議な「魂に対する神の飢え、渇き」――これについて神秘家たちはその著作の最も深遠な箇所で語っているのだが――がここで最後の要求を出し、その満足を得る。「神は持てるもののすべて、自らそうであるところのすべてを与え、われわれの持つもののすべて、われわれがそうであるところのすべてを受け取る(30)」。自我は食いつくされ、〈深淵〉に沈められる、と神秘家たちは明言する。「深みのうちの最も深いものである神の中に沈む」のである。この至高の神秘的行為と、それが生み出す新しい生とをわれわれのために描写しようと努力する結果、彼らはしばしば背後に燃えさかっている〔熱情の〕炎がなかったならば、グロテスクだと思われるに違いないようなイメージを使わざるをえなくなる。リュースブルクの絶叫のように。「食らい、かつ食らわれること！　これこそが〈合一〉なのだ！……神の欲望は計り知れないがゆえに、神に食らいつくされることはわたしをさほど驚かせない(31)」

(b)　この時点でわれわれは、単に神化という言い回しでは魂の最終的な〈真実〉体験を叙述するに充分でないということを理解し始める。「神との合一」という言葉で神秘家の意味することが部分的にでも明らかにされるためには、人間とその〈源〉の関係の人格的、感情的な側面もまた必要なのである。それゆえに、最も「超越的な」神秘家でさえ、その形而上的歓喜の内容を表現する試みにおいて、愛という言葉を使う立場に絶えず立ち返らずにはいられない。〈愛するもの〉と〈愛されるもの〉の完全な合一が、宗教哲学の厳密で無味乾燥な術語によっては暗示できないことを最終的に認めざるをえなくなるのである。宗教哲学の無味乾燥な言葉を用いれば「神的合一」の最も危険な側面、すなわち一方では汎神論への傾斜、他方では「恋愛文学」的傾斜を回避することができるけれども、それはそれでかの驚嘆すべき体験の最も素晴らしい面を表現できなくなる。何か別の、より人格的で個人的親密さを表すヴィジョンがそれを補完しなければならないのである。これをわれわれは「内心」型の神秘家による報告の中に見出すことになろう。この型の神秘家にとって〈合一の生〉は、一つの〈本質〉の中に自己を消失することではなく、心情と意志の結合という形での自己実現を意味してきたのである。

この種の直観的理解の極端な形態は当然、よく知られ、かつ徹底的に非難されてきた〈神と魂の霊的結婚〉という象徴で表現される。この象徴はオルフェウスの秘儀にまでさかのぼり、そこから新プラトン主義を介してキリスト教の伝統に注ぎ込まれた。しかしながら、それとは別個の、より具体性を抑えた形でこの象徴を表現したものがあり、こちらはこの種の「エロティックな」イメージに潜むとされている諸々の危険を完全に免れている。こうした仕方でジャラルッディーン「ルーミー」は、人間的とは言えないけれども情熱的な感情のみなぎった隠喩を使うことによって、『雅歌』の作者と同様に首尾よく「心が心に語りかける」彼の合一の秘密を語るのである。

〈あなたの甘美な魂〉にわたしのこの魂は
　〈水〉が〈ワイン〉に混じるように溶け込んだ。
誰に引き離すことができよう? 〈ワイン〉と〈水〉を、
　あるいは結ばれているわたしと〈あなた〉を。
〈あなた〉はより大きなわたしとなり、
　せせこましい限界にもはやわたしは閉じ込められることはない。
〈あなた〉はわたしの存在を身にまとった、
　今わたしも〈あなたの存在〉を身にまとうのではないか?
わたしを〈あなた〉は永久に肯《がえん》じた、
　いつも〈あなた〉がわたしのものであると知るように。
〈あなたの愛〉はわたしを底の底まで射し貫いた、
　その慄《おのの》きが〈骨〉と〈筋〉とに絡みつく。
わたしは〈あなた〉の唇に置かれる〈笛〉、
　〈あなた〉の胸にもたれる琴。
深く息を吹き込んでよ、わたしが溜息を洩らすように、
　わたしの弦を弾いてよ、涙が輝き出るだろうから。[32]

この詩によって神秘家がわれわれに告げたいと望んでいるのは、彼の新しい生が、〈永遠〉の生への自由で意識的な参加――〈永遠〉の生とは、真実であり超越的である次元に揺るぎなく打ち立てられた存在様式を言うのだが――であるばかりでなく、流れ込んでくる、彼自身の生よりも大きな人格的な生を意識的に共有することでもある、ということである。この意識的共有は、〈神秘主義の途〉の過程でその親密さと壮麗さを増してきた交流の絆《きずな》を強めることである。人間の体験の中で最も生々しいものであると同時に最も捉えがたいものでもあるこの交流は、まったく言語を絶している。同様に、愛の交わりの神秘も筆舌に尽くせない。この交わりを通して、謙虚で、それでいて能動的な、絶えず繰り返される魂の自己奉献の行為が、魂に栄光を与えるものとなる。そして「その愛によって彼女は〈愛〉と等しいものにされる」――乞食の少女はコフェチュア王と共にその玉座に就くのである［イギリスの古い伝説］。

『単純な魂の鏡』の無名の作者は、その最も大胆な一節において次のように言う。「『わたしは神だ』と〈愛〉は言う。『なぜなら〈愛〉が神で、神は〈愛〉だからである。そしてこの魂は愛の状態にあるがゆえに神であるけれども、わたしは〈神的な本性〉上、神なのである。そしてこれ【この神であるということ】は愛の義によって魂のものなのであり、それはわたしの愛するこの大切な魂が自ら【の働き】なしで〈わたし〉により学ばされ、導かれるためにそうなっている。……これ【この魂】は天高く飛翔する鷲、まことに高く、他のいかなる鳥にもまさって高く飛ぶ鷲なのだ。なぜならそれは素晴らしい愛という羽を持っているのだから[33]』」

〈合一の生〉の最も単純な表現、つまりそれが宣言することに対して可能な最も単純な解釈は、〈合一の生〉とはこの〈完全な愛〉が今この地上で完璧に、意識的に実現されたものだ、というものである。選ばれた何人かの霊は、この〈合一の生〉において、肉体を備えたまま「天高く、より高く飛翔し」、「自分自身の外へ出るように教えられ導かれる」ようになるのだ。彼らは『単純な魂の鏡』の誇張された表現を使えば「愛の状態にあるがゆえに神」になるのである。イギリスの在来の神秘主義は、表現しえぬものを表現しようとして、これよりは概して素朴で穏やかな言葉を使った。『祈りの手紙』の知られざる作者〔『不可知の雲』の作者と同一人物〕は次のように言う。

　人間の魂を神に結びつけ、愛において、また意志の一致において、魂を神と一つにするのはどのような働きであるのか、汝にわかってもらいたい。これを聖パウロは以下のように言っている。「主に結びつく者は主と一つの霊となるのです」〔『コリントの信徒への手紙一』六・一七〕。すなわち「先に触れたような敬虔な愛情によって神に近づく者は、神と霊を一つにしている」と。これはつまり神と人とは二つのものにして、種としては異なっているにもかかわらず、恩寵においては、神と人は霊において一つでしかありえないほど固く結びつけられているということである。そしてこれはすべて、愛により、意志の一致により一つであるという一性によってこうなのであり、この一性のうちに、神と魂との間になされた、引き裂かれることのない結婚があるのである。この結婚は、この仕事をなす熱意、熱情が一時途切れるとしても、致命的な罪以外によっては決して引き裂かれることはない。この一性という霊的な感情に捉えられて、愛する魂は聖書の『雅歌』に書かれている聖なる言葉「恋しいあの人はわたしのもの、わたしは恋しいあの人のもの」〔六・三〕と言い、また（もし望めば）歌うかもしれない。神の側は恩寵という霊的なにかによって、汝の側は霊の喜悦溢れる快い同意によっ

て結びつけられるだろうということを理解しているからだ。(34)

魂と〈絶対者〉の間の絆を「霊的なにかわ」になぞらえることは、洗練を欠くとはいえ、まったく罪がないということを否定できる者はいないだろう。この一節においてこのようなたとえが婚礼の床の象徴の代わりに使われていることは、あらゆる「性的」なイメージを一見しただけで性急に非難しようとする人たちの盲目的熱狂を冷ますのではないだろうか。にかわのたとえが神秘家たちにとり、適切かつ正確であると思われてきたことは、一世紀置いて、より偉大な瞑想家の著作の中に再びそれが見出されることによって証明される。ペーテルス・ゲルラハは言う。

〈汝〉はわたしに〈汝自身〉をすっかり全部丸ごとわたしのものになるように与えてくださる。もしも、わたしがすっかり丸ごと〈汝〉のものになりさえすれば。そしてわたしがこのようにすべて〈汝〉のものになるとすれば、永遠の昔から〈汝〉が〈汝自身〉を愛してきたように、永遠の昔から〈汝〉はわたしを愛してきたということになる。なぜなら、これは〈汝〉が〈汝自身〉をわたしのうちに享受し、わたしが〈汝〉の恩寵によってわたし自身のうちに〈汝〉を、そして〈汝〉のうちにわたし自身を享受するということのみを意味するからである。そしてわたしが〈汝〉のうちにわたし自身を愛するとき、わたしが愛するのは〈汝〉以外の何ものでもない。なぜなら〈汝〉はわたしのうちに在り、わたしは〈汝〉のうちにあって、同じ一つのもののようににかわづけされているからであり、爾来、永遠に分けられないからである。(35)

この種の言い回しから、神秘家たちの無垢な心の理解する〈霊的結婚〉という表現への移行はほんの一跨ぎにすぎない。神秘家はこの表現によって法悦的満足感や、地上的な恍惚を霊の世界に持ち込んだ怪しげなものを意味しているのでは決してない。彼らが意味しているのは、「二度と失われたり、切り離されたりすることのない」生涯の絆であり、自由な自我とそれが観想の中で知った「何にも増して美しいもの」との間に結ばれる、意志と心情における密接な人格的結合のことなのである。

〈神秘主義の途〉は愛における発達、成長であった。それは源へと向かう魂の内なる傾きを慎重に育むことであり、「現世的な富」を求める魂の逸脱した傾向を根絶することであった。しかしながら、愛にふさわしい唯一の目標は合一である。「愛する者がその愛する相手と完全に結合し、一緒になって一つのものとなる」[36]（ヒルトン）。哲学者たちは、愛とは「結合の原理」だと言う[37]。それはあらゆる次元において、生の最も強力な作用因なのである。さらに、地上的な結婚が、倫理的な意味から言えば、個人の欲望の満足というよりは生の大きなプロセスの一段階――二つの自我が新しい目的のために融合すること――として理解されるのと同じように、霊的結婚にも義務と責任が伴う。新たな次元に到達し、新しい活力を注ぎ込まれると同時に、新たな責務が、形を変え大規模なものとなった努力と忍耐の要請が生じるのである。それは行為ではなく状態である。新鮮な生が分かち与えられ、これによってわれわれの生は完全なものとなる。新たな創造的能力が授けられたのだ。神的な次元にまで高められた自我は神的豊饒の発動者となる。エネルギーの発生源、超越的生を生み出す者となるのだ。アクィナスは言う。「ある事物に訪れる最後の完成は、その事物が他の事物の原因となることである。したがって被造物がさまざまな仕方で神の似姿になろうとするとき、被造物に対し開かれている最後の方法は、使徒が『わたしたちは神のために力を合わせて働く者である』〔『コリントの信徒への手紙一』三・九〕とおっしゃるように、他の事物の原因となることにより、神の似姿たらんと求めることである」[38]

実際のところ、神秘家たちの歴史を研究する段になってわかることは、恒久的な〈合一の状態〉ないし霊的結婚に到達する人々にとって、それが何にも増して、今述べたような創造的な活力を入手する径路の確保を意味することである。それは、ちっぽけで派生的なものにすぎない人間の生が〈絶対的生〉の侵入を受け、それによって強められたことを意味しており、表層の精神には超人的としか思えない人格や生涯として人類の歴史に現れるのである。このような活動、つまり「〈霊〉の果実」のこうした結実は多様な形をとりうる。しかしこれが欠如していて、その代わりに個人的な充足感や個人的ヴィジョン、法悦が——いかに崇高で霊的なものであろうと——〈合一の途〉のしるし、〈真実〉の探求の目標ないしは対象として持ち出されるとき、われわれは〈永遠の生〉——それは永遠の安息とは違うのだ——へと続く「厳格にして狭き道」〔『マタイによる福音書』七・一四参照〕からはぐれてしまっていると確信してよいであろう。サン=ヴィクトルのリカルドゥスの言によれば、「愛の第四段階は霊的に実り多い[39]」。実を結ばぬ愛、「聖なる無為」に出会うとき、われわれは常に静寂主義的異端を前にしているのであって、〈合一の生〉を前にしているのではない。聖テレジアは言う。

わたしたちにこのような恩寵を授けられるに際し、これまで何度も申しましたように、われらが主は、わたしたちが多く苦しむことによって主を真似ることができるように、わたしたちの弱さを助けて強いものになさろうとのお考えなのだとわたしは確信しております。……聖パウロはそのとてつもないつらい仕事をやり通すためにどこから力を得ていたでしょうか。わたしたちは聖パウロの中に、真にわれらが主に由来し、わたしたち自身の想像力や悪魔の欺瞞から来るものではないヴィジョンや観想のもたらす効果を、はっきりと見てとることができます。あなたがたは、聖パウロがこのような霊的な慰めを心安らかに楽しもうと隠遁し、他に何もしなかったとでも思うのですか。それどころか、わたしたちに知りうるかぎり、彼が一日の休息もとらず、夜には日々の糧を得るために働いたということをあなたがたはご存じです。……ああ、尼僧方、神がこのようにご自分の特別のお住まいとしてお選びになった魂の持ち主は、いかに自分の安楽を忘れ、名誉など軽視することでしょう！　というのは、もしも彼女の心がそう住らねばならない通りに神に集中しているとしたら、彼女は必ずや自分自身を忘れているに違いないからです。その考えはすべて、いかにしてもっと神の御心に適うことができるかに向けられ、また、いつ、どのように自分の愛を神に示すことができるかに向けられます。わが娘たちよ、これこそが祈りの目標であり目的であるのです。これこそが、常に諸々の善行という子孫を生む霊的結婚の趣意なのです。仕事こそ、わたしたちの受け取る恩恵が神からのものであることの最大の証拠なのです。(40)

テレジアは同じ章で次のようにも言っている。「われらが主に完全なもてなしをするためには、マリアとマルタが一つにならなければなりません」〔『ルカによる福音書』一〇・三八—四二への言及〕

(3)　偉大な神人融合的神秘家たち、すなわち、真に〈永遠〉への秘儀参入を許された人たち——しばしばこうした神秘家の発言はあいまいなのであるが――の生涯を見ると、驚嘆すべき、充溢の極みとも言うべき活力がそこにあることがわかる。これは状況に左右されることのない、「圧倒的な力」である。偉大な仕事が途切れることを知らずに生み出されてくるさまは、実際これこそがかの〈霊〉、神秘家の内なる城を今やその存在で満たしている〈霊〉の目的であると思わせる。

われわれは、〈第一の、そしてそれのみが義であるもの〉に突如捉えられた聖パウロが、〈真実〉のヴィジョンを楽しむために引きこもったりせず、世に出ていき、たった一人でカトリック教会を組織したのを見る。そして裕福でもなければ影響力も持たず、健康にも恵まれていない一介のローマ市民に、どうやってこのような巨大な組織を作ることができたのか、と問うてみずにはいられないが、それに対してパウロは「わたしではなく、わたしの中のキリストが」〔『ガラテヤの信徒への手紙』二・二〇〕と答えるのである。

われわれは、農民の娘であったジャンヌ・ダルクが羊小屋を捨ててフランス軍を導くのを見る。そしてこの信じがたい出来事がいかにしてありえたのかを問い、「〈声〉が彼女に命じたのだ」と告げられる。一つのメッセージが、圧倒的な衝動が、超感覚的な領域からやって来るのである。活力が彼女に注ぎ込まれ、しかしどうやってか、なぜなのかは彼女にはわからない。ジャンヌは〈無限の生〉と結ばれ、その代理人となり、その力を媒介するもの、「人間にとってのその手にあたるもの」となったのである。

またわれわれは、神の傷跡を刻印され、神の歓びに燃え立った――傷と歓びは永遠を約束する手付の金貨の裏表なのだ――「神の吟遊詩人」聖フランチェスコが、あるいはわれらが聖母の騎士、軍人らしく同時にロマンティックな聖イグナティウス・ロヨラが世に出ていき、ヨーロッパの霊的歴史を一変させるのを見る。ごくありふれた職業の家庭で、霊的とはほど遠い環境で生まれ育った彼らが、どこであの超絶的に豊かなエネルギーを、逆境の極みに圧倒的な力を発揮し、成功せずにはおかない天賦の才を手に入れたのだろうか。フランチェスコは聖ダミアーノの十字架の前でそれを見出し、ラ・ヴェルナでの筆舌に尽くしがたい経験の中でそれを再び新たなものとした。「精神的憑依と歓喜によって、神において変容せしめられた」ときに。イグナティウスはマンレサの洞穴での長い観想と厳しい修行によってそれを手に入れた。〈聖母〉に仕える騎士として身を捧げた屈従の行為の後のことであった。

さらにわれわれは、同様にロマンティックな気質に生まれついた聖テレジアが、低次の人格と高次の人格との間の長くつらい闘争の後に〈合一の状態〉に移行するのを見る。五十歳を越えて持病を抱え、長く続いた体調不良と〈浄化の途〉の苦行によって消耗していながらも、テレジアは内なる〈声〉に従って意志的にそれ以前の生活に別れを告げ、修道院を出て、新しい生活を始める。そしてスペイン中を経めぐり、教会の圧力に抗いながら偉大な修道会改革を行なうのである。さらに驚異的なシエナの聖カタリナは、無学な平民の娘として生まれながら、三年間の隠遁の後に神秘的結婚を成就し、自己認識の独房から歩み出てイタリアの政治を左右することになる。こうした一見して不適格と思われ、不利な環境、病弱、慣習、貧困などあらゆる面から行く手を阻まれている男女が、いったいどうやってこのような途方もない運命を達成したのであろうか。唯一可能な説明は、こうした人々がみな偉大な神秘家であって、神人融合的生を高い次元で生きたという事実によるものである。それぞれの神秘家において、大きな活力と深い熱狂、不屈の意志を持った英雄的な性格が、霊的な次元に達するまでに高められ、意識のより高いレベルにおいて作り直されたのだ。そして彼らの一人一人が自我性を克服し、生の大きな運命に身を委ねることによって、自我が本来持っていた、〈無限者〉を求める能力を高めたため、その人間的限界は乗り越えられたのである。

かくしてこれらの人々は自由の身となり、「無化された魂」の大望、すなわち「手というものが人間にとって果たす役割を〈永遠なる善〉に対して果たしたい」(『ドイツ神学』)という望みを成就したのである。

受動的状態へと向かいがちなギュイヨン夫人の生来の傾向ですら、夫人が〈合一の途〉に入るとともに消失する。〈合一の途〉への参入を許された者のうちで最も優れた部類には入らないけれども、彼女もまた合一の生がもたらす豊かな生を生み出す力を感じ、その刺激により彼女の「聖なる無関心」から本来の神秘家にふさわしい状態へと、われ知らず移行していったのである。

ギュイヨン夫人は自我が〈合一〉へ参入する際のことを——夫人がいつものように綿密な要約の形で自分自身の「状態」のことを述べていることに疑いの余地はない——次のように語っている。

魂は、人には知られぬ活力がますます強く己れの全存在を制覇しつつあるのを感じます。そして徐々に新しい生を受け取るのですが、爾後この生を失うことは決してありません。少なくとも、ここ地上でこれ以上に確信を持てることはないのです。……この新しい生は、以前のようなものではありません。それは神における生です。完全な生なのです。魂はもはや自分で生きるのでもなく、自分で働くのでもありません。神が魂の中に生き、活動し、働くのであって、それは徐々に大きなものとなり、ついには魂が神の完全性によって完全なものになり、神の富によって豊かになり、神の愛で愛するようになるのです。(41)

この新たな強烈で真なる生は「諸々の行為を為すこと」や、「絶えず善行を生み出すこと」に結びつくもの以外のもっと重要な性質を持っている。サン＝ヴィクトルのリカルドゥスがわれわれに述べたように、それは単に活動的であるばかりでなく、実際上の意味で子孫を増やす、創造的なものなのである。愛の第四段階において魂は子を生む。この魂は、霊的な活力がこの世界に新たに生まれ出るための媒介者であり、〈超越的次元〉の妻、連綿たる霊的子孫を生む母なのである。合一の段階に達した偉大な神秘家はみなそれぞれ、霊的な家系の先祖であり、新たな超越的生を放射する中心なのだ。レンズが光を集めるように「流れる神性の光」〔マグデブルクのメヒティルトの著作名〕はこれらの神秘家たちに集められるが、それは彼らを通じてこの光があらゆる方向に広がるためになされるのである。同様に創造的で優れた見者や芸術家は、彼ら自身の直接の作品の生みの親であるばかりでなく、芸術のそれぞれの流派全体、つまり、彼らの美や真理についてのヴィジョンを学び、あるいは継承した人々の集団全体の親となるのである。かくしてパウロやフランチェスコのような人、イグナティウスやテレジアのような人の影響範囲には、真実の気圏が生み出され、新しい、活力に満ちた霊的な人格が次第に現れ始め、偉大な創始者たちが用意しておいた仕事のために集うようになる。聖パウロが神において生きた恍惚的生を真に証明するものは、彼の長旅の足跡となっている一連のキリスト教会の存在である。それまで一人として彼の宗派の修道士のいなかった土地でも、一度フランチェスコが通ればその後に必ず「匂やかな顔だちの」フランシスコ派の修道士たちが残される。[42]〈神の友〉が勃興し、ライン地方からバヴァリアにかけてあちこちに独立の神秘家たちが現れる。それぞれの神秘家が、絶えず拡大していく超越的生の輪の中心、霊的家系の先祖となる。彼らはその〈師〉同様、人間がより豊かに生を持てるようにとやって来たのである。そしてこの人たちから、実際に新しい神秘的なエネルギーがこの世に送り出されるのだ。繰り返そう。イグナティウスはマンレサをたった一人で、不自由な足を引きずり、無知で、貧しいまま旅立つ。しかしローマに到着したとき、彼はすでに彼の精神を点火され、燃え立っている仲間の人々を、つまり彼によって生まれ、彼の生の要《かなめ》となった、彼の真の子どもたちを伴っているのである。

テレジアは、カルメル修道会がどうしようもなく堕落していること、修道士も修道女も真実に対して盲目であり、修道院生活の義務に無関心であることを知る。そして〈霊〉に導かれて自分の修道院を去り、極貧の中で新しい修道院の創設に着手するのであるが、この新しい修道院では、最も厳粛で高貴な観想生活が行なわれるようになるのである。ほとんどどこを向いても嘲笑の的にされるという状況でテレジアはこの仕事に身を投じる。ところが不可思議にも、テレジアが仕事を進めるにつれ、霊的生活を新たに始めようとする人々が現れ、彼女の周囲に集まってくるようになる。こうした人々は、どうやってかはわからないが、逆境のさなかに現れるのであり、一人残らずテレジアの精神によって鍛えられ、貫かれているのである。彼らはテレジアの溢れんばかりの活力に伝染し、〈改革〉をめざす英雄的な生活を熱心に、また楽しげにその身に引き受ける。そして最後には、スペイン中のあらゆる都市がテレジアの霊的な子どもたちを擁するようになる。それは、あたかも実際にテレジアの血を分けた息子や娘と言ってもいいような、真にテレジアから生まれた瞑想家の一団なのである。〈霊的な錬金術師たち〉が、真の「哲学者の石」はいかいい、染める石であり、己れの影響範囲に持ち込まれた卑金属に己れの金の性質を分かち与えるのだと言うのも無理からぬことである。

こうした子孫を増やす能力が、個人の魂とその〈源〉との真の「神秘的結婚」である神人融合的生の最大の証拠である。このような力を持つ稀有な人格は、真実の精髄である〈圧倒的な霊的な生〉が現世的な次元に無理やり侵入し、子どもを、つまり超越的宇宙の溢れみなぎる活力を継ぐ者をもうけるための媒体なのだ。

しかしながら〈合一の生〉は、その外的徴候を総和した以上のものである。「偉大な活動家」の雄々しく使徒的な生以上のもの、「〈絶対者〉の息子や娘」を新たに生み出す神的な母性以上のものなのである。これまで挙げてきたことは〈合一の生〉の外的なしるし、この世界におけるその表現にすぎない。わたしがまずこの表現を強調したのは、神秘家たちを批判する人々すべて、さらに神秘家の友である人々の一部までがこの側面を無視し続けているからである。とはいえ、現世的な次元において、この強烈にして創造的な生を生きる瞑想家の力は、あの、もう一つの生と堅く結びついているのであって、後者の生において彼は〈絶対的な次元〉との全き交わりに到達し、その至高の活力は自由に彼の中に流れ込んでいるのである。神秘主義的体験と哲学の関係を論じた箇所で〔これは第一部への言及であり、本訳書に該当箇所はない〕、完全な神秘主義的意識は、それゆえ、当然の帰結として完全に神秘主義的な世界も同様だが、共に二面的な性格を持っており、一元論的諸要請とはほとんど相容れないことをわれわれは見てきた。それは同時に静的でも動的でもあり、超越的でも内在的でもあり、永遠でも時間的〔現世的〕でもあると人間の観点からは思われる一つの〈真実〉を己れのものとした。絶対的な〈純粋存在の世界〉と絶えず変化してやまぬ〈生成の世界〉の両方を、〈真理〉を見るためにいずれも欠くべからざる部分として受け入れたのだが、この二つの世界は、神秘主義的意識に対し二重の反応を要求するものなのである。〈神秘主義の途〉の全過程を通じてわれわれは、〈真なるもの〉に対するこの二重の直観が成長し、鍛錬されるのを垣間見てきた。今こそ彼は、成熟し、発達の頂点に達した神秘家は、感覚と霊の浄化を経て、嗣業を受けた状態に入った。

その嗣業の一部として単に(a)〈神的な善、真、美〉の享受、〈永遠の薔薇〉の花弁の一つとなることだけをわがものにするのでもなく、また(b)〈永遠の知恵〉の代理人としての創造的な活動だけを——変わることなく〈生命の川〉に浸されながら——身に引き受けるのでもなく、その両方を一緒に受け入れなければならないし、また実際受け入れるのである。これが「〈永遠なるもの〉を時間の中に肉を備えた形であらわす」ために召命された霊的な人間の二重の宿命なのだ。古いスコラ学の言い方を借りれば、彼は同時に受動者でもあり能動者でもある。神に関して言えば受動者であり、この世に関して言えば能動者なのである。

その意味を深く解釈すれば、この段階の神秘家は、その程度に応じて、人間と〈永遠なるもの〉を仲介する神 - 人的生に参与し、「この世界の救済」を準備する、と言ってもよいのかもしれない。それゆえ、外に現れるその壮烈な活動的生涯、神的な意味での子孫に多く恵まれるということが、神秘家の状態を示す最も良い証拠だとわれわれには思われるとしても、神秘家自身にとって絶対的生を保証しているものは、「何にも増して永遠の生が在ることをわれわれに感じ[43]」させてくれる、自分が神秘的な意味で神の子であるという内的な知なのである。この最も要となる事実、すなわち、自分自身の超越性に対する独特な意識——それは完全なへりくだりと共存し、それに依存している——を神秘家はいろいろな仕方で叙述する。時として神秘家は、自然の支配下にある生においては、最善の瞬間にさえ永遠の次元の「忠実なるしもべ」でしかなかった自分、次に照明を受けてその「人知れぬ友」となった自分が、今や最後の、最も神秘的な「秘密の子ども」の状態にまで進んだ、と言う。リュースブルクは次のように語っている。

人知れぬ友と秘密の子どもとの間にある違いは何と大きいことだろう！　なぜなら友は愛情に満ち、生き生きと神に向かって上昇していくが、それはあくまで節度を保ってなされるからである。これにひきかえ子どもは、自らを知らない者の単純さで、頂きに達し、そこで自らの生を失おうと先を急ぐ。……われわれが自らを超越し、神めがけての上昇において、剥き出しの至高の〈愛〉にとらわれるほど単純になるとき、このときこそわれわれは存在をやめ、われわれもわれわれの一切の自我性も神の中に死ぬのである。そしてこの死においてわれわれは神の秘密の子となり、自らのうちに新しい生を見出す(44)。

偉大な神秘家の外的な生涯が超人的な精励のそれであり、悪と敵意に対する長い闘いであるとしても、彼の真の内的な生は確乎として高みに存するのであり、完全な享受の状態にある。無知と空無という逆説的な象徴によってしか、神秘家はこの享受の状態をわれわれに暗示できない。神秘家が存在を支配しているのは、このように存在を超越しているから、彼が神の息子であり、永遠の次元の住人であって、その本質的な生に与《あずか》っているからなのである。「神の本質に基づく静粛さ、神の本性に基づく活動性。絶対の休息、絶対の多産性」、これが神性の二面性である、と再びリュースブルクは説く。〈絶対者〉の秘密の子どもは〈真実〉のこの二重の性質に参与する――「この気高い地位に就くものとして人間は造られたのだ」。

神秘家が、静的と動的、〈存在〉と〈生成〉などと不器用に分類した真理の二つの相は、神秘家自身の本性の中で最終的な調和を見る。なぜならこの本性はあらゆる部分において意識化され、その中の至高の諸要素を核として自らを統一したからである。完全な平安、自我の歓ばしき消滅、自らの生を凌駕した何らかの強力な〈生〉の中への無化といった、あの不思議な、心を苛むヴィジョンの源がついに突きとめられたのである。このヴィジョンは、人類の歴史を通して絶えず人間につきまとい、あらゆる宗教の教義の中に、歪められてはいても顔を覗かせ、あらゆる脱我の中で自らの正当性を証明してきた。そしてまた、このヴィジョンは、どうしても自らを表さずにはおかない、ある本能に基づいているということもわかった。この本能によって人間は自らが受け継ぐべき嗣業の最も高貴な部分を、手は届かないながらも認識することができたのである。この認識は必然的に不完全で歪んだものであった。多くの気質においてそれは誇張された形をとり、またこれを叙述するための象徴的な言い回しによってさらに紛らわしいものとなった。〈合一の生〉を、完全に受動的な相のもとに、全的な自我の滅却として、神性の実体の中への消滅として見ようとするインド神秘主義の傾向は、このような真実の歪曲の結果であるとわたしは考える。東洋の神秘家も「高みに達し、そこで自らの生を失おうと先を急ぐ」のだが、彼らはその後戻ってきて、自分が人類のために、死すべき運命を超越したという、生命をもたらす報せを同胞たちに伝えるということをしないのである。ともすれば活動へと向かうという西洋の神秘家に見られる気質的傾向は、概して、このような一面的な享受の危険から彼らを救ってきたのであり、それゆえに「活動と休息の二重性」を持つ〈合一の生〉が最も充実し、高貴な形をとったのは西洋の神秘家においてだったのである。

　これらの西洋の神秘家たちのうち、リュースブルク以上に明晰に、あるいは壮麗に人間の〈真実〉に対する反応の二重性を表現した人はいない。それは彼の、真理のヴィジョンの中心である。あらゆる著書において彼は繰り返しこのテーマに立ち返り、哲学的常套句ではなく、直接の体験が語らせる——彼の著作になじんだ者は誰もこのことを疑うことはできない——熱のこもった、歓ばしげな、力強い表現でこれを語る。彼は、一足先に〈最高天〉に到達したダンテの言葉に同意するだろう。

わたしはこのように結び合わされた宇宙の形相を見たと信じる、
というのはそれを語るときにわたしの歓びは
いっそう拡がるように感じるからである。(45)

そこでわたしはリュースブルクから引用することにしよう。そしてもし彼の言葉がいささか長く、また理解しがたいと感じられるなら、それが人間の霊的能力の研究にとって持つ、他に比べようのない重要性に免じて読者のご寛恕をいただきたい。

まず、神のヴィジョンについて――

唯一の神を構成する〈神的な諸位格〉は、その本性の豊饒さにより、常に活動的であり、その本質の単純さにより、神性と永遠の至福を構成する。かくして〈諸位格〉という面によれば、神は〈永遠の活動〉であるが、その本質とその永遠なる静けさという面によれば、神は〈永遠の休息〉である。さて愛と享受がこの活動とこの休息の間に住まう。愛は常に活動的であるだろう。その本性が神と共に永遠に働き続けることにあるからだ。享受は常に静かである。なぜならそれはあらゆる意志と欲望を超えて、単純な、イメージを持たぬ愛において愛し抜かれた者による、愛し抜かれた者の抱擁であるからだ。この愛において〈父〉は〈子〉と共に、自然の豊饒さを超えた〈聖霊〉の実り豊かな結合のうちに、愛する者たちを包み込むのである。そしてこの同じ〈父〉がそれぞれの魂に対し、無限の慈しみとともに言う。「汝は〈わたしのもの〉であり、〈わたし〉は汝のものである。〈わたし〉は汝のものであり、汝は〈わたしのもの〉である。なぜなら〈わたし〉は汝を永劫の昔から選んできたのだから(46)」

次に自我の運命についてのヴィジョンを挙げよう。

われわれの活動は神を愛することであり、われわれの享受は神を耐え忍び、神の愛によって貫かれることである。神と神の〈恩寵〉との間に違いがあるように、愛と享受の間にも違いがある。われわれが愛によって自らを神に結合させるとき、われわれは霊である。一方われわれが〈聖霊〉にとらえられ、それによって変容されるとき、われわれは享受へと導かれる。そして神御自身の霊は、われわれを御自身のうちから吐き出し、われわれが愛せるよう、よき仕事をなせるようにする。そしてまた神の霊は、われわれを御自身へと吸い込み、われわれが享受において憩えるようにするのである。そしてこれこそが〈永遠の生命〉である。ちょうどわれわれの死すべき命が息の吸い込みと吐き出しによっているように(47)。

さらにリュースブルクは言う。

理解せよ。神は間断なく、手段を介して、また介さずにわれわれを訪れる。そして神はわれわれに行動と享受の両方を要求するのだが、それは行動が享受を妨げることなく、また享受が行動を妨げることもなく、両者が互いに強め合うような仕方においてなのである。そしてこれこそ、内的な人間【すなわち瞑想家】がこの二つの仕方、つまり休息と活動において、その生涯を送る理由なのである。それぞれにおいて彼は完全に、分裂なく存在する。というのは、休息に満ちた喜ばしい享受という点では完全に神の中に住んでいるのだし、能動的な愛という点では完全に自分自身において生きているからだ。そして神は、語りかけてくるたびに、休息と仕事の両方を新たなものにしていくよう永遠に彼に呼びかけ、促すのである。魂は義なるものであるゆえ、あらゆる瞬間に神の要求に応じることを望む。かくして、神の光によって照らされるたびに、魂は活動的でありながら同時に享受をたのしむような仕方で内へと向かい、それによって、あらゆる働きにおいて新たなものとなり、享受の喜ばしい休息にますます深く浸しつくされるのである。……愛のなす仕事において魂が活動的なのは、それが休息を目の当たりにしているからだ。魂が巡礼者なのはその目が故国を見ているからだ。愛のために魂が勝利を求めて苦闘するのは、自らが勝利者の王冠を戴いているのが見えるからだ。慰め、平安、歓び、美、豊かさなど、魂を喜ばすすべてのものは、神において照明を受けている心に対し、霊的な比喩の形で限りなく示されているのである。そして神のヴィジョンと神との接触とを経験している間も、愛は活動を続けている。なぜなら、このような義なる人は自分自身の魂のうちに、休息していようと働いていようと、永遠に不滅である真の生命を築き上げたからだ。ただしこの生命は、この世の生が終わった後には、さらに一層崇高な状態に変化することになるが。かくして、この人は義なる人であり、内なる愛によって、永遠に活動を続けながら、神に向かい、享受という性格においては、永遠に休らいながら、神のうちに入るのである。この人は神のうちに宿っていながら、万物に対する愛の霊に満たされ、働きにおいて、また義なる仕事を通して、あらゆる被造物へと向かい、外へと出ていくのである。そしてこれこそが内的な生の至高の頂点なのだ。[48]

この叙述を神人融合的神秘家の生涯と比べてみよう。これらの神秘家は、実際「行動が享受を妨げることなく、また享受が行動を妨げることもなかった」のであり、人知れぬ調整によって、内的な歓びも外的な勤勉さも失うことなく、「休息においても、活動においてもその生を御する」ことを巧みにやってのけたのである。これらの言葉——神によって創られた人間の霊と神との真の関係を述べようとした、リュースブルクの高貴なる努力の賜物——を読む際には、シエナの聖カタリナの偉大な公的司牧活動を念頭に浮かべてほしい。カタリナの活動は、疫病患者の看護から、教皇制度の改革にまで及ぶが、それはキリストが常に共にいてくださるという喜ばしい意識を内に伴っていたのである。また、ジェノヴァの同名の聖女の、よりつつましやかではあるが美しさではひけをとらない重要な業績を、さらにアッシジの聖フランチェスコ、聖イグナティウス、聖テレジアなどの刻苦の生を思い出してほしい。それは、外的には、無数の厄介な瑣末事に目を配りながらの奉仕の生、規則を編み、組織を造り、それを実際上の成功に導くために必要なことはみな怠らずに行なう生でありながら、同時に「常に休息に満ちた喜ばしい享受の状態で神のうちにある」生であったのである。これらすべては、ついに完全に目覚め、自ら全的に真実の存在となったため〈真実〉を知るに至った自我が、いわばこれまでの借金を支払っている状態を示す素晴らしい例ではないだろうか。活動にも享受にも、どちらか一方の状態に完全に安住することのできない自我は、自らを捉えている、充溢を超えた充溢の生をこうして二面的に表現する。そして、熱心さと努力という二つの翼によって、その〈故国〉へと翔んでいくのである。

これまでしてきたように、偉大な神秘家たちが〈合一の状態〉の実態を自分にとって現実的《アクチュアル》なものにする仕方を詳説するあまり、この状態が本質的には愛の実現であり、「宿願」の達成であることを忘れてはならない。この達成、すなわち自我が高みへと引きあげられ、〈真なるもの〉との自由な結合がなされることにより――これをかすかに予表する地上的結婚の場合と同様に――新しい生が始まるのであり、新たな能力、新たな責任が付与されるのである。しかし、これで全部ではない。通常の自我の三大活動、すなわち、知・情・意は融合しているように思われるが、実際それはより高次の段階に持ち上げられているのである。確かにこの三つの活動は統合されているが、未だにそれぞれ固有のまとまりとして存在しており、それぞれが「これを享けとるべく人間が造られた名誉」――あの最終的な名誉の獲得に際し、完全な充足を要求し、それを受け取る。知性は真理の力強いヴィジョンに浸しつくされるが、これは今やただのヴィジョンではなく、わが家として知られるものとなる。この地平において聖パウロは言語を絶する事どもを見たのであり、聖テレジアは「〈聖なる三位一体〉との永遠の交誼」を知った。ダンテはほんの一瞬の間この地の内奥へと運ばれ、〈創造に先立つ光〉のまばゆい閃光に撃たれて、自分が〈真実〉の最後のパラドックス――「環」と「形」の結合、すなわち神の無限の相と人格の相との統合――を解いたことを知ったのである。(49) 高められ、〈超越者〉を常に優先するように作り変えられた意志は、征服すべき新たなる国々を、より高貴なものとなった運命に見合う新たなる力を受け取る。しかし心情もまた、ここで新たな次元に参入するのであって、それはより高い段階の歓びに生きることになるのである。「〈愛〉は言う。この魂は歓びの海に泳ぐ。喜悦の海、神的な力の流れに浴するのである、と[50]」

「愛する者は翔び、走り、歓ぶ。自由であって、何者もこれを抑えることはできない」とトマス・ア・ケンピスは言った[51]。これは古典的な言葉であり、聖人たちの内なる歓びの情と自由とを一言にして余すところなく描き出している。彼らは「翔び、走り、歓ぶ」――しばしば途方もない苦行に疲れきり、困難で終わりのない仕事に身を捧げる、偉大にして精励刻苦のかの人々が。彼らは「自由であって、何者もこれを抑えることはできない」。俗世間にとっては、ばかげた断念や制限の柵の中に閉じ込められ、自由――俗世間がそう思いなしている安っぽい放埒――を奪われているると見えるのだけれども。

〈絶対者〉の中に没入している神秘家の魂の内的な生として、リュースブルクが壮厳な調子で語っている歓びの享受――〈至福直観〉を天上的な感情を表す言葉で言い換えたもの――は、当の神秘家たちの内奥の体験において、しばしば子どものような陽気さ、消えることのない心の喜びをいつまでも保ち続けることとして実現される。変容された魂は、比類のない快活さのうちに続けられる「愛の舞踏」の拍子に合わせて踊るのであり、それはどんな外的な困難や試錬にも揺らぐことはない。彼らは高い霊性特有の上機嫌を享受し、「霊的生活」にふさわしいと一般に思われている陰気な諦念を示す代わりに、上品な茶目気を発揮して俗世間を驚倒させるのである。その絶えざる苦痛にもかかわらず、シエナの聖カタリナは「常に陽気で、機嫌が良かった」。病気で衰弱しているときにも溢れるような快活さと喜びを示し、「神における笑いに満ち、歓びに酔い、愉悦の極みであった[52]」。

さらに、神秘家の中でも最も透徹した眼力を持つ人々は、このような歓びが〈真実〉に内在するものであると明言する。かくして、〈天国〉に招じ入れられたダンテは、〈宇宙〉全体が神の栄光を称え、喜びに破顔一笑するのを見、(53) また〈全き愛〉の恐ろしい顔が微笑の衣をまとうのを見るのである。(54) 偉大な神学者たちの魂は〈太陽天〉でその音楽と笑い声に合わせて踊り、(55) 愛に満ちた熾天使たちは、恍惚的な歓びのうちに〈神の存在〉の回りを旋回する。(56)〈神の真髄〉がついに啓示され、〈三位一体の神〉の究極の属性が愛と歓びであることを感知したとき、巡礼者ダンテは、「おお、永遠の光よ、……愛し、またほほえみたもう者よ」と叫ぶのである。(57) かくしてベアトリーチェはダンテと共に星の世界への梯子を上りながら、「その目を笑みて」声を立てて笑う——魂のいと高き導き手にふさわしいと一般に考えられているのとはほど遠い物腰である。そういうわけで、もしも神化された魂が、実際に人類の先駆けとなって、「その享受にふさわしく天上に住まう」のだとしたら、彼もまたフランチェスコのように走り、歓び、陽気にふるまうであろうし、また〈一者〉をめぐる〈宇宙〉の熱心な舞踏に加わるであろう。パットモアは言う。「聖人たちの生涯が示唆するところによれば、愛は、霊を畏敬と崇拝の領域から、笑いと戯れの領域に高める。この領域では魂が『わたしが、汝の光線の中で踊るブヨにすぎないわたしが／畏敬などという大それたことをすべきだろうか?』と言うのである(58)」

リチャード・ロールは、喜悦の極みであるこの「戯れる霊」を独特の洞察と繊細さをもって表現した。「かくも甘やかに燃え立つ愛の中に味わう喜びのうちに」とロールが言うのは、「愛し合う者たちの意志という絆によってその愛を確かなものにした」真の恋人についてである。

余人のあずかり知らぬ天上的な知を注ぎ込まれて、彼は感じるのだ。この知を受け取り、イエスにおいて愛するすべての歓びに満ちた恋人を聖別し、幸福なものにする甘美な練り薬を己れの身に帯びる者以外、誰もこれを知ることはできない、と。そして彼らは天の御座につこうと、そこで尽きることなく彼らの〈創り手〉を楽しもうと急ぐことをやめない。これこそを彼らは望んでやまないのだ。天上的な光景を目にし、そのときを待ちわびながら。そして内なる火は燃えさかり、内なる器官は光を浴びて快く輝き、喜ぶ。彼ら自身はと言えば、この上なく陽気な愛によって幸福に満たされ、歓ばしい歌の中に、えも言われぬ仕方で溶け込んだように感じているのだ。……しかしながら、この恵みは遍《あまね》くすべての人に与えられるのではなく、最も神聖なものを吹き込まれた神聖な魂のみに教えられるのである。こうした魂において、愛の素晴らしさは輝き、キリストに霊感を受け、美しい愛の歌が一斉に鳴りだし、いわば愛の笛となって、えも言われぬ神を眼前に、歓ばしく楽を奏でる。それ（魂）は愛の神秘を知り、大いなる叫び声を上げてその〈愛する相手〉めがけ昇っていくのだ。その理性はこの上なく研ぎ澄まされ、知と感情は繊細を極める。地上の事どもにあれこれと気を散らすことなく、すべてを神に集中し、向かわせており、それは良心の浄らかさと魂の輝きをもって神に、すなわち、愛する目標と定め、自らを捧げようと決めた御方にお仕えできるようにするためなのだ。疑いもなく、愛する者の愛が明らかであればあるほど、神は彼により近く、より確かに現前しているのである。それゆえ彼はより明白に神を歓び、より多く甘美なる〈善〉を感じるのだが、これは愛する者たちに注ぎ込まれてくるものなのだ。かくて比類ない陽気さに、柔和なる者の心は向かうのである。(59)

ロールは次のようにも言った。〈真実〉を前にしたときの反応として、燃える愛の状態以上に親密なものは考えられないのだが、燃える愛の状態とは〈甘美さ〉と〈歌〉の状態である。すなわち、単純な魂のうちに晴れやかな音楽が湧き上がってくることであり、それはわれわれの耳ざわりな話し言葉ではとても描写できない歓びに対する、人間の自然な表現なのである。原初の芸術の持つ陽気なリズムに乗ってはじめて、人間は、宗教と哲学の時代、つまりより謹厳な時代には、決して口にすることのできない秘密の何かを語りうるのである。厳かさと尊大さにとらわれることなく、〈超越的次元〉の「秘密の子ども」が、その稚《おさな》さそのものにおいて享受する内なる生、永遠の若さを表現する何かを。神を眼前にした人は「いわば愛の笛となって」、「歓ばしく楽を奏でる」。天球の音楽が彼の周囲に満ちている。彼は〈神的なるもの〉の偉大な旋律の一部なのだ。ロールはこうも言う。「実際、最も甘美なのは、甘やかな、麗しい音楽が降ってきて、それを楽しんでいるときに霊が受け取る休息なのだ。そして、この上なく甘やかで陽気な歌に心は陶酔し、永遠なる愛の讃歌を歌うのである[60]」

神秘家の生涯を見ると、彼らが意識していないときにはいつでもこのような「美しい愛の歌が一斉に鳴りだす」のが字義通りの事実であるとわかる。畏敬の念を起こさせずにはおかない英雄的な活動をこなす改革者、教師、リーダーが〈愛〉の家で過ごす内的な生を見てほしい。「神に仕える者とは、神の吟遊詩人に他ならぬ」と聖フランチェスコは言い[61]、彼は〈天上の旋律〉と自らに顕われた〈キリストの聖痕〉との間に何の矛盾も見出さなかった。さらにハムポールの隠者〔ロール〕が荒れ野で学んだように、こうした吟遊詩人たちの歌は甘美であるばかりでなく、陽気でもあるのである。われわれが最大限の崇敬と畏怖をもってはじめて思い描いてみようとするあの光のうちに彼らは常に在る。そして彼らは、恐れも、驚きもしない。なぜなら彼らはわが家にいるのだから。

神において変容された霊の持ち主であり、「他のどんな鳥よりも、あのヒバリと呼ばれる小鳥を愛した」(62)アッシジの聖フランチェスコの全生涯は、この世界を通り抜け、音楽へと至る長い行軍であった。歌うということが、フランチェスコにとっては重要な霊的儀式と思われたのであり、彼は修道士たちに、神の教えを説くときには人々全員に歌を歌わせるようにしなさい、と教えた。(63)あの完全な〈愛〉――フランチェスコに〈わがもの〉とのしるしをつけたもの――を讃め称えるためには、吟遊詩人たちのロマンティックな言い回しを使うのが正当かつ適切なことと彼には思われたのである。

キリストの愛と憐れみとに酔いしれて、聖人フランチェスコは時に次のようなことをした。身のうちにこの上もなく甘美な霊的旋律が湧き上がってくると、フランチェスコはしばしばそれを突如フランス語で語り出し、独り彼のみがその耳で聞いたかすかなささやきはフランス風の歓喜となって溢れ出たのである。時おりフランチェスコは地面から小枝を拾い上げ、それを左腕に載せ、右手でもう一本の枝をその上で弓のように引いて、まるでヴィオル〔ヴァイオリンに似た弦楽器〕かそれに似た楽器を弾いているかのような仕草をしながら、フランス語で主イエス・キリストに歌いかけた。(64)

繰り返し、繰り返し〈合一の生〉のロマンティックな性質――その陽気さ、自由、確信、歓び――は「フランス風の歓喜」となってほとばしり出てきた。そしてそれは世俗の人の耳にはひどく軽薄な響きを持ち、外的には極めて困難な状況に置かれている人々から出てくるがゆえに、余計に途方もないもののように思われるのである。十字架の聖ヨハネは〈愛する者〉に対し恋唄を捧げた。リマの聖ローサは鳥たちと二重唱を歌った。聖テレジアは、改革の最初の土台となった、厳粛でしかも貧しさの極にあった隠遁生活の中で、修道女たちが歌うようにと、古いカスティリアの方言で素朴な賛美歌や聖歌を書くことをつまらぬことと考えなかった。聖フランチェスコ同様、彼女もいかめしさを嫌った。彼らのように、教会に新しい活力を与えた人々は、いかめしさなど偽善者にこそふさわしいと考えたのである。カルメル山における、祈りと懺悔に費やされる厳しい生活は、多くの歌の調べに合わせて、楽しげな精神で営まれた。そしてその偉大な〈改革者〉〔聖テレジア〕は、精神的すぎて「歌うより観想する方がよいことだと考える」ような修道女を容赦なくやりこめた。そして彼女自身、修道院の回廊を急ぎ足に歩きながら、自分の最も高い神秘体験をちょっとした歌にして口ずさんでいるのを目撃された。聖テレジアはあの言葉を絶した矢傷──熾天使の燃える矢が彼女の心臓を刺し貫いたこと──のことを歌っていたのである。(65)

しかしながら、神秘的屈服がもたらす天上的な昂揚の描写の中で、どれにも増して美しく、生々しく、人間的でわれわれに身近なのは、ジェノヴァの聖カタリナの、無器用で意図されざる自己表出である。聖カタリナの内的な生と外的な生は、バランスのとれた一つの全体を形づくっていて、〈神秘主義の途〉の正しい広がりを判断するための最善の基準をわれわれに提供してくれる。ここでは〈合一の生〉の全本質が、それを英雄的とまで言えるほどに生き抜いた人によって要約され、差し出されているのである。そして彼女は喜ばしい享受と活動において、つまり休息においても労働においても偉大な活動家であり、また偉大な脱我経験者であったが、そればかりでなくキリスト教神秘主義の歴史上、最も深く〈永遠の愛〉の秘密の数々を見抜いた一人であった。とは言いながら、神秘家たちの残した書物のどの一節をとっても、聖カタリナの以下の言葉ほど予想外の、驚くべき結論に至っているものはおそらくないであろう。彼女は、恐れを知らぬ単純さをもって、同胞たちに、自分の歩んできた道と到着した場所の性質を語っているのである。

伝聞の形で残されている彼女の対話の一つにおいて、聖カタリナは次のように言う。その調子は第三者的であるけれども、語っているのは明らかに個人的体験の声である。

神の愛に満ちた優しさは、魂をこの世から呼び覚ますのですが、神は魂が悪徳と罪で一杯なのにお気づきになります。そこでまず神は、魂に徳へと向かう本能をお与えになり、次にその完成を促し、さらに恩寵の注入によって、魂を真の自己無化へとお導きになり、そして最後に真の変容へとお導きになるのです。こうした驚くべき順序に従って神は魂に〈途〉を歩ませるのですが、魂が無となり、変容してしまったとき、それは自分自身から働いたり、話したり、意志を持ったりせず、また感じたり、聞いたり、理解したりもせず、さらにどこへ動こうと、自分自身が外にいる、あるいは中にいる、という感覚を持たないのです。あらゆることにおいて魂を支配し、導くのは神であって、そこにはいかなる被造物の介在もありません。そして魂のこの状態は、完全な平安と静謐さのそれであって、それゆえ魂は自分の心と肉体、内的なものと外的なもののすべてがこの上ない平安の海に没しきっているように思い、この世において何が起ころうとも、魂がこの時間から抜け出ることは決してないでしょう。魂は静止しており、かき乱されることもなく、何の苦痛も感じません。自分の人間的本性と霊的本性において、内においても外においても、何よりも甘美な平安以外のものをまったく感じられないと魂が思うほどです。魂は平安に満ちており、肉や神経や骨を押してみてもそこから平安以外のものは出てこないのです。このとき魂は、一日中楽しみのために、次のような詩を口ずさんでいるのですが、これは魂が自分なりの流儀で作るものなのです――

教えてさしあげましょうか、
知りうるかぎりの神の本質のすべてを？
神と共に歩まぬものに平安は宿らないのです。[66]

「このとき魂は、一日中楽しみのために、次のような詩を口ずさむ」――ほとんど童謡と言ってもいいほどに稚く、素朴なリズムの詩を。これがカタリナの高揚した魂とその〈愛する者〉の人知れぬ交わりだと、いったい誰が思ったであろうか。この偉大で有能な女性が病院運営の仕事に努めているところを実際に眼にした人々、この深遠な生来のキリスト教プラトン主義者が弟子たちを指導し、普遍的で英雄的な愛の法律を布告するのを聞いた人々――彼らのうち何人が、すでに地上の者とは言えないような方、厳粛にその存在を喜び、うやうやしく遇するべき「神聖にして祝福されたこの方《クエスタ・サンタ・ベネデッタ》」が、仕事に取り組む際に、〈永遠〉についての高遠な思索や、〈絶対者〉に対する神秘的熱情の噴出などで心を満たしているわけではなく、ただ「一日中楽しみのために」子どものような幸福な気持ちで、〈愛する者〉についての陽気で他愛ない詩を口ずさんでいると予想したであろうか。

神秘主義の階梯の最上段――これは人間の精神がこの時間的空間的世界において到達しうる最高の地点なのだ――に立って、聖カタリナは、あのゆっくりとした内的な錬金術の過程を振り返る。あの有機的な変容の「驚くべき順序」――これに従って彼女の自我性は不完全な部分を一掃され、高次のレベルに引きあげられ、ついにはすべてを暖かく包み込み、すべてを要求する〈真なるもの〉の生に屈服せざるをえないことになったのである。この順序を振り返って、神秘主義的生の相対的、また絶対的な相に対してカタリナが下した慎重な判断は以下のようなものである。われわれが辛抱強く追ってきた「驚くべき順序」、心の成長と性格の再編成、ヴィジョンと脱我、歓ばしい照明とつらい苦難――これらは、「魂に途を歩ませるためのもの」にすぎなかった。その途がついに踏破されたときに起こる、価値体系の徹底的な再検討の結果、これらの「異常な出来事」はとるに足らないものとなる。憧憬に満ちてこの真実への径路を遠くから望んでいるわれわれにとっては、これらの出来事がきわだって見え、巡礼者が故国へとたどる帰路を跡づけていくための素晴らしい里程標となっていることは事実である。その重要性は、この世界からかの世界への途を研究しようとする者にとっては、どんなに評価してもしすぎることがない。しかしながら、愛する者と愛される者が互いに消滅する、かの沈黙に無事到着し、「自らの到来に応えて〈来られた方〉に、その頬をよせた」〔十字架の聖ヨハネの詩のパラフレーズ〕神秘家は、これらのことをもはや憶えていない。その活発な仕事、絶えざる霊的な創造のさなかで、神秘家は歓びと平安に包まれているのである。もはや遠くまで届く、研ぎ澄まされた直観は必要でない。なぜなら神秘家は「最も完全な形の観想」の状態に在り、それは「魂の実体と神的なるものの実体とが単純に、感知しうる形で接触することである」[67]（パットモア）からである。

生の輪はその一巡を終えた。その回転の最後のこの地点で、崇高さの極と単純さの極が出会うのが見られる。この生の輪は、神秘家の魂を駆り立てて、交互に訪れる、緊張に満ちた奮闘の時期と輝かしい栄光の時期とを経験させ、常に、より大きな超越性、より大きな自由、「真の生をもたらすもの」〔プロティノス〕とのより密接な接触へと向かわせた。神秘家は、あの長く、驚異的な旅を終え、休息においても労働においても、自分が〈父〉の懐に抱かれている小さな子どもであることを知る。あの比類なく尊い関係の中で、すべての感情、意志、思考はその目標を達成するのである。この地点では、われわれの分割された自我性のもたらす煩わしい複雑さゆえの困難はすべて超越される。それゆえ、熱心な奮励努力、鋭いヴィジョンはもはや必要とされないのだ。〈永遠の生〉と人間を結ぶ頂きで、自我性は神秘的な死を遂げ、ここで高みと深さとが出合い、至高の達成と完璧なへりくだりとが一つになる。

最後の束の間のヴィジョンとして、われわれの平凡な心を圧倒してしまうような瞥見《べっけん》――真実に対する最終的な直観がダンテの高揚した、勇敢な魂を圧倒したように――において、われわれはわれわれの先を歩んでいる、地上で最も優れた圧倒的な霊が、身を低くして叡智と力という勲章を外すのを見る。最高の地点に到達した霊は、最も低い地位を占めるのである。〈永遠〉の気圏に参入することを許され、〈絶対者〉と結合し、〈絶対者〉の生の完全さをついに獲得した魂は、自己を無と化して、小さな子どものようになる。天国はこうした者たちのものなのだから〔『マタイによる福音書』一八・三参照〕。

第10章　原注

(1) *Der Sinn und Wert des Lebens*, p.140.〔ルードルフ・オイケン『人生の意義と價値：中世思想より見たる美

の哲學』陶山務訳、松柏館書店、一九三四〔世界大思想全集93〕、『人生の意義と価値』三並良訳、大同館、一九一四〕

(2) ダンテが初めて〈天国〉の空気を呼吸したときに、人格が変容したと感じた感覚をこれと比較せよ。「わたしは汝が最後に創りたもうたわたしの一部なのか、天を治める〈愛〉よ、それは聖火によってわたしを引きあげたもうた汝がご存じのはずです」(『神曲』天国篇第一歌七三―五行)

(3) *Revelations of Divine Love*, cap. v.

(4) *Par*. 1. 70.

(5) Delacroix. *Études sur le Mysticisme*, p.197.

(6) Eucken, *Der Sinn und Wert des Lebens*, p.12.

(7) *Ibid*., p.96.

(8) Delacroix. *op. cit*., p.114.(本書一九〇頁を参照せよ)

(9) *Theologia Germanica*, cap. xli.

(10) *Par*. xxx. 115-130 and xxxi. 1-12.

(11) *Ibid*., ix. しかしながら、自らの運命を求めようとする人間の原初的な本能を「半ば野蛮」などとおとしめる必要がなぜあるのかは理解しがたい。

(12) 東方正教会の聖餐式。聖体拝領の前の祈祷式。

(13) Athanasius, *De Incarnatione Verbi*, i. 108.

(14) Aug. *Conf*., bk. vii. cap. x.

(15) Pred. lvii.

(16) Pred. xcix. (*Mystische Schriften*, p.122).

(17) Ruysbroeck, *De Ornatu Spiritalium Nuptiarum*, l. iii. cap. iii.

(18) Aug. *Conf.*, bk. x. cap. xxviii.

(19) Coventry Patmore, *The Rod, the Root, and the Flower, Magna Moralia*, xxii. 参照。

(20) *Par.* xxx. 64.

(21) *De Septem Gradibus Amoris*, cap. xiv.

(22) *The Threefold Life of Man*, cap. vi. 88.

(23) *De Quatuor Gradibus Violentae Charitatis* (Migne, Patrologia Latina. cxcvi).

(24) *Dialogo*, cap. lxxviii.

(25) Ruysbroeck, *Samuel*, cap. xi (English translation: *The Book of Truth*).

(26) *Ibid.*, De Calculo, cap. ix.

(27) St. Thomas Aquinas, *Summa Contra Gentiles*, bk. iii. cap. lxii.

(28) Seuse, *Buchlein von der Wahrheit*, cap. iv.

(29) *Theologia Germanica*, cap. x.

(30) Ruysbroeck, *Speculum Aeternae Salutis*, cap. vii.

(31) *Regnum Deum Amantium*, cap. xxii.

(32) Jalalu'd Din, *The Festival of Spring* (Hastie's translation, p.10).

(33) *The Mirror of Simple Souls*, Div. iv. cap. i.

(34) *The Epistle of Prayer*. Printed from Pepwell's edition in *The Cell of Self-knowledge*, edited by Edmund Gardner, p.88.

(35) Gerlac Petersen, *Ignitum cum Deo Soliloquium*, cap. xv.

(36) Hilton, *The Treatise written to a Devout Man*, cap. viii.
(37) Ormond, *Foundations of Knowledge*, p.442. 参照。「何かを愛するとき、われわれは愛するものの生命がわれわれ自身の生命と一つになることか、われわれ自身の生命が愛するものの生命と一つになることかのいずれかを欲する。愛はその最も内奥の動機においては、結合の原理である」
(38) *Summa Contra Gentiles*, bk. ii. cap. xxi.
(39) *De Quatuor Gradibus Violentae Charitatis* (Migne, *Patrologia Latina*, cxcvi. col. 1216 D).
(40) *El Castillo Interior*, Moradas Sétimas, cap. iv.
(41) *Les Torrents*, pt. i. cap. ix.
(42) Thomas de Celano, *Legenda Secunda*, cap. xii.
(43) Ruysbroeck, *De Calculo*, cap. ix.
(44) *Ibid.*, cap. viii. and ix. (condensed).
(45) *Par*. xxxiii. 91.
(46) *De Septem Gradibus Amoris*, cap. xiv.
(47) *Ibid.*, *loc. cit.*
(48) Ruysbroeck, *De Ornatu Spiritalium Nuptiarum*, l. ii. cap. lxv.
(49) *Par*. xxxiii. 137.
(50) *The Mirror of Simple Souls*, f.161.
(51) *De Imitatione Christi*, l.iii. cap. v.
(52) Contestatio Fr. Thomae Caffarina, Processus, col. 1258 (E. Gardner. *St. Catherine of Siena*, p.48).
(53) *Par*. xxvii. 4.

(54) *Ibid.*, xx. 13.

(55) *Ibid.*, x. 76, 118.

(56) *Ibid.*, xxviii. 100.

(57) *Ibid.*, xxxiii. 124-26.

(58) Coventry Patmore, *The Rod, the Root, and the Flower, Aurea Dicta.*

(59) Richard Rolle, *The Fire of Love*, bk. ii. cap. vii.

(60) *Ibid.*, bk. i. cap. xi.

(61) *Speculum Perfectionis*, cap. c (Steele's translation).

(62) *Ibid.*, cap. cxiii.

(63) *Ibid.*, cap. c.

(64) *Ibid.*, cap. xciii., also Thomas de Celano, *Vita Secunda*, cap. xc.

(65) G. Cunninghame Graham, *Santa Teresa*, vol. i. pp.180, 300, 304. 参照。

(66) *Vita e Dottrina*, cap. xviii. この書物のこうむった数多くの改訂にもかかわらず、間違いなく聖カタリナの内なる心からもたらされた真正の報告をここに見てとらずにはいられない。この報告は、〈愛〉との恍惚的出会いから「歓びに満面を薔薇と染めた」この人特有のものなのであるから。意表を突く結論そのものが、聖人たちにふさわしいと思われている表現とあまりにかけ離れており、それゆえにこそ、その真正さの証左となる。*Vita* の校本については以下を参照せよ。Von Hügel, *The Mystical Element of Religion*, vol. i., Appendix.

(67) Coventry Patmore, *The Rod, the Root, and the Flower, Magna Moralia*, xv.

むすび

われわれは力の及ぶかぎり〈神秘主義の途〉を初めから終わりまでたどってきた。そして絶えず変化し、成長していく人間の霊が、幻影の洞窟から出て、超越的世界を知るようになるのを見届けた。「エルサレムをめざす巡礼者」はこの都の門をくぐり、〈真実〉の懐に抱かれて、ついにわが家へと帰り着いたのである。その言葉と行動からわれわれが学んだように、巡礼者にとっては、この旅とこの〈目的地〉がすべてであった。生のそれ以外の側面はみな、その圧倒的な重要性と意義とに必然的に呑みこまれてしまうのである。さて、探求の果てにわれわれは次の問いに直面することになる。巡礼者の旅と目的地とは、神秘家以外の平凡な人間、つまりわれわれにとって、どのような意味を持つのだろうか。われわれが逃れようもなく捉えられてしまっている、具体物の作り上げる仮象の世界、そしてわれわれが生きねばならないわけのわからぬ千変万化の生と、これらを結ぶものは何なのか。これらの偉大で不思議な霊的冒険が、われわれに与えられている、もっとささやかな生の冒険の目的について、何か示唆するところがあるとすれば、それは何なのであろうか。われわれの存在意義、われわれにとっての自由の可能性、われわれと〈絶対者〉との関わりについて、神秘家たちの旅は何を示唆してくれるのであろうか。それは単に例外的な心理類型特有の奇矯なふるまいを表しているだけなのか。瞑想家たちが高らかに述べる比類のない事柄は、手綱を解かれた想像力の天才たちが生み出したもので、音楽と株式取引所の株価の変動が無関係であるように、現実とはまったく無関係なのだろうか。あるいはそれは、われわれの生に元来備わっているある力の最高度の顕われなのだろうか。実在するある存在の地平でなされた観察の報告であり、その存在の地平はわれわれの通常の感覚世界を超越し、これを支配しているのだろうか。これは非常に重大な問いである。というのは、神秘家の歴史がわれわれの通常の体験のどこかに触れ、それに光を当てるのでないとしたら、人類一般の歴史に加わるのでないとしたら、人間の本性と運命とを理解する上で何らかの貢献をしないとしたら、それに対する関心は、われわれとは縁の薄い、学問の領域内に限定された、非現実的なものにならざるをえないからである。

わたしの考えるところでは、神秘家の歴史は、学問の領域内のみの非現実的なものどころか、人間性の歴史をより深く理解するために欠かせないものである。それは〈真実〉を感知できるようになろうと望むすべての自我がたどらねばならない一つの心理的過程を、高いレベルで示している。すなわちそれは、人間の霊的意識が──強いものであろうと弱いものであろうと──これに沿って必然的に展開していくべき定式なのである。われわれは偉大な神秘家に、これまでに人類が到達した最も高度で幅広い霊的意識の発達を見る。その成長は誰にでも感じとれるほど壮大なスケールで展示されているのである。われわれは、意識が感覚世界を超越していく、緩やかな歩みの各段階を見、普通の人間が生の有機的発展過程の中で体験したり理解したりするにはあまりにも壮麗な、あるいは恐ろしすぎる挿話によって、それが特徴づけられているのを知る。しかしながらこの超越的生、偉大な神秘家たちを解き放って自由にし、彼らに己れの生を支配する力を与えた驚異的なエネルギーの源の萌芽は、われわれ全員が隠し持っているもの、人間性の欠くべからざる一部なのである。神秘家たちは〈絶対者〉を求める上での天才を持っているが、一方で、われわれも、程度の差こそあれ、潜在的な才能をそれぞれ少しずつ持っている。そしてこの才能、言い換えれば魂の火花は、芽吹くことを許しさえすれば、少しずつ、それなりに、〈神秘主義の途〉を支配するものとしてわれわれが見出した有機的成長の法則、超越に関する不変の条件に従って、成長していくのである。

かくして、何らかの〈真実〉——日常的感覚世界を超越するもの——を意識するに至った人は誰でも、その意識の仕方がいかに狭く、弱く、また不完全であろうと、神秘家が高いレベルでたどる道筋を低いレベルで追っていくことになる。この自由と実り多き生へ通ずる途をいかに首尾よくたどれるかは、その人の愛と意志の強さ、己れを律する能力、着実さと勇気とにかかっている。絶対的真、絶対的善、あるいは絶対的美に対して、その人が発揮していく情熱の惜しみなさ、完璧さとにかかっているのである。しかしながら、ともかくも歩み始めるのだとしたら、それは最も偉大な瞑想家たちが神との合一をめざしてたどっていく旅路——霊がその故国をめざして上昇していくことをこう呼んでいるのだが——の途中で経験した、一連の段階と同様のものを、自分なりの小規模な仕方で経験していくことになるのである。

受精したばかりの人間の胎児は、聖人であろうが未開人であろうが、同じ成長段階をまず通過するが、それと同じことが精神としての人間においても起こる。人の中に「新たな生」が芽吹くとき、より深い自我の生の過程が新しく始まるとき、ごく普通の個人も、神秘家同様、高次のレベルをめざすための螺旋状の上昇を、すなわち意識が光と闇の間を揺れ動くことを認識する。時おり訪れる精神的不安、識閾《しきいき》下の領域からの突然の侵入、そして人を当惑させる真理の瞥見が、超越的な世界に関わる能力の成長に伴うのである。彼はそれを神秘主義的な意味には解釈しないかもしれないけれども。こうした普通の個人もまた、徹底的な自己鍛錬に赴き、意識的にその眼を浄化して、ものが見えるようにしようと努めるであろう。そして世界というものの新しい見方を獲得して、彼なりにつかんだ〈無限者〉の様相のために、完全に自分を捧げ、進んでその全存在を投げ出さざるをえなくなるのである。彼もまた、小規模にではあるが、霊的な思春期の心の動揺をくぐり抜け、あらゆる形の天才が払わなければならない犠牲を払わずにはいられない。普通の個人も、それぞれの程度に応じて、恐ろしい、冷徹な自己認識の瞬間を経験し、〈真なるもの〉の直観のもたらすエクスタシーによってそこから救われるのである。手に入るかぎりの証拠を研究し、照合すればするほど、この事実――この法則――が確信される。すなわち、人間の意識の一般的な歩みは、それが超越へと向かう生来の傾向に従った場合、常に同じだということである。〈仮象〉から〈真実〉へと至る道は一本しかない。「人はいくつかの状態を通り過ぎてゆくが、その通りゆく状態そのものは永遠に変わることがない」〔ブレイク〕

その意識は画家あるいは音楽家のものであってもかまわない。芸術家は天上的な光ないし音のある側面を捉え、地上に留めようと苦闘し、これに没頭するために、世界の他のすべての側面を無視するだろう。あるいは謙虚な〈科学〉研究者のものであってもよい。彼は〈科学〉の秘密を穢れのない眼で見ようと、その知性を浄めるだろう。この意識がどんな人のものであろうと、そんなことは問題ではない。高次の真実が宗教的観点から感じとられようと、美の、あるいは苦難の観点から感じとられようと、人間の愛の観点、善あるいは真理の観点から感じとられようと、問題ではないのだ。これらの超越の諸形態がいかに互いにかけ離れていると思われようとも、神秘主義的体験がすべての鍵なのである。これらはすべて、〈永遠なるもの〉を今、この地上で、それぞれ異なった仕方で表すものなのである。これらの超越の諸形態は、それぞれに拡張された人間の意識である。英雄的な試みへの呼びかけ、つまり新たな、より高次の生の中心を核として性格を再構築しようという動機を含むようになった人間の意識なのである。それぞれの形態を通じて、人は自由を獲得し、宇宙の偉大なる進行に加わることができる。「踊ることによって、為されていることを理解する」〔『イエスの讃歌』参照〕ことができるのである。自分かわいさゆえに制限を設けて啓示を拒むようなことをせず、これを誠実に受け取れば、それぞれの形態を通じて、自我は、知に関する普遍的法則を謙虚に受け入れることになる。すなわち「われわれはわれわれがそうであるところのものを見る」のであり、したがって「〈真なるもの〉のみが〈真実〉を知りうる」という法則を受け入れるのである。〈覚醒〉、〈苦行〉、〈照明〉、〈屈従〉、そして〈合一〉は、この根源的な事実に対して生が順次反応していくための不可欠の段階なのだ。それはわれわれが〈存在〉に到達するための条件であり、こうした〈永遠〉の外縁——〈超越的なるもの〉の諸様相のどれか——に対してわれわれの意識が展開し、発達し、自由と完全なる生を獲得するために絶対必要な定式なのである。

われわれはこのように、一人残らず神秘家の親戚なのであり、この血縁関係を重視することによって、すなわち、神秘家の偉大な告白をわれわれのささやかな体験に照らし合わせて——できるかぎりの——解釈をすることによって、最もよく彼らを理解するすべを学べるであろう。神秘家たちは、不可解で遠く離れた存在のように思われるけれども、渡りえぬ深淵によってわれわれと隔てられているわけではない。彼らはわれわれの一員である。同胞である。一族中の巨人、英雄なのだ。天才の業績がその天才のみのものではなく、それを生み出した社会のものでもあるのと同様に、また、神学の主張するように、聖人の功績が万人に役立つのと同様に、人類という家族の一体性ゆえに、神秘家たちの成し遂げた至高の業績もわれわれのものとなる。彼らの達成こそわれわれの永遠の生を保証する手付け金なのだ。

神秘家であるということは、単に、今この地上で、あの真の、永遠なる生に参与すること、人間に可能なかぎり十全で深い意味で参与することにすぎない。それは自由で自覚的な代理人として――召使としてではなく息子として――〈宇宙〉の歓ばしい仕事の一端を担うことである。苦難と栄光とをかいくぐり、神の内なるわが家めざして力強く猛烈な勢いで進んでいる〈宇宙〉の歩みに加わることなのである。この天賦の「息子としての資格」、世界の発展の過程に自由に協力できる能力が、人間に与えられた最大の名誉である。各々の状態の整然とした順序、系統的な発達――神秘家の意識はこれに沿って幻想を離脱して、神秘的な自由に到達するのだが、この自由によって、神秘家は日常的な現実に規定されることなく、逆にそれを規定するのである――これにのっとらなければ、神秘家は息子としての資格を実際に活かすことはできないのだ。このように深層の自我を意識的に育み、自らの性格の諸要素を変化させることによってのみ、彼は高い意識レベルに達することができる。このレベルで神秘家は、〈父〉の心臓をめざして偉大な巡礼を続けている「諸々の世界が、その歩調を合わせているところの」リズムを聞き、それに応える。合一という神秘的な行為、すなわち変容した自我が歓びに満ちて神の中に消失することは、〈絶対者〉に向かう人間の意識的上昇の頂点なのであり、同時に個人がこの〈宇宙〉の運命に対してなす貢献なのである。

神秘家はこの運命を知っている。それは彼の透徹した視力の前にありのままの姿を見せ、神秘家は、われわれ凡人の眼が色と形からなる不可解な世界を見るように、それを見るのである。神秘家は永遠の次元の「秘密の子ども」なのであり、隠された計画に携わることを許された者なのだ。かくして「あらゆる被造物がうめき、産みの苦しみを味わって」『ローマの信徒への手紙』八・二二、盲目的な願望に突き動かされて、遅々たる歩みながら、そこでのみ得られる安息を求めて成就に向かって進んでいく。方で、神秘家は真実に至る途を一心に駆け抜けていくのである。彼は〈一者〉をめざして長旅を続けていく〈生〉の開拓者なのであり、彼の達成がわれわれにかの生の意味と価値とを教えてくれるのだ。

この意味、すなわち〈創造〉の隠された計画は、見る眼さえあれば、存在のあらゆる領域において炎のように輝いているのである。偉大な音楽はみな、歓喜に満ちてこの意味、この計画を高らかに宣言する。これの持つ魔法があらゆるロマンスの生命なのだ。その法則――愛の法則――が美的なるものの実質であり、英雄的な行為に活力を与える源なのである。それはすべての宗教の祭壇に灯される火なのである。身近にありながらも触れることのできない超越的〈完成〉、そして到達可能な超越的活力に関する人間のあらゆる夢、あらゆる図式――この願望の対象を人が神と呼ぼうと、恩寵、存在、霊、美、あるいは「純粋イデア」と呼ぼうと――それは人間の深層の自我が己れの運命を直観した、その直観のさまざまな解釈にすぎない。深層の自我は、これこそ真なるものと悟ったあの、すべてを包含する生きた〈絶対者〉を、無器用かつ断片的にではあるが、暗示しようとしているのである。この至高の〈もの〉、〈存在する〉ものすべての賛嘆すべき〈実体〉――〈叡智〉、〈力〉、〈愛〉の統合――そして、これに対する人間の直観的理解、これにふさわしく人間が徐々に自らを再構築すること、最終的に人間がこれと合一することが神秘主義のテーマなのである。その超越的側面と内在的側面双方との交わりを可能にする、意識の二方向的拡張のゆっくりとした過程のすべてが〈神秘主義の途〉なのだ。それはまた人間の進化の頂点であり、生の完成であり、人格が仮象の世界から解き放たれて、自由で創造的な〈真なるもの〉の生へ入ることでもある。

付け加えて言えば、キリスト教徒は、福音書に描かれているキリストの心理が神秘家たちのそれと同じであるということに注意してもよいだろう。その苦難と光輝において、活動と享受という二重性において、キリストの心理は神秘家たちの体験の鏡像であり、それが最高の次元で、より豊かな生の中で現れているものなのである。この事実のおかげで、神秘家のための〈観想の梯子〉——中世界想では〈受難〉の一要素に数えられ、人間の真の救済には肝要であると判断されていた梯子——は地上から〈最高天〉にまで、途切れることなく伸びているのである。この梯子は十字架によりかかっており、〈秘密の薔薇〉のもとへ通じている。これを登り降りすることによって〈善〉、〈真〉、〈美〉の代理人は、超越的世界と仮象的世界との間を行き来するのである。こういうわけで、どのような立場から見ても——心理学の、哲学の、あるいは宗教の立場から見ようと——偉大な神秘家の冒険はわれわれに密接に関わるものとなる。それは人間の直面する謎を解く万能の鍵である。これによって人間は己れの精神の成り立ちの、あるいは宗教的信念の、さらに生の中での体験のうちの多くを説明することができるのである。こうしたすべての領域において、人間は自分がゆっくりと、ぎこちなく、まだ見えない達成めざして登りつつあることを感じている。ずばぬけた登山家である神秘家たちは前を登っていて、学びたいと思えば、自由、真実、平和へと至る道を教えてくれるのだ。この地上的な存在であるかぎり、人は、〈不可知の雲〉に包まれたあの恐ろしい孤峰、神秘家たちが、あの「頂きにおける死」〔リュースブルク〕を迎える場所、〈完全なる生〉へと通じる門であると彼らが宣言しているところへと上がっていくことはできない。しかし人が神秘家たちの探求から何か得ようと望むなら、彼は〈永遠の次元〉のうちに自分なりのレベル、自分なりの場所を見出すことができるかもしれない。自由を獲得し、「独立の霊的生」を生きることができるかもしれないのだ。

われわれがそのそもそもの始まりからたどってきた〈神秘主義の途〉を、もう一度見つめ直してみよう。それがいま述べたことへと向かっているのでないとしたら、いったいどこへ向かっているというのだろうか。

〈神秘主義の途〉は、自我の中に新たな、萌芽状態の意識が目覚めるところから始まった。それは神的実在というものがあるという意識、これまで自我が埋没していた幻の感覚世界に対立する真実があるという意識であった。このとき啓示された尊い可能性の前に、自我は自らを卑しいものと思い、畏怖の念に打たれて、「自己認識の独房」〔シエナの聖カタリナ〕に引きこもった。そしてその中で、自らが感じとった〈永遠の次元〉にふさわしいものになろうと骨折り、それに反するすべてを投げ捨て、自らのエネルギーを制御し、感覚器官を浄めたのである。真実に対する自らの直観に適合するよう再構成され、「水遠の聴覚と視覚がこの自我の中に啓示された」〔ベーメ『超感覚的生についての三つの対話』〕。自我は、まだ自然的ではあるが、もはや幻ではない世界に対し眼を開かれたのである。幻ではない——というのは、この世界は〈創造に先立つ光〉の照明を浴びているものとして感知されたのであるから。このとき自我は、その網目にすべての生きとし生けるものをとらえている、生きた〈生成の世界〉の美、威光、神性を知った。普通の人間は、この〈生成の世界〉の持つ多くの相のうちの一つだけを、限られたリズムによって感じとっているのだが、神秘家の自我はこのリズムを超越したのである。そしてそれは感覚という映写機が映し出す機械論的宇宙から逃れて、「〈すべて〉の偉大な生」に参与したのだ。自我の眼は浄められ、〈真実〉が見えるようになったため、〈真実〉はどこか見知らぬ遠い、霊の国からやって来るのではなく、穏やかに、事物のまさに内奥から顕われるようになった。かくして新しいレベルに引きあげられた自我は、再びたゆみない成長を始めた。そして五感を浄めることにより、感覚世界のかげに隠されている真実を見ることができるようになったため、今度はその意志を浄めて、あの〈永遠なる意志〉、あの〈存在〉――生が、〈生成の世界〉が指し示し、仕えているもの――へと徐々に近づこうと努めた。このようにして自我は、自我性を完全に屈服させ、その愛を完成させることにより、〈生成〉から〈存在〉へと滑らかに移行し、自らの真の生が神の中に隠されているのを見出したのである。

それでいてこの超越の行程、この驚くべき内的な旅は、終始一貫して人間の生の過程と密接に結びついている。それは人間が青草の生えた大地から勢いよく萌え出てくるように、この生から芽生えてくるのである。われわれはこの超越の行程を、自然界の「法則」とわれわれが呼び慣わしている象徴的な定式のもとに叙述することさえできた。この定式の拡張によって、それを論理的に適用することによって、われわれは感覚的なものから超感覚的なものへ、仮象の生から絶対的な生へと途切れることなく導く径路を発見することができたのである。神秘家たちの言う〈絶対者〉には不自然なものは何もない。〈絶対者〉は、己れ自身の宇宙のリズムを設定し、己れの創った和声に従うのである。霊的なるものを勝手に想定し、意識的にそれを追い求めるため、われわれは、それのみが〈真〉であるものをしばしば見落としてしまう。生の真の神秘は、あまりにも穏やかに、あまりにも事もなげに、かつゆるぎない優雅さで成就する。しかもそれは、産み、苦闘し、死に、休むことを知らぬわれわれの世界をあまりにも率直に受け入れる。それゆえ、想像力を欠いた、自然のままの人間は――驚異的なものを見ようとうずうずしていて――こうした神秘が日々、無限の叡智と愛を燦々と啓示しているのに、これに驚くことがほとんどないのである。しかしながらこの啓示は絶えずわれわれに迫ってきている。表層意識の堅い殻のみが通常の視野からこれを隠しているのである。まったく夢想だにしていない瞬間に、われわれの平凡な生活が進行しているさなかに、神秘家たちがその胸に安らっている〈真実〉が、閉ざされた戸を潜り抜けてわれわれのところへ滑りこんでくるのであり、そのときわれわれは突然〈真実〉がすぐ隣にいるのを見出す。

エマウスでの使徒たちについてこう言われている。「彼らは食卓の用意をし、パンと食物を取り出し、そして聖書の解釈の際にはそれとわからなかった神を、パンが分けられたときに認識する」〔『ルカによる福音書』二四・二七—三二参照〕。われわれが渇望している〈超越的生〉も、これと同じようにして啓示される。われわれが〈超越的生〉において生きるということも、われわれとは無縁の無味乾燥な存在の地平で、あるいは巧妙な哲学的説明という形で啓示されるのではない。それは日々体験している行為が突然われわれにとって意味深いものになる、という形で啓示されるのである。それは他と隔絶された存在の在り方において、あるいは精緻を極めた議論や秘教的な教義の中に顕われるのではなく、地上の生が直接的に、単純な形で進行している、ありとあらゆる場所に顕われるのである。それは人間の魂が生きて成長しているかぎりその中に見出せるのだが、不毛な場所には見つからないものだ。

この体験の事実こそわれわれと神秘家を結ぶ絆《きずな》である。神秘家の語ることが真実であって、彼らの冒険、その〈真実〉とのより密接な接触は、何にもまさり重要である、とわれわれに保証するのはこれなのである。一方神秘家は、〈内在する愛〉、すなわちわれわれの内奥に潜んでいる舵手がめざしている目的地に関する保証となってくれる。彼らは〈素晴らしい先駆者〉であって、〈真なるもの〉へ向かう途上にあるのだから。神秘家は生の最も尊い秘密に遭遇してわれわれのところへ戻ってくる。「イエスの」墓から走って戻ってきたマリアのように、ほとんど言葉にできないような驚くべき知らせを持って。何らかの確証が欲しいわれわれは、彼らの輝く顔を見て、できればその啓示の何がしかを伝えてくれるようにと彼らを促す。もののよく見えない、疑い深い者たちが昔から口にしてきた要求である。

わたしたちに教えてくれ、マリアよ、
途中で何を見たのかを。

しかし彼らは答えることができない。彼らが伝えうるのはただ象徴的なヴィジョンの断片のみ——

証人である天使たちと、被布と、衣とを。
〔カトリック教会の聖歌『復活のいけにえに』。『マタイによる福音書』二八・一—一〇、『ルカによる福音書』二四・一—一二、『ヨハネによる福音書』二〇・一—一〇参照〕

であって、その核心たる内容、すなわち神性に関する究極の確かさではない。それを求めるなら、神秘家の足跡を自分自身でたどっていかなければならないのだ。

十字架の物語と同様に、人間の霊の物語も庭園でその幕を閉じる。ものが生まれ、豊かに実を結ぶ場所、美しいもの、自然なものの場所で。〈神的豊饒〉ということが、その秘密の鍵である。すなわち自分自身のためではなく、もっと豊かな生のための存在ということである。人間の霊の物語は、神的な人間性の出現によって終わりを告げる。この神的な人間性は二度とわれわれから離れることなく、われわれのうちに、われわれと共に生きる巡礼者であり、働き手であり、食卓の客であり、人生におけるあらゆる危険を一緒に乗り越える仲間であり続けるのである。神秘家はこの物語を裏付ける証人である。非常に早く目覚めた彼らは、自らの大いなる愛に促されて、われわれの前を駆け続けたのだ。この至高の遭遇に至らないわれわれは、神秘家の魔法の鏡を覗きこみ、とつとつとしたその知らせに耳を傾けることにより、はるか遠くに人類の最終的達成を望むことができるかもしれない。

〈絶対者〉を真に愛するこれらの人々は、その強さと情熱の度合いに応じて、神の嗣業にふさわしいかどうかを試す最大の試錬、生の最終的要求に、この地上で従った。彼らは十字架の苦しみにひるみはしなかった。そして墓の暗闇に立ち向かったのである。美と苦悩とが同じように彼らに呼びかけ、同じように英雄的な反応を得た。この人々にとって冬ははや過ぎ去り、鳥歌う季節が訪れたのである。しとど露に濡れた庭の奥から、〈生〉が——新たな、燃えつきることなく、常に美しいそれが——彼らを迎えるために、暁とともに現れる。

かかる知解をいかなる人が人に与えようか
　いかなる天使が天使に
いかなる天使が人に
汝〔神〕においてこそ乞い求められ
汝のうちにこそ探し求められ
汝のもとにこそ敲《たた》き求められるべし

かくして、かくしてこそ、得られよう、見出されよう、開かれよう。
〔アウグスティヌス『告白』第十三巻第三十八章〕

付録　キリスト教紀元からブレイクの没年までのヨーロッパ神秘主義の歴史的素描

キリスト教紀元以降のヨーロッパの神秘主義の流れを、通常のやり方通り年代順に並べてみると、つまり、神秘主義の高揚と停滞とを、各時代の神秘家や神秘思想の有無ないし多寡を規準に幾世紀にわたって通覧してみるならば、神秘主義の活動が大きな高まりをみせる時期は、芸術、物的生産、知的活動等、文明活動の重要な時期に、概《おおむ》ね一致していることがわかる。原則として、神秘主義の高揚期は他の文化的高揚期の直後に来て、そうした時代を完成させるかのようである。それは、人類が新たに宇宙を征服する生命力の爆発が、最終段階としてその勝利を霊的な領域にまで拡張していくための英雄的な人格を、実際に生み出すに至る時代である。科学、政治、文学、また諸々の芸術――自然の征服と生の秩序化――がその頂点を極め、最高の傑作を生み出し了《お》えたとき、そのとき神秘家が時代の最前線に登場して松明を引き継ぎ、さらに前へと運んでいく。神秘家はあたかも、人類の至上の精華、人類の偉大な創造期のめざす最終目的であるかのようである。

たとえば十三世紀は、中世の宗教、芸術、哲学、日常生活の完成態を示している。この時代には、ゴシック様式の大聖堂が建造され、騎士道の体系が最終的完成を見、スコラの哲学者たちが輩出した。そして数多くの聖人を生んだが、神秘家は、世紀の後半になるにつれて数を増すものの、さほど多くはなかった。ところが十四世紀は、偉大な瞑想家が続出して枚挙にいとまがない。彼らは時代の活力の高まりを霊のレベルにまで引きあげ、知的活動のエネルギーや中世的心性のもつ恋愛感情や情熱を、超越的生の最深の秘義を担えるものにまで練り上げたのである。再び十六世紀がこうした時代であった。この生気に満ち満ちた時代、人間生活のあらゆる場面を新たな眼差しで眺め、ルネサンスと人文主義者を生み、中世世界を作り変えたこの時代がまさにその絶頂に達してほどなく、ルネサンス期以後の神秘家の一群が、聖テレジアを先頭に陸続と登場してくるのである。もしここで生というものを——人類の大いなる、休らうことなき生を——高波を打ち寄せてやまぬ大海という常套の譬喩《ひゆ》のもとに描いてみるならば、大波が一つ一つ海底《うなぞこ》から湧き上がってくるごとに、神秘家たる類型の人々をその波頭に載いているのだ、と見ることができよう。

したがってわれわれのたどる曲線は、人類の知的生の昇降を示すあのもう一つの曲線のすぐ後を追いかけることになる。その経路を定め、その上にちりばめられていくのは、大神秘家、すなわち霊的天才の所有者や魂の領邦の開拓者たちの名前である。彼らの燦然と輝く名は、それぞれが単独で価値を持つのはもちろんだが、また人類の精神史〔霊の歴史〕の成長を刻む一本の鎖の一環としても重要である。各々は互いに孤立した現象なのではなく、相互に連繫し合っている。一人ひとりの神秘家が、先行者から何事かを受け取り、各自がその人固有の冒険によって伝統をさらに豊かにして、未来へと手渡していくのである。詳しく見ていけばいくほど、われわれはこの過去から蓄積された力に気づかされる。神秘家はみな、それぞれに独創的ではあるが、やはり誰もが、その霊的父祖たちから受け継いだ成果に多くを負っているのである。この父祖たちが、彼の依って立つ伝統を形成し、彼の教育を基礎づける古典的な手本となるのであるし、また神秘家はその語るべき言語をも彼ら父祖から受け取る。それは、父祖たちが各々の世界での冒険を語り出す手立てとして探し当て、築き上げてきた言語である。さらに、神秘家の魂が驚きの中で受け取る不分明な知覚のもつ意味を自分なりに解明するときにも、ほとんどの場合、彼ら父祖たちの助力によっているのである。そして今度は、神秘家自らの経験をもとにこの蓄積に何がしかを付け加え、一層豊かにされた超越的生の伝統を、人類が生み出す次代の霊的天才たちに委ねていく。こうして、偉大な神秘家たちの名は一本の縦糸《たていと》によって連ねられる。かくして、〔各神秘家の〕伝記ではなく〔神秘主義の〕歴史の対象として、彼らを扱うことが可能となる。

わたしは先に、この縦糸が人類の知的生の盛衰に応じた曲線を描くと述べた。その頂点では、神秘家たちの名前の密度が最も濃くなり、曲線が下降するにつれてその数も徐々に減少して、最底点ではまったくなくなってしまう。紀元一世紀から十九世紀の間で見ると、この曲線は神秘主義活動の三つの大きな波を示している。他にも小さな上下は数多くあるが。三つの波は、それぞれ歴史上の古代、中世、ルネサンスの各時代の終わり頃と重なっている。すなわち、三世紀、十四世紀、十七世紀に波の頂点が来ている。しかしながら、ある面からすると、この神秘主義曲線は歴史そのものの曲線とは異なっている。神秘主義の曲線が全歴史を通じて最高点を示すのは十四世紀のことであり、このときのレベルにはその後も達したことがない。これは、中世という時代が、その後のどの時代よりも神秘主義の発展にふさわしい時代であったためである。十三世紀がゴシック芸術の歴史において、また十五世紀がイタリア美術の歴史にとって、模範となる時代であったのと同じく、十四世紀は人類の霊性の歴史の模範となる時期だったのである。

われわれの曲線上に記される名前は、特にキリスト紀元の最初の十世紀の間は、かなりの間隔をへだてて並ぶことが少なくない。これはもちろん、これらの時代に神秘家がほとんどいなかったという意味ではない。ただ、神秘家に関する文献がほとんど残っていないのである。たとえば、今日ではわれわれは、ギリシアやエジプトの密儀宗教の秘義参入者の間で行なわれていたであろう真の神秘主義がどれほどのものであったのか、知るよしもない。また、アレクサンドリアの新プラトン主義者たちの間に、深遠な、しかし物言わぬ瞑想家たちがどれだけいたのかも、今となってはわからない。さらに、自らも深い神秘的傾向の持ち主であったアレクサンドリアのユダヤ人**フィロン**（BC二〇―AD四〇）が書き残しているキリスト教以前の瞑想家の共同体や、初期キリスト教時代のギリシアやイタリアでオルフェウスやディオニュソスの密儀宗教にとって代わっていった無数のグノーシス諸派についても同様である。そこには多くの本物の神秘的霊感があったことに間違いはない。なぜなら、われわれの知っている通り、これらの生の中心から、後代の神秘家たちが最も大切にした数多くの教説が生まれてきているからである。たとえば、新プラトン主義者たちは後世の神秘家に、〈純粋な存在〉、〈一者〉といった概念を伝え、密儀宗教の中には、〈新たな誕生〉、〈霊的結婚〉といった思想の前駆形態が見られる。またフィロンは、第四福音書〔『ヨハネによる福音書』〕の神学を先取りしている。

さて、キリスト教時代の発端に立ってみると、キリスト教神秘主義の生まれるもととなった三つの大きな源泉が目にとまる。ギリシアと、オリエントと、キリスト教――使徒たちのキリスト教――の、教理ないし思想である。これらのどれもが、それぞれに役割を果たしたのは当然だが、特にキリスト教は超越に向かう新たな生の衝撃を与え、一方ギリシアとオリエントの思想はそれを表現するための基本的形式を提供したと言えよう。キリスト教は、その本性からして、深い神秘主義的側面を持っていたのである。この論考では、それを打ち立てた当人〔イエス〕の人格は対象の外に置くことにしよう。だが、**聖パウロ**や第四福音書の著者は、最初の布教者たちの中でも明らかに第一級の神秘家像を示している。初期キリスト教団内部の歴史については、未だ知られていない部分が多くあるが、しかしすでに明らかになっている事実からだけでも、神秘的生がキリスト教に内在固有のものであり、生来の神秘家気質の人も教会の教えの外に霊感の源泉を求める必要などほとんどなかったことは、断片的ではあるが数多くの証拠から明らかである。聖パウロの書簡やヨハネ文書ばかりでなく、現存している最も初期の典礼文断片や、『ソロモンの頌歌』や『イエスの讃歌』などは、キリスト教会の精神にとって神秘主義的表現がまったく異和感のないものであったことを示している。またそれだからこそキリスト教会は、エッセネ派やオルフェウス教や新プラトン主義思想などの神秘主義的な要素をいとも容易に吸収し、変成することができたのである。

二世紀の末頃に、キリスト教内のこの神秘主義的傾向は、**アレクサンドリアのクレメンス**〔一六〇頃—二二〇〕——異教の密儀宗教の用語をキリスト教の霊的生活の理論に採用した最初の人——とその偉大な弟子**オリゲネス**〔一八三頃—二五三〕の手で、めざましい文学的表現を得た。しかしながら、神秘主義の歴史上で聖パウロ——彼は第一級の実践的神秘家であったと今や断言してよい。彼の著述中には神との合一という神秘主義の中心的教説が見出される——に続くべき第一の人物は、一人の異教徒であった。その人物とは、アレクサンドリアの新プラトン主義哲学者**プロティノス**〔二〇五—二七〇頃〕である。彼の神秘主義はいささかもキリスト教に負うところはない。その著作中にもキリスト教はまったく言及されていない。知的にはプラトン哲学に依っており、密儀宗教や、おそらくは三世紀のアレクサンドリアに大流行していたさまざまな東方の宗教や哲学の影響も受けている。表面上は形而上学者だったプロティノスは、しかしながら、超越への高度な天才を有し、〈絶対者〉への身を焦がす情熱に生涯を捧げつくした人であった。その著作の最も重要な点は、そこに示されている知的構成物〔哲学体系〕が、神秘経験の上質な伝達媒体となっていることである。彼の弟子であったポルピュリオスは、師〔プロティノス〕が四度にわたって「一者」との脱我的合一に挙げられたのを見た、と書き残している。

プロティノスを最大の代表者とする新プラトン主義は、六世紀までの――キリスト教、異教双方の――大半の神秘主義にとっての自己表現の手段となった。しかし神秘主義が生の途である――〈真実在《リアリティ》〉の実体験であって〈真実在〉の哲学的説明ではない――以上、新プラトン主義それ自体と、新プラトン主義の用語を用いる神秘主義とは、同一視されてはならない。プロティノスの愛弟子だった**ポルピュリオス**（二三三―三〇四）は、師の神秘主義の一面を継承したようではあるが、しかし新プラトン主義を全体として見ると、これはかなり混沌とした半ば宗教的な哲学であり、多くの相矛盾する要素を含みもっている。〔古典ギリシア時代の〕異教が完全に衰退し、かつキリスト教がまだ文明世界を征服してはいない時期に登場した新プラトン主義は、当時の霊的心性の人々、また密儀宗教や秘教にあこがれる人々に大いにもてはやされていた。その教えによれば、時間的〔現世的〕事物の本性は幻のごときものとされ、その観念論の強引さは始祖とされるプラトンをはるかに凌いでいる。またそこでは〈絶対者なる神〉、〈無限定な一者〉の実在が説かれるが、これは脱我ないし観想においてのみ知られうるものとされ、この点が人々の神秘主義的本能に直接に訴えかけていた。新プラトン主義の人気が最も高まっていた時代の神秘主義気質の人々は、かくてここに、真実在に対する自分自身の直観を表現する手段がすでにできあがっているのを見出した。こうして、ヨーロッパの初期の神秘主義は、キリスト教のものも異教のものも、新プラトン主義の衣裳をまとって、すなわちエルサレムやアテネやローマのではなくアレクサンドリアの言葉で語られたものとして、われわれに伝えられたのである。

後代のキリスト教神秘主義へのプロティノスの影響は、間接的ではあるが、巨大なものであった。教父時代を通じて、新プラトン主義の精神の最良の部分がすべてキリスト教会の血脈中に流れ込んできた。**聖アウグスティヌス**（三五四—四三〇）も**ディオニュシオス・アレオパギテス**（四七五—五二五の間に著作）も、プロティノスの霊的子孫の一員である。そして主としてこの二人を通じて、プロティノスの教説は中世世界へと伝えられたのである。また最後の異教哲学者、**プロクロス**（四一二—四九〇頃）も、プロティノスの教えに育まれている。こうしてこれら三人によって、プロティノスの強力な精神は、長いヨーロッパの神秘主義の展開の中でも、ほとんどすべての神秘家に力を及ぼすに至った。

聖アウグスティヌスの神秘主義は、その知的、また実践的生の豊饒さのゆえに、われわれには多少わかりにくいものになっている。しかし『告白』を読む者は誰でも、彼の霊的体験の強烈さ、生々しさ、また彼の〈真実在〉把捉の極めて神秘主義的な表現に打たれずにはいまい。『告白』を著した時点で、彼がすでに成熟した神秘家であったことは明らかである。彼の名を不朽のものとした広範な知的活動は、魂の孤独な冒険に養われていたのである。単なる文学的天才だけで、『告白』第七巻、第八巻をはじめ、〈絶対者〉への情熱に溢れた無数のきわだった文章を生み出せるものではない。後代の神秘家たちはこのことを見てとっていたからこそ、絶えず彼の権威に依拠し続けたのであり、アウグスティヌスの影響は、こうして、中世の神秘主義の形成に際して聖書に次ぐ位置を占めるに至ったのである。

影響力の大きさという点では、聖アウグスティヌスを除けば凌ぐ者のない、知られざる、名もなき著述家がいる。彼は、その著作を聖パウロの友たりし〔アテネの〕アレオパゴスの裁判人ディオニュシオスに仮託することを選んだ。また神秘主義についての彼の書簡の宛名は、やはりパウロの同僚だったティモテオス〔テモテ〕とされている。この偽ディオニュシオスは、おそらくシリアの一修道僧であった。その著述中に発見された教父時代の著作からの引用が証すところでは、彼の論著の成立は紀元後四七五年をさかのぼりえない。おそらく彼は、六世紀の早い時期に活動した可能性が最も高い。主著とされるのは、天使の位階についてと、神の諸々の名についての論考、および短いが比類ない価値をもつ神秘神学に関する論述である。九世紀から十七世紀にかけて、これらの著作は人類の最高の霊的直観を育み続け、今日では想像しがたいほどの権威を有していた。中世の神秘主義は、ディオニュシオスの遺した諸観念のうちにどっぷりと漬かっており、とりわけ、神秘主義的著述の黄金時代であった十四世紀には、「ディオニュシオス曰く」との文句が随処に見出される。彼を引用する者にとって、それは聖書や偉大な教会教父とほとんど同様の重みをもっていたのである。

ディオニュシオスがこれほど重視されたのは、彼が、神秘的意識の諸活動と脱我による神への到達の本性について率直、正確に記述した、最初にして、かつ長いあいだ唯一人の、キリスト教著述家であったためである。極めて見事に彼がこの業を成し遂げたがために、後代の瞑想家たちはみな、彼の著作中に自分の最も高度な体験が反映され、ある程度は説明されているのを見出した。そこで彼らも、自らの体験を記述するに際しては、ディオニュシオスの用語や譬喩を採用するようになり、それらはやがて、観想の学の古典的術語になっていった。たとえば、「神的闇〔聖闇〕」としての〈絶対的神性〉、〈非限定者〉、「在るもの一切の否定」――すなわち表層意識が知覚する一切の否定――、「神的無知（聖愚）」による、つまり否定の途による魂の〈絶対者〉への到達。これらの逆説的な観念を、キリスト教文献はみな彼に負っている。こうした思想は、確かにギリシアやインドの哲学に共通のものであるが、ディオニュシオスと共にカトリック教会の中に入ってきたのである。

聖アウグスティヌスとディオニュシオスの新プラトン主義的神秘主義と並行する形で、観想生活の展開にとってこれに匹敵する重要性を持ついま一つの系譜が西洋文化にはある。この流れはエジプトの砂漠に住んだ教父たちの間で高まりをみせ、その英雄的な霊性は聖アウグスティヌスに回心をもたらした一要因ともなっている。その最も美しい表現は、聖アントニオスの弟子で聖バシレイオスの友人でもあった、エジプトの**聖マカリオス**（二九五頃―三八六）の著作に見てとることができる。この流れは、キリスト教神秘主義の歴史上最も貴重な文献の一つ、**ヨハネス・カッシアヌス**（三五〇頃―）の『対話』を通じて、西欧世界にもたらされた。この書は、エジプト各地の修道院への七年間にわたる巡礼と、そこでの僧侶たちとの霊的問題に関わる多くの対話から生まれたもので、観想の祈りの諸段階と、霊的生の成長過程との関係が、キリスト教史上初めて、現実的でまたよく区分された形で叙述されている。これが、聖ベネディクトゥスの手で、ベネディクト会修道士の霊的滋養の一環にとり入れられ、中世の修道院内神秘主義に決定的影響を及ぼした。冷静で秩序整然たるその教えは、ローマ教会の特質となるべきもので、それが**大聖グレゴリウス**（五四〇―六〇四）の著作中で新たに評価され直し、続く世代の瞑想家たちの魂の形成を助けていくことになる。

こうして、中世の初頭には、霊性文化の二つの大きな流れが存在していた。一つは、ベネディクト会の隠健で実践的な流れで、主にカッシアヌス、大聖グレゴリウスといった人々によって形成された。いま一つは、ディオニュシオス・アレオパギテスに代表される新プラトン主義の流れで、彼ほど明白にではないが聖アウグスティヌスもこれに属する。ディオニュシオスの著作は、八五〇年頃、アイルランド出身の哲学者、神学者、**ヨハネス・スコトゥス・エリウゲナ**の手で、ギリシア語からラテン語に翻訳された。彼はシャルルマーニュの宮廷に集った文人学者の一人で、この翻訳は西欧における神秘主義の伝統の本格的開始を画する出来事であった。この「スコットランドの人」〔アイルランド出身〕ヨハネスの著作の多くは、神秘主義的傾向を強く示しており、彼の名は、神秘主義の歴史がこの時代で挙げることのできる唯一のものである。われわれはいま、「暗黒時代」への下り坂を下りつつある。そしてここでも、神秘主義の描く曲線は、知的、芸術的活動の示す曲線と並行している。

中世神秘主義の大潮流が最初に姿を現すのは十一世紀である。それはもっぱら、ベネディクト会の中から生まれ出る。というのも、**聖ロムアルドゥス**（九五〇頃—一〇二七）、**聖ペトルス・ダミアニ**（一〇〇七—一〇七二）、シャルトルーズ大修道院の創設者**聖ブルーノ**（一〇三二—一一〇一）といった修道生活の改革者たちの業績は、観想的な魂の持ち主たちが、神秘主義的生活を送れる環境を確保せんとして行なった努力に他ならないからである。したがってここでもわれわれは、西欧のキリスト教の顕著な特徴となった、隠修士、独住修道士の占める大きな役割に、少なくとも一瞥を加えておかなければならない。この時代には、神秘主義は他の宗教活動と明確に区別されたものではなかった。むしろそれは、宗教を基礎づけている諸真理のリアルな体験そのものであった。神秘主義は主に個人的な師弟関係を通じて広まっていった。その言語化された表現は決して多くはないが、最も重要で広い影響力を与えたものとしては、**聖アン**

セルムス（一〇三三―一一〇九）の『瞑想録』がある。これは、最近の研究によって、彼の名を冠して広まっていた偽作群中に発見されたもので、今日では中世前期を支配したアウグスティヌス的神秘主義に連なる、神秘主義の伝統の主要な伝承経路をなすものと見なされている。十二世紀の全面的な宗教復興は、きわだって神秘主義的な相貌を帯びていた。その中で、歴史的重要性をもった四人の人物が登場してくる。ベネディクト会士、**クレルヴォーの聖ベルナルドゥス**（一〇九一―一一五三）、**ビンゲンの聖ヒルデガルト**（一〇九八―一一七九）、**フィオーレのヨアキム**（一一三二―一二〇二）と、ダンテが「人であるより、むしろ観想の中にある」とよんだ、スコットランドかアイルランド出身のアウグスティヌス会士、**サン＝ヴィクトルのリカルドゥス**（一一七三頃没）である。リカルドゥスの師で、同僚でもあった、同じパリのサン＝ヴィクトル修道院に住んだスコラ哲学者**フーゴー**（一〇九七―一一四一）も、一般にこの時代の神秘家の一人に数えられているが、これは充分な根拠を欠いている。彼の神学的著作中では、観想は小さな役割しか占めていない。トマス・アクィナスはじめ多くの神学者はフーゴーを大いに尊重しているが、後代の神秘主義的著作への彼の影響はわずかなものでしかない。一方、リカルドゥスと聖ベルナルドゥスの精神こそは、反対に、続く二百年間の神秘主義的著作を支配するものとなっていく。彼らと共に、本来の意味での中世神秘主義文学は始まる。

中世の神秘主義文学は、個人体験的なものと教導的なものの二つに分けることができる。ただし時には、聖ベルナルドゥスの名高い説教のように、双方にまたがるものもある。というのもこの説教師〔ベルナルドゥス〕は、説教の主題の実例として彼自らの体験に訴えているのである。サン＝ヴィクトル派の著述家たちの場合は、その姿勢は教導型に属する。ほとんど学問的と言ってもよい。彼らの間では、神秘主義――すなわち観想の諸段階、霊的感覚の修練――は、神学の一部門として公認された位置を占めていた。神秘主義は、リカルドゥスの愛用する象徴体系によれば、〈観想的生〉の表象たるラケルの愛し児「ベニヤミン」であり、彼の二つの主著『大ベニヤミン』と『小ベニヤミン』では、そのあらゆる場面が分類され、記述されている。リカルドゥスにとって、神秘主義とはあくまで「心の学」であって、世俗的学問に対しては彼はほとんど関心を持たなかったが、それでも彼の確固たる知性は、中世の神秘主義学派を宗教的情動主義の危険から守るのに大いに力があった。プロティノスとアレオパギテスを通じて伝えられた古代以来の神秘主義の伝統は、彼の手によって中世世界に移植され、組み込まれていったのである。師のフーゴー同様、リカルドゥスも、手のこんだ寓意、整然たる配列、厳密な分類、数への意味づけなどへの、中世的な愛好心を強く持っていた。ダンテが〈天国〉と〈煉獄〉と〈地獄〉を数学的な精密さで区分しつくし、ベアトリーチェが〈九〉なる数そのものであったように、これらサン＝ヴィクトル派の著述家たちも、観想の諸段階、魂の諸段階、〈神への愛〉の諸段階等を、分類し、細分していく。そうして、絶えず変化してやまぬ人間の霊的生命の表現形態を、整然と系統立った、しかも、〈七〉、〈四〉、〈三〉といった神的数に適合した秩序の中にあてはめていくという力業をやってのけるのである。

サン＝ヴィクトルのリカルドゥスの影響も大きなものであったが、聖ベルナルドゥスはこれをさらに上回っている。ベルナルドゥスこそ、十二世紀を代表する霊的人物であったと言ってよい。その生涯は多方面にわたる絶え間ない活動の連続で、〈観想的生〉は「怠惰なもの」という論難を反駁するのに充分である。彼は、ベネディクト会の伝統を受け継ぎつつ、独自の精神でこれに形を与えた。その著作は、サン＝ヴィクトルのリカルドゥスのものと並んで直ちに広まって、後代の神秘主義の発展を方向づける生きた力の一つとなった。また、この二人の神秘家は、十四世紀におけるわが英国の神秘主義の形成にも中心的な影響を及ぼしている。『大ベニヤミン』、『小ベニヤミン』その他、サン＝ヴィクトルのリカルドゥスの作品、聖ベルナルドゥスの論考や書簡の翻訳や敷衍《ふえん》訳は、十三、十四世紀イギリスの神秘主義的、神学的文献の写本群中にふんだんに見出される。しばしばリチャード・ロールのものとされている『小ベニヤミン』の初期の翻訳の一つは、おそらく『不可知の雲』の匿名の著者の手になるものであろう。この著者はまたアレオパギテスの著作の英語への最初の翻訳者でもある。

中世西欧〔フランスやイギリス〕の神秘主義がもっぱら、サン＝ヴィクトル派と聖ベルナルドゥスの健全で持続的な影響の下に発展していったのに対して、〔中欧たる〕ドイツとイタリアでは、より大胆な形で、それは出現した。ビンゲンの聖ヒルデガルトやフィオーレの大修道院長ヨアキムの預言者的活動においては、世俗的歴史の流れそのものの変革が模索されていたのである。聖ヒルデガルトと、同僚のベネディクト会修道女**シェーナウの聖エリーザベト**（一一三八―一一六五）は、こののち長く続く女性神秘家――幻視者、女預言者、政治的改革者たち――の先頭に来る者で、霊的超越性と偉大な実践的能力を結びつけている。この点では、シエナの聖カタリナがおそらく最高の見本であろう。強力な霊的直観にかきたてられた彼女らは、平凡な生活から抜け出て、自分たちの意志や、世の出来事への独自な解釈を、現実世界の中に実現していく。彼女たちは〈永遠〉から差してくる光の中に生きており、その〈永遠〉なるものの視点から、時代の罪を糾弾するのである。聖ヒルデガルトは力強い性格の持ち主で、明らかに尋常ならざる心的能力を有していた。彼女はこの〈生ける光〉の霊感に突き動かされて、教会と国家の腐敗を告発した。彼女が全ヨーロッパに書き送った、行進の松明のような霊感に満ちた手紙の中に、われわれはドイツ的観念性とドイツ的実践性が一つになって働いているのを見る思いがする。すなわち、不正のあくことなき叙述と、それらが断罪されるさまの壮大な詩的ヴィジョンとである。こうした特徴は、続く十三世紀の南ドイツの神秘家たちに再び見出される。ヘルフタのベネディクト会修道院に住んだ四人の天才的修道女がそれである。彼女たちの名は、まず〔ハッケボルンの〕**尼僧ゲルトルート**（修道院長在職、一二五一―一二九一）と、その妹、**ハッケボルンのメヒティルト**（一二三一〇没）、彼女はその至高の象徴的ヴィジョンをもって知られている。それから一団中の詩人であった、繊細な**マグデブルクのメヒティルト**（一二一二―一二九九）、彼女ははじめ、マグデブルクのベギン会に属していて、そこで『神性の流れる光』の大半を著し、一二六八年からヘルフタに移っている。そして最後に、高名なる**大聖ゲルトルート**（一二五六―一三一一）。これらの女性瞑想家たちの間では、政治家的精神は聖ヒルデガルトほど顕著ではなく、宗教的、倫理的活動がそれに代わっている。大聖ゲルトルートは、典型的な女性型のカトリック幻視者で、自身の主観的な体験、自分の見た美しい、意義深げな夢、キリストや聖母と交わした愛に満ちた会話などの中に没入してしまうタイプである。気質的に彼女に近いのはハッケボルンのメヒティルトである。しかし彼女の態度は全体として個人的性格がより少なく、その分、より本物の神秘家と言える。彼女の見事な象徴的ヴィジョンは、彼女の得た最も霊的な知覚の表現であり、心理的‐感覚的幻覚というよりは芸術的創造と見るべきである。そこには、大聖ゲルトルートの心を絶えず占めていたキリストの人性はほとんど登場しない。マグデブルクのメヒティルト――教養ある、生まれのよい女性で、半ば詩人、半ば幻視者というべき人――が神との合一を記述する際の言葉は、極めて個人的で、過去の宗教著述家よりも、明らかに当時のロマンティックな詩人たちに負うところが大きい。このメヒティヒルトの作品は早くからラテン語訳され、ダンテもこれを読んでいた。その影響は「天国篇」に見てとることができる。一部の学者は、彼女こそが、〈地上楽園〉のマティルダだと信じているが、別の学者たちによれば、同僚の神秘家、ハッケボルンのメヒティルトにその位置が与えられている。

ダンテが〈太陽天〉の偉大な瞑想家の中においている謎の人物、フィオーレの大修道院長ヨアキムを、現代の学者たちはイタリア神秘主義の発展の主要な影響源として、ますます重視するようになっている。彼の預言の最も重要な点は、制度的キリスト教から神秘的キリスト教への転換を事実として宣言したことにある。この主張が注目されるようになったのは死後のことにすぎないが、その威信は十三世紀を通して徐々に高まっていった。特に托鉢修道僧の出現以降はそうであった。新たな聖霊の時代が、清貧のうちに霊的生活を実践する二つの新生修道会によって一二六〇年頃到来する、というヨアキムの預言を、この托鉢修道者たちが実現するのだと思われたのである。この頃から、ヨアキム主義の主要な表現媒体は、フランシスコ会内の、革命的傾向がより強い神秘家たちが担うようになっていった。**アッシジの聖フランチェスコ**（一一八二―一二二六）本人が〔ヨアキム主義の〕「永遠の福音」の預言を知っていたという証拠はどこにもないが、しかしそれをまったく知らずに、また当時北方からイタリアに広まりつつあったカタリ派その他の半神秘主義的な異端――その多くは福音書的清貧の思想を強調する――をまったく知らずに彼が成長したとはまず思われない。とはいえ、これらの源泉から滋養を汲んだにせよ、この神秘主義的天才は、彼自身がまったく独創的な人間であった。類い稀な人格の完全に自発的な発現、偉大な霊的現実家で、清貧と歓喜の神秘的生を妥協なしに主張し抜く点で並ぶ者がなかった。聖フランチェスコは〔ベネディクト会系の隠遁的〕修道院での修行や、ディオニュシオスや聖ベルナルドゥスの著作には触れたことがなかった。彼の唯一の文学上の影響源は新約聖書だった。彼と共に、神秘主義は太陽の下にとび出した。日常生活の隅々までの変革をめざし、民衆の言葉を話し、トルバドゥールの歌謡を神の愛の歌に作り変えた。しかもなお、カトリック教会には完全な忠誠を貫いていた。彼以降、彼の秘密をつかまえるのに成功した者は一人もいない。それは最も稀有な型の霊的天才の持つ秘密である。しかし、彼は西欧の歴史、芸術、文学上に確かな刻印を残すことができた。そして彼の精神の影響は今も生きている。

一般的には、イタリアの神秘主義は聖フランチェスコから発したと言ってよく、その初期はほとんど彼の弟子たちの独壇上の観を呈している。特に聖フランチェスコの理想を純粋に保とうとする「聖霊派」の人々である。ここで目につくのは、フランチェスコ的な情熱や一途さが、ヨアキム主義思想から出た黙示録的観念と強く結びついていることである。プロヴァンス地方では、ヨアキム主義の色調を帯びた広範な神秘主義的運動があり、ディーニュのユーグと妹の**聖ドゥスリーヌ**（一二一四生）がその指導者であった。彼らは、フランチェスコ同様、花や小鳥といった小さな自然物のうちにも〈神的なもの〉を見てとることのできる人々である。イタリアでは、フランシスコ派の霊性は、**パルマのジョヴァンニ**（一二八八没）、**ラ・ヴェルナのジョヴァンニ**など、深い神秘主義的傾向を持った修道士たちの影響下に養われていたが、彼らはさらに、当時の教会政治勢力との対立にまで入り込んでいった。教会の腐敗を告発するという、神秘家の心を多くひきつけてきた勤めを進んで取り上げたのである。ここでの典型的人物は**ヤコポーネ・ダ・トーディ**（一二二八─一三〇六）である。彼は法律家から神秘詩人に転じた人で、一方で聖アウグスティヌスやディオニュシオスの深い影響を受けながら、他方ではまた、会の創設者フランチェスコの熱烈な代弁者であった。その「霊の歌集」は、フランシスコ会の神秘主義を脱我の恍惚と文学的表現の双方の高みにまで引きあげている。教皇庁によって残酷な懲戒をこうむったことで、彼はかえって中世最大の風刺家の一人となった。ヤコポーネの詩はジェノヴァの聖カタリナの神秘主義の形成に影響を与えていることが、フォン・ヒューゲルによって明らかにされているが、彼の作品が急速に広範囲に広まっていることから見れば、おそらく彼女以外にも、またイタリア以外でも多くの神秘家にその影響は及んでいるものと思われる。

同時代の人に**福者フォリーニョのアンジェラ**（一二四八―一三〇九）がいる。彼女は罪の生活からフランシスコ会第三会〔在俗者会〕の隠遁生活者に回心した人である。彼女は第一級の神秘家で、そのヴィジョンや啓示は、ジェノヴァの聖カタリナや聖テレジアに匹敵する高さをもっている。崇拝者たちから〈神学者の女主人〉と呼ばれ、弟子の中からも、明敏で激しやすい「聖霊派」修道士カサーレのウベルティーノを生んだ。アンジェラの神秘主義には、高尚な形而上学的要素があり、この時代のフランシスコ派サークルが到達していた霊的文化の水準の高さを示している。十六世紀までに彼女の著作は各国語に翻訳され、神秘主義の古典の一つとしての位置を占めるに至っていた。十七世紀には、聖フランソワ・ド・サル、ギュイヨン夫人その他のカトリックの瞑想家たちが広く彼女の作品を用いている。ダンテより十七歳年長であった彼女は、イタリアの神秘主義において十三世紀と十四世紀をつなぐ位置にあったと言える。そしてダンテが、その大才をもって、この系譜の霊性を正しく完結せしめるのである。

さて、続いてわれわれは神秘主義の黄金時代に向かおう。この時代の劈頭には、その知的能力と霊的能力との独特な結合によって時代を支配している「熾天使的博士と天使的博士」の二人の姿が屹立《きつりつ》している。すなわち、フランシスコ会の**聖ボノヴェントゥラ**（一二二一―一二七四）と、ドミニコ会**の聖トマス・アクィナス**（一二二六―一二七四）である。聖アウグスティヌス同様、その知的偉大さのゆえに聖トマスの神秘主義的側面は概して陰に隠れている。一方、賢明なる隠健の主唱者であった聖ボナヴェントゥラは、性急な読者には、フランシスコ会の神秘家の中では最も非神秘主義的な人と安易に思われてしまう傾向がある。しかし、この両者は共に偉大な瞑想家であり、まさにこのゆえに、過去の偉大な霊的伝統を中世世界に解釈し直していくことができたのである。だからこそ、十四世紀の神秘主義諸潮流への彼らの影響も、また巨大なのである。十四世紀の神秘主義の流れはもっぱら聖ボナヴェントゥラに由来し、〔トマス・アクィナスを代表とする〕スコラ神学の対立勢力をなすといったことが時おり言われるが、しかし実際には、彼らの中の最大の人々――とりわけダンテやドイツのドミニコ会士たち――は、アクィナスの精神に深く浸透されており、至るところでトマスの権威を引用している。

ヨーロッパでは、神秘主義の波は今やその絶頂に向かいつつある。一方東方では、その頂点はすでに過ぎ去っていた。スーフィズム、すなわちイスラムの神秘主義は、八世紀に「ムスリムの聖テレジア」と称される**ラービア**（七一七―八〇一）の麗わしい姿と共に登場し、殉教者**ハッラージュ**（九二二没）に受け継がれ、十一世紀には**ガザーリー**（一〇五八―一一一一）の『告白』〔『誤りから救うもの』〕において文学的表現を得るに至る。そしてその古典時代とされる十三世紀には、**アッタール**（一一四〇頃―一二三四）、**サーディー**（一一八四―一二六三）、そして聖なる**ジャラルッディーン**〔**ルーミー**〕（一二〇七―一二七三）らの神秘詩人の作品が生まれる。この伝統は、十四世紀には**ハーフィズ**（一三〇〇頃―一三八八）やその継承者たちのややエロティックな神秘主義に受け継がれ、十五世紀には詩人**ジャーミー**（一四一四―一四九二）が出る。

ハーフィズがすでにイスラム神秘主義の頽廃の調べを奏でていた時代、西暦紀元一三〇〇年は、西欧にとってはその霊性の歴史の上で決定的な年であった。第一級の神秘家たちが出現していた、あるいはまさに出現せんとしていた。マジョルカ島出身の学者・神秘家、**ライムンドゥス・ルルス**（一二三一五没）はその長き生涯の幕を閉じんとしており、イタリアでは**ダンテ**（一二六五—一三二一）が、〈絶対者〉のヴィジョンを人間の言葉で表現すべく奮闘していた。それはかつて言語に結晶化された最も高貴なヴィジョンの一つである。彼は、フランシスコ派の神秘主義の魂とも言うべき、実在に対する愛に満ちた芸術的理解と、ドミニコ会士たちがトマス・アクィナスを通じてヨーロッパの思想潮流に注ぎ入れた、超越的世界に対する秩序整然たるヴィジョンとを、二つながら受け継ぎ、かつ一つに融合したのである。一方にとっては、霊的世界はすべて愛であり、いま一方にとってはすべてが法であった。ダンテにとってはその両方であった。「天国篇」において、ダンテの驚嘆すべき天才は、かの〈至福直観〉を捉え、われわれに示している。そこではすべての大神秘家、さらに一般には神秘家と呼ばれない多くの人々——ディオニュシオス、リカルドゥス、聖ベルナルドゥス、メヒティヒルト、アクィナス、その他無数の人々——の象徴的体系が、包み込まれ、かつ解き明かされている。

『神曲』が著された時期は、ドイツとフランドル地方の神秘主義活動の目覚めと一致している。一二八〇年から一三〇九年の間に、おそらくリエージュ地方で、フランシスコ派の影響下に、一風変わった匿名の書が著された。今日ではラテン語訳と英訳のみで伝わる〔現在は、原著に近いフランス語の版も発見されている〕この作品は、**『単純な魂の鏡』**という。この長い論考は、明らかにディオニュシオスとサン=ヴィクトル派、また『神の山の兄弟たちへの手紙』と題された十二世紀の作品の影響を受けた、質の高い神秘主義文学の一篇で、しばしば正統教義の限界線上にまで進み、十四世紀フランドルの思弁的神秘主義の先駆となっている。著者はおそらく、この一派の創設者たるドミニコ会の大学者**マイスター・エックハルト**（一二六〇―一三二七）と同時代の人であろう。エックハルトは、神秘的洞察と高度の知的能力を結合している点でダンテに似た存在である。彼はドイツ哲学とドイツ神秘主義の双方を同時に打ち立てた。この二人の巨人は、十四世紀の初頭に並び立って、超越的真実に対するドイツ的本能とラテン的本能との、それぞれ完璧な代表者となっている。

エックハルトは大聖ゲルトルートよりわずか数歳年下にすぎないが、しかし彼女とはまったく別の世界に属しているように見える。彼の威厳に満ちた人柄や、ディオニュシオスやエリウゲナに養われた超感覚的なものに対する天才的感覚は、近づく者みなに霊感を与え、影響を及ぼさずにはいなかった。十四、十五世紀のドイツとフランドルの神秘主義は、互いに、またその開祖エックハルトとも、雰囲気を大いに異にしてはいるが、それでも確かに何らか共通なものを、しかも他の学派には決して見られない何かを有している。この何ものかこそが、エックハルトに由来する。というのも、この派の人々はみな彼の下から出ている。つまり、彼の直弟子であるか、弟子の友人や孫弟子であるかなのである。エックハルトの教説は、当時のドイツの宗教上の中心地、シュトラスブルクでなされた民衆語による説教の記録によって伝えられている。そこにわれわれが見るのは、司牧的情熱に満ち、しかも聴衆の側にも高度の知性と霊性を要求する、教育的な神秘家の姿である。しかしその晩年には、彼はその名誉を失墜していた。彼の著作から引き出された多くの命題が、特に彼の思想の極端な部分を代弁しているような命題が、汎神論その他の異端の疑いがあるとして、教会により断罪されたのである。彼の言葉の激しさ、大胆さが誤解の余地を生んだことは確かである。語りえぬものを語らんとする努力のゆえに、彼は絶えず、他の人々には逆説的で誇張としか見えない表現に陥らざるをえなかった。だが、エックハルトの影響は、教会の断罪によってもほとんど損なわれることはなかった。弟子たちは、忠実なカトリック教徒として留まりつつも、同時に彼の忠実な弟子たらんと努めた。彼らの教えは最後まで、この、異端的であったにせよ偉大なる学者の教説に色濃く染められて――多くはそこから霊感を受けて――おり、師の記憶は聖人のごとくに尊崇されていた。

エックハルトと、その最も高名な二人の弟子のあいだには、対照的な性格の違いがあって興味深い。彼らは三人ともドミニコ会士で、みなが聖アウグスティヌス、アレオパギテス、聖ベルナルドゥス、そしてトマス・アクィナスといった、神秘主義の伝統の精華の崇拝者である。また三人とも、かつてアルベルトゥス・マグヌス、聖トマス〔アクィナス〕が教え、その強い影響がまだ生きていた頃のケルンの神学校で学んでいる。エックハルトの神秘主義は、説教や断片的著作から窺われるかぎりでは、客観的と言うべきもの――ほとんど教条的とさえ言えるようなものであった。彼は恐ろしいほどの確かさと親しさをもって、彼が感じていたことではなく、彼が知りえていた存在のありか、ないし地平――「誰一人とて住まぬ〈神性〉の砂漠」――について記述している。彼は偉大なスコラ学者であり、〈絶対的真理〉の探求に情熱をもって取り組んだ生来の形而上学者であった。

エックハルトの二人の弟子のうち、シュトラスブルクの修道士説教家**ヨハネス・タウラー**（一三〇〇頃―一三六一）は、生まれながらの宣教者であった。該博な神学的教養と高度な神秘主義的天才に、人々の魂を救わんとする圧倒的な情熱が結びついていた。人々を超越的伝統への感覚に目覚めさせるべく、不断に努めてやまなかった。エックハルトに時おりみられる峻厳な知性主義、ゾイゼのもつ内省への嗜好や過剰な芸術的感受性といったものは、タウラーにはない。彼はドイツの神秘家中で最も男性的な人であった。その人間性の幅の広さは比類がなく、霊性の底の深さのみがこれに拮抗《きっこう》している。その説教——これだけが彼の真正の作品である——は、霊的レベルでの英雄的行為を喚起する喇叭《らっぱ》の響きに似る。後代の神秘家への影響も大きく、特に聖テレジアと十字架の聖ヨハネに顕著である。タウラーは主観的な著述家ではない。作品中に彼個人の体験が語られているであろうことは、推測によって知られるのみである。時おりタウラーは宗教改革の先駆者として語られることがあるが、これは当たらない。そうした主張は、あらゆる純粋なキリスト教をプロテスタントという異端の一形態と見なしてしまう連中だけのすることである。タウラーは、聖ヒルデガルトやシエナの聖カタリナや他の多くの人々同様、当時の教会の腐敗を攻撃してはいる。しかし彼の著作は、後の人の手の入っていない版で読んでみれば、彼が熱心で正統的カトリック教徒であったことをはっきりと証している。

タウラーは**「神の友」**と称する大きな非公式団体の指導的人物の一人だった。この団体はシュトラスブルクで生まれ、ライン河畔地方一帯、スイスやバイエルンにまで広まり、この宗教的堕落の時代にあって民衆の霊的再生のために活動した。熱烈な信仰と心底からの敬神の精神に基づいた「神の友」たちは、その名に値する唯一の生き方として、神秘主義的生活を実践しようとした。これは超越を求める活動の大いなる激発であった。多くのヴィジョンや脱我が報告され、めざましい回心が生まれた。この運動は、クェーカーのそれと多くの点で共通している。唯一の相違は、「神の友」は、「カトリック」教会の外ではなく内部で生じた運動だということである。この運動は、部分的には、「自由聖霊兄弟団」や、他の異端的セクトに対抗するものでもあったのである。ドイツ・ドミニコ会の大神秘家トリオの三人目、**福者ハインリヒ・**

ゾイゼ（一二九五頃―一三六五）もこの「神の友」と関係している。ゾイゼは生まれながらの隠遁者、苦行者であり、かつ最も豊饒なカトリック型のヴィジョン体験者であった。主観的でロマンティックで、自分の魂のありさまと、神と魂との個人的・人格的な関わりにとりわけ深い関心を持っていた彼にとって、神秘主義とは他の人々と共有すべき教説であるよりも、内密なる個人的冒険だった。哲学者、神学者としての教育を受け、エックハルトの熱心な追従者であったにもかかわらず、彼の自伝――これは聖テレジアの、もっと有名な『自叙伝』よりはるかに詳細で、才能溢れる人間的ドキュメントである――は、何よりも彼の悩みや歓び、苦難、ヴィジョン、脱我、悲惨の記録である。その神秘主義的論考さえも対話篇の形式をとっており、彼は霊的生活の個人的・人格的でドラマティックな側面からどうしても離れられないようである。

この三人――エックハルト、タウラー、ゾイゼ――の周りには、神秘主義的団体「神の友」の、比較的目立たない人々が集まっている。彼らはみな、この世の生を――十四世紀の恐ろしく腐敗し、混乱した宗教生活を――霊的現実との関わりの中に置き戻し、さらに周囲の隣人をも神の圏域のうちに参入させようとする英雄的な試みに挑んでいた人々である。これらの名も無き構成員の一人から、この運動の文学上の珠玉とも言うべき作品が生まれ出る。その美しい小篇は**『ドイツ神学（テオロギア・ゲルマニカ）』**、別名『全き生活』と呼ばれ、おそらく一三五〇年頃、フランクフルトで、ドイツ騎士団の一司祭によって著されたと思われる。これは、神秘主義の原則を一般の人々にも実践可能なものにしようとした数多《あまた》の試みの中でも最も成功した一冊で、この書を大いに愛したルターは、一五一八年に不完全な版ながらこれを刊行している。「神の友」のその他のメンバーについては、書簡や、回心、ヴィジョン、霊的冒険などの記録

――膨大な量の文献がこの運動から生まれている――によってしか知ることができない。神秘主義の歴史を通じて、最近の研究によって最もその像が一新されたのは、このラインラント派である。しかし発掘作業はまだ部分的にしかなされていない。現状では、「神の友」の神秘主義的宣教活動に関わる主な名前を挙げておくことしかできない。まず尼僧**マルガレータ・エーブナー**（一二九一―一三五一）とその妹**クリスティーネ**がいる。彼女たちはこの運動に属する重要な人物で、その実在性については疑義の呈されたことはない。マルガレータは、神秘家であると同時に一種の霊能者でもあったようで、ギュイヨン夫人同様、テレパシーや千里眼の能力を持っていたとされる。次に、実像のよくわかっていない二人の平信徒、**ネルドリンゲン**〔ノルトリンゲン〕**のハインリヒ**と、**バーゼルのニコラウス**がいる。そして最後に、謎の男**ルルマン・メルスヴィン**（一三一〇頃―一三八二）がいる。一連の黙示録的ヴィジョンの書、『九つの岩の書』の著者で、彼の回心と神秘主義的生涯の物語は、それを事実ととろうと「傾向文学」ととろうと、第一級の心理学的ドキュメントを提供している。

ドイツ派の直接の影響下にあって、これと同様その知的迫力をエックハルトの天才から受け継いでいるものに、フランドルの神秘主義がある。その内容は、最大の代表者である**福者ヤン・ヴァン・リュースブルク**（一二九三―一三八一）の著作に窺うことができる。彼は世界の生んだ最大の神秘家の一人と言ってよい。リュースブルクの作品中には、神秘主義的真実の形而上学的側面と人格的側面とが混然一体となり、その最高の表現を獲得している。知的には、聖アウグスティヌス、サン＝ヴィクトルのリカルドゥス、エックハルトらに負っているが、彼の真価は、エックハルトの哲学を彼自らの深い体験の成果の単なる表現手段となすまでに消化しつくしている点にこそある。その前半生はブリュッセルで司祭を務め、後半生はソワーニュの森に隠棲したリュースブルクの影響は、すでに生前から大きなものがあった。弟子の**ヘールト・デ・フローテ**（一三四〇―一三八四）は「日常生活兄弟団」を設立し、これによって〈新しき信心〉という宗教運動の根本精神が形成されていった。そしてこれが、中世の大神秘家たちの精神を、続く世紀に運び入れたのである。「北方のリュースブルク」、**ヘンドリク・マンデ**〔マンデのヘンリクス〕（一三六〇頃―一四一五）の神秘主義的著作、**ペーテルス・ゲルラハ**〔ゲルラク・ペテルセン〕（一三七八―一四一一）の非常にプラトン主義的な美しい作品『神との燃え立つ独語録』、そして何よりも、彼の友人だった**トマス・ア・ケンピス**（一三八〇―一四七一）の『キリストに倣《なら》いて』――同書中にはヘールト・デ・フローテの瞑想録の一部が含まれている可能性がある――などが、この神秘主義の潮流の主要な水路を形づくっている。続く十五世紀には、フランシスコ会士**エルプのヘンリクス**、またはハルフィウス（一四七七没）と、もっと重要な二人の人物――博学の聖なるプラトン主義者、枢機卿**ニコラウス・クザーヌス**（一四〇一―一四六四）と、その友人の神学者で瞑想家、**カルトゥジオ会士ディオニシウス**（一四〇二―一四七一）、彼も十五世紀を通じて最大の宗教家の一人である――が、リュースブルクからの霊感を受けている。ディオニシウスは自分の全著述をラテン語に翻訳して、自ら「アレオパギテスが晦渋なところでも明快なもう一人のディオニシウス」と称している。このディオニシウスの浩瀚《こうかん》な著作は、続く数世紀には広く読まれ、主にこれを通じて中世の神秘家たちの教説がルネサンス世界にもたらされた。リュースブルクの作品は、ゾイゼの著作と並んで、十五世紀初頭のイギリスの手写本中にも登場し、聖ベルナルドゥス、聖ボナヴェントゥラや、イギリスの大神秘家リチャード・ロールと並ぶ位置を与えられている。その天才の影響はスペインの神秘主義文学の中にも発見されている。

イギリスの神秘主義は、スティーヴン王の時代の宗教復興に淵源しているようである。当時から、またその後も一貫して、イギリスの神秘主義は独住隠者の生活と密接に結びついていた。その最初の記念碑的著作、『独住修道者清規』は、十二世紀の初め、三人の女性独住隠者のために著されたものである。**聖アルドレッド**（リヴォーの修道院長在職、一一四六―一一六六）の『瞑想録』や、彼が妹の独住修道女のために著した「規則」には、神秘主義的生への強い欲求が読みとれる。しかし確信をもってその名を挙げることのできる最初のイギリスの神秘家は、リンの隠遁者**マージェリー・ケンプ**（おそらく一二九〇年頃に著作）である。とは言うものの、この女性の生涯については何も知られておらず、彼女の手になる『観想録』の断片が残されているだけである。次に挙げるべきなのが、**ハンポールのリチャード・ロール**（一三〇〇頃―一三四九）である。彼の名と共に、イギリス神秘主義の短いが光耀に満ちた系譜は始まる。ロールはオックスフォードと、おそらくパリで学び、神学の博い知識を有しながら隠者となった人である。それは、自ら召されたと感じていた「熱情と甘美と詩歌」の神秘主義的生活を完全に生きるためであった。サン＝ヴィクトルのリカルドゥス、聖ベルナルドゥス、聖ボナヴェントゥラが彼に最も影響を及ぼした人々であるが、同時にロールは、神秘主義著述家中でも最も個性的な一人である。著作は膨大で、主著さえ未だに手写本のままである〔現在では多くの校訂版が刊行されている〕。彼は、著述家、放浪の説教者としての生活と、隠遁者としての生活とを結合させていたようである。また、神からの直接の霊感に訴えて、人々の宗教生活や世俗生活を率直に批判し続けた。次の世代にはロラードたちが彼の権威を援用しているほどである。ロールはすでに、イギリス神秘主義の特徴である実践的な気質を露わにしている。彼の関心は哲学にではなく霊的生活にあった。特に自分自身がそれを体験することにあった。彼の〈神の愛〉との交わりの記述には、またその表出である「天国の歌」には、フランチェスコ風の詩情がある。人々の魂への関心には、フランチェスコ的な情熱がある。彼の作品は、続くイギリスの神秘家たちに大きな影響を及ぼした。ロールに続く十四世紀後半の人物としては、**『不可知の雲』**およびこれに付随する論考の匿名の著者と、優なる精神の持ち主**ウォルター・ヒルトン**（一三九六没）がいる。『不可知の雲』によって、ディオニュシオスの精神がイギリス文学中に初めて現れる。この書物はアレオパギテスとサン＝ヴィクトル派から深い影響をこうむった深遠な瞑想家の作品で、著者は同時に鋭敏な心理学者でもある。この同じ著者の手で、〔ディオニュシオス・アレオパギテスの〕『神秘神学』の最初の英訳（*Dionise Hid Divinite*）がなされている。ある古い書物によると、この翻訳は「イギリス中を大変な速さで駆け抜けた」という。それほどに、当時の宗教意識は神秘的真理を受容する構えができていたのである。

ヒルトンは、ディオニュシオスやサン＝ヴィクトルのリカルドゥスの影響を受けつつも、もっと広範な聴衆に向けて語っている。彼は優れた霊的指導者、内なる途の実践的教師であって、形而上学者ではなかった。彼の名著『完徳の階梯』は瞬く間に霊的生活の古典としての位置を得ている。彼が世を去った年はまた、イギリス神秘主義の全作品中で最も美しい書物、**ノリッジのジュリアン**（一三四三―一四一三以降）の『神の愛の啓示』が完結した年でもあった。「神に教えられし、深遠にして、脱魂的なる女性（theodidacta, profunda, ecstatica）」と呼ばれる彼女の比類ない人格は、中世イギリスの神秘主義を完結させ、その頂点にあって輝いている。彼女においては、ロールとヒルトンの最良の遺産が、独特な美しさと個性を持つ「無限なるものへの天才的感覚」によって変容せしめられている。彼女は、見る人であり、愛する人であり、詩《うた》う人であった。その教説は、相当部分が神学上の知識に基づいたものだが、本質においては、類い稀な強さをもった直接的で個人的・人格的なヴィジョンから生まれたものである。

ジュリアンの啓示が完結する以前に、すでに二人の天才女性、王族の女預言者にして修道会創設者、**スウェーデンの聖ビルギッタ**（一三〇三―一三七三）と、**シエナの聖カタリナ**（一三四七―一三八〇）が世に出、世を去っている。聖ビルギッタ、またはブリジッドは、ヒルデガルト型の神秘家・幻視家で、自分が教皇のバビロン捕囚を終わらせ、教会に平和をもたらすべく召されていると信じていた。彼女の死の四ヶ月後、聖カタリナ――当時二十六歳――がこの未完成の仕事を引き継いだ。〈真実在〉の啓示者としてダンテの真の後継者であり、聖フランチェスコに次ぐイタリア最大の神秘家であったカタリナは、〈合一の生〉というものを誰よりも豊かで完全な形で実現してみせている。彼女は偉大な活動家であり、かつ偉大な脱我の人であった。政治家、教育者、瞑想家を一身に兼ね、内面生活と外的生活の堅実なバランスを乱すことがなかった。「幾千もの魂の母」とは、まことに彼女にふさわしい呼び名である。ほとんど教育を受けていないにもかかわらず、しかも病弱に悩まされ続けた短い期間のうちに、彼女は歴史の流れを変え、宗教を若返らせ、そしてイタリア宗教文学中の至宝、『対話』を著してみせたのである。

十五世紀の前半には、神秘主義曲線ははっきりと下降に向かう。この世紀の冒頭にわれわれの目をひくのは、大きな影響力をもったパリ大学総長**ジェルソン**（一三六三―一四二九）である。彼は自らが神秘家でありながら、同時に、行き過ぎた神秘主義的教説や現象に対する、鋭く偏りのない批判者であった。しかし、大いなる時代はすでに過ぎ去っていた。ルネサンスの新しい生命が、人間生活のさまざまな方面ですでに力を揮《ふる》いつつあり、霊性の分野にもまさに手を伸ばさんとしていた。この頃、会の改革をめざす三人の神秘家の著作と結びついて、フランシスコ派の霊性の一時的な再生が起こっている。すなわち、フランスの精力的な幻視家、**聖コレット・ド・コルビー**〔ニコレット・ボワレ〕(一三八一―一四四七)、彼女のイタリア人の弟子**シエナの聖ベルナルディーノ**(一三八〇―一四四四)、そして脱我型のクララ会修道女**ボローニャの聖カタリナ**(一四一三―一四六三)である。彼女らと同時代の人に、二人のまったく対照的な女性神秘家、**聖ジャンヌ・ダルク**(一四一二―一四三一)と、フランドルの苦悩の幻視家、**スヒーダムの聖リドヴィナ**(一三八〇―一四三三)がいる。

この世紀の後半になると、神秘主義の主な舞台はイタリアに移る。そこに第一級の霊的大才、**ジェノヴァの聖カタリナ**(一四四七―一五一〇)が現れるのである。彼女は、シエナの同名の人〔カタリナ〕と似て、熱烈な愛の人であると同時に不屈の行動の人であった。加えて、脱我型の人であるとともに行動的な神秘家、深い思想家でもあった。独創的な教師であり、多忙な実践的博愛の人であった。彼女の影響は死後も生き続け、特に次の世代の繊細で均衡のとれた性格の瞑想家、**尊者バッティスタ・ヴェルナッツァ**(一四九七―一五八七)に受け継がれている。彼女はカタリナの最も信頼する友人の娘で、カタリナ自ら洗礼の名づけ親となっている。ジェノヴァのカタリナはこの時代では唯一の、健全で活動的な神秘的生の体現者であった。この時代の他の神秘家は、大抵がもっとありふれた女性的タイプの幻視家である。一例を挙げれば、**マントヴァのオザンナ・アンドレアージ**(一四四九―一五〇五)、**コルンバ・リエティ**(一四三〇頃―一五〇一)、彼女の弟子、**ナルニのルチア**などである。彼女たちは、シエナの聖カタリナにおいてあれほど明るく燃えていた精神の、未だ消えやまぬ残り火といった風情である。

そしてその精神は、十六世紀のフランドル地方に、ベネディクト会の大修道院長**ブロシウス**〔ルイ・ド・ブロワ〕(一五〇六―一五六五)のうちに再び現れる。またはるかに歴然たる姿で、スペインに現れる。

スペインは、他の地域では中世を閉じるものであった神秘主義的生の激発が、まだほとんど触れていなかった国である。スペインの神秘主義は、当初はいくつかの修道会と密接に結びついて登場した。まずフランシスコ会では、**フランシスコ・デ・オスナ**（一五四〇頃没）。彼の観想の祈りのための手引書は、聖テレジアやその友人で助言者だった**アルカンタラの聖ペテロ**（一四九九―一五六二）に影響を与えている。次にドミニコ会では**ルイス・デ・グラナダ**（一五〇四―一五八八）、そしてアウグスティヌス隠修士会の**ルイス・デ・レオン**（一五二八―一五九一）が出る。だが、スペイン神秘主義が決定的、特徴的な自己表現を得るに至るのは、イエズス会の偉大なる創設者、**ロヨラの聖イグナチオ**〔イグナティウス・デ・ロヨラ〕（一四九一―一五五六）の生涯と人格においてである。その業績が極めて具体的性格のものであったため、また特にその後のイエズス会の展開のために、歴史家たちは聖イグナチオが本物の神秘家であった事実を見過ごしてきている。しかし彼はまさしく、聖テレジアやジョージ・フォックスといった偉大な活動家の兄弟であり、現実に対する彼女たちと同一のヴィジョンに突き動かされ、彼女らと同じ心的成長過程を経た人なのである。彼の霊的息子たちは、偉大なカルメル会修道女**聖テレジア**（一五一五―一五八二）の内面生活に大きな影響を及ぼした。

これらの神秘家たちは――またこれに、聖テレジアの最大の弟子で、詩人にして瞑想家の**十字架の聖ヨハネ**（一五四二―一五九一）を加えねばならないが――シエナの聖カタリナ同様、当時の腐敗、混乱した宗教生活から生じた欲求に直接に応える形で現れてきた。彼らは「反宗教改革の聖者たち」、つまり教会のこの渾沌状態の中で、それぞれの天賦の才と聖性の錘《おも》りを、正統カトリックの秤皿の方に投じた人々であった。聖イグナチオが霊的兵士の軍団を組織して異端への攻撃と教会の防護を図ったのに対し、聖テレジアは、さまざまな軋轢《あつれき》に苦しめられつつも、カルメル会という偉大な修道会に新たな生命を注ぎ入れ、超越的世界との直接の交わりという、会本来の務めを恢復するのに成功した。彼女のこの仕事を助けた一人が十字架の聖ヨハネである。大神秘家であるとともに心理学者、哲学者であった彼は、スペイン派の神秘主義の人格的・個人的体験を、神秘主義の伝統の本流の中に置き戻すという、なくてはならぬ働きを成し遂げている。この三人はみな、実際的な組織家であると同時に深遠な瞑想家であって、それぞれの輝かしい業績のうちに、神秘的生がもつこの二重の特性を顕示してみせてくれている。彼らが残した著作は永続的な影響を及ぼし、次代の超越的世界の冒険者たちの歩みを導き、その体験に適切な説明を与え続けている。しかし、彼らの真の霊的子孫が見出されるのは、彼らの母国にではない。スペインでは、彼らが超越的レベルにまで引きあげた宗教生活が、彼らの圧倒的な影響が薄らぐにつれてやがて変質してしまう。彼らの霊的子孫は、〔聖イグナチオの〕『霊操』や〔聖テレジアの〕『魂の城』や〔十字架の聖ヨハネの〕『魂の暗夜』といった作品の魅力の虜《とりこ》となった後世の無数の瞑想家たち自身なのである。

スペインの偉大なカルメル会士たちによって点《とも》された神の炎は、続いてイタリアに燃え移る。ドミニコ会の修道女**リッチの聖カタリナ**（一五二二―一五九〇）や、浩瀚な著作をものしたフィレンツェのカルメル会修道女**パッツィの聖マリア・マグダレーナ**（一五六六―一六〇七）の生涯に、それは見てとることができる。新大陸においても、ペルーの修道女**聖ローサ・デ・リマ**（一五八六―一六一七）の美しい姿のうちにそれは現れる。そしてこれとちょうど同じ時代、まったく別の相貌の下に、プロテスタント圏のドイツで、「霊感を受けた靴職人」**ヤコブ・ベーメ**（一五七五―一六二四）という、神秘主義の巨人の一人のうちに、この神の炎は現れるのである。

超越的なるものへの生得の天才の、歴史上最も驚くべき実例の一つがベーメである。ベーメは神秘主義の歴史とドイツ哲学の両方にその刻印を残している。ウィリアム・ロー、ブレイク、サン＝マルタンといった人々が彼の足下に集っている。壮大な広がりをもつベーメのヴィジョンは、〈人間〉と〈宇宙〉、〈神〉と〈魂〉双方の自然・本性を包括している。彼において再び、前の時代のドイツ神秘家たちが愛好したあの古い〈再生〉の教説が見出される。彼が自らのヴィジョンを表現する際の、あの難解な象徴体系がなかったなら、彼の影響ははるかに大きなものとなっていただろう。ベーメは依然として、かの暗雲に包まれた不朽の人々の一人であり続けている。彼は、あらゆる時代の冒険者たちによって繰り返し再発見され、再解釈され続けていくに違いない。

十七世紀は、神秘主義的生命の豊かさと多様さにおいて、十四世紀に匹敵するものを持つ。そこには二つの大きな潮流が確認される。それぞれ、人間と〈絶対者〉との交わりが有する二つの主要な側面に対応するものである。その一つは、象徴的、構築的、活動的な側面で、再生の思想と結びついており、しばしば錬金術の用語が用いられる。これはベーメのドイツ型天才から出た流れである。これが最も成功したのはカトリック教会の外部、主にドイツとイギリスであった。そこでは一六五〇年以来、ベーメの著作が広く知られるようになっていた。これが頽落的形態をとると、錬金術、薔薇十字団、終末預言、その他の霊的感覚の濫用という、いわゆるオカルトに流れ込むことになる。もう一方の流れはカトリック教会の内部で湧き上がったもので、キリスト教神秘主義の大いなる伝統に密接に連なっている。これが最も大きく花開いたのはフランスで、観想の人格的、内面的側面を重視する傾向をもつ。そして「神秘体験の」受動的受容性を宣揚するあまり、その行き過ぎた形態として静寂主義者《キエティスト》たちの逸脱を生むことにもなる。

十七世紀のイギリスは、大神秘家は稀だとしても、神秘主義的心性の人々、〈真実在〉の探求者と言える人々は、極めて豊富であった。神秘主義が時代の雰囲気にまでなっていたようで、さまざまな装いの下に、たくさんの生の形をまとってそれは現れた。クェーカーの創設者**ジョージ・フォックス**（一六二四―一六九〇）においては、伝統とはまったく無縁の、第一級の「大活動家」の姿をとった。またクェーカー運動自体の中でも、純粋な神秘主義の激発が生じた。これに唯一比肩しうるものと言えば、十四世紀の「神の友」の運動があるばかりである。

フォックスには、神との直接の交わりに対する、あの圧倒的な感覚が見出される。神秘家特有の、あの超越に対する意識である。クェーカーの霊性は、制度化された宗教にはきわだった嫌悪を示すが、それでも、霊的親縁性が明らかな大陸の静寂主義者ばかりでなく、カトリックの瞑想家たちの教説とも多くの共通点を有している。神秘主義はこの派の著作中にも、頻繁に姿を現すのである。特に初代のクェーカーたちの間では**アイザック・ペニントン**（一六一六―一六七九）の著作、二代目の人々の中では、アメリカの英雄的な団員、**ジョン・ウールマン**（一七二〇―一七七二）の日記が、その代表的表現となっている。

神学的尺度からはこれと正反対の位置にくるカトリック型の神秘家の一団も、十七世紀のイギリスには生まれている。これは同じ頃のフランス派と密接な関係にあった。なかでも最も個性的な人物は、若きベネディクト会修道女、**ガートルード・モア**（一六〇六―一六三三）である。聖アウグスティヌスから聖ベルナルドゥスやトマス・ア・ケンピスを通って流れる、かの愛の交わりの伝統、すなわちカトリック神秘主義の心そのものを、彼女は受け継いでいる。そして彼女の指導者で、著述の保存者でもあったのが、**尊者オーガスティン・ベイカー**（一五七五―一六四一）――観想生活への最も聡明で堅実な指導者の一人

――である。彼の著作を見れば、ガートルード・モアの神秘家的能力を育んでいった環境がどのような影響のもとに築かれていたのかを知ることができる。サン＝ヴィクトルのリカルドゥス、ヒルトン、『不可知の雲』、フォリーニョのアンジェラ、タウラー、ゾイゼ、リュースブルク、聖テレジア、十字架の聖ヨハネ、これらがオーガスティン・ベイカーの最もよく引く権威であり、そして彼らを通して、これまで見てきたように、神秘家の系統樹は新プラトン主義者たちや初代教会の建設者たちにまでさかのぼっていくのである。

カトリック教会の外部では、霊的錬金術師とも言うべき**トマス・ヴォーン**と、神秘詩人**ヘンリー・ヴォーン**（一六二二―一六九五）の双生児が、超越的生に対して、まったく異なった気質からする反応のあり方を示している。また「ケンブリッジ・プラトニスト」グループに属する**ヘンリー・モア**（一六一四―一六八七）、**ジョン・スミス**（一六一八―一六五二）、**ベンジャミン・ウィチカット**（一六〇九―一六八三）、**ピーター・ステリー**（一六一四頃―一六七二）、**ジョン・ノリス**（一六五七―一七一一）などは、神秘主義に色濃く染められた哲学を展開し、説いていた。また**トマス・トラハーン**（一六三七頃―一六七四）は、生のプラトン的ヴィジョンに詩的表現を与えるのに成功している。**ホール主教**（一五七四―一六五六）は、彼らと同様の精神を一人の信仰者の姿として実現している。最後に、薔薇十字団、象徴主義者、その他心霊主義気質のオカルティストたち――特に**ポーディジ博士**（一六〇八―一六九八）と女預言者**ジェーン・リード**（一六二三―一七〇四）を指導者とする異色の宗派、フィラデルフィア協会が重要である――に触れておく。彼らは、霊媒現象や奔放な象徴的ヴィジョンや終末預言とないまぜになった、神秘主義の極めて偏頗《へんぱ》な側面を露わにするものである。フィラデルフィア協会の人々の影響は――彼ら自身はやはりベーメの著作から強い感銘を受けていた――一世紀の間にわたってその力を失わず、「知られざる哲学者」サン＝マルタンのうちに再び姿を現す。

この時代にカトリックの神秘主義が最も栄えたのはフランスであった。〔ルイ十四世の〕偉大な世紀の知的・社会的興隆が、霊的方面にまで拡がってきたのである。十七世紀のパリの絢爛たる世俗生活や、既成宗教組織のほとんどに及んでいた風紀の弛緩、さらには腐敗、これらに真向から対立するものとして、一種の内面的生の密儀宗教とも言うべきものが生まれ出た。この神秘主義の再生は、おそらくイギリスのカプチン会修道士、ウィリアム・フィッチ、修道名**ベネディクト・カンフィールド**〔ブノワ・ド・カンフェール〕（一五二〇―一六一一）に発するものと思われる。彼は年配になってからパリに定住し、パリの霊的影響力の中心人物となった。弟子の中には、**アカリー夫人**（一五六六―一六一八）や、**ピエール・ド・ベリュール**（一五七五―一六二九）といった人々がおり、彼らを介して、その観想についての教えは当時のあらゆる重要な宗教家にまで及んでいった。アカリー夫人――霊的才能と事務的能力の双方に等しく秀でていた女性――の邸宅は、当時いよいよ盛んになりつつあった神秘主義的熱狂の焦点をなしていた。そして彼らの運動は、活発な教会内改革運動という形でも表れ出た。ベリュールはオラトリオ会の創立者の一人であったし、「パリの良心」として知られたアカリー夫人は、戒律の弛緩した修道院を訪問しては、修道者たちに、より厳格で聖なる生活にたち戻るよう説いてまわった。一六〇四年にフランス最初の改革派カルメル会の修道院が開設されたのも、もっぱら彼女の斡旋によっている。同会のフランス人修道女たちの指導者には、聖テレジアの国スペインの修道会から直接に修道女が招かれた。フランスの神秘主義はこのテレジア派との直接接触に多くを負っている。アカリー夫人とその三人の娘はみなカルメル会に入会したし、**聖**

ジャンヌ・フランソワーズ・シャンタル（一五七二—一六四一）が観想の訓練を受けたのは、ディジョンのカルメル会修道女たちからであった。その彼女の霊的父で、聖母御訪問修道会の共同創立者である**聖フランソワ・ド・サル**（一五六七—一六二二）も、若い頃にアカリー夫人のサークルのメンバーだったことがある。彼は魂に対する詳細で個別的な指導に関するフランス派特有の才能を最もよく発揮した人である。こうした文化的で貴族的なグループとは別の、もっと低い社会階層の中からも、二人の偉大で純粋な神秘家が生まれ出る。その一人は臆することなきウルスラ会修道女**マリ・ド・ランカルナシオン**〈御託身のマリア〉（一五九九—一六七二）で、新大陸における教育の開拓者である。高度の観想能力と実践的行動力との、聖テレジア流の双児の才能を、彼女には見てとることができる。その二人目は、カルメル会修道士、**平修士《フレール》ローラン**〈御復活のラウレンシオ〉（一六一一—一六九一）で、フランス神秘主義の受動性重視の傾向を最も健全でバランスのとれた形で提示した人である。彼は素朴な経験論者で、特別な恩寵など何一つ求めない。この点、同時代の聡明で薄幸の天才、**パスカル**（一六二三—一六六二）と好対照をなしている。パスカルは、さまざまな魂の嵐を経て、〈絶対者〉のヴィジョンへの途を切り拓いていく型の人であった。

この時代のフランスやフランドルの純粋な神秘主義は、自己無化と受動性の教説に大いに心を奪われていた。そのため彼らは絶えず静寂主義《キエティスム》との境界線にまで接近してくる。偉大なカプチン会士で観想の教師だったフランドル人**コンスタンタン・（ド・）バルバンソン**（一五八一—一六三二）、**ジャン・エヴァンジェリスト・ド・バルルーク**（一五八八—一六三五）、イギリス人ベネディクト・カンフィールドの三人も、この点では当局の嫌疑を免れていない。このことは彼らの注意深い言葉遣い、また彼らの著作が当時の教会権威による綿密な監査の対象となっていることからも明らかである。しかし、正しい教説と誤ったそれとを区別する線は極めて微妙なもので、ボスュエとフェヌロンの歴史的論争に見られる通りである。そして、静寂主義の著述家たちの危険に満ちた逆説的表現のため、正統派はしばしば、その区分線を誤って引いてしまうことにもなりかねなかった。

この種の真正の静寂主義の型に属する最も早い、また最も極端な人物は、フランス語圏フランドルの人**アントワネット・ブリニョン**（一六一六―一六八〇）である。この強固な意志と頑迷な考えを持った女性は、フランチェスコ的な徹底さをもって世俗生活を放棄し、一箇の宗派を立てた。そして数多くの迫害を耐え忍び、当時の宗教界を大いに騒がせた人物であった。さらに大きな騒動が、敬虔なスペイン人**ミゲル・デ・モリノス**（一六四〇―一六九七）の行き過ぎた教説から出来する。そして彼の極端な教えは教会からの断罪をこうむり、このため以後しばらくの間、受動的観想という原理全体が評判を失墜してしまうのである。静寂主義とは、根本的には、同じ頃イギリスでクェーカー運動を引き起こしたのと同じ欲求の、バランスを欠いた発現に他ならない。すなわち、霊的現実との個人的・人格的接触への欲求である。それは当時の公式の宗教が、形式主義的で人の心を満たしえないものとなっていたことから生じたものである。不幸にして、大静寂主義者たちは大神秘家ではなかった。このために、受動性の原理――あらゆる〔能動的な〕霊的・精神的行為から峻別され、むしろそれと対立する原理――をその論理的極限にまで突きつめた彼らの宣教内容は、組織化された宗教全体にとってだけではなく、内面的生の健全な発展に対しても、致命的に相容れない教説を生むに至ったのである。

ギュイヨン夫人（一六四八―一七一七）はモリノスと同じ頃の人で、典型的な静寂主義者として引かれるのが常である。彼女は、神秘主義的性向が、脆弱な表層的知性と結びついてしまった不幸な例と言える。

大瞑想家には大抵見られる堅固な常識感覚を彼女が持っていたなら、受動性に対する自らの気質的偏向をもっと抑制でき、そうすればまた、公式に断罪されてしまうような行き過ぎた表現をその著作に用いることもまずなかったであろう。フェヌロンの優れた弁護があったにもかかわらず、またその著作の大半は観想の祈りの正統的教説を内面化した形で再現しているにすぎないにもかかわらず、極端な静寂主義者たちの逸脱が呼び起こした「受動的祈り」への全面的断罪という事態の中に、彼女も巻き込まれてしまったのである。

十七世紀の末葉には、民衆的静寂主義の大きな高揚が見られた。これはカトリック教会の内外にまたがる現象である。そのうちで、正統教義の境界線の充分内側に留まり、受動性の教説を最も高貴な形で説いてみせたのが、イエズス会士**J・P・ド・コサード**（一七三九年時点で在世）である。この限界線を踏み越えてしまった人々としては——静寂主義者は誰もが、自分たちの一面的な教説を支えるものとして、神秘主義の偉大な伝統に訴えているのであるが——マラヴァル、ポワレらがいる。**マラヴァル**の『神秘神学』は、聖テレジアの文章の美しい仏訳をいくつか含んでいる。**ピエール・ポワレ**（一六四六—一七一九）は、はじめプロテスタントの牧師をしていたが、やがてアントワネット・ブリニョンの熱烈な弟子になった人である。ポワレの熱情と精力的活動に後代の人々が負っているものは大きい。というのは、彼においては、霊的静寂状態への信仰が大規模な著述活動と結びついていたのである。彼はギュイヨン夫人の全著作を散逸から防ぎ、編集し刊行した。またその『神秘家文庫』の中には、神秘主義関係のたくさんの散逸した書物の摘要が残されている。この比類のない書誌によれば、最も極端な静寂主義者たちといえども、まったく「正統」の教えによって養われていたことが見てとれる。そして彼ら自身、決して新しい教えを説いているのではなく、キリスト教神秘主義の真の伝統を代弁しているのだと心底から信じていたことがわかる。

十七世紀が終わるとともに静寂主義の活動も終熄していく。十八世紀のはじめは、カトリック教会の外から生まれ、ヤコブ・ベーメの偉大な人格から流れ出る、あのいま一つの霊的生命力の流れが勝利を収めた時代である。静寂主義の主要な源泉が、服従・自己放棄ということであったとするなら、この学派の主要な源泉は、これを補う形の、再生・復活という理想であった。ドイツでは、ベーメの著作は、全貌の見通しがたい神秘家**ヨハン・ギヒテル**（一六三八―一七一〇）の手で収集され、刊行されていた。ギヒテルの生涯や書簡には、ベーメの影響が随所に窺われる。イギリスでは、ベーメの著作が初めて紹介された十七世紀中葉から、その影響は生きた力となっており、ドイツ系イギリス人**ディオニシウス・アンドレアス・フレーハー**が著作したのは、一六九九年から一七二〇年にかけてである。十八世紀初頭にこのフレーハーを継いだのが、「宣誓拒否者」**ウィリアム・ロー**（一六八六―一七六一）である。ローは見事な文体の持ち主で、イギリスの最も深遠な宗教著述家の一人である。彼は、〈初期の著作〉『真摯なる呼びかけ』で古典的な表現がなされているような狭いキリスト教から、ベーメの著作を読むことによって、より広い、哲学的な神秘主義へと回心した。そして神秘主義的情熱に燃える一連の著作を著し、かの「霊感を受けた靴職人」〔ベーメ〕の、〈人間〉と〈宇宙〉についての力強いヴィジョンに新たな解釈を与え、イギリス文学の中に揺るがぬ位置を得さしめたのであった。

十八世紀の後半には、神秘主義の曲線は明らかに下降線を示しているが、三人の謎めいた人物を輩出している。三人ともベーメ派の流れを汲む人々で、みな当時の聖職者中心主義には敵対的な位置にいた。ドイツでは**エッカルツハウゼン**（一七五二―一八〇三）が、『聖域を覆う雲』その他の著作において、あの秘教的、密儀的キリスト教の伝統を、個人主義的な線の上に継承し、〈真実在〉への参入の結果得られる再生、ということを説いていた。彼によれば、この教えの最高の、最も健全な解釈者は、ウィリアム・ローであるとされる。フランスでは、「知られざる哲学者」、超越主義者の**サン＝マルタン**（一七四三―一八〇三）がいる。彼においても、その起伏の多い精神が単なるオカルトから神秘主義的哲学へ移行するに際しては、ベーメとエッカルツハウゼンを読んだことが大きなきっかけとなっている。またサン＝マルタンは、イギリス本国では長らく忘れられていた「フィラデルフィア協会員」たちや、ポーディジ博士、ジェーン・リードらの著作からも大きな感化を受けている。そのイギリスでは、詩人にして画家、幻視家かつ預言者たる**ウィリアム・ブレイク**（一七五七―一八二七）が、ジョージ王朝下という彼にとっては異教のごとき雰囲気の中で、一箇の孤星のごとくに輝いている。

ブレイクの生涯は、神秘主義の天才のそれの、類い稀なる実例をなしている。この天才は、韻律と言葉のみならず、色彩と形態をも、真理のヴィジョンの表現手段として駆使する。しかしブレイクにあっては、そのヴィジョンは極めて独特であり、象徴によるその再構成を組み上げている要素もまったく異様なものであったため、これを人々に伝えようとする試みには彼は成功しなかった。しかも、その預言的書物にしろ、美しい神秘主義的絵画にしろ、ブレイクは、自分が意識のより高次の、より力ある状態の中で「見た物事」に対する、偉大な、刺激的な暗示以上のことを伝えようと工夫したのではないのである。彼の幻視的な象徴体系は、その多くが、青年時代の大きな影響源であったスウェーデンボルグから来ているが、ブレイクはまたベーメから、そしておそらくそのイギリスの解釈者たちからも多くを学んでいる。イギリスのプロテスタント神秘家の中ではほとんど彼一人が、人格的で内面的な愛の交わりというカトリック的伝統を受け入れ、血肉化していると言える。彼の見た「エルサレム」の壮大なヴィジョンの中では、聖テレジアやギュイヨン夫人もあの「優しい魂」の仲間に加わっている。この人々は、ベウラの地〔『イザヤ書』六二・四以下〕に向かって開かれた〈四重の門〉――観想的生への門――を守護し、また大いなる〈愛の葡萄搾り器〉を管理している魂である。そしていつの時代にも人類は、そこから、彼ら神秘家たちの手もとから、〈生命の葡萄酒〉を拝領し続けているのである。

Propos d'Ascèse. Paris, 1939.
Hess, M. Whitcomb. The Name is Living: the Life and T eachings of Isaac Penington. Chicago-New York, 1936.
Hort, Greta. Sense and Thought. London, 1936.
Jaegen, H. The Mystic Life of Graces. Trans. Anderson. London, 1936.
Jones, Rufus. Some Exponents of Mystical Religion. London, 1930.
Malaval, François. A Simple Method of Raising the Soul to Contemplation. Translated by Lucy Menzies. Dent, 1931.
Maréchal, J. Etudes sur la Psychologie des Mystiques. Tome II. Paris, 1937.
Maritain, J. Les Degrés du Savoir. Paris, 1932.
English trans. The Degrees of Knowledge. London, 1938.
Otto, Rudolf. Mysticism East and West (Sankara and Eckhart). Translated by B. L. Bracey and R. C. Paine. London, 1932.
Smith, Margaret. Studies in Early Mysticism in the Near and Middle East. London, 1931. (Important.)
Von Hügel F. Selected Letters. London, 1927.

III　哲学、心理学、神学

Baruzi, J. Problèmes d'Histoire des Religions. Paris, 1935.
Penido, M. T. L. La Conscience religieuse. Paris, 1935. (Psychology of conversion.)
Watkin, E. I. A Philosophy of Form. London, 1935.

JOHN OF THE CROSS, SAINT.

Text. Obras de S. Juan de la Cruz, Doctor de la Iglesia. Editadas y anotadas por el P. Silverio de S. Teresa, C.D. Burgos, 1929-31. 5 vols. (The best Spanish text.)

Trans. Complete Works. Translated by E. Allison Peers. 3 vols. London, 1934-5. (From the critical text of Padre Silverio. Supersedes all previous versions. Full bibliography.)

Mons. *Père Bruno de Jésus Marie, O.P. S.* Jean de la Croix. Paris, 1929.

English trans. St. John of the Cross. London, 1932.

Frost, Bede. St. John of the Cross: Introduction to his Philosophy, Theology, etc. London, 1937.

Hoornaert, R. L'Ame ardente de S. Jean de la Croix. Bruges, 1928.

English trans. The Burning Soul of St. John of the Cross. London, 1931.

KEMPE, MARGERY.

Text. The Book of Margery Kempe, 1436. Modern version by W. Butler-Bowdon. London, 1936. (An important discovery.)

LAW, WILLIAM.

Text. The Mystical Writings of William Law. Edited by Stephen Hobhouse. London, 1938.

MARIE DE L'INCARNATION.

Text. Ecrits spirituels et historiques. Edited by Dom Jamet. Paris.

Mon. *Renaudin, Paul.* Une grande mystique française au XVIIe siècle, Marie de l'Incarnation. Paris, 1938.

ROLLE, RICHARD.

Text. The English Writings of Richard Rolle. Edited by E. Hope Allen. Oxford, 1931.

The Life and Lyrics of Richard Rolle. Frances M. Comper. London, 1928.

II 神秘主義に関する概説書

Bergson, H. Les Deux Sources de la Morale et de la Religion. Paris, 1932.

English trans. The Two Sources of Morality and Religion.

Boisen, Anton T. The Exploration of the Inner World. A Study of Mental Disorder and Religious Experience. Chicago-New York, 1936. (George Fox is one of the characters used to illustrate the study.)

Bremond, H. Histoire Littéraire du Sentiment Religieux en France. Paris, 1916-33.

English trans. A Literary History of Religious Thought in France. Translated by K. Montgomery. 3 vols. London, 1928.

Brinton, Howard H. The Mystic Will. Based on a study of the Philosophy of Jacob Boehme. New York, 1930.

Caussade, J. P. de. Bossuet Maitre d'Oraison. Edited by H. Bremond, Paris, 1931.

English trans. On Prayer. Translated by Algar Thorold. London, 1931.

L'Abandon à la Providence Divine. (18ème Ed. Paris, 1921.)

English trans. Abandonment to Divine Providence. Translated by Algar Thorold. London, 1933.

Spiritual Letters. Translated by Algar Thorold. London, 1934.

Chapman, Dom John. Spiritual Letters. London, 1935. (With important discussions of contemplative prayer.)

David of Augsbourg. Spiritual Life and Prayers: a translation of De Exterioris et Interioris Hominis Compositione by Dominic Devas, O.F.M. 2 vols. London, 1937.

Garrigou-Lagrange, Père. Le Sauveur et son Amour pour nous. Paris, 1933.

Traité de Théologie ascétique et mystique. 2 vols. Paris, 1939.

Hermans, F. Mystique. Paris, 1938.

13版発行に際しての追加文献

1930年から1940年までの間に出版された、神秘主義に関する重要な文献の中から以下に追加として挙げておく。研究者は本書よりも大規模な研究書の文献目録をも参考にすること。また《Revue d'Ascetique et de Mystique》および《La Vie Spirituelle》誌のバックナンバーには、個々の問題点についての貴重な記事が多く掲載されている。

I　神秘家の生涯と著作

ANGELUS SILESIUS.
Text. Cherubinischer Wandersmann. Propyläen-Verlag, Berlin, 1923.
Trans. Selections from the Cherubinic Wanderer. Translated by J. E. Crawford Flitch. London, 1932.

AUGUSTINE OF HIPPO, SAINT.
Mon. A Monument to St. Augustine. By Various Authors. London, 1932.

BERNARD OF CLAIRVAUX, SAINT.
Trans. On the Love of God. Translated by T. L. Connelly, S.J. London. 1937.
Mon. *Gilson, Etienne.* La Théologie mystique de St. Bernard. Paris, 1934. (Important.)
English trans. The Mystical Theology of St. Bernard. London, 1940.
Williams, Watkin. The Mysticism of St. Bernard of Clairvaux. London, 1931.
Williams, Watkin. St. Bernard of Clairvaux. Manchester, 1935.

BLAKE, WILLIAM.
Text. Note-book of William Blake, called the Rossetti MS. Edited by G. Keynes. London, 1935.

BOEHME, JACOB.
Mon. *Struck, Wilhelm.* Der Einfluss Jakob Boehmes auf die Englische Literatur des 17. Jahrhunderts. Berlin, 1936.

ECKHART, MEISTER.
Text. Opera Latina. Vols. I and II. Leipzig, 1934-5.
Mon. *Strauch, P.* Meister Eckhart Probleme. Halle, 1912.

FOX, GEORGE.
Mon. *Jones, Rufus.* George Fox, Seeker and Friend. London, 1930.

FRIENDS OF GOD.
Mons. *Jones, Rufus.* The Flowering of Mysticism. New York, 1939.
Seesholtz, Anna. The Friends of God. New York, 1934. (The best general account of the Movement.)

GROOT, GERARD.
Trans. The Following of Christ; the Spiritual Diary of Gerard Groot. Edited by J. van Ginneken. Translated by J. Malaise. New York, 1937.

HĀRITH B. ASAD AL-MUHĀSIBĪ.
Mon. *Smith, Margaret.* An Early Mystic of Baghdad. A Study of the Life and Teaching of Hārith B. Asad Al-Muhāsibī, A.D. 781-857. London, 1935.

Figuier, L. L'Alchemie et les Alchemistes. Paris, 1856.
Figular, B. A Golden and Blessed Casket of Nature's Marvels. Edited by A. E. Waite. London. n.d.
Hartmann, F. Magic, White and Black: or the Science of Finite and Infinite Life. 1904.
Hermetis Trismegisti. Seven Chapters. London, 1692.
Hitchcock. Remarks on Alchemy and the Alchemists. 1865,
Honorious III. (attributed to). Grimoire du Pape Honorius. 1800.
Kelly, E. The Alchemical Writings of. Edited by A. E. Waite. 1893,
Lévi, Eliphas. Dogme et Rituel de la Haute Magie. 2 vols. 2me édition. Paris, 1861.
Histoire de la Magie. Paris, 1860.
La Clef des Grands Mystères. Paris, 1861.
Le Livre des Splendeurs. Paris, 1894.
Translations. The Mysteries of Magic: a digest of the writings of E. Lévi, by A. E. Waite. London, 1886.
Transcendental Magic. Translated by A. E. Waite. London, 1896.
The Magical Ritual of the Sanctum Regnum. Edited by W. W. Westcott. 1896.
Papus. Traité Elementaire de Science Occulte. Paris, 1903.
Qu'est-ce que l'occultisme? Paris, 1900.
'occultisme et le Spiritualisme. Paris, 1902.
Paracelsus. Hermetic and Alchemical Writings of. Edited by A. E. Waite. 2 vols. 1894.
Pazic, C. Treatyse of Magic Incantations. (Reprint.) 1886.
Philalethes, Eirenaeus (*i.e.*, George Starkey). The Marrow of A1chemy. London, 1709.
Redgrove, Stanley. Alchemy Ancient and Modern. London, 1911.
Sepharial. A Manual of Occultism. London, 1911.
Steiner, Rudolph. The Way of Initiation. Translated from the German by Max Gysi. London, 1908.
Initiation and its Results: A Sequel to The Way of Initiation. London, 1909.
Valentinus. The Triumphal Chariot of Antimony. Translated by A. E. Waite. 1893.
Vaughan, Thomas (Eugenius Philalethes). Lumen de Lumine. London, 1651.
Lucis, or the House of Light. London, 1652.
Magical Writings. (Reprint.) London and Edinburgh, 1888.
Venetiana, Antoine. Le Grand Grimoire. 1845.
Waite, A. E. The Occult Sciences. London, 1891.
Azoth, or the Star in the East. London, 1893.
Lives of Alchemystical Philosophers. London, 1888. (Full bibliography.)
The Book of Black Magic. Edinburgh, 1898.
The Book of Ceremonial Magic; including the Rites and Mysteries of Goetic Theurgy and Sorcery, and Infernal Necromancy. London, 1911.
The Secret Doctrine. London, 1926.
Willis, T. Theophysical Alchemy. London, 1616.

Essay on the Creative Imagination. 1906.
Rolleston, T. W. Parallel Paths: a study in biology, ethics, and art. London, 1908.
Royce, Josiah. Studies of Good and Evil. New York, 1898.
The World and the Individual. (Gifford Lectures.) 2 vols. London, 1900.
Schiller, F. C. S. Humanism. London, 1903.
Plato or Protagoras. Oxford, 1908.
Schofield, A. T. The Unconscious Mind. London, 1899.
Seglas. Phénomènes dits Hallucinations psychiques (Congrès de Psychologie) Paris, 1901.
Segond, J. La Prière: étude de psychologie religieuse. Paris, 1911.
Starbuck, E. T. The Psychology of Religion. 2nd edition. London, 1901.
Stewart, J. A. The Myths of Plato. London, 1905.
Plato's Doctrine of Ideas. London, 1909.
Taylor, A. E. Plato, the Man and his Work. London, 1926.
Taylor, H. O. The Mediæval Mind. 2 vols. London, 1911.
Thomas Aquinas, Saint. Summa Theologica diligenter emendata. Nicolai, Sylvii, Billuart et Drioux, notis ornata. 8 vols. Paris, 1880.
Summa contra Gentiles. Paris, 1877.
Translations. Summa Theologica. Translated by Fathers of the English Dominican Province. 12 vols. London, 1912-17.
Of God and His Creatures: an annotated translation of the Summa Contra Gentiles, by Father J. Rickaby, S.J. London, 1905.
Thouless, R. H. An Introduction to the Psychology of Religion. Cambridge, 1923.
Tulloch, J. Rational Theology and Christian Philosophy in England in the seventeenth century. 2 vols Edinburgh, 1872.
Underhill, E. The Life of the Spirit and the Life of To-day. London, 1922.
Man and the Supernatural. London, 1928.
Von Hügel, Baron F. Eternal Life. Edinburgh, 1912.
Essays and Addresses on the Philosophy of Religion. 2 series. London, 1921, 1926.
Waite, A. E. The Holy Kabbalah. London, 1929.
Ward, James. Naturalism and Agnosticism. (Gifford Lectures.) 2 vols. London, 1889.
Westcott, W. W. An Introduction to the Study of the Kabalah. London, 1910.
Whateley, A. R. The Inner Light. London, 1908.
Whittaker, T. The Neoplatonists: a study in the History of Hellenism. Cambridge, 1901.
Wittgenstein, L. Tractatus Logico-Philosophicus. London, 1922.
Wulf, N. de. Histoire de la Philosophie Médiévale. 2me éd. Louvain and Paris, 1905.
Translation. History of Mediæval Philosophy. London, 1909.
Scholasticism, Old and New. Dublin. 1907.

Ⅳ　錬金術と魔術

Anonymous. The Hermetic Museum restored and enlarged. Translated by A. E. Waite 2 vols. 1893.
(A reissue of an old collection of alchemic tracts.)
A Revelation of the Secret Spirit of Alchemy. London, 1523.
A Short Enquiry Concerning the Hermetic Art. (Reprint.) 1894.
A Suggestive Enquiry into the Hermetic Mystery. London, 1850.
(This curious treatise by the late Mrs. Atwood was suppressed by its author and is now scarce.)
The Turba Philosophorum or Assembly of the Sages. Translated by A. E. Waite. London. n.d.
Ashmole, Elias. Theatrum Chemicum Britannicum, 1652.
Barrett, F. Lives of the Alchemistical Philosophers. 1815. (Includes a long bibliography, and translations of numerous alchemic tracts.)

Imbert-Gourbeyre, Dr. Les Stigmatisées. 2 vols. Paris, 1873.
La Stigmatization. 2 vols. Paris, 1894.
James, M. R. Apocrypha Anecdota Series II. Cambridge. 1897.
James, William. The Principles of Psychology. 2 vols. London, 1890.
Textbook of Psychology. London, 1892.
The Will to Believe. New York, 1897.
The Varieties of Religious Experience. (Gifford Lectures.) London, 1902.
A Pluralistic Universe. (Hibbert Lectures.) London, 1909.
Janet, Pierre. L'Automatisme Psychologique. Paris, 1889.
L'Etat Mentale des Hystériques. 2 vols. Paris, 1893-94.
Nevroses et idées fixes. Paris, 1898.
Une extatique (Bulletin de l'Institut Psychologique). Paris, 1901.
Obsessions et Psychasthénie. Paris, 1903.
Translations. The Mental State of Hystericals. New York, 1901.
The Major Symptoms of Hysteria. New York, 1907.
Jastrow, J. The Subconscious: A Study in Descriptive Psychology. London, 1906.
Jefferies, Richard. The Story of My Heart. 2nd ed. London, 1891.
Jundt, A. Histoire du panthéisme populaire au moyen âge. Paris, 1875.
Ladd, G. T. An Introduction to Philosophy. London, 1891.
The Philosophy of Knowledge. New York, 1897.
The Philosophy of Religion. 2 vols. New York, 1905.
Leroy, B. Nature des Hallucinations. (Revue Philosophique, 1907.)
Interpretation psychologique des Visions Intellectuelles. (Revue de l'Histoire des Religions, 1907.)
Maritain, J. Introduction Generale à la Philosophie. Paris, 1920.
De la Vie d'Oraison. Paris, 1924.
Translations. An Introduction to Philosophy. London, 1930.
Prayer and Intelligence. London, 1928.
Mead, G. R. S. Thrice Greatest Hermes. 3 vols. London, 1906.
Munsterberg, Hugo. The Eternal Values. London, 1909.
Murisier, H. Les Maladies des Sentiments Religieux. n.d.
Meyers, F. W. H. Human Personality and its Survival of Bodily Death. 2 vols. London, 1903.
Ormond, A. T. Foundations of Knowledge. London, 1900.
Otto, R. Das Heilige. Stuttgart, 1917.
Translation. The Idea of the Holy. London, 1923.
Plato. Opera. Ed. J. Burnet. 5 vols. Oxford, 1899-1907.
Republic, with Notes and Introduction, by J. Adam. Cambridge, 1897.
Translations. The Dialogues, translated by B. Jowett. 3rd edition. 5 vols. Oxford, 1892.
The Republic, translated by B. Jowett. 3rd edition. Oxford, 1888.
Powicke, F. J. The Cambridge Platonists. London, 1926.
Pratt, J. B. The Religious Consciousness. New York, 1921.
Prince, Morton. The Dissociation of a Personality. New York, 1906.
Raymond, G. L. The Psychology of Inspiration. 1908.
Rhode, Erwin. Psyche. 2nd ed. 2 vols. Freiburg, 1898.
Translation. London, 1925.
Ribot, T. Les Maladies de la Mémoire. Paris, 1881.
Les Maladies de la Volonté. Paris, 1883.
Les Maladies de la Personnalité. Paris, 1885.
Psychologie de l'Attention. Paris, 1889.
Essai sur l'imagination créatrice. Paris, 1900.
Translations. Diseases of Memory. London, 1882.
Diseases of the Will. 2nd edition. Chicago, 1896.
The Diseases of Personality. Chicago, 1891.
The Psychology of Attention. Chicago, 1890.

Bergson, Henri. Essai sur les Données immédiates de la Conscience. Paris, 1889.
Matière et Mémoire. Paris, 1896.
Introduction à la Métaphysique. Paris, 1903.
L'Evolution Créatrice. Paris, 1907.
Translations. Time and Free Will: an Essay on the Immediate data of Consciousness, translated by F. L. Pogson. London, 1910.
Matter and Memory, trans. by N. Paul and W. Scott Palmer. London, 1910.
Creative Evolution, trans. by A. Mitchell. London, 1911.
Berguer, M. Psychologie religieuse. Geneva, 1914.
Bessemans, Dr. Die Stigmatisatie in het licht der hedendaagsche biologie. Antwerp, 1923.
Bigg, Dr. C. The Christian Platonists of Alexandria. (Bampton Lectures.) Oxford, 1885.
Neoplatonism. London, 1895.
Binet, A. La Suggestibilité. Paris, 1900.
Boutroux, Emile. Science et Religion dans la Philosophie Contemporaine. Paris, 1908.
Translation. Science and Religion in Contemporary Philosophy. Translated by G. J. Nield. London, 1909.
(Compare Pt. I., Boehme.)
Boyce Gibson, W. B. An Introduction to Rudolph Eucken's Philosophy. London, 1908.
God with us. London, 1909.
Bradley, F. H. Appearance and Reality. 2nd ed. London, 1897.
Brunschvieg, L. Introduction à la Vie de l'Esprit. 1900.
Buber, M. Ekstatische Konfessionen. 2nd ed. Leipzig, 1922.
Bucke, R. M. Cosmic Consciousness: a study in the evolution of the Human Mind. Philadelphia, 1905.
Caird, Edward. The Evolution of Religion, 2 vols. (Gifford Lectures.) Glasgow, 1893.
The Evolution of Theology in the Greek Philosophers. 2 vols. Glasgow, 1904.
Caird, John. Introduction to the Philosophy of Religion. Glasgow, 1880.
Fundamental Ideas of Christianity. Glasgow, 1899.
Cutten, G. B. The Psychological Phenomena of Christianity. London, 1909.
De Sanctis. S. Religious Conversion; a bio-psychological study. Trans. by Helen Augur. London, 1927.
Dewing, A. S. Life as Reality: a Philosophical Essay. London, 1910.
Driesch, Hans. The Science and Philosophy of Organism. 2 vols. (Gifford Lectures.) 1908.
Elsee, C. Neoplatonism in its Relation to Christianity. London, 1908.
Eucken, Rudolph. Die Einheit des Geisteslebens. Leipzig, 1888.
Der Kampf um einen geistigen Lebensinhalt. Leipzig, 1896.
Geistige Strömungen der Gegenwart. Leipzig, 1909.
Der Wahrheitsgehalt der Religion. 2nd ed. Leipzig, 1905.
Die Lebensanschauungen der Grossen Denker. Leipzig, 1909.
Hauptprobleme der Religionsphilosophie der Gegenwart. Berlin, 1907
Der Sinn und Wert des Lebens. Leipzig, 1908.
Translations. The Life of the Spirit: an Introduction to Philosophy 2nd ed. London, 1909.
The Problem of Human Life. London, 1909.
The Meaning and Value of Life. London, 1909.
Christianity and the New Idealism. New York, 1909.
Flournoy, T. Les Principes de la Psychologie religieuse (Archives de Psychologie 1902.)
Une mystique moderne (ibid, 1915).
Franck, A. La Kabbale. 3rd ed. Paris, 1892.
Granger, F. G. The Soul of a Christian. London, 1900.
Harrison, Jane E. Prolegomena to the Study of Greek Religion. Cambridge, 1903.
Hébert, M. La forme idéaliste du sentiment religieux. Paris, 1909.
Hocking, W. E. The Meaning of God in Human Experience. New York, 1922.
Huby, J. La Conversion. Paris, 1919.

of the Persians. Cambridge, 1867.
Patmore, Coventry. The Rod, the Root, and the Flower. 2nd edition. London, 1907.
Peers, Allison. Spanish Mysticism. London, 1924.
Studies in the Spanish Mystics. Vol. I. London, 1927. (With excellent bibliographies.)
Poiret, Pierre. Theologiæ Mysticæ idea generalis. Paris, 1702. Petri Poireti Bibliotheca Mysticorum Selecta. Paris, 1708.
(This contains a useful list of mystical and ascetic works, many of which are now lost.)
Poulain, A. Les desiderata de la Mystique. (Études Jesuites.) Paris, 1898.
Les Grâces d'Oraison. 10me édition. Paris, 1922. (Useful citations.)
Translation. The Graces of Interior Prayer. London 1910.
Pourrat, P. La Spiritualité Chrétienne. 3 tomes. Paris, 1921-25.
Translation. Christian Spirituality. 3 vols. London. 1922-26. (Very useful.)
Preger, W. Geschichte der deutschen Mystick in Mittelalter. B. I-3. Leipzig, 1874-93
Récéjac, E. Essai sur les fondements de la Connaissance Mystique. Paris, 1897
Translation. Essay on the bases of the Mystic Knowledge. Translated by S. C. Upton. London, 1899.
(An important study of the psychology of mysticism.)
Reinach, S. Une Mystique au 18e Siècle. (Cultes, Mythes, et Religions.) Paris, 1906.
Renda, Antonio. Il Pensiero Mistico. Milano e Palermo, 1902.
Ribet, J. La Mystique Divine. 3 tomes. Paris, 1879. (A standard Roman Catholic work. Elaborate, but uncritical.) L'Ascétique Chrétienne. Paris, 1888.
Rousselot, P. Les Mystiques Espagnols. Paris, 1867.
Saudreau, L. Les degrés de la vie Spirituelle. 5th edition. 2 vols. Paris, 1920.
La Vie d'Union à Dieu. 3rd edition. Paris 1921.
L'Etat Mystique et les faits extraordinaires de la Vie Spirituelle. 2nd edition. Paris, 1921.
Translations. The Degrees of the Spiritual Life, trans. by Dom Bede Camm, O.S.B. 2 vols. London, 1907.
The Life of Union with God. London, 1927.
The Mystical State. London, 1924.
Scaramelli, G. B. Il direttorio Mistico. Roma, 1900.
Schmölders, A. Essai sur les Écoles Philosophiques chez les Arabes. Paris, 1842. (Contains the best account of the Sufi philosopher, Al Ghazzali.)
Sharpe, A. Mysticism, its true Nature and Value. London, 1910.
Spurgeon, Caroline. Mysticism in English Literature. London, 1913.
Thorold, Algar. An Essay in Aid of the better Appreciation of Catholic Mysticism. London, 1900.
Tollemache, M. Spanish Mystics. London, 1886.
Underhill, E. The Mystic Way. London, 1913.
Practical Mysticism. London, 1914.
The Essentials of Mysticism. London, 1920.
The Mystics of the Church. London, 1925.
Vaughan, R. A. Hours with the Mystics. 3rd edition. 2 vols. London, 1880.
Von Hügel, Baron F. The Mystical Element of Religion, as studied in St. Catherine of Genoa and her Friends. 2 vols. London, 1908.
(Indispensable. The best work on Mysticism in the English language.)
Waite, A. E. Studies in Mysticism. London, 1906.
Watkin, E. I. The Philosophy of Mysticism. London, 1919.

Ⅲ　哲学、心理学、神学

Adam, James. The Religious Teachers of Greece. (Gifford Lectures.) 1908.

Library.) London, 1910.
(This contains a translation of Richard of St. Victor's Benjamin Minor, the only known work of Margery Kempe, Hilton's Song of Angels, and three works of the Cloud of Unknowing group.)
Garrigou-Lagrange, Père. Perfection Chrétienne et Contemplation selon S. Thomas d'Aquin et S. Jean de la Croix. 2 t. Paris, 1923.
Gebhart, E. L'Italie Mystique. 5me édition. Paris, 1906.
Translation. Mystics and Heretics in Italy. London, 1922.
Gichtel, J. G. Theosophia Practica. Leyden, 1722.
Godfernaux. Sur la Psychologie du Mysticisme. (Revue Philosophique, 1902.)
Görres , J. J. v. Die Christliche Mystik. 5 Bände. Regensburg, 1836-42.
Gregory, Eleanor C. An Introduction to Christian Mysticism. London, 1901.
A Little Book of Heavenly Wisdom. Selections from so no English Prose Mystics. With Introduction. (Library of Devotion.) London, 1904.
Harphius (H. de Herp). Theologia Mystica. Cologne, 1538.
Hébert, M. Le Divin: Experiences et hypotheses. Paris, 1907.
Heiler, F. Das Gebet. Munich, 1920.
Dic Bcdeutung der Mystick fur die Weltreligionen, Munich, 1919.
Hello, E. Physionomies de Saints. New edition. Paris, 1900.
Heppe, H. Geschichte der Quietistischen Mystik. Berlin, 1875.
Herman, E. The Meaning and Value of Mysticism. London, 1915.
Inge, W. R. Christian Mysticism. (Bampton Lectures.) London, 1899. (A standard work indispensable to the student.)
Studies of English Mystics. (St. Margaret's Lectures.) London, 1906.
Light, Life and Love. Selections from the German Mystics. With Introduction. (Library of Devotion.) London, 1905.
Personal Idealism and Mysticism. (Paddock Lectures.) London, 1907.
Joly, Henri. Psychologie des Saints. Paris, 1895.
Translation. The Psychology of the Saints. With Preface and Notes by George Tyrrell. London, 1898.
Jones, Rufus M. Studies in Mystical Religion. London, 1909.
Spiritual Reformers in the 16th and 17th Centuries. London, 1914.
Joret, Père. La Contemplation Mystique d'après S. Thomas d'Aquin Paris, 1923.
Jundt, A. Les Amis de Dieu au XIV. Siècle. Paris, 1879.
Klein, F. Madeleine Semer, Convertie et Mystique. 16me édition. Paris, 1924.
Knowles, Dom D. The English Mystics. London, 1928.
Lehmann, E. Mysticism in Heathendom and Christendom. Translated by G. M. G. Hunt. London, 1910.
Lejeune, Abbé P. Manual de Théologie Mystique. 1897.
Leuba, J. H. Les Tendances Fondamentales des Mystiques Chrétiens (Revue Philosophique, Juillet, 1902.)
The Psychology of Religious Mysticism. London, 1925.
Malaval. La Pratique de la vraie théologie mystique. 2 tomes. Paris, 1709.
Marechal, J. Études sur la psychologie des Mystiques. Paris, n.d.
Translation. Studies in the Psychology of the Mystics. London, 1927. (Valuable.)
Massignon, L. Essai sur les origines du lexique technique de la mystique Musulmane. Paris, 1922.
Menzies, L. Mirrors of the Holy. London, 1928. (Studies of women mystics.)
Nicholson, R. A. The Mystics of Islam. London, 1914.
Oman, J. C. The mystics, ascetics, and saints of India. London, 1905.
Ossuna, Francesco de. Abecedario Spiritual. 6 vols. (Gothic letter.) Medina, 1554.
(This is the book from which St. Teresa first learned the method of contemplation.)
Otto, Rudolf. Westöstliche Mystick. Klotz. 1926.
Pacheu, J. Psychologie des Mystiques Chrétiens. Parish 1909.
Palmer, E. H. Oriental Mysticism. A Treatise on the Sūfiistic and Unitarian Theosophy

—Thomas à Kempis and the Brothers of the Common Life. London, 1882.
Wheatley, L. A. The Story of the Imitatio. London, 1891.

VERNAZZA, VEN. BATTISTA.
Text. Opere Spirituali. Genova, 1755.
(See also in Pt. II., Von Hügel, the Mystical Element of Religion.)

WOOLMAN, JOHN.
Text. Journal and Essays. Edited by A. M. Gummere. London, 1922.

II　神秘主義に関する概説書

Arintero, J. G. Cuestiones misticas. Salamanca, 1916.
Evolution mistica. Salamanca, 1921.
Auger. Étude sur les Mystiques des Pays Bas au Moyen (Collectiones des Mémoires Publiés par l'Academie Royale de Belgique, tome 46.)
Baker, Ven. Augustine. Holy Wisdom; or Directions for the Prayer of Contemplation. (Edited by Abbot Sweeny, O.S.B.) London, 1908.
Barbançon, C. The Secret Paths of Divine Love. (Orchard Books.) London, 1928.
Barluke, John Evangelist of. The Kingdom of God in the Soul. (Capuchin Classics.) London, 1930.
Benson, Rev. R. H. Mysticism. (Westminster Lectures.) London, 1907.
Besse, Dom L. de. La Science de la Prière. Paris, 1903.
Translation. The Science of Prayer. London, 1925.
Les Mystiques Bénédictine des origines au XVII. Siècle. Parish 1922.
Biscioni, A. M. Lettere di Santi e Beati Fiorentini. Firenze, 1736.
Boutroux, Emile. Psychologie du Mysticisme. (Bulletin de l'Institut Psychologique.) Paris, 1902.
Bremond, Abbé H. La Provence Mystique. Paris, 1908.
Histoire Littéraire du Sentiment Religieux en France. 8 vols. Paris 1916-28. (Indispensable. Contains a detailed account of the French seventeenth-century school, with numerous quotations and bibliographical references.
Prière et Poésie. Paris, 1926.
(Translation.) Prayer and Poetry. London, 1928.
Philosophie de la Prière. Paris, 1929.
Brenier de Montmorand. Ascétisme et Mysticisme. (Revue Philosophique Mars, 1904.)
Buonaiuti, E. Il Misticismo Mediæval. Pinerolo, 1928.
Butler, Dom Cuthbert. Western Mysticism. London, 1919.
Chaillot. Principes de Théologie Mystique. Parish 1866.
Chandler, Rev. A. Ara Cœli; studies in mystical religion. London, 1908.
Chapman, Dom J. Mysticism. (In Encyclopedia of Religion and Ethics.)
Davison, Ellen S. Forerunners of St. Francis. London, 1928.
Delacroix, H. Essai sur lo Mysticisme Spéculatif en Allemagne au XIV. Siècle. Paris, 1900.
Études d'Histoire at de psychologie du Mysticisme. Les Grands Mystiques Chrétiens. Paris, 1908.
(Detailed analyses of St. Teresa, Madame Guyon, Suso. Indispensable to the student.)
Denifle, H. S. Das geistliche Leben: Blumenlese aus der deutschen Mystikern der 14 Jahrhunderts. Graz, 1895.
Devine, Rev. A. A Manual of Mystical Theology. London, 1903.
Farges, Mgr. A. Les phénomènes mystiques. Paris, 1920.
Translation. Mystical Phenomena, trans. from 2nd French edition. London, 1926.
Gardner, Edmund. The Cell of Self-Knowledge: Seven Old English Mystical Works. Reprinted from Pepwell's edition, with Notes and Introduction. (New Mediæval

The Way of Perfection, translated from the autograph of St. Teresa by the Benedictines of Stan brook Abbey, with Notes by Zimmerman. London, 1911.
Letters. 4 vols. translated by the Benedictines of Stanbrook Abbey. London, 1919-24.
Minor Works: translated by the Benedictines of Stan brook Abbey. London, 1913.
Mons. *Barine, Arvède.* Psychologie d'une Sainte: Sainte Thérèsa. (Revue des Deux Mondes. I[e] Juin, 1886.)
Berrueta, J. D. Sta Teresa de Jesús y S. Juan della Cruz: bocetos psicologica. Madrid, 1915.
Carmelite, Une. Histoire de Ste. Thérèsa. 2 vols. Paris, 1887.
Canal, E. Ste. Thérèsa. Paris, 1921.
Coleridge, H. J. Life and Letters of St. Teresa. 3 vols. London, 1872.
Colvill, H. H. Saint Teresa of Spain. London, 1909.
Curzon H. de. Bibliographie Térèsienne. Paris, 1902.
Genonville, S. Thérèsa et son Mysticisme. Montaubon, 1893.
Graham, G. Cunninghame. Santa Teresa. New ed. I vol. London, 1907.
Hoornaert, R. S. Térèse écrivain. Paris, 1922.
Joly, H. Ste. Thérèsa (Les Saints). Paris, 1902.
(Translation.) St. Teresa, translated by E. Waller. London, 1903.
Legardere. S. Thérèsa, Psychologique et Mystique. Besançon, 1900.
Mir, M. Santa Teresa de Jesús. 2 vols. Madrid, 1912.
Norero, H. L'Union mystique chez Ste. Thérèsa. Macon, 1905.
Peers, E. Allison. St. Teresa (in "Studies of the Spanish Mystics." London, 1927), with full bibliography.
Ribera, Francisco de. Vida de S. Teresa de Jesús. Nuova ed. Barcelona, 1908. (First published in 1590.)
Whyte, A. Santa Teresa: an appreciation. Edinburgh, 1897.
Yepes D. de. Vida, Virtudes, y Milagros de Santa Teresa de Jesús. Lisbon, 1616.

THEOLOGIA GERMANICA.

Texts. Der Frankforter, Ein deutsch Theologia. Ed. Willo Uhl. Bonn, 1912. (From the best MS.)
Theologia Deutsch. Neue nach der einziger bis jetzt bekannten Handschrift besorgte vollständige Ausgabe. Edited by F. Pfeiffer. Stuttgart, 1851. (Imperfect.)
Theologia Germanica, translated from Pfeiffer's edition; edited by Susanna Winkworth, with a Preface by Charles Kingsley. 4th edition. (Golden Treasury Series.) London, 1907.
Le Livre de la Vie Parfait, trad. par J. Paquier. Paris, 1928. (Complete translation from Uhl's text.)
Mon. *Paquier, J.* L'orthodoxie de la Theologie Germanique. Paris, 1922.

THOMAS À KEMPIS.

Texts. Opera Omnia. I vol. Cologne, 1660.
De Imitatione Christi. Edited by P. E. Puyal. Paris, 1886.
Libri Quatuor de Imitatione Christi, in versiculos distributi, Justa rythmum ex-MSS de promptum, Cura et studie, Dr. C. Albini de Agala. Paris, 1905.
Trans. Of the Imitation of Christ. Revised translation by Dr. C. Bigg. (Library of Devotion.) London, 1901.
The Imitation of Christ: the Earliest English Translation. (Everyman's Library.) London, n.d.
Mons. *Acquoy, J. G.* Het Klooster te Windesheim. Utrecht, 1875.
Busch J. Chron. Canonicorum Ordine S. Augustini, cap. Windesimensis. Antwerp 1631.
Butler, Dugald. Thomas à Kempis, a religious study. London, 1908.
Do Mongmorency. J. G. Thomas à Kempis. London, 1906.
Kettlewell, S. The authorship of the De Imitatione Christi. London, 1877.

Theosophic Correspondence. Trans. by E. B. Penny. London, 1863.
Mons. *Caro, E. M.* Du Mysticisme du 18ème Siècle: essai sur la Vie et la Doctrine de Saint-Martin. Paris, 1852.
Matter, A. J. Saint-Martin le Philosophe Inconnu, sa vie et ses écrits. 1862.
Waite A. E. The Life of Louis Claude de Saint-Martin, the Unknown Philosopher, and the substance of his transcendental doctrine. London, 1901.

STERRY, PETER.
Texts. Discourse of the Freedom of the Will. London, 1675.
The Rise, Race, and Royalty of the Kingdom of God in the Soul. London, 1683.
The Appearance of God to Man in the Gospel. London, 1710.

SUSO.
Texts. Die deutschen Schriften des seligen H. Seuse. Edited by H. S. Denifle. München, 1876.
Heinrich Susos Leben und Schriften. Edited by M. Diepenbrock, Regensburg, 1825.
Trans. Œuvres mystiques du B. Henri Suso. Traduction par le P. G. Thiriot. 2 vols. Paris, 1899.
Life of B. Henry Suso, by Himself. Trans. by T. F. Knox. London, 1913.
Little Book of Eternal Wisdom. London, 1910.
Mons. *Schmidt, C.* Der Mystiker Heinrich Seuse. (Theol. Studien und Kriken), 1843.
Vetter, F. Ein Mystiker paar des xiv Jahrhundert. Basle, 1882.

TAULER
Texts. Die Predigten Taulers aus d. Engelberger und d. Freiburger Handschrift. sowie aus Schmidt's Abschriften d. ehemaligen Strasburger Handschrift. Ed. F. Vetter (Deutsche Texte d. Mittelalters. Band xi.) Berlin, 1910.
(This is the first critical text of Tauler's sermons.)
Johann Tauler's Predigten nach den besten Ausgaben in die jetzige Schriftsprache übertragen von J. Hamberger. Zweite neu bearbeitete Auflage. 3 Band. Prague, 1872.
Trans. D. Joannes Thauleri. Sermones de tempore et de Sanctis totius anni, plane piissime: R. F. Laurentio Surio in Latinum Sermonem translata, &c. Cologne, 1603.
The History and Life of the Rev. Doctor John Tauler, with 25 of his sermons, translated by Susanna Winkworth. Preface by Charles Kingsley. New edition. London, 1906.
The Inner Way: Being 36 sermons for Festivals. New translation, with Introduction, by Rev. A. W. Hutton. (Library of Devotion.) 3rd edition. London, 1909.
Sermons... traduits de l'Allemand par C. Saint-Foi. 2 tomes. Paris, 1845.
Œuvres Complètes. Trad. litterale de la version latine de Surius: par G. P. Noel, O. P. 8 vols. Paris, 1911. (In progress.)
Mon. *Denifle.* Tauler's Bekehrung in Quellen u. Forschungen zur Sprach u. Culturgeschichte. Strasburg, 1879.

TERESA, SAINT.
Text. Obras de Santa Teresa de Jesús. Editadas y anotadas por el P. Silverio de S. Teresa. C.D. 9 vols. Burgos 1915-26. (The best edition of the Spanish text.)
Trans. Œuvres de Sainte Thérèsa, traduites par les Carmelites du Premier Monastère de Paris. 6 tomes. Paris, 1907-10.
Lettres, traduites selon l'ordre chronologique par le Père Marcel Bouix. Troisième edition. 3 tomes. Paris, 1898.
The Life of St. Teresa of Jesus, written by Herself, translated by D. Lewis. 5th edition. London, 1916.
The Book of the Foundations of St. Teresa of Jesus, written by Herself. Translated by D. Lewis. London, 1913.
The History of the Foundations Translated by Sister Agnes Mason. 1909.
The Interior Castle: translated from the autograph of St. Teresa by the Benedictines of Stanbrook Abbey. London, 1912.

London, 1914.
The Amending of Life: from Misyn's translation. (Orchard Books.) London, 1927.
The Psalter translated by Richard Rolle of Hampole, ed. by H. R. Bramley. Oxford, 1884.
The Form of Perfect Living. Ed. by G. Hodgson. London, 1910.
Minor Works, ed. by G. Hodgson. London, 1923.
(Not all the pieces in this collection are by Rolle.)
Mons. *Allen, Hope.* Writings ascribed to Richard Rolle, Hermit, of Hampole, and Materials for his Biography. Oxford, 1927.
(Most valuable piece of first-hand research.)
Comper, F. The Life and Lyrics of Richard Rolle. London, 1928.

ROSE OF LIMA, SAINT.
Text. *Hansen, Leonardus.* Rosa Peruana. Vita Mirabilis et Mors pretiosa S. Rosae a Sancta Maria. Ulyssipone Occidentali, 1725.
Trans. The Life of S. Rose of Lima (paraphrase of above). In series of The Saints and Servants of God. Edited by F. W. Faber. London, 1847.
Mons. *Capes, F. M.* The Flower of the New World; a short history of St. Rose of Lima. 1899.
Renouard de Bussierre (M.T. de). Lo Perou et Ste. Rose de Lima. Paris, 1863.

RUYSBROECK.
Text. Werken van Jan van Rhusbroec, ed. J. David. 6 vols. Ghent, 1858-68.
Trans. Opera Omnia: trad. Surius. Cologne, 1652.
Œuvres de Ruysbroeck l'Admirable, trad. du Flamand par les Bénédictins de S. Paul de Wisques. 3 tomes. Brussels, 1912, etc.
L'Ornement des Noces Spirituelles de Ruysbroeck l'Admirable, trad. par Maurice Maeterlinck. Brussels, 1900.
John of Ruysbroeck: Adornment of the Spiritual Marriage, etc., trans. by P. Wynschenk Dom. London, 1916.
The Book of the Twelve Béguines, trans. by J. Francis. London, 1913.
Mons. *Auger, A.* De doctrina et meritis Joannis van Ruysbroeck. Louvian, 1892.
De Vreese, W. L. Ruysbroeck. (In Biographie Nationale de Belgique. t. xx., 1910.)
Engelhardt, J. G. von. Richard von St. Victor und J. Ruysbroeck. Erlangen, 1838.
Otterloo, A. A. van. Johannis Ruysbroeck. 'S. Gravenhage, 1896.
Pomerius: De origine monasterii Viridisvallis una cum vita B. Johannis Rusbrochii. (Analecta Bollandiana iv., 1885.)
Schmidt, G. C. Étude sur J. Ruysbroeck. 1859.
Scully, Dom. V. A Mediæval Mystic: B. John Ruysbroeck. London, 1910.
Underhill, E. Ruysbroeck. (Quest Series.) London, 1915.
Waffelaert, G. J. L'union de l'âme aimante avec Dieu... d'après la doctrine du B. Ruusbroec. Paris et Lille, 1906.
Wautier d'Aygalliers, A. Ruysbroeck l'Admirable. Paris, 1923. (Very valuable.)
Translation. Ruysbroeck the Admirable. London, 1925. (This omits much bibliographical material.)

SA'DÍ.
Text. Gulistan. New edition, collated by E. B. Eastwick. Hertford, 1850.
Trans. The Gulistan: translated by E. B. Eastwick. Hertford, 1852.

SAINT-MARTIN.
Texts. Tableau naturel des rapports qui existent entre Dieu, l'Homme et l'Univers. 1782.
L'Homme de Désir, par le Philosophe Inconnu. 1802.
Des Nombres: œuvre posthume. Edited by J. Schauer. Paris, 1861.
La Correspondence inédite de L. C. de Saint-Martin dit le Philosophe Inconnu, et Kirchberger, Baron de Liebestorf. Edited by
Schauer and Chuquet. Paris, 1862.
Trans. Man: his true nature. Translated by E. B. Penny. London, 1864.

PETER OF ALCANTARA, SAINT.

Text. Tratado de la oración y meditación. Ed. Fr. A. de Ocerin Jauregui. Madrid, 1916.

Trans. A Golden Treatise of Mental Prayer. Ed. by G. S. Hollings. London, 1905.

A Treatise on Prayer and Meditation. Trans. by Dominic Devas, O.F.M. (Orchard Books.) London, 1926.

Mon. *O'Connor, A.* Life of St. Peter of Alcantara. Bedworth, 1915.

PETERSEN, GERLAC.

Text. Gerlaci Petri, ignitum cum Deo soliloquium. Cologne, 1849. (A reprint of the edition of 1616.)

Trans. The Fiery Soliloquy with God of Master Gerlac Petersen. London, 1921.

PHILO.

Text. Opera. Recog. L. Cohn et P. Wendland. 5 vols. Berlin, 1896-1906.

Trans. Works, tr. Yonge. 4 vols. London, 1854.

Philo on the Contemplative Life. Edited by F. C. Conybeare. Oxford, 1895.

Mons. *Drummond, J.* Philo: the Jewish Alexandrian philosopher. London, 1888.

Kennedy, H. A. Philo's Contribution to Religion. London, 1919.

Lake, J. W. Plato, Philo, and Paul. London, 1874.

Réville, J. La Doctrine du Logos dans Philon. Paris, 1881.

PLOTINUS.

Text. Plotini Enneades, præmisso Porphyrii de Vita Plotini deque ordine librorum ejus libello. Edidit R. Volkmann. 2 vols. Leipzig, 1883-84.

Enneades: texte etabli et trad. par E. Bréhier. 14 vols. Paris, 1924-27.

Trans. The Enneads: trans. by Stephen Mackenna. 5 vols. London 1917-24. (In progress.)

Les Ennéades de Plotin, traduites par M. N. Bouillet. 3 tomes. Paris, 1857-61.

Mons. *Arnou, R.* Le désir de Dieu dans la Philosophie de Plotin. Paris, 1921.

Inge, W. R. The Philosophy of Plotinus. 2 vols. London, 1918.

Whitby, C. J. The Wisdom of Plotinus, a Metaphysical Study. London, 1909.

PROCLUS.

Text. Opera. Edited by V. Cousin. 6 tomes. Paris. 1820-27.

Trans. The Six Books of Proclus on the Theology of Plato. Translated by T. Taylor. 2 vols. London, 1816.

Two Treatises of Proclus. Translated by T. Taylor. London 1833.

RĀBI'A.

Mon. *Smith, M.* Rābi'a the Mystic. London, 1928. (With full Arabic and Persian bibliography.)

RICHARD OF ST. VICTOR.

Text. Opera Omnia. (Migne, Patrologia Latina. t. 196.) Paris, 1855.

(See also Pt. II., Gardner, The Cell of Self-Knowledge, which contains an Old English translation of Richard of St. Victor's Benjamin Minor.)

Mons. *Buonamici.* R. di San Vittore Alatri, 1898.

Ebner, J. Die Erkenntnis lehre R. von St. Victor. Berlin, 1917.

Lubner, A. Richardi a S. Victore de Contemplatione doctrina. Gottingen, 1837-39.

ROLLE, RICHARD, OF HAMPOLE.

Texts. Works of Richard Rolle of Hampole and his followers. Edited by C. Horstman. 2 vols. (Library of Early English Writers.) London, 1895. (With biographical introduction and bibliography. All the attributions cannot be accepted.)

The Incendium Amoris: ed. by M. Deanesly. Manchester, 1915.

Officium et Miracula: ed. R. M. Woolley, London, 1919.

Selected Works of Richard Rolle, Hermit, transcribed by G. C. Heseltine. London, 1930.

(All the English works, modernized.)

English Prose Treatises. (E.E.T.S. Vol. XX.) London, 1866.

The Fire of Love, and The Mending of Life. Englished by R. Misyn. Ed. F. Comper.

übertragen und erläutert von Mela Escherich. Berlin, 1909.
Mons. *Ancelet-Eustache, J.* Mechtilde de Magdebourg. Paris, 1926.
Lüers, Dr. G. Die Sprache der deutschen Mystik des Mittelalters in Werke d. Mechthild von Magdeburg. Munich, 1924.

MERSWIN, RULMAN.

Texts. Das Buch von den Neun Felsen. Leipzig, 1859.
Das grosse deutsche Memorial. (MS. in Universitats u. Laudes Bibliothek, Strasbourg.) A collection of 16 treatises by R. Merswin or his school.
Mons. *Jundt, A.* Rulman Merswin et l'Ami de Dieu de l'Oberland. Paris, 1890.
Rieder, Carl. Der Gottesfreund von Oberland. Innsbrück, 1905.
Schmidt, Nikolaus von Basel. Wien, 1866. (Some of Merswin's treatises are printed in this book.)

MOLINOS, MIGUEL DE.

Text. Manuductio Spiritualis. Leipzig, 1687.
Trans. The Spiritual Guide which disentangles the Soul. Edited, with Introduction, by Lyttelton. (Library of Devotion.) London, 1908.
Mon. *Dudon, P.* Le quiétiste espagnol M. Molinos. Paris, 1921.

MORE, GERTRUDE.

Texts. The Spiritual Exercises of the Most Virtuous and Religious Dame Gertrude More. Paris, 1658.
The Inner Life and Writings of Dame Gertrude More. Edited by Dom Benedict Weld Blundell, O.S.B. Vol. I., The Inner Life; Vol. II., The Writings. London, 1910.
The Holy Practices of a Divine Lover. Edited, with Introduction, by Dom H. Lane Fox. London and Edinburgh, 1909.

NICOLAS OF CUSA.

Text. Opera. Basle, 1565.
Trans. The Vision of God, trans. by E. Gurney Salter. London, 1928.
Mon. *Vansteenberghe, E.* Le Cardinal Nicolas de Cuse, Paris, 1920.

ORIGEN.

Text. Origenes Werke. 8 vols. Leipzig, 1899-1925.
Trans. Library Writings; trans. F. Crombie. 2 vols., (Anti-Nicene Library.) Edinburgh. 1869-72.
Mons. *Fairweather, W.* Origen and Greek theology. London, 1901.
Faye, E. de. Origène, sa Vie, etc. 2 vols., 1923-27.
Translation. Origen and his Work. London, 1926.

OSANNA ANDREASI, BLESSED.

Mon. *Gardner, E.* AMystic of the Renaissance: Osanna Andreasi of Mantua. Privately printed. London, 1910.

PASCAL.

Text. Les Pensées Fragments et Lettres de Blaise Pascal. Edited by Faugère. 2me éd. Paris, 1897.
Pensées, et Vie par Madame Périer. Paris, 1861.
(Pascal's other works, being unrelated to his mystic life, are not given.)
Trans. The Thoughts of Pascal. Edited by C. S. Jerram. (The Library of Devotion.) London, n.d.
Mons. *Boutroux, Emile.* Pascal. Paris, 1900.
Bremond, H. En Prière avec Pascal. Paris, 1923.
Jovy, E. Études Pascaliennes. Paris, 1927.
St. Cyr, Viscount. Pascal. London, 1910.

PENINGTON, ISAAC.

Text. Works. London, 1681.

The Revelation of Revelations. London, 1683.
A Message to the Philadelphian Society. London, 1696.
The Ascent to the Mount of Vision. (Reprint.) Littleborough, 1906.
The Enochian walks with God. (Reprint.) Glasgow, 1891.
The Signs of the Times. (Reprint.) Glasgow. 1891.

LUCIE-CHRISTINE.
Text. Journal Spirituel. Paris, 1912.
Trans. Spiritual Journal. London, 1915.

LULL, RAMON.
Text. Obras. 13 vols. (In progress.) Palma di Mallorca, 1906 *seq.*
Trans. The Book of the Lover and Beloved. London, 1923.
The Art of Contemplation. London, 1925.
The Tree of Love. London, 1926.
Blanquerna. London, 1926.
Mons. *André, M.* Le B. Raymond Lull. Paris, 1900.
Anon. A Life of Ramon Lull, written by an unknown hand about 1311, Trans. by E. Allison Peers. London, 1927.
Blanch, Mn. Antoni. Vida de Beat. Ramon Lull. Barcelona, 1907.
Galmes, Mn. Salvador. Vida Compendrosa del Bt. Ramon Lull. Palma, 1915.
Peers, E. Allison. Ramon Lull. London, 1929. (With full bibliography.)
Probst, M. L'Art de Contemplation et la Mystique de Raymond Lull. Munster, 1912.

LYDWINE OF SCHIEDAM, SAINT.
Text. Acta S. S. Aprilis t. II. Paris and Rome, 1860.
(The original Lives, by her contemporaries Gerlac and Brugman.)
Trans. La Vie de la Très saincte et vrayment admirable Vierge Lydwine, tirée du Latin de J. Brugman et mise en abrégé par M. Michel d'Esne, évesque de Tournay. Douai, 1608.
Mon. *Huysmans, J. K.* Sainte Lydwine de Schiedam. 3me éd. Paris, 1901.

MARIA MADDELENA DEI PAZZI, SAINT.
Text. Opere. Florence, 1893.
Trans. Œuvres, ed. par D. Anselme Bruniaux, 2 vols. Paris, 1873.

MARIE DE L'INCARNATION.
Texts. La Vie de la Venerable Mère Marie de l'Incarnation tirée de ses lettres, etc. Paris 1684.
Lettres de la Ven Mere Marie de l'Incarnation. Paris, 1681. Nouv. ed. Paris, 1876.
Méditations et retraites de la Ven Mere Marie de l'Incarnation. Paris, 1681.
Mons. See Part II. Bremond and Menzies.

MECHTHILD OF HACKBORN, SAINT.
Texts. Liber Specialis Gratiæ. (Contained in Revelationes Gertrudianae ac Mechtildianiae, t. 2. Paris, 1875.)
Revelationes Selectae S. Mechthildis. Edited by Dr. A. Heuser. (Bibliotheca Mystica et Ascetica.) Cologne, 1854.
Das Buch des geistlichen Gnaden (Reliquien aus dem Mittelalter. Bänd 3). 1860.
Trans. Select Revelations of S. Mechtild, Virgin. Translated from the Latin by a secular priest. London, 1872.
Révélations. Paris, 1919.

MECHTHILD OF MAGDEBURG.
Texts. Offenbarungen der Schwester Mechthild von Magdeburg, oder Das Fliessende Licht der Gottheit aus der einzigen Handschrift des Stiftes Einsiedeln, herausgegeben von P. Gall Morel. Regensburg, 1869.
Lux Divinitatis. (Contained in Revelationes Gertrudianae ac Mechtildianiae, t. 2. Paris, 1875.)
Das flieszende Licht der Gottheit von Mechthild von Magdeburg. Ins Neudeutsche

Aphorismes: texte et trans. Intro. par J. Baruzi. Bordeaux, 1924
Trans. The Ascent of Mount Carmel. Trans. by David Lewis. New edition. London, 1906.
The Dark Night of the Soul. Trans. by D. Lewis. London, 1916.
The Flame of Living Love. Trans. by D. Lewis. London, 1912.
A Spiritual Canticle of the Soul. Trans. by D. Lewis. London, 1911.
Œuvres: traduction nouvelle sur le texte de l'édition critique espagnole par H. Hoornaert. 4 tomes. Paris, 1925.
Mons. *Baruzi, Jean.* S. Jean de la Croix et le problème de l'Expérience Mystique. Paris., 1924. (Important.)
Besse, L. de. Eclaircissements sur les Œuvres mystiques de S. Jean de la Croix. Paris, 1983.
Calaber, Abbé. La Terminologie de S. Jean de la Croix, etc. Paris, 1904.
Dominiguez Berrueta, M. El Misticismo de S. Juan de la Cruz. 1894.
Dosithée de Saint Alexis. Vie de St. Jean de la Croix. Paris, 1727.
Lewis, D. The Life of St. John of the Cross: compiled from all his Spanish biographers and other sources. London, 1897.
Peers, E. Allison. St. John of the Cross (in Studies of the Spanish Mystics. Vol. I) with bibliography.
Poulain, A. La Mystique de S. Jean de la Croix. Paris, 1892.

JULIAN OF NORWICH.
Texts. The Shewings: from the Amherst MS. transcribed by the Rev. Dundas Harford. 3rd ed. London, 1925. (The earliest text.)
Revelations of Divine Love, recorded by Julian, Anchoress at Norwich. A.D. 1373. Edited by Grace Warrack. 8th ed. London, 1923.
Sixteen Revelations of Divine Love showed to Mother Juliana of Norwich. With a Preface by G. Tyrrell. London, 1902.
Mon. *Thouless, R. H.* The Lady Julian: a psychological study. London, 1924.

KEMPE, MARGERY.
(See in Bibliography, Part II., Gardner: The Cell ofSelf-Knowledge.)

LAW, WILLIAM.
Texts. Works. 9 vols. London, 1762. (Privately reprinted, London, 1893.)
An Appeal to all who doubt. London, 1742.
The Spirit of Prayer. London, 1750.
The Spirit of Love. London, 1759.
The Liberal and Mystical Writings of W. Law. Edited by W. Scott Palmer. London, 1908.
Mons. *Gem, S. H.* William Law on Christian Practice and Mysticism. Oxford, 1905.
Hobhouse, S. W. Law and 18th Century Quakerism. London, 1928.
Overton Canon J. H. Law, Nonjuror and Mystic. London, 1881.
Walton C. Notes and Materials for a Biography of William Law. London, 1854.
Whyte, A. Character and Characteristics of W. Law. Edinburgh, 1893.

LAWRENCE, BROTHER.
Text. Laurent de la Resurrection (Nicholas Herman). Abrégé de la vie de Frère Laurent, ses maximes spirituelles, et quelques lettres qu'il a escrites a des personnes de piètè. (Receuil de divers traitez de théologie mystique.) Paris, 1699.
Trans. The Practice of the Presence of God. With additional letters. London, 1906.
The Practice of the Presence of God. Trans. D. Attwater. (Orchard Books.) London, 1926.
The Spiritual Maxims of Brother Lawrence, together with his character. London, 1907.

LEAD, JANE.
Texts. The Tree of Faith. London, 1696.
The Ark of Faith: or a Supplement to the Tree of Faith. London, 1696.

Letters and Instructions of St. Ignatius Loyola. Translated by D. F. O'Leary. London, 1914.
Mons. *Brou.* La Spiritualité de St. Ignace. Paris, 1914.
Greff, N. Der heilige Ignatius und seine Zeit. Kalden Kirchen, 1903.
Joly, H. St. Ignace de Loyola (Les Saints). Paris, 1899.
Translation, St. Ignatius of Loyola, translated by M. Partridge. London, 1898.
Malzac, M. Ignace de Loyola: essaie de psychologie religieuse. 1898.
Peers, E. Allison. St. Ignatius: in Studies of the Spanish Mystics, Vol. I. London, 1927. (With full bibliography.)
Ribaniera. Vita Ignatii Loyolae. Naples, 1572.
Rose, S. Ignatius Loyola and the Early Jesuits. London, 1871.
Thompson, Francis. St. Ignatius Loyola. London, 1909.
Venturi, P. T. Storia della Compagnia di Gesù in Italia. 2 vols. Roma, 1910-22.

JACOPONE DA TODI.
Texts. Laude di Fr. Jacopone da Todi. Firenze, 1490.
Laude di frate Jacopone da Todi. A cura di G. Ferri. Bari, 1915.
Mons. *Ancona, A. d'.* Jacopone da Todi il Giullare di Dio. Roma, 1914.
Brugnoli, B. Le Satire di Jacopone da Todi. Firenze, 1914.
Pacheu, J. Jacopone da Todi, Paris, 1914.
Underhill, E. Jacopone da Todi: with a selection from the Spiritual Songs trans. by Mrs. T. Beck. London, 1919.

JALÁLU'DDĪN RŪMĪ.
Text. Selected Poems from the Divan i Shamsi Tabriz. Translated by R. A. Nicholson. Persian and English. Cambridge, 1898.
Trans. Masnavi i Ma' navi: the Spiritual Couplets of Jalálu 'ddin. Translated by E. H. Whinfield. London, 1887.
The Mesnevī. Bk. I., with Life, &c. Translated by J. W. Redhouse. London, 1881.
Jalálu 'ddin. Selections by F. Hadland Davis. (Widsom of the East Series.) London, 1907.

JÁMÍ.
Trans. Joseph and Zuleika. Translated by A. Rogers. London, 1892.
Yusuf and Zulaikha. Translated by R. T. H. Griffith. London, 1882.
Lawā'ih: a treatise on Sùfiism. Fascimile of MS. with translation by Whinfield and Mirza Muhammed Kazvini (Oriental Translation Fund, new series), 1906.
Jámí. Selections, by F. Hadland Davis. (Wisdom of the East Series.) London, 1908.

JOACHIM OF FLORA.
Texts. Liber Concordia novi ac veteris Testamenti. Venice, 1519.
Expositio in Apocalipsum Psalterium decem chordarum. Venice, 1527.
Trans. L'evangile Éternel traduction avec biographie par. E. Aegerter.
Mons. *Fournier, P.* Études sur J. de Flore et ses Doctrines. Paris, 1909.
Grundmann, H. Studien uber Joachim von Floris. Berlin, 1927.

JOAN OF ARC, SAINT.
Texts. Procès de condamnation de Jeanne d'Arc. Text, trad. et notes. 2 tomes. Paris, 1920.
Mons. *Auriac, J. E. d'.* La Veritable Jeanne d'Arc. Paris, 1920
Ayroles. La Vraie Jeanne d'Arc. 5 tomes. Paris, 1890-1902.
Barrès, M. Autour de Jeanne d'Arc. Paris, 1916.
Denis, L. La verité sur Jeanne d'Arc. Paris, 1910.
France, Anatole. Vie de Jeanne D'Arc. Paris, 1908.
Lang, A. The Maid of France. London, 1908.
Petit de Julleville. Jeanne D'Arc. (Les Saints.) Paris, 1909.

JOHN OF THE CROSS, SAINT.
Texts. Obras del místico Doctor S. Juan de la Cruz. Edición Crítica. 3 vols. Toledo, 1912-14.

Text. Œuvres Complètes. 40 vols. Paris, 1789-91.
Vie, par Elle-même. 3 tomes. Paris, 1791.
Lettres. 4 vols. Paris, 1718.
Receuil de divers traitez de Théologie Mystique. Paris, 1699.
Les Opuscules Spirituelles. 2 vols. Paris, 1790.
(Contains the Moyen Court, Torrents, and minor tracts and letters.)
Trans. Autobiography of Mme. Guyon. Translated in full by T. T. Allen. 2 vols. London, 1897.
A Short Method of Prayer and Spiritual Torrents. Translated by A. W. Marston. London, 1875.
A Short and Easy Method of Prayer. (Heart and Life Booklets.) London, 1900.
Mons. *Masson, Maurice.* Fénelon et Mme. Guyon. Paris, 1907.
Upham, T. C. Life, Religious Opinions, and Experience of Mme. Guyon. New edition. With an Introduction by W. R. Inge, London, 1905.
(See also Part II., Delacroix and Leuba.)

HAFIZ.
Trans. The Divān. Translated into prose, with a Life, note on Sūfiism, &c., by H. W. Clarke. 2 vols. London, 1891.
Ghazels from the Divān of Hafiz, done into English by J. H. McCarthy. London, 1893.

HILDEGARDE, SAINT.
Text. Analecta S. Hildegardis opera, Spicilegio Solesmensi parata. (Pitra, Analecta Sacra, Vol. VIII.) Paris, 1882.
Trans. Révélations. 2 vols. Paris, 1912.
Mons. *Bronarski.* Lieder der h. Hildegard. Leipzig, 1922.
Cochem, M. von. Hildegardis die Heilige. Passau, 1844.
Godefridus. Vie de Ste. Hildegarde. 1907.
May, J. Die h. Hildegard. Munich, 1911.
Renard J. Histoire de Ste. Hildegarde. Paris, 1865.
Singer, C. Scientific views of St. Hildegarde. London, 1917.

HILTON, WALTER.
Texts. The Scale of Perfection. Edited from MS. sources, with an Introduction, by E. Underhill. London, 1923.
The Scale of Perfection, Modernized from the first printed edition, with an Introduction from the French of Dom M. Noetinger (Orchard Books.) London, 1927.
Minor Works. Edited by D. Jones. (Orchard Books.) London, 1929.
(Only the first piece, Mixed Life, can be ascribed to Hilton with certainty. His other authentic work, The Song of Angels, is printed by Gardner, The Cell of Self-Knowledge. See Part II.)

HUGH OF ST. VICTOR.
Text. Opera Omnia. (Migne, Patrologia Latina. t. 175-177.) Paris, 1854.
Mons. *Hauréau, J. B.* Les œuvres de Hugues de S. Victor: essai critique Paris, 1886.
Mignon, A. Les origines de la Scholastique et Hugues de S. Victor, 2 vols. Paris, 1895.

IGNATIUS LOYOLA, SAINT.
Texts. Exercitia spiritualia ex autographo Hispanico, notis. J. Roothaan. Namur, 1841.
Ejercicios espirituales. Rome, 1615.
Cartas de S. Ignacio de Loyola, ed. A. Cabre, etc. 6 vols. Madrid, 1874-90.
Trans. The Spiritual Exercises, Spanish and English, with Commentary by J. Rickaby, S. J. London, 1915.
The Testament of St. Ignatius Loyola. Translated by E. M. Rix with a Preface by G. Tyrrell. London, 1900.

Fortini, A. Nova vita di S. Francesco d'Assisi. Milan, 1926.
Joergensen, J. Vie de S. François d'Assise. Paris, 1911.
Translation, by T. O'Connor Sloane. London, 1922.
Parenti, Giovanni. Sacrum Commercium: the Converse of Francis and his Sons with Holy Poverty. (Latin text and English translation by Canon Rawnsley. Introduction by P. Sabatier.) Temple Classics. London, 1904.
Robinson, Fr. Pascal, O.F.M. A Short Introduction to Franciscan Literature. New York, 1907, (A valuable and scholarly little book.)
Sabatier, P. Vie de S. François d'Assise. 22me édition. Paris, 1899.
Translation. Life of St. Francis of Assisi. Translated by L. S. Houghton. London, 1901.

FRANÇOIS DE SALES, SAINT.

Texts. Œuvres Complètes. 22 vols. Annecy, 1893-1925.
Introduction à la Vie Dévote. (Réimpression textuelle de latroisième édition.) 2 tomes. Mountiers, 1895.
Traicté de l'Amour de Dieu. Paris, 1647.
Trans. Introduction to the Devout Life. Trans. by Rev. A. Ross. London, 1925.
On the Love of God. Edited by W. J. Knox Little. London, 1901.
Spiritual Letters. Trans. by Sidney Lear. London, 1892.
Mons. *Hamon.* Vie de S. François de Sales. 2 vols. Paris, 1854.
Eng. trans. by H. Burton. 2 vols. London, 1929.
Sanders, E. K. St. François de Sales. London, 1928.
Thamery, E. Le mysticisme de S. François de Sales. Arras, 1906.
Vincent, F. S. François de Sales, Directeur d'Ames. Paris, 1923.

FRIENDS OF GOD.

(See Part I. Merswin, Suso, Tauler; and Part II., Dalgairns, Delacroix, Denifle, Jones Jundt, Preger; also Pfeiffer, Deutsche Mystiche der 14ten Jahrhunderts. Bänd I. Göttingen, 1907.)

GERARD GROOT.

Texts. Gerardi Magni epist. XIV edit. J. G. Acquoy Amsterdam, 1857.
Moll, W. and Scheffer, H. Studien en Bijdragen t. I., II., III Amsterdam, 1870-76 (for texts of Gerard Groot's works).
Thomas à Kempis, Opera Omnia. Paris, 1549. (Containing early lives of G. Groot and other founders of the New Devotion.)
Mons. *Bonet-Maury.* G. Groot un precurseur de la Reforme. Paris, 1878.
Grube, C. L. Gerhard Groot u s. Stiftungen. Cologne, 1883.
Des Augustines propstes J. Busch Chron. Windesheimense Bearbeitet. (Geschichtsquellen des Prov. Sachsen, Bd. 19, 1880.)

GERSON.

Text. Opera Omnia. 3 vols. Antwerp, 1706.
Mons. *Masson, A. L.* Jean Gerson, sa vie, son temps. Lyons, 1894.
Schwab J. B. Johannes Gerson. Wurtzburg, 1858.

GERTRUDE, SAINT.

Text. Sanctae Gertrudis magnae Virginis ordinis S. Benedicti, Legatus Divinae Pietatis. Accedunt ejusdem exercitia spiritualia. (Contained in Revelationes Gertrudianae ac Mechtildianiae. Vol. I. Paris, 1875.)
Trans. The Exercises of St. Gertrude. London, 1863.
Le Heraut de l'amour divin, trad. par les P. P. Benedictins Nouv. ed. Paris, 1921.
Prayers of St. Gertrude and St. Mechthild. London, 1917.
Mons. *Ledos, G.* Ste. Gertrude. Paris, 1901.
The Life and Revelations of St. Gertrude, by a Religious of the Order of Poor Clares. London, 1865.

GUYON, MADAME.

Meister Eckhart's lateinische Schriften. Edited by Denifle. (Archiv. fur Litt. u. Kirchengeschichte d. Mittelalters, 1886.)
Meister Eckhart's Mystische Schriften, an unsere Sprache übertragen von Gustav Landauer. (Verschollene Meister der Literatur.) Berlin, 1903.
Trans. Eckhart's Sermons, etc. Translated by C. de B. Evans. London, 1924.
Mons. *Denifle, H. S.* Akten z. Process, Meister Eckhart's. (Archiv. fur Litt. u. Kirchengeschichte d. Mittelalters, 1886).
Jundt, A. Essai sur le Mysticisme speculatif de Maitre Eckhart. Strasbourg, 1871.
Lasson, A. Meister Eckhart der Mystiker. Berlin, 1868.
Martensen, H. Meister Eckhart, Eine theologische Studie. Hamburg, 1842.
Michelsen, Carl. Meister Eckhart, Ein Versuch. 1888.

ELIZABETH OF SCHÖNAU, SAINT.
Die Visionen. Edited by F. W. Roth. Brünn. 1884.

ERIGENA, JOHN SCOTUS.
Texts. Opera. (Migne, Patrologia Latina. t. 122.) Paris. 1850.
De Divisione Naturae. Monasterii Guestphal, 1838.
Mon. *Gardner, Alice.* Studies in John the Scot. London, 1900.

FOX, GEORGE.
Texts. Journal of George Fox. Edited from the MSS. by N. Penney. Cambridge, 1911.
Short Journal and Itinerary Journals. Edited by N. Penney. Cambridge, 1925.
Mon. *Braithwaite, W.* The Beginnings of Quakerism. London, 1912.
Hodgkin, T. George Fox. London, 1896.
Watson, J. S. Life of Fox. London, 1860.

FRANCIS OF ASSISI, ST.
Texts. Opuscula S. Patris Francisci Assisiensis. Quarrachi, 1904.
Seraphici Doctoris S. Bonaventura Legendae duae de Vita S. Francisci Seraphici. Editae a P.P. Collegii S. Bonaventurae. Quarrachi, 1898.
S. Francisci Assisiensis. Vita et Miracula. Auctore Fr. Thoma de Celano. Edited by Fr. E. Alençon, O.F.M. Roma, 1906.
La Leggenda di S. Francisco scritta da tre suoi compagni. (Latin and Italian.) Roma, 1899.
Speculum Perfectionis seu S. Francisci Assisiensis legenda antiquissima, auctore Fr. Leo. Ed. P. Sabatier. Paris, 1898.
I Fioretti di S. Francesco e il Cantico del Sole. Milano, 1907.
Bartolommeo da Pisa. De Conformitate B. Francisci ad Vitam Domini Jesu. (Analecta Franc. iv. et v. Quarrachi, 1906-12.)
Trans. The Writings of St. Francis of Assisi. Newly translated, with an Introduction and Notes, by Fr. Paschal Robinson, O.F.M. London, 1906.
The Words of St. Francis from His Works and the Early Legends. Selected and translated by Anne Macdonell. London, 1904.
The Writings of St. Francis of Assisi. New translation into English from the original texts, by Constance Countess de la Warr London, 1907.
The Life of St. Francis, by St. Bonaventura. English translation. (Temple Classics.) London, 1904.
The Lives of St. Francis of Assisi, by Brother Thomas of Celano. Translated by A. G. Ferrers Howell. London, 1908.
Legend of St. Francis by the Three Companions. English translation by E. G. Salter. (Temple Classics.) London 1902.
The Mirror of Perfection. English translation by Robert Steele. (Temple Classics.) London, 1903.
The Little Flowers of St. Francis of Assisi. Translated by T. W. Arnold. (Temple Classics.) Sixth edition. London, 1903.
Mons. *Cotette, T.* S. François d'Assise. Étude Médicale. Paris 1895.
Cuthbert, Fr. Life of St. Francis of Assisi. London, 1914.

Hettinger, Franz. Dante's Divina Commedia, its Scope and Value. Translated and edited by Rev. H. S. Bowden. London, 1887.
Perez, Paolo. ISette Cerchi del Purgatorio di Dante, Saggio di Studi. Milano, 1896.
Wicksteed, Rev. P. H. Dante: Six Sermons. Second edition. London, 1890.
—Dante and Aquinas. London, 1913.
—From Vita Nuova to Paradiso. London, 1922.

(I select from the mass of Dante literature a few books useful to the student of mysticism. For full bibliographies, see the works of Vernon and Gardner, above cited.)

DENIS THE CARTHUSIAN.

Texts. Doctoris Ecstatici D. Dionysii Cartusiani opera omnia in unum corpus digesta. Cura et labore monachorum S. Ordinis Cartusiensis. 45 vols. (In progress.) Monstrolii, 1896, etc.
D. Dionysii Carthusiani de perfecto mundi contemptu. Colonie, 1533.
Mons. *Krogh-Tonning, K.* Der Letzte Scholastiker. 1904.
Loër. Dionysii Carthusiani doctorus extatici vita. Cologne, 1532.
Mougel, D. A. Denys le Chartreux. Montreuil-sur-Mer, 1896.

DIONYSIUS THE AREOPAGITE.

Texts. Opera Omnia. (Migne, Patrologia Graeca. t. 3-4.) Paris, 1855
Greek text of the Ecclesiastical Hierarchy, with Preface by Rev. John Parker. London, 1899.
Trans. Dionise Hid Divinity.

(An old English translation of the Theologia Mystica, attributed to the author of The Cloud of Unknowing, *q.v.*)

Opera S. Dionysii Areopagitae, &c., a Balthazar Corderius Latine interpretata. Folio. 1634.
Œuvres de Saint Denys l'Aréopagite. Traduits du grec et precédées d'une Introduction par l'Abbé Darboy. Paris, 1815.
The Works of Dionysius the Areopagite. Translated by the Rev. J. Parker. 2 vols. Oxford, 1897.
The Divine Names and Mystical Theology. Translated by C. E. Rolt. London, 1920.
Mon. *Ball, Hugo.* Byzantin, Christentum III. Heiligen leben. Munich, 1923.
Colet, J. Two Treatises on the Hierarchies of Dionysius. London, 1869.
Erigena. Expositiones super Hierarchies Caelestes S. Dionysii. Roma, 1871.
Koch, Dr. Hugo. Pseudo-Dionysius Areopagita. Maintz, 1900.
Müller, H. F. Dionysius, Proclus, Plotinus. Munster, 1918.

DOUCELINE, SAINT.

Text. La Vie de Ste. Douceline, fondatrice des béguines de Marseilles. Annoté par J. H. Albanés. (Provençal text, French translation.) Marseille, 1879.
Mon. *Macdonell, Anne.* Saint Douceline. London, 1905.

ECKHARTSHAUSEN, C. VON.

Texts. Kostis Reise von Morgen gegen Mittag. Leipzig, 1795.
Gott ist die reinste Liebe. Neu ungearbeitet und vermehrt son F. X. Steck. Reutlingen, 1899.
Der Wolke vor dem Heiligthume. 1802.
Trans. God is Love most pure, my Prayer and my Contemplation. Freely translated from the original by J. Grant. London, 1817.
The Cloud upon the Sanctuary. Translated, with Notes, by Isabel de Steiger. London, 1896.

ECKHART, MEISTER.

Texts. Deutsche Mystiche des 14ten Jahrhunderts. Band 2. Meister Eckhart. F. Pfeiffer. Göttingen, 1906.
Meister Eckhart's Schriften und Predigten aus dem Mittelhochdeutschen übersetzt und herausgegeben von Büttner. Leipzig, 1903.

London, 1887.
Fawtier, R. Ste. Catherine de Sienne; essai de critique des sources, T. I. Paris, 1921.
Gardner, Edmund. St. Catherine of Siena. London, 1907.
(The best modern biography.)
Joergensen, J. Ste. Catherine de Sienne. Paris, 1920.
Mignaty, M. A. Catherine de Sienne. Paris, 1886.

CHANTAL: JEANNE FRANÇOISE DE, SAINT.
Text. Vie et Œuvres. 8 vols. Paris, 1874-79.
Trans. Her Spirit as shown in her Letters. London, 1922, selected Letters. London, 1917.
Mons. *Bougaud, E.* Histoire de Ste. Chantal. 2 t. Paris, 1899.
Bremond, H. Ste. Chantal. 3 ème édition. Paris, 1912.
Sanders, E. K. St. Chantal. London, 1918.

CLEMENT OF ALEXANDRIA.
Text. Opera Omnia. Recog. R. Klotz. 4 vols. Lipsiæ, 1831-34.
Trans. Writings, translated by W. Wilson. 2 vols. Edinburgh. 1867-69.
Mons. *De Faye.* Clément d' Alexandrie. Paris, 1898.
Tollinton, R. B. Clement of Alexandria. 2 vols. London, 1914.
Wagner. Der Christ und die Welt nach Clemens von Alexandrien. Göttingen, 1903.

DANTE.
Texts. Tutte le Opere. Rived nel testo da Dr. E. Moore. Oxford, 1894.
La Divina Commedia. II testo Wittiano rived. da Toynbee. London, 1900.
Text & Trans. The Hell of Dante. Edited, with Translation and Notes, by A. J. Butler. London, 1892.
The Purgatory. London, 1880.
The Paradise. London, 1885.
The Inferno, Purgatorio, and Paradiso. Text, with Translation by Carlyle. Okey, and Wicksteed. (Temple Classics.) 3 vols. London, 1900.
Readings on the Inferno, Purgatorio, and Paradiso; chiefly based on the Commentary of Benvenuto da Imola by W. W. Vernon. 6 vols. London, 1894-1900.
Minor Works. The Convivio of Dante. Translated by P. H. Wicksteed. (Temple Classics.) London. 1903.
Dante's Convivio. Translated by W. W. Jackson. Oxford, 1909.
Dante's Eleven Letters. Translated, with Notes, &c., by C. S. Latham. Boston, 1902.
A Translation of Dante's Latin Works. (Temple Classics.) London, 1896.
The New Life. Translated by D. G. Rossetti. (The Siddal Edition.) London, 1899.
Mons. *Baratono, A.* Dante e la Visione di Dio. 1909.
Barelli, V. L'Allegoria della Divina Commedia di Dante Alighieri. Firenze, 1864.
Bonanni, T. II Cantico al Sole di S. Francesco d'Assisi commentato nella Divina Commedia. Aquila. 1890.
Capetti V. L'Anima e l'arte di Dante. 1907.
Carroll Rev. J. S. Exiles of Eternity: an Exposition of Dante's Inferno. London, 1903.
—Prisoners of Hope: an Exposition of Dante's Purgatorio. London, 1906.
Ciuffo, G. La visione ultima della Vita Nuova. 1899.
Croce, B. La Poesia di Dante. Rome, 1921.
Translation. The Poetry of Dante. London, 1922.
Dunbar, H. F. Symbolism in Mediæval Thought and its Consummation in the Divine Comedy. Oxford, 1929.
Fardel, M. D. La Personne de Dante dans la Divine Comédie: étude psychologique. Paris, 1894.
Gardner, Edmund. Dante's Ten Heavens. London, 1898.
—Dante and the Mystics. London, 1913.
—A Dante Primer. Third edition. London, 1923.
Guiliozzi, C. Dante e il Simbolismo. 1900.

BONAVENTURA, SAINT.

Text. Opera Omnia. Editae a P. P. Collegii S. Bonaventurae. 10 t. Ad Claras Aquas 1882. 1902.

Trans. Théologie Séraphique, extraite et traduite par C. et A. Alix. 2 vols. Paris, 1853
Les six Ailes du Seraphin. Paris, 1860.

(There are no English translations. The 'Soliloquies' and 'Meditations' attributed to St. Bonaventura are not authentic. For his life of St. Francis, *vide infra*, Francis of Assisi, St.)

Mons. *Bollea, B. L. C.* Il mysticismo di S. Bonaventura studiato nelle sue antecedenza e nelle sue esplicazione. Torino, 1901.
Gilson, E. La Philosophie de S. Bonaventure. Paris, 1924.
Lutz, E. Die Psychologie Bonaventuras nach den quellen dargestellt. (Beitrage zur Geschichte der Philosophie des Mittelalters.) Munster, 1909.

BOURIGNAN, ANTOINETTE.

Text. Œuvres. 19 tomes. Amsterdam, 1686.

Mons. *Anon.* An Apology for Mrs. Antonia Bourignan. London, 1699.
Cockburn, J. Bourignianism Detected: or, the Delusions and Errors of Antonia Bourignan and her growing Sect. London, 1689.
MacEwen, A. R. Antoinette Bourignan, Quietist. London, 1910.
Von der Linde, A. Antoinette Bourignan, das Licht der Welt. Leyden, 1895.

BRIDGET OF SWEDEN, SAINT.

Text. Revelationes. Rome, 1628.
Vita S. Brigettae. Edited by M. Annerstedt. Upsala, 1876.

Mons. *Flavigny, Comtesse de.* Ste. Brigitte de Suede. Paris, 1910.
Hormann, P. Simon. Birgittenischer Calender, 1676, Reprint, Munich, 1880.
Williamson, B. The Bridgettine Order. London, 1922.

CASSIAN.

Text. Dialogues. (Migne, Patrologia Latina. t. 49, 50.) Paris, 1845.

Trans. Cassian: (Library of Nicene and Post-Nicene Fathers. Ser. II.). London, 1894.

CATHERINE DEI RICCI, SAINT.

Text. Lettere. Edited by Gherardi. Florence, 1890.

Mons. Vita, par S. Razzi. Lucca, 1594.
Vie, par H. Bayonne. Paris, 1873.

CATHERINE OF GENOA, SAINT.

Texts. Vita Mirabile e dottrina celeste di Santa Caterina da Genova, insieme col Trattato del Purgatorio e col Dialogo della Santa. 1743.
Dialogo di S. Caterina da Genova. Milano, 1882.

(The authenticity of this dialogue is denied by Von Hügel.)

Trans. The Treatise on Purgatory. With a Preface by Cardinal Manning. London, 1858.
La Vie et les Œuvres de Ste. Catherine de Gênes, traduits par le Vicomte de Bussierre. Paris, 1860.

Mon. *Vallebona, S.* La Perla dei Fieschi. Genova, 1887.

(See also Pt. II., Von Hügel, for the best modern account of this mystic.)

CATHERINE OF SIENA, SAINT.

Texts. S. Catherinae Senensis Vitae. Auctore Fr. Raimundo Capuano. Acta S.S. Aprilis. T. III. Paris and Rome, 1860.
Opere della Seraphica Santa Caterina da Siena. Edited by Gigli. 5 vols. Siena, 1727.
Le lettere di S. Caterina da Siena. Edited by P. Misciatelli. 6 vols. Siena, 1922.

Trans. The Divine Dialogue of St. Catherine of Siena. Translated by Algar Thorold. Second ed. London, 1926.
St. Catherine of Siena as seen in her Letters. Edited by Vida Scudder. London. 1905.

Mons. *Curtayne A.* St. Catherine of Siena. London, 1929.
Drane, A T. The History of St. Catherine of Siena and her Companions. 2 vols.

Gardner, C. William Blake the Man. London, 1919.
Gilchrist, Alexander. Life of William Blake. London, 1880.
Plowman, M. Introduction to the Study of Blake. London, 1927.
Saurat, D. Blake and Modern Thought. London. 1929.
Swinburne, A. C. William Blake. London, 1868.
Symons, Arthur. William Blake. London, 1907.
Wicksteed, J. Blake's Vision of the Book of Job. London, 1910.
Wilson, Mona. Life of William Blake. London, 1927.
Wright. Thomas. Life of William Blake. 2 vols. London, 1929.

BLOSIUS (Louis de Blois).
Text. Opera. Antwerp, 1632.
Trans. Œuvres Spirituelles, trad. par les Benedictins de S. Paul de Wisques. (In progress.) Paris, 1911, etc.
The Book of Spiritual Instruction. London, 1925.
A Mirror for Monks. London, 1926.
The Sanctuary of the Faithful Soul. 2 vols. London, 1920-7.
The Paradise of the Faithful Soul. 2 vols. London, 1928-30.

BOEHME, JACOB.
Texts. J. Boehme, Sein Leben und seine theosophischen Werke in geordneten Auszuge mit Einleitungen und Erläuterungen. Allen Christglaubigen dargeboten durch J. Claassen. 3 Bands Stuttgart, 1885.
Theosophia revelata. Das ist: Alle göttliche Schriften... J. Böhmens. 7 vols. Amsterdam, 1730-31.
Trans. The Works of Jacob Boehme. In 4 vols., with Life of the Author. English translation. London, 1764-81.
(The only collected English edition, but incomplete. All Boehme's works were translated by Sparrow and others in the seventeenth century and have since been re-issued. See below. For full bibliography, see 'William Law and the English Mystics,' by C. Spurgeon, in 'Cambridge History of English Literature.')
The Threefold Life of Man. With an Introduction by the Rev. G. W. Allen. London, 1909.
The Three Principles of the Divine Essence. With an Introduction by Dr. Paul Deussen. London, 1910.
The Forty Questions of the Soul and the Clavis. London, 1911.
Six Theosophic Points. Translated by J. R. Earle. London, 1919.
Mysterium Magnum. Edited by C. J. Barker. London, 1924.
De Electione Gratiae and Quaestiones Theosophicae. Translated by J. R. Earle. London, 1930.
Treatises of Jacob Boehme. London, 1769.
Dialogues on the Supersensual Life. Edited, with an Introduction, by Bernard Holland. London, 1901.
The Signatures of All Things. (Everyman's Library.) London, 1912.
The Way to Christ. London, 1912.
The Epistles of Jacob Boehme, reprinted from the 1689 edition. 1886.
Confessions. Edited by W. S. Palmer. London, 1920.
Mons. Memoirs of the life, death, burial, and wonderful writings of J. Behmen. Now first done at large into English from the original German. With preface by J. Okeley. Northampton, 1780.
Boutroux, E. Le Philosophe Allemand, Jacob Boehme. Paris, 1888
Hartmann, F. The Life and Doctrines of Jacob Boehme. London, 1891.
Martensen, H. L. Jakob Böhme. Theosophische Studien. Grafenhainichen, 1882.
Translation. Jacob Behmen: His life and teaching. London, 1885.
Taylor, Edward. J. Behmen's theosophick philosophy unfolded. 1691.
Whyte, Rev. Alexander. Jacob Böhme: an Appreciation. Edinburgh, 1894.

—Les œuvres d' Angèle de Foligno, (ibid., Oct. 1425).

ANSELM, SAINT.

Text. St. Anselm Opera. (Migne, Patrologia Latina. t. 158-59.) Paris, 1844.

Trans. Meditations et Prières de S. Anselme. Traduction par A Wilmart Maredsous, 1923.

Mon. *Rule, M.* Life and Times of St. Anselm. London, 1883.

AUGUSTINE OF HIPPO, SAINT.

Texts. Opera Omnia. (Migne, Patrologia Latina. t. 37-47.) Paris, 1844,

Confessionum, libri tredecim. Ex recog. P. Knöll. Lipsiæ, 1898.

Confessions. Edited by J. Gibb and W. Montgomery. (Cambridge Patristic Texts.) 1908. [Latin text and English notes.]

Trans. Works. Edited by Marcus Dods. 15 vols. Edinburgh, 1876.

Works. Trans. and annotated by J. E. Pilkington and others. 8 vols. (Library of Nicene and Post-Nicene Fathers.) London, 1888-92.

The Confessions. Translated by Dr. E. B. Pusey. London, 1907.

The Confessions (first nine books). Trans. by C. Bigg. London, 1898.

Mons. *Bertrand, L.* St. Augustin. Paris, 1913.

English trans., London, 1914.

Harnack, A. Augustins Confessionen. Giessen, 1895.

BERNARD OF CLAIRVAUX, SAINT.

Text. Opera Omnia. Notis et observationibus. J. Mabillon. (Migne, Patrologia Latina, 182-185.) Paris, 1854.

Trans. Life and Works of St. Bernard. Edited by Dom J. Mabillon O.S.B. Translated and edited by S. L. Eales, M.A. 4 vols. London, 1889-96.

(Vols. I. and II., Letters; III., Letters and Sermons; IV., Sermons on the Song of Songs.)

Cantica Canticorum: Sermons on the Song of Songs. Translated by S. J. Eales, M.A. London, 1895.

Sermons on the Canticles. 2 vols. Dublin, 1920.

St. Bernard on the Love of God. Translated by Edmund Gardner. London, 1916.

St. Bernard on Consideration. Translated by G. Lewis. Oxford, 1908.

Suggestions on the Method of Meditation, extracted from St. Bernard's Scala Claustralium by W. B. Trevelyan. London, 1904.

Mons. *Morrison, J.* Cotter. Life and Times of St. Bernard, Abbot of Clairvaux. Second edition. London, 1868.

Ratisbonne, M. Histoire de Bernard et son siècle. II ème édition. 2 vols. Paris, 1903.

Schuck, J. Das religiose Erlebnis beim H. Bernhard von Clairvaux. Wurzbourg, 1922.

Vacandard, E. Vie de S. Bernard. Paris, 1895.

Williams, Watkin. Studies in St. Bernard of Clairvaux. London, 1927.

BLAKE, WILLIAM.

Texts. The writings of William Blake. Edited by Geoffrey Keynes. 3 vols. London, 1925.

Poetry and Prose of William Blake. Edited by Geoffrey Keynes, complete in one volume. London, 1927.

Prophetic Writings. Edited with Introduction, etc., by D. J. Sloss and A. Wallis. 2 vols. Oxford, 1926.

Works: Poetic, Symbolic, and Critical. Edited by E. J. Ellis and W. B. Yeats. 3 vols. London, 1893.

Poetical Works: new and verbatim text by J. Sampson. Oxford, 1905.

Blake's "Jerusalem." Edited by E. R. D. Maclagen and A. G. B. Russell. London 1904.

Blake's "Milton." Edited by E. R. D. Maclagen and A. G. B. Russell. London 1907.

The Letters of William Blake, and Life by F. Tatham. Edited by A. G. B. Russell. London, 1906.

Mons. *Berger, P.* William Blake: Mysticisme et Poésie. Paris, 1907.

Damon, S. F. W. Blake, his philosophy and symbols. London, 1924.

De Selincourt, Basil. William Blake. London, 1909.

文献目録

〔この文献目録は、原書第一部、第二部両方のものであり、
したがって本書注に挙げられていないものも含む。〕

I　神秘家の生涯と著作

1. Texts. 2. Translations. 3. Biographies and Monographs.

Note. For early lives and legends of all canonized and beatified Christian mystics, see Acta Sanctorum Bollandiana, Jan.-Oct. vi. Brussels 1643-1794; Oct. vii.-Nov., Brussels and Paris, 1845-1910. (In progress.)

See also Dictionnaire de Théologie Catholique for biographies, with bibliographical notes.

ANONYMOUS WORKS.

Texts. The Cloud of Unknowing. Edited, from B. M. Harl., 674, by E. Underhill. London, 1912.

The Cloud of Unknowing, Epistle of Privy Counsel and Denis Hid Divinity. Edited by Dom Justin McCann, O.S.B. (Orchard Books.) London, 1924.

(Compare Part II., E. Gardner: The Cell of Self Knowledge.)

The Mirror of Simple Souls. Edited [with some omissions] by Clare Kirschberger. (Orchard Books.) London, 1928.

AL GHAZZALI.

Trans. The Confessions of Al Ghazzali. Translated by Claud Field. (Wisdom of the East Series.) London, 1909.

The Alchemy of Happiness. Translated by Claud Field. (Wisdom of the East Series.) London, 1910.

(See also in Part II., Schmölders.)

AL HALLAJ.

Mon. *Massignon, L.* La Passion de Al-Halladj. 2 tomes. Paris, 1922.

(See also Part II., Maréchal.)

ANGELA OF FOLIGNO, BLESSED.

Texts. Le livre de la Bienheureuse Angèle de Foligno. Annoté par Paul Doncœur. t. I. Texte latin. Paris, 1925. t. II. Documents originaux. Paris, 1926.

Le livre de l'experiènce des vrais fidèles de Ste Angèle de Foligno. Trad. par M. J. Ferré. Edition critique: texte latin et traduction française. Paris, 1927.

(These two, from the earliest MSS., supersede all previous editions.)

Beatæ Angelæ de Fulginio Visionum ët Instructionum Liber (Bibliotheca mystica et ascetica, t. V.) Cologne, 1849.

Trans. The Book of Divine Consolations of the Blessed Angela of Foligno. Translated by M. Steegmann. With an Introduction by Algar Thorold. (New Mediæval Library.) London, 1908.

Il Libro delle Mirabili Visioni Consolazioni e Istruzioni della B. Angela di Foligno. Translated by Luigi Fallacara. Florence, 1926.

Mons. *Ferré, M. J.* Œuvres authentiques d' Angèle de Foligno. (Revue d' histoire francescaine, July, 1927.)

—Principales dates de la Vie d' Angèle de Foligno, (ibid., Jan., 1925).

【ら行】

【わ行】

【ま行】

【や行】

【た行】

【な行】

【さ行】

索　引

【訳者紹介】

門脇由紀子（かどわき ゆきこ）　訳者解説、1章、5章、10章、むすび

1954年生。和洋女子大学人文学群・教授
専攻：イギリス宗教思想
論文：「神秘家リードの〈霊的なからだ〉ートマス・ブロムリーとの比較を手がかりにしてー」他
訳書：ジェーン・リード、トマス・ブロムリー、ウィリアム・ロー『キリスト教神秘主義著作集14　十七・十八世紀のベーミストたち』（教文館、2010年、共訳）

今野喜和人（こんの きわひと）　2章、3章、4章

1954年生。静岡大学人文社会科学部教授
専攻：比較文学比較文化
著書：『啓蒙の世紀の神秘思想ーサン＝マルタンとその時代』（東京大学出版会、2006年）
訳書：フランソワ・ダゴニェ『面・表面・界面』（法政大学出版局、1990年、共訳）、ルイ＝クロード・ド・サン＝マルタン『キリスト教神秘主義著作集17　サン＝マルタン』（教文館、1992年、共訳）、同『クロコディル 一八世紀パリを襲った鰐の怪物』（国書刊行会、2013年）他

鶴岡賀雄（つるおか よしお）　9章、付録

1952年生。東京大学大学院・人文社会系研究科・教授
専攻：宗教学、西洋宗教思想
著書：『十字架のヨハネ研究』（創文社、2000年）
共編著：『スピリチュアリティの宗教史　（上・下）』（リトン、2010/2012年）
訳書：ミルチア・エリアーデ『世界宗教史・ムハンマドから宗教改革の時代まで（上・下）』（筑摩学芸文庫、2000年）

村井文夫（むらい ふみお）　6章、7章、8章

1951年生。富山大学人文学部・教授
専攻：比較文化・比較文学
論文：「メーストル　フラン・マソヌリ　『フランスに関する考察』」

神秘主義

●

2016年9月23日　初版発行

著／イーヴリン・アンダーヒル
訳／門脇由紀子、今野喜和人
鶴岡賀雄、村井文夫
編集・DTP／畑中直子

発行者／今井博央希

発行所／株式会社ナチュラルスピリット
〒107-0062　東京都港区南青山5-1-10
南青山第一マンションズ602
TEL 03-6450-5938　FAX 03-6450-5978
E-mail: info@naturalspirit.co.jp
ホームページ http://www.naturalspirit.co.jp/

印刷所／中央精版印刷株式会社

ISBN978-4-86451-217-6　C0014